敦煌与丝绸之路石窟艺术丛书编委会

主　编　郑炳林

副主编　魏迎春　张善庆

编　委　马　德　王惠民　宁　强　孙晓峰
　　　　张元林　张善庆　张景峰　沙武田
　　　　罗世平　苗利辉　郑炳林　姚崇新
　　　　徐永明　谢继胜　魏文斌　魏迎春

兰州大学『双一流』建设项目经费资助

兰州大学中央高校基本科研业务费专项资金重点
研究基地建设项目『甘肃石窟与历史文化研究』
（2022jbkyjd006）

国家社科基金冷门绝学研究专项学术团队项目
『敦煌河西碑铭与河西史研究』
（21VJXT002）

敦煌与丝绸之路石窟艺术丛书·第二辑

麦积山石窟
第4窟研究

郑炳林　主编

张　铭　著

读者出版传媒股份有限公司

甘肃教育出版社

图书在版编目（CIP）数据

麦积山石窟第4窟研究 / 郑炳林主编；张铭著. --
兰州 ：甘肃教育出版社，2023.3
（敦煌与丝绸之路石窟艺术丛书 / 郑炳林主编. 第
二辑）
ISBN 978-7-5423-5499-0

Ⅰ. ①麦… Ⅱ. ①郑… ②张… Ⅲ. ①麦积山石窟-
研究 Ⅳ. ①K879.244

中国国家版本馆CIP数据核字(2023)第037235号

麦积山石窟第4窟研究

郑炳林 主编 张 铭 著

策　　划　　薛英昭　孙宝岩
项目负责　　孙宝岩
责任编辑　　何佩佩
封面设计　　张小乐

出　　版　　甘肃教育出版社
社　　址　　兰州市读者大道 568 号　　730030
网　　址　　www.gseph.cn　　E-mail　gseph@duzhe.cn
电　　话　　0931-8436489 （编辑部）　0931-8773056 （发行部）
传　　真　　0931-8435009
淘宝官方旗舰店　http://shop111038270.taobao.com

发　　行　　甘肃教育出版社　　印　刷　兰州新华印刷厂
开　　本　　787 毫米×1092 毫米　1/16　印 张 34　插 页 2　字 数 490 千
版　　次　　2023 年 3 月第 1 版
印　　次　　2023 年 3 月第 1 次印刷
书　　号　　ISBN 978-7-5423-5499-0　　定 价　108.00 元

总　序

　　丝绸之路是中西文明交流的永恒通途,也是连接中外的一条艺术之路。西域地区的音乐舞蹈、佛教艺术都是通过这条道路传入中国的。隋代"九部乐"、唐代"十部乐"中的西凉、高昌、龟兹、疏勒、康国、安国、天竺等风格的乐舞都来自西域地区,也都是通过这条路线进入中原地区的,特别是《西凉乐》,就是《龟兹乐》与传入河西的中原古乐融合之后形成的一种乐曲。佛教壁画艺术和雕塑艺术通过丝绸之路进入中原,形成自己特色后又回传到河西及西域地区。丝绸之路石窟众多,各有特色,著名的有麦积山石窟、北石窟、南石窟、大像山石窟、水帘洞石窟、炳灵寺石窟、天梯山石窟、马蹄寺石窟、金塔寺石窟、文殊山石窟、榆林窟、莫高窟、西千佛洞等。祆教艺术通过粟特人的墓葬石刻被保留了下来,沿着丝绸之路和粟特人聚落分布于古代天水、长安等商贸城市。体现中原文化特色的墓葬壁画艺术,也分布于丝绸之路上的河西走廊沿线和吐鲁番地区。文化的交融和碰撞通过艺术内容和风格充分体现出来,所以将丝绸之路称为"艺术之路"一点也不为过,反而更能体现出它的特色。

　　丝绸之路沿线星罗棋布地分散着大大小小的石窟殿堂,让人叹为观止。丝绸之路把古代印度地区,中亚地区,我国的新疆地区、甘青宁地区、中原地区、东北地区乃至朝鲜半岛和日本,都串联了起来。如果说石窟殿堂是耀眼的珍珠,那么丝绸之路就像一条线,经过它的串接,亚欧大陆的颈项上出现了一副华美的璎珞,耀眼而又迷人。百年以来,丝绸之路及其沿线的石窟殿堂以其独特的气质和魅力,吸引着来自世界各地一代又一代的学者,前赴后继,投身于相关的研究领域。

敦煌与丝绸之路石窟艺术是教育部人文社科重点研究基地——兰州大学敦煌学研究所多年来研究的主要内容。30多年来,我们不但有一批专家持之以恒地进行石窟考古和石窟艺术研究,同时我们还培养了一批从事石窟艺术研究的博硕研究生和留学生,他们在这个领域作出了卓越的贡献。1980年我们创办了中国大陆首本敦煌学专业刊物《敦煌学辑刊》,截至2015年年底已经发行了90期,石窟艺术研究专栏连同敦煌文献研究、敦煌历史地理研究等板块共同构成了刊物内容的主体,已然成为国内石窟艺术研究成果发布的重要平台。2008年沙武田博士学位论文《敦煌画稿研究》获得该年度全国百篇优秀博士学位论文提名奖;《吐蕃统治时期敦煌石窟研究》进入"国家哲学社会科学成果文库"。与此同时,为了进一步对敦煌与丝绸之路石窟艺术研究进行梳理和总结,兰州大学敦煌学研究所启动了"丝绸之路石窟研究文库"项目。其中《天水麦积山石窟研究论文集》《永靖炳灵寺石窟研究论文集》和《河西陇右石窟研究论文集》已经陆续出版,龟兹地区和陕西地区石窟研究论文集正在收集、整理过程之中。这种工作虽然耗费人力和物力,但若能对学界研究有所裨益,也是我们最大的荣光。

结合目前学术研究动态,兰州大学敦煌学研究所启动了"敦煌与丝绸之路石窟艺术"丛书项目,研究内容涵盖丝路沿线的大部分石窟,既有石窟群整体性的研究,又有石窟个案研究;一方面多层次地透视丝绸之路石窟艺术文化的博大精深,另一方面紧抓学术研究前沿,集中体现了未来丝绸之路石窟艺术研究的方向。

一、石窟艺术专题研究

学界在过去 50 多年中进行了大量基础的测绘调查和壁画内容考释，这种研究基本上是以单个题材壁画为重点，按照时间顺序或者空间划分来对某种特定题材进行考察。这项研究是基础。无数前辈已经为我们做出了榜样。本套丛书中的《敦煌石窟彩塑艺术概论》则是一个新的案例。该书以敦煌石窟彩塑为主要研究对象，同时涉及中国其他石窟的雕塑。其结合洞窟建筑、壁画，以时代为线索，展示出了敦煌石窟彩塑独特的艺术魅力。此类研究还包括《敦煌石窟中的少数民族服饰研究》《敦煌藏经洞出土绘画品研究史》《敦煌隋代石窟壁画样式与题材研究》《北周石窟造像研究》，等等。

二、石窟艺术与社会历史研究

石窟艺术与社会历史研究丝丝相扣。对于敦煌石窟而言，藏经洞出土的敦煌遗书，包括记录敦煌社会开窟造像的功德记、敦煌历史人物的邈真赞等，都是不可或缺的研究材料。史苇湘先生《敦煌社会历史与莫高窟艺术》提出敦煌本土文化论和石窟皆史论，成功运用艺术社会学研究敦煌石窟，这种研究方法意在最大程度地把莫高窟考古资料和藏经洞遗书结合起来，还原敦煌社会历史。本丛书中的《敦煌阴氏与莫高窟研究》就是运用石窟与文献相结合的方法，在石窟营建史的背景下对阴氏家族开凿或参与开凿的 7 个洞窟进行全面研究，从而分析阴家窟所反映出来的佛教思想、佛教功能以及社会和艺术功能。

三、佛教洞窟与寺院仪轨的综合研究

丝绸之路佛教寺院中的壁画造像题材，不同于博物馆藏品，它没有像藏品一样脱离原来的空间关系。这就为学者通过壁画造像所在的空间位置探索古代佛教仪轨提供了可能。本套丛书中的《麦积山石窟初期洞窟调查与研究》《马蹄寺石窟群汉传佛教图像研究》《陇东北朝佛教造像研究》等主要研究对象集中于甘肃北朝洞窟,其综合造像内容、佛教经典以及中古时期寺院仪轨,系统阐释了图像与寺院生活的密切关系。这一研究方向是未来石窟艺术研究方向之一。

四、洞窟个案研究

专题性研究是基础,不过其弊端也清晰可见。这种研究割裂了一个洞窟之中壁画和壁画、壁画和塑像之间的互动关系。而实际上所有的造像题材都是一个有机的整体,它们共同诠释了主尊乃至整个洞窟的造像设计理念,同时也反映了洞窟背后的历史信息。因此,我们在过去数十年工作的基础上,将某一特定洞窟的诸种壁画造像题材作为一个整体进行研究,这也是未来丝绸之路佛教艺术研究的大势。本套丛书就包含了莫高窟第 61 窟、第 100 窟、第 454 窟、第 98 窟,麦积山第 127 窟以及瓜州榆林窟第 25 窟的个案研究。这些成果选取特定历史时期极富代表性的洞窟作为研究对象,全面透视洞窟设计理念,深层次构建了石窟艺术发展史。

五、特定历史时期特定区域图像的普查与研究

随着新资料的不断公布以及学者对洞窟历史背景认识的加深,部分特定阶段的佛教洞窟研究有待再探讨。本套丛书中的《敦煌十六国至隋石窟艺术》《川北佛教石窟和摩崖造像研究》和《吐蕃统治时期敦煌密教研究》即属于此类。以敦煌为例,学者们认为,敦煌石窟的晚期,由于西藏后弘期佛教的兴起和广泛流传,敦煌石窟营造被推进到了一个崭新的时期。目前随着藏语文献的整理和藏学研究队伍的壮大,学界对敦煌中唐到元代的历史有了更深的认识,原来对敦煌藏传佛教艺术的认知需要重

新架构。如本丛书中的《吐蕃统治时期敦煌密教研究》就对相关问题作了探讨，整理了与吐蕃统治敦煌时期密教有关的大量文献与图像资料，对汉藏文献以及图像作了初步的分类与对比；讨论了吐蕃时期敦煌密教与其他信仰的关系；总结了中唐密教在整个敦煌密教发展史上的里程碑意义。

　　本丛书以丝路沿线石窟整体为研究对象，既注重梳理其内在的逻辑关系，又注重对个别石窟的重点探究，以开放的、广阔的研究视野，重新审视西到龟兹，东到天水、西安，西南到川北的石窟寺遗址，探索石窟艺术风格的发展演变。

　　这套丛书主要汇集了兰州大学敦煌学研究所近年在敦煌与丝绸之路研究方面的最新成果，希望借此出版机会倾听学界的批评和指正。

郑炳林

2015 年 12 月

前　言

　　2015 年，我与导师魏文斌老师就我博士论文的选题进行讨论，再三斟酌，最后选定第 4 窟进行单窟研究。对于老师之深意，当时实未体会，对第 4 窟的感觉也是感叹其雄大而已，更遑论深入研究。随着后来思考之日进，我对此窟之理解日渐加深，思路也遂显清晰，乃知第 4 窟对于麦积山之特殊与重要，对于中国石窟之重要，以及对于中国佛教发展之重要。

　　每座石窟寺都有一段错综复杂的历史，每个窟龛也是一段需要仔细审视的历史。麦积山第 4 窟作为一个以山崖为载体、以建筑为表现形式、以佛教为主体、结合中华传统儒家思想的人间佛国，是中国石窟发展史上的一次伟大且成功的尝试。其个中细节，需要仔细品味。我们从中可以体会佛教发展之变通与创新，可以看出传统文化之根深蒂固，可以感受到在信仰的支撑之下，人的创造力何其伟大。自然、宗教与人，三者在这一宗教空间内，达到了和谐统一。这是一座伟大的建筑，在这个道场中，佛与众生同在，俯仰之间，便是天上人间。经幡飘飘，历史的车轮带走了一千多年的人世悲欢；赞唱声声，褐色的崖面烙印着无数到访者的喃喃低语。这是一座承载了无数念想和祈愿的石窟，更是一处映射了无数历史场景的麦积奇观。沧海桑田,岁月悠悠,透过历史,去触摸,去感受,漫漫岁月长河中的那些变与不变,那些执着和无奈。

麦积山石窟是一座巨大而立体的多元文化宝库,内涵丰富,对于其丰富价值的研究和发掘仍然是道阻且长。希望我的初步研究,让大家可以拨开麦积烟雨的云遮雾罩,审视它的一丝本来样貌,也让更多的人参与到对中国石窟寺的保护和研究工作中来。

本书作为我的博士论文,初步写就已是六年之前,虽然这几年在科研学术方面有了微小的进步,但是对于麦积山第 4 窟一些问题的探讨,仍然多有不足和需要继续深入的地方,只能作为对自己博士期间科研工作的一次总结和汇报。疏漏和不当之处,恳请大家批评指正。

序

　　麦积山石窟的发现与研究已有近八十年的历史。虽然已有一些专门的研究著作，但总体而言，相比其他大型石窟寺的研究成果来说，还有很大的差距。据我所知，以麦积山石窟为题的博士论文，目前仅出版两本。即将出版的麦积山石窟艺术研究所张铭的博士论文《麦积山石窟第4窟研究》是第三本，令人欣慰！

　　在麦积山石窟的营建史上，第4窟无疑是最辉煌的。该窟的崖面选址与设计，洞窟建筑、造像及壁画展现的技术水平和内容，功德主李充信的社会地位，著名文学家庾信为其撰写的著名文学作品等都显示出其卓越的成就。

　　选择单个洞窟为研究对象，离不开扎实而详细的调查。对洞窟建筑、造像与壁画、题记等的准确释读，是展开研究的基础工作。对于麦积山第4窟来说，不断的重修造成该窟的复杂性。本书的第二章和第五章在调查的基础上分别对北周原创的作品和历代重修的作品做了辨识，这有利于对整个洞窟从北周到明清的变化的了解。这些遗存虽然共存于整个洞窟中，但如不加以认真观察，是难以辨识的。对遗存年代的判断是研究工作的基础。作者在调查中发现该窟可能存在隋代重绘的现象,这是之前一直没有发现的现象,这也为今后做进一步调查分析提供了重要的信息,值得重视。在对各龛顶部明代重绘壁画的调查中,作者发现工匠重绘时对原来北周壁画加以利用的现象,提出了重修工匠对于原作持有尊重之意。利用考古遗存进行历史社会研究,这一点是难能可贵的。

　　石窟寺的开凿在崖面利用和选址方面是经过精心设计和深思熟虑的。像麦积山第4窟这样的规模较大的洞窟,更重视这一点。著名文学家庾信在给七佛龛所写的铭和序中,不但有对麦积崖整体景观的描写,又有对七佛龛由衷的赞叹,"影现须弥,香闻忉利。如斯尘野,还开说法之堂;犹彼香山,更对安居之佛"。将第4窟与须弥山、忉利天相媲美,显示该窟开凿选址和设计的独特意匠,突出了麦积山佛国的景象。北周时,麦积山西崖已无大的空间可供李充信选择,而东崖下部尚有大面积的区域,如第9、13窟的位置,但李充信却选择了更高的位置,工程量和难度将更大,这不仅显示了其实力与地位,更突出其对于佛教的深刻理解。作者在第四章和第七章对此专门进行了讨论,提出了"圣山的构建与神圣空间的形成"的认识。

　　庾信的文学作品既有文学性,又有纪实性。庾信注重对麦积山实景的描写,用华丽的文学语言和典故盛赞麦积山的景观,也用纪实性的语言赞美功德主李充信通过造七佛龛的行为彰显其孝道。但庾信的作品不是功德记,与我们习见的北朝时期的造像记或更晚时期的功德碑最大的不同是,其没有从李充信的心理角度去写。李充信作为佛教信徒,其造窟的目的和真正的心中所愿,往往不是单一的,而是复杂的。但我们从七佛龛的造像组合来看,李充信对于先祖的追念胜于自己对未来的希冀。过去七佛的雕造基本上完成了其最大的心愿,至于未来是否能够随弥勒下生,并没有考虑在造像中体现出来。这也开创了中国七佛造像的新形式,应该是一个里程碑式的转变,并影响到麦积山北周和隋代七佛造像的基本格局。这一点在第四章"第 4 窟的造像思想"和第七章"第 4 窟对麦积山石窟的影响"都有精辟的论述和讨论。

麦积山石窟的佛教和艺术的变革,从来就不在一个封闭的空间内。任职地方的官吏、流动的僧侣和工匠促进了麦积山石窟艺术的多元融汇。本书第六章将麦积山第 4 窟与羊头山石窟、小南海石窟以及西域地区的克孜尔石窟等相联系进行考察,为我们探讨麦积山石窟与其他地区石窟的交流提出了很好的思路。

对一个单体洞窟遗存的整体研究,应该是全方位的。像前面所说的,最基础的调查工作是全面研究的基础。麦积山第 4 窟重修历史复杂,辨识重修遗迹具有很大的难度,而这与对原作遗迹的研究同样重要。作者在这一方面虽然已经做了很多工作,但还有很多方面需要完善。

承作者一再嘱托,要我在他的著作出版之际写个序。虽然我在麦积山石窟艺术研究所也曾工作过一段时间,对麦积山石窟比较熟悉,但自己不做某一个洞窟研究的话,也只能是只知皮毛,无法全面认识其内涵及其价值。因此勉为其难,粗糙地谈了一点浅显的认识,以为序。

魏文斌

2022 年 11 月 30 日于兰州大学榆中校区

目　录

绪　论

一、选题缘起及意义

麦积山石窟是中国著名的大型石窟寺，是佛教与中国传统文化相互融合的重要见证，是多民族共同信仰下，佛教促进民族融合的历史实证。麦积山石窟历史悠久，公元 5 世纪初即有佛教活动，现存洞窟 221 个，泥塑和石雕造像 7800 余身，壁画 1000 多平方米。麦积山石窟因其北朝泥塑造像艺术的极高成就，被誉为"东方雕塑陈列馆"，其保存的 14 座石窟建筑遗存是了解北朝建筑的重要资料。

麦积山第 4 窟是北周大都督李充信为其祖父（王父）所开的功德窟①，是麦积山规模最大的北周仿宫殿式崖阁建筑，构思精妙，建筑雄伟壮丽，雕凿技艺精湛，蔚为大观。此窟再现了北周时期中国北方建筑的真实水平，是融合了当时南北方建筑、雕塑、壁画精华的集大成之作，是麦积山石窟最重要的洞窟之一，是引领麦积山北周洞窟开凿的原创性洞窟，集中反

---

①学界一般认为第 4 窟是秦州大都督李充信为其亡父所开，但经笔者论证，应是李充信为其祖父（王父）所开，具体论证详见第二章。在研究史综述中，对于功德主姓名，仍然引用各家之观点，因而在本书前面部分中李充信与李允信均有出现，特此说明。

映了北周佛教的发展水平和流行思想,在中国石窟发展史上具有重要地位。

第 4 窟在麦积山石窟开凿历史中具有里程碑意义,对第 4 窟的研究是麦积山石窟以及北周时期佛教及石窟寺研究的重要组成部分,是对麦积山石窟考古和研究工作的一个推进。研究价值具体有以下几点:

1. 麦积山石窟第 4 窟是麦积山北周洞窟的代表洞窟,地位突出,影响巨大,其营建的完成标志着麦积山作为佛教圣地的形成。

2. 作为地方高级官吏所开凿的原创性功德窟,其全新的设计构想具有开创性,造像题材及思想体现了佛教与中华传统文化的融合,是一次成功的尝试和实践。

3. 第 4 窟的七佛造像与龛顶壁画的组合,是对七佛思想的继承和发展。

4. 该窟相关问题的专题研究,比如开凿年代、功德主及历代重修等问题,对研究麦积山整个开凿史及对应的重修史意义重大,对于其他石窟的研究具有启示意义。

二、研究史综述

（一）湮没无闻、冯氏开启

第 4 窟自建成之后，其命运和短暂的北周王朝一样，很快便被湮没在浩瀚的历史长河中，只有庾信为之所作的《秦州天水郡麦积崖佛龛铭并序》被收录在庾信文集和《四库全书》等书典之中，作为一篇文学名作被人品读，至于其描写对象本身的历史信息和具体情况，则早已变得无足轻重，为世人所忽视。

1941 年，天水籍著名学者冯国瑞先生首次到麦积山实地考察，随后写成《麦积山石窟志》一书[①]，该书用"北周李允信之建造麦积山七佛阁与庾信之作铭"及"散花楼遗迹间之六朝壁画与藻井画"两部分，首次对第 4 窟的营建历史及壁画做了梳理；将该窟与庾信所作《秦州天水郡麦积崖佛

---

①1941 年，天水籍著名学者冯国瑞和朋友赵尧丞、胡楚百、聂幼莳同行，首次到麦积山实地考察，对证古本，抄录碑文，勘察地理环境，并对洞窟做了编号，发现以前未有人谈到的壁画，颇有收获，随后写成《麦积山石窟志》，由"陇南丛书编印社"石印 300 本发行。该小册子是国人对麦积山首次考察研究的成果，《麦积山石窟志》中对麦积山石窟历史沿革、造像、壁画、建筑及有关碑刻铭文做了较全面的介绍和考证。

龛铭并序》相联系,认为该窟就是北周秦州大都督李允信为其亡父所开凿的七佛阁,七佛阁的具体营造时间为北周保定、天和年间(566—568)。这一观点影响了后来许多的学者和专家,为大多数人所接受和认可。其后冯国瑞先生又于 1951 年撰文补充了相关观点,认为该窟开凿于北周保定三年(563),保定五年(565)李允信请庾信作《秦州天水郡麦积崖佛龛铭并序》,认为铭文中所说的七佛龛就是现在的上七佛阁,即第 4 窟,并且指出上七佛阁和散花楼不是同一个建筑, 现存薄肉塑壁画及以上遗存是散花楼所在,首次将该窟的壁画、造像、建筑与敦煌莫高窟进行了比较,认为二者之间多有联系[1]。麦积山石窟在历经长久的湮没之后, 自冯国瑞先生起,重新被世人关注,对第 4 窟历史、建筑、壁画、造像等方面的研究也正式开启。

(二)全面展开、百家争鸣

1951 年,辜其一先生撰文,首次就麦积山第 4 窟的建筑艺术做了分析比对,内容包括石窟历史、石窟及佛龛、装饰及妆銮、石造窟廊制度,较为简略[2]。

1953 年,日本的福山敏男先生在《麦积山石窟寺》一文中,认为第 4 窟是北周时期开凿。他没有亲自来麦积山考察,而是依据照片将麦积山第 4 窟的壁画与敦煌莫高窟壁画进行了比较, 认为和莫高窟北魏末至西魏的壁画有一定的相似[3]。

1954 年麦积山勘察团在发表的《麦积山勘察团工作报告》中,根据庾信铭文判断,认为庾信的铭记是刻在七佛龛的壁上,五代时还存在,但是还不能说明庾信铭文中所说的七佛阁, 到底对应的是麦积山的哪一个七

---

①冯国瑞《天水麦积石窟介绍》,《文物参考资料》1951 年第 10 期。
②辜其一《麦积山石窟及窟檐纪略》,《文物参考资料》1951 年第 10 期。
③福山敏男《麦积山石窟寺》,《美术史》1953 年第 6 期。

佛阁。勘察团的报告认为北周大都督李允信是为其王父(祖父)造七佛龛,修正了冯国瑞先生之前将王父认同为亡父的解读;判断前廊平棋的壁画是西魏北周的作品,依据每两幅壁画之间的佛画像和其下新画的供养人服饰判断七幅大型伎乐天人的壁画应该同属隋或初唐的作品;并且注意到七个龛内顶部的壁画中,人物和树木与七幅伎乐天人壁画的处理手法一致,即我们现在所熟知的"薄肉塑"壁画;将七龛之间的浮雕命名为"天龙八部";认为上七佛阁创建于北朝晚期,经过历代修塑;判断造像在唐塑的基础上,宋代被加以修补,明代又修妆。因为没有对应到哪一个七佛龛为李允信所凿,因而也就没有讨论李允信造窟的时限①。勘察团对于造像方面的判断比较准确,对于七幅薄肉塑壁画的判断由于没有对后绘的佛及供养人壁画加以区分,导致后绘壁画的时代和原作壁画的时代被混淆,但其对后绘壁画的时代判断是准确的。

1954 年,郑振铎先生认为散花楼、上七佛阁(第 4 窟),即是庾信的《秦州天水郡麦积崖佛龛铭并序》所提的"七佛龛",是在北周的保定、天和年间(566—568),秦州大都督李允信为其亡父所造的七佛龛,庾信为第 4 窟所写的这篇铭文"是麦积山石窟最显赫的一篇文字"。和麦积山勘察团的观点一致,他也认为七个佛龛上端前壁的七幅大型伎乐壁画年代较晚,有隋或初唐的作风②。

1957 年,日本的名取洋之助先生在《麦积山石窟》一文中,认同第 4 窟就是庾信铭文中所称的大都督李允信营造的七佛龛③。

1982 年,宿白先生对冯国瑞先生的观点表示赞同,认为第 4 窟是北

---

①1953 年 7 月,麦积山勘察团对麦积山石窟做了系统的勘察研究。麦积山勘察团写有《麦积山勘察团工作报告》和《麦积山石窟内容总录》,分建筑、造像、壁画、题记,对第 4 窟的相关内容进行了较为细致的记录。

②郑振铎《麦积山石窟·序》,见《麦积山石窟》,文物出版社,1954 年。

③名取洋之助《麦积山石窟》,岩波书店,1957 年。

周保定、天和年间(566—568)秦州大都督李允信所造的七佛龛①。

　　1984 年,阎文儒先生在其 1945 年及 1961 年调查的基础上,将相关的文章和资料结集为《麦积山石窟》一书出版,对庾信为七佛龛作铭文的时间和相关信息,开凿上七佛阁(即第 4 窟)的时间上下限以及第 4 窟几处石刻,诸如李师中题诗、游师雄题名等进行了考证,并指出"千余年前石雕的屋形七间大龛,全国石窟还是只有此一处"。书中所收杨爱珍先生的《关于麦积山石窟文献和刻石的注释》中,对庾信所作《秦州天水郡麦积崖佛龛铭并序》做了初步的注释。阎先生就冯国瑞先生的《麦积山石窟志》中"北周李允信之建造麦积山七佛阁与庾信之作铭"一节之内容进行了考辨。他根据《周书》之记载,认为李允信定为李充信;李充信是在宇文广天和三年(568)死去之后,继为秦州刺史,然后称为大都督;庾信作七佛龛铭必在天和三年(568)以后,但最迟也不过建德三年(574),即周武帝灭法之年;李充信造七佛龛必在灭佛(574)之前,造七佛龛的年代也必在天和三年(568)之后。阎文儒先生指出冯国瑞先生所称的庾信作铭在保定五年(565)之说不对,也不是依宇文广门下时,所说庾信做过李充信的门客也未必可能。庾信也未必居于秦州,李充信请其撰写铭文,即便是他居于长安,也可代为撰写,或七佛龛当时已经修成,请他来撰写铭文,也是有可能的。阎先生认为开凿七佛阁在天和三年(568)之后,庾信撰文也在天和三年(568)之后②。概括而言,二位先生都认为上七佛阁即是李允信(李充信)所开的七佛阁,但是关于庾信作铭的时间有不同意见,且阎文儒对于七佛

---

①宿白《中国佛教石窟寺遗迹——3 至 8 世纪中国佛教考古学》,文物出版社,2010 年,第 47 页。

②阎文儒《麦积山石窟》,甘肃人民出版社,1984 年。

阁的修建下限时间做了说明和推测①。阎先生对于李允信与李充信之姓名考，是对第 4 窟研究的重点。

1983 年，董玉祥先生也认为第 4 窟（上七佛阁）由大都督李允信出资营造，当时著名文人庾信撰写的铭文即是为此窟而作②。

1983 年，初师宾先生通过对洞窟的布局位置和形制等的分析，认为第 4 窟将北周典型的方形棱锥顶窟与隋代长廊崖阁式之形制结合起来，应是北周末、隋初之制作③。这篇文章对于判断第 4 窟的开凿年代及其与李允信的关系很有启发意义。

1984 年，陈万鼐先生也认为第 4 窟就是庾信铭文中所称的七佛阁，并对铭文中的相关文字与窟龛进行了联系。但他对散花楼和七佛阁的名称有自己的想法。他认为"散花楼"可能在"七佛阁"的上方，现在"七佛阁"是东崖最高的崖阁，从"七佛阁"顶上看到的整整齐齐的 38 个大桩眼，可能是真正的"散花楼"④。他认为第 4 窟柱础形式与西安雁塔西南门额阴刻佛堂的柱础极像。文末之"敦煌石室与麦积山的比较"基本全部录自冯国瑞《天水麦积石窟介绍》一文，有稍许变动。

1984 年，张学荣先生将第 4 窟与庾信所作铭记结合，并对第 4 窟的

①阎文儒与冯国瑞探讨关于李充信建造七佛龛的年代及庾信铭文的撰写时间的时候各自都有一个错误。那就是阎文儒先生认为宇文广死于天和三年(568)，但是天和三年只不过是宇文广由秦州刺史转为陕州总管。据《周书》可知，其卒年应是北周天和五年(570)十一月丁卯，这一点冯国瑞先生倒是正确。因此阎文儒先生据此推断出的庾信撰写铭文的时间也就有问题，而李充信建造七佛阁的时间也就有问题了。冯国瑞先生则将武帝于保定五年(565)秋七月行幸秦州误为明帝，这一点阎文儒先生已经指出。

②董玉祥《麦积山石窟的分期》，《文物》1983 年第 3 期。

③初师宾《石窟外貌与石窟研究之关系——以麦积山石窟为例略谈石窟寺艺术断代的一种辅助方法》，西北师大学报(社会科学版)1983 年第 4 期。

④对于散花楼与七佛阁是否为同一建筑这一问题，冯国瑞和陈万鼐都认为不是同一建筑，但是冯国瑞认为今之七幅伎乐壁画所在是散花楼，而陈万鼐则认为第 4 窟上面残存 38 个大木桩孔所在为原来的散花楼。

壁画从艺术角度进行了分析。他认为该窟"是我国现存各石窟中凿有窟廊建筑形象的最大的一个洞窟，也是麦积山诸窟中明确见于古籍记载并显赫一时的少数几个洞窟之一"①。

傅熹年先生认为第4窟（上七佛阁，也叫散花楼），即李允信所凿之七佛龛，约凿于北周保定、天和年间，是麦积山诸窟中明确见于古籍记载、显赫一时的少数几座石窟之一，也是全国现存各石窟中有窟廊建筑形象的最大一个。他在《麦积山石窟中所反映出的北朝建筑》一文中对第4窟的建筑做了由外至内详细的解说后，对第4窟的原状包括登上它的道路做出了推测；对第4窟所反映的北周木构建筑特点和建筑中的外檐构架、叉手等几个问题做出了精准的探讨；画出了第4窟的外观原状图，并指出第3、168窟主要是第4窟的走道，即是庾信铭文中"梯云凿道"所指；并对第3窟的原状做了推测②。这篇文章最早对麦积山石窟中包括第4窟在内的诸多北朝建筑做出了高水平的解读和说明，对于第4窟的研究非常重要。后面陆续又有关于麦积山崖阁与建筑的文章③，都是在该文的基础上进行探讨说明。

1985年，徐日辉先生认为第4窟就是北周保定三年（563），秦州大都督李允信为其亡父所造的七佛龛；认为第4窟是麦积山成为佛教圣地的重要因素之一，对麦积山佛教的发展有着不可忽视的积极作用④。

1989年，黄文昆先生在《麦积山的历史与石窟》一文中，认同金维诺

---

①张学荣《麦积山石窟中的北周洞窟、造像和壁画》，见《麦积山石窟》，甘肃人民出版社，1984年。

②傅熹年《麦积山石窟中所反映出的北朝建筑》，《文物资料丛刊》第4辑，1984年第2期。

③关于第4窟建筑方面的论文还有董广强《从麦积山石窟看北朝木构建筑的发展》《麦积山石窟崖阁建筑初探》《麦积山北朝帐形洞窟浅议》，孙晓峰《麦积山石窟的北朝崖阁》《麦积山北朝窟龛形制的演变规律》等。

④徐日辉《麦积山石窟历史散记》，《西北史地》1985年第3期。

关于第4窟不是李充信所建的论断；第4、3、168三窟是统一的建筑构思下的产物；北周仅有短短二十几年历史，麦积山石窟修造又规模十分宏大，表明应有高官显宦主持营建，而宇文导父子经营秦州二十余年，最有资格做上七佛阁主人，李充信则理当居于次要地位；庾信所称七佛龛，应该是现在被称作中七佛阁的第9窟①。

1992年，东山健吾先生将麦积山第4窟的龛饰与云冈、南响堂山、麦积山第133窟第16号造像碑以及法隆寺金堂进行了联系，并做了初步的比较说明，但对于李允信所修建之七佛阁到底是第4窟还是第9窟则认为难以判定②。

这一时期出版的相关著述也基本上认为第4窟即北周大都督李允信开凿的七佛阁③。

1993年，魏文斌、唐晓军二位先生认为"上七佛阁是我国现存最大的造有窟廊建筑的七佛窟"④。在另外一篇文章中，魏文斌认为"甘肃石窟兴起于十六国时期……同全国一样，甘肃石窟的开凿与创建与地方统治者（包括一些地方高级官吏）有着密切的关系。从史籍及实物资料来看，甘肃早期的一些著名石窟均由当时的最高统治者或州刺史等高级官吏亲自主持参与营建"，并对第4窟的性质做了界定，"上七佛阁即第4窟，又名散花楼……李允信继宇文广后为秦州大都督。从庾信文中可知他深信佛法，在秦州任职期间亲自主持为其父超度亡灵而修建了上七佛阁……是继庆阳南北石窟寺后又一类型的大型七佛窟，也是麦积山最为显赫的洞窟之

---

①黄文昆《麦积山的历史与石窟》，《文物》1989年第3期。
②东山健吾，官秀芳《麦积山石窟的创建与佛像的源流》，《敦煌研究》2003年第6期。
③国家文物局教育处编的《佛教石窟考古概要》(文物出版社，1993年)认为第4窟就是大都督李允信开凿的七佛阁(俗称上七佛阁、散花楼)；温玉成认为第4窟可能是李允信出资营造的"七佛阁"(《中国石窟与文化艺术》，上海人民美术出版社，1993年)。
④魏文斌，唐晓军《关于十六国北朝七佛造像诸问题》，《北朝研究》1993年第4期。

一。由于李允信是为其亡父而建此窟,此窟具有私家窟的性质,但表现不如后代莫高窟曹氏洞窟那样明显……供奉七佛为麦积山北周洞窟的主要内容,这或许是受李允信建七佛阁影响所致"[1]。

20 世纪 90 年代,第 4 窟雕塑及壁画形象中的一些细节开始为人们所关注。学界展开了对第 4 窟的伎乐天、乐器、兵器等方面的研究[2]。

1998 年,《中国石窟·天水麦积山》一书的出版[3],对第 4 窟的研究很有促进。

孙纪元先生认为麦积山的八座仿木构崖阁式洞窟,是研究古代建筑的重要实物,其中尤以北周时期大都督李充信所造的"七佛阁"(现编第 4 号)为代表,装饰华贵、雄伟壮观,系国内石窟所仅见[4]。

金维诺先生认为上七佛阁应该称为散花楼(上七佛阁之所以被称为散花楼,也是出于对壁画的高度赞美),北周时开始凿造,但并未完工,塑造彩绘一直延续到隋、初唐才全部完成;上七佛阁不应是李充信所建,其所建七佛阁应该是第 9 窟;散花楼与千佛廊、李充信七佛龛可能同时规划兴建,但是由于工程浩大,又遇上周武帝宇文邕在建德三年(574)下诏灭佛,中途停顿。一直到宣、静二帝继位,麦积山散花楼才继续施工建造[5]。

这一时期学界对第 4 窟的建筑、开凿、定名以及功德主等方面都展开了全面的研究讨论,为之后的研究创造了广阔的平台。

---

①魏文斌,吴荭《地方统治者与甘肃早期佛教石窟的开凿》,《敦煌佛教文化研究——敦煌佛教文化研讨会论文集》,1996 年。

②郝毅《麦积山石窟乐舞艺术考略》,《新疆艺术》1992 年第 4 期;马颖男《麦积山石窟的古代健美泥塑》,《体育文史》1997 年第 6 期;侯顺子,徐叶彤,黄桂花《麦积山石窟雕塑与壁画中古兵器拾撷》,《甘肃高师学报》,1999 年第 5 期。

③麦积山石窟艺术研究所《中国石窟·天水麦积山》,文物出版社,1998 年。

④孙纪元《麦积山雕塑艺术成就》,见《中国石窟·天水麦积山》,文物出版社,1998 年。

⑤金维诺《麦积山石窟的兴建及其艺术成就》,见《中国石窟·天水麦积山》,文物出版社,1998 年。

(三)深入细化、有益拓展

2000年,张锦秀先生在其文章中认为第4窟是开窟时代仅见于古籍记载的一个大型洞窟,由北周秦州大都督李允信(李充信)为其王父(祖父)所建造;对第4窟的建筑、造像、壁画进行了描述和说明;认为千佛廊与石斛梯均为自地面至上七佛阁的通道,是上七佛阁的附属建筑①。

2003年,王锡臻从艺术的角度对麦积山第4窟的飞天壁画做了简要概括的探讨②。

李裕群先生认为麦积山石窟北周时期的洞窟主要承袭了西魏洞窟的形制,而富有特色的崖阁式窟(实际上是仿木建筑形式的洞窟,在崖面上凌空开凿,故有此称)的出现可能与麦积山所藏宋代《秦州雄武军陇城县第六保瑞应寺再葬佛舍利记》残碑所记"昔西魏大统元年,再修崖阁,重兴寺宇"一事有密切关系;崖阁中规模最大的洞窟是上七佛阁(第4窟),它与第3、168窟为一整体设计的巨大仿木式建筑,即梯道、过廊和殿堂,这座庞大的洞窟组合是北周大都督李允信所开凿的,留寓于北朝的著名南朝文人庾信为此还撰写了《秦州天水郡麦积崖佛龛铭并序》;史籍中并没有记载宇文广信佛,将李允信所开洞窟定为中七佛龛,其所具特征无法与铭文对应,在没有足够证据的情况下,很难判断宇文广是否在麦积山开凿了洞窟;在北周时期,塑像的风格追求表现人体丰满圆润,这种风格与南朝流行的张僧繇的"张家样"塑画风格是一致的,应是受到来自南朝的影响③。

2004年,金维诺先生又撰文修正了之前对于第4窟的看法,但并没

---

① 张锦秀《麦积山北周重点洞窟述评》,《丝绸之路》2000年学术专辑。

② 王锡臻《麦积山第四窟北周飞天壁画艺术》,甘肃教育学院学报(社会科学版),2003年第4期。

③ 李裕群《古代石窟》,文物出版社,2003年。

有明确认为哪个窟是李充信所凿；在说到第 4 窟时，认为 7 个龛内的塑像多成于隋唐间，但制作规模仍遵循北周矩度①。

2005 年，陈悦新先生认为西魏、北周时期麦积山石窟所在地秦州与都城长安的关系最为密切；在西魏、北周开凿的石窟中，麦积山石窟具有中心地位，麦积山石窟和响堂山石窟基本可以说明东西对峙时期佛教在两地的发展状况；麦积山北周洞窟受到中原、南朝、东魏三方面的影响②。其文章将麦积山北周洞窟置于大的历史环境和背景下，去探讨各区域之间佛教文化的交流与相互影响，这对于第 4 窟的研究是一种积极的拓展。

2006 年，陈悦新先生将西魏、北周时期的麦积山石窟与响堂山石窟、须弥山石窟、莫高窟进行了比较，认为麦积山第 4 窟中出现了响堂山石窟元素，是邺都文化向西传播的见证；而北周时期的麦积山石窟影响到须弥山石窟，似乎表现在佛装与题材内容方面，敦煌莫高窟第 428 窟也受到了麦积山石窟的影响；秦州在西魏、北周时期处于次文化中心地位③。在另外一篇文章中，陈悦新还认为南朝对麦积山石窟产生了影响④。陈悦新前后的撰文，主要阐述麦积山与各区域在佛教和石窟艺术方面的相互影响，这对于明晰第 4 窟及麦积山石窟在中国石窟史上的地位非常重要。

2007 年，麦积山石窟艺术研究所对第 4 窟上方的附属建筑遗迹进行了考察，发现了南宋时期的重修题记和一身小石雕坐佛像，为第 4 窟的重修提供了新的珍贵材料⑤。

①金维诺《麦积山的北朝造像》，《雕塑》2004 年第 2 期。
②陈悦新《麦积山与响堂山石窟差异》，《北京理工大学学报》(社会科学版)，2005 年第 4 期。该文在被收录到郑炳林、魏文斌主编的《天水麦积山石窟研究文集》时，作者对洞窟特点中的"佛像服饰"做了修改。
③陈悦新《西魏北周时期的麦积山石窟》，《中原文物》2006 年第 4 期。
④陈悦新《中心文化对北朝麦积山石窟的影响》，《敦煌研究》2006 年第 4 期。
⑤麦积山石窟艺术研究所考古研究室《麦积山石窟第 4 窟庑殿顶上方悬崖建筑遗迹新发现(附：麦积山中区悬崖坍塌 3 窟龛建筑遗迹初步清理)》，《文物》2008 年第 9 期。

2008 年，苏铉淑在其书第二章中，对北朝晚期诸石窟宝珠纹的形制特征进行了列举比对，分析了响堂山石窟宝珠纹的来源及含义。她认为包括麦积山第 4 窟在内的西魏、北周石窟与以响堂山石窟为代表的东部地区石窟的宝珠纹之间有共性；麦积山石窟较保守，保留了较多的旧样式[1]。

日本学者末森薰指出第 4 窟下方可能存在七佛[2]，对七佛龛所在提出新的观点。

2009 年，马世长先生认同第 4 窟即大都督李允信开凿的七佛阁（俗称上七佛阁、散花楼）；认为须弥山北周洞窟受到麦积山北周洞窟的影响，同时也受东方北齐石窟的影响；北齐、北周盛行开凿大窟，麦积山上七佛阁、须弥山第 51 窟、北响堂北洞均构制宏伟，异常壮观[3]。

2010 年，项一峰《麦积山石窟第四窟七佛龛壁画初探》一文首次将该窟 7 个龛内顶部的壁画与佛经结合，以经典为依据，对壁画内容进行了初步的判定和分析，认为与《法华经》《涅槃经》《华严经》诸经相吻合[4]。

2011 年，段一鸣《浅议麦积山石窟雕塑艺术——北周薄肉塑艺术探究》一文对北周造像的历史背景及其艺术特点、北周薄肉塑艺术成就等方面展开讨论，认为以第 4 窟为代表的北周佛教艺术是以后隋唐时期佛教艺术更进一步民族化的基础，在我国古代美术史上占有重要地位[5]。

对于末森薰对第 4 窟下方一排洞窟的说明，八木春生先生则认为这一排现已坍塌并被覆盖的窟龛可能就是李充信所建七佛阁。其理由主要

---

[1] 苏铉淑《东魏北齐庄严纹样研究——以佛教石造像及墓葬壁画为中心》，文物出版社，2008 年。

[2] 末森薰《天水麦积山东崖复原考察》，《日本中国考古学会会报》，2008 年。

[3] 马世长，丁明夷《中国佛教石窟考古概要》，文物出版社，2009 年。

[4] 项一峰《麦积山石窟第四窟七佛龛壁画初探》，《石窟寺研究》2010 年第一辑。

[5] 段一鸣《浅议麦积山石窟雕塑艺术——北周薄肉塑艺术探究》，中央美术学院硕士论文，2011 年。

是,李充信只是宇文广的故史,像第 4 窟这种规模宏大的建筑应当是宇文广家族所建。而据 1950 年的旧照片,第 4 窟下方原有的一排七体如来坐像所在的 7 个龛,即可能为李充信所造的七佛阁。对于第 4 窟,八木春生先生认为该窟保存了原有状态的如来坐像,右足隐于身下的这一特征表明,造像应是 570 年之后所造①。

2015 年,张睿祥的《麦积山石窟北朝至隋窟檐建筑的初步研究》一文是最新的一篇关于麦积山北朝至隋石窟建筑的专题研究论文②。

总体来看,80 多年来,众多学者、专家在研究麦积山第 4 窟的历史、建筑、壁画等方面都做了不少的工作,相关资料的公布也一直在进行。有一些学者对该窟的营建构想提出了可贵的想法。研究工作开始细化,比如对兵器、乐器、体育活动等方面的探讨已经开始。相关的研究工作为第 4 窟研究的继续深入打下了坚实的基础。

目前的系统研究和专题研究较少,有些领域仍是空白。具体来说以下几方面工作需要进一步加强:虽然与同时代其他地区石窟及佛教的对比研究已经展开,但从艺术角度去欣赏和评价的研究较多,严格意义上的佛教考古理论指导下的研究工作基本没有开展;对于第 4 窟的定名、功德主以及庾信撰写铭文的具体年代等关键性的问题仍然存在争论;对洞窟的雕塑、壁画等艺术载体缺乏相对准确科学的年代分期和题材认定;对第 4 窟诸龛内顶部的壁画的识读才刚刚开始;对第 4 窟的重修史研究基本还没有进行;对第 4 窟在中国石窟史上的地位没有深入的探讨和分析;未能系统地去探讨第 4 窟所代表的佛教思想及其内涵,以及从中反映出来的文化交流和继承。

①八木春生,李梅《天水麦积山石窟编年论》,《石窟寺研究》第二辑,2011 年。
②张睿祥《麦积山石窟北朝至隋窟檐建筑的初步研究》,兰州大学硕士论文,2015 年。

三、拟解决的问题和研究方法

(一)拟解决的问题

1. 对该窟的相关遗存进行详尽的调查梳理。

2. 对该窟一些悬而未决的问题,诸如营建时间、功德主、历史文献记载与石窟的对应等问题进行探讨和解答。

3. 解读第 4 窟的设计构想。

4. 辨识第 4 窟现存的壁画,特别是诸龛龛顶的北周原作壁画,找出壁画绘制的经典依据。

5. 对该窟数量众多的题记进行全面识读。

6. 对重修层次进行判识。

7. 探讨该窟的历史地位和价值。

(二)研究方法

1. 运用石窟寺考古的方法,对第 4 窟的遗存进行全面的说明和判断,解读该窟在营建、重修等过程中的历史信息,将此作为研究的基础。

2. 用历史学的方法,梳理麦积山石窟与秦州北周时期的历史脉络,总结前人的研究成果,将其作为第 4 窟研究的背景依据及参照;将第 4 窟的研究置于具体的历史时期和相互衔接的社会及文化背景下，结合秦州历史及地理位置，有效利用秦州地区北周时期的众多石刻造像碑、塔等，联系北周时期秦州复杂的民族构成及其关系，整体综合地考虑相关问题。

3. 用图像学的方法，纵横比对，去理解第 4 窟的历史传承与创新，揭示其原创性洞窟的意义所在以及其在中国石窟史上的地位。

4. 将该窟的相关构成部分分别对待、统一架构。比如洞窟的建筑，需要从整体上进行考量，以确定其对于中国建筑史的重要性；而壁画，则通过对构图内容的解读，找寻佛教经典依据，并搜寻其中所展现的与中国传统文化融合的因素；对于大量的历代题记，则采用分类和分代的方法，从民俗学和历史学的角度去阐述其历史价值。

四、创新之处

1. 将第 4、3、168 三个洞窟作为一个整体去考量，结合北周时期流行的佛教思想和秦州地区特殊的历史背景，去思考开窟者整体的设计构想。

2. 针对第 4 窟遗留下来的历史问题，结合关陇集团这一特殊群体在北周时期的发展特征以及秦州本地大族的族运消长，去推证和解决第 4 窟开凿和营建的相关问题。

3. 对于七佛在北周时期的麦积山特别流行这个问题，从与中国传统孝道思想深度融合方面进行深入探讨。

4. 通过对第 4 窟历代重修遗存的考察，梳理出该窟的重修历史和洞窟性质及功能的发展变化。

5. 通过对第 4 窟性质和功能的说明，得出其是麦积山一座具有里程碑意义的原创性洞窟，它的建成使得麦积山在宗教意义上的性质得到了根本性的改变和飞跃的结论。

第一章

北周时期的秦州佛教

北周时期佛教兴盛。虽然北周国运短暂,仅存世五帝二十四年,但除了武帝宇文邕实施过短暂的灭佛活动之外,其余诸帝皆崇信佛教,周武帝最初对佛教亦是崇信有加。《释迦方志》中对北周诸帝相关的奉佛活动有详细记载,周孝明帝"为先皇造织成像,高二丈六尺,等身檀像一十二躯,并诸侍卫"。周太祖文帝"于长安立追远、陟岵、大乘等六寺,度一千人。又造五寺,供养宝禅师徒众"。周高祖武帝"为文皇造锦像,高一丈六尺,宝塔一百二十躯,又京下造宁国、会昌、永宁三寺,凡度僧一千八百人,写经一千七百部。后遇张宾所佞,方为不善之首,废僧尼三百万人"。周孝宣帝"重隆佛日,造塑像四龛,一万余躯。写《般若》经三千卷,六斋八戒,常弘不绝。周世宇文氏五帝,二十五年,造寺九百三十一所,译经一十六部"①。汤用彤先生也说"周朝诸帝,并常立寺。有大陟岵、大陟屺二寺为明帝下诏所营造。国家年别,大度僧尼……译经僧人则多得宇文护之赞助"②。当时的佛教造像铭记中多次出现为皇帝和国家祈福的文字。宇文护掌权时,长安地区出土的佛教造像碑中还出现了同时为皇帝和宇文护祈福的功德碑③,表

　　①(唐)道宣著,范祥雍校《释迦方志》,中华书局,2008年,第121—122页。

　　②汤用彤《汉魏两晋南北朝佛教史》,中华书局,1983年,第382页。

　　③见严可均《全后周文》卷21:北周武成二年(560)《王姚晖造释迦像记》中有"愿周皇帝延祚,常登安乐;晋国公忠孝,庆算无穷";天和四年(569)优婆夷造像碑碑文中有"仰为皇帝陛下延祚无穷,复愿大冢宰保国安民,福延万世"。

明宇文护对于当时佛教之大力支持。在北周诸帝的支持下,长安再度成为北方佛教中心,截至武帝灭佛之时,有僧尼 300 余万,这对于人口较少和经济实力较弱的北周来说,足证佛教发展之盛。

第一节　北周时期的秦州佛教遗存

史载北周武帝灭佛阵势很大，"（建德三年）丙子，初断佛、道二教，经像悉毁，罢沙门、道士，并令还俗"①。但从秦州现存的北周佛教遗存来看，秦州的佛教在当时并没有受到很大影响，麦积山石窟、武山水帘洞石窟皆存有大量的北周窟龛和造像，秦州区域也留存有大量的北朝晚期造像。从相关遗存的年代来看，武帝灭佛期间相关的佛教活动大量减少，但并未形成"经像俱毁"的局面②。这一情况说明，当时佛教信仰已经深深扎根于当时社会的各个阶层，这一行政命令式的国家灭佛行为，并没有得到有效的贯彻，反而得到了当时秦州地区地方大员和豪强大族对佛教的保护。

秦州是北周政权的大后方，其稳定与否关乎着北周宇文氏政权的安危，这从西魏至北周时期秦州历任刺史和总管的身份及地位就可以看出。临近长安的地理位置，使得秦州在西魏北周境内具有次文化中心地

---

①（唐）李延寿《北史》卷 10《高祖武帝纪》，中华书局，1974 年，第 360 页。

②关于周武帝灭佛对麦积山石窟的影响可见孙晓峰《三武灭佛对麦积山石窟的影响》一文（《敦煌学辑刊》1998 年第 2 期）。

位①。相对稳定的环境以及北周政权的大力经营,加之北周一朝整体的崇佛大环境,使得北周时期的秦州佛教大为兴盛,从而出现了诸如麦积山第4窟、武山拉梢寺摩崖大佛等规模宏大的佛教工程。相较于统治阶级和高级官吏对佛教石窟的热衷, 秦州地方的一些家族大姓及普通信众也开展了如火如荼的敬佛活动, 雕刻了一大批佛教造像。留存下来的供养人题记, 包含了秦州当时包括氐羌在内的各民族成员共同的佛教信仰和宗教追求,以及向往极乐、为亲人祈福的共同愿望。各民族在经过佛教的洗礼之后,在少数民族众多,且民族关系复杂的秦州得以杂居共处,区域稳定发展,极大地促进了民族融合,为统治者所乐见,也是佛教在秦州地区蓬勃发展的原因之一。据统计,秦州地区现存的北周佛教石窟群共有 2 处,可判定准确凿造年代的造像碑 6 通,以及大量没有明确纪年的北朝晚期佛教造像, 分布在今天水地区的两区五县和北周时期属秦州管辖范围的庄浪等地,足以说明北周时期秦州地区佛教发展之兴盛。

一、武山水帘洞石窟群

开凿于北周时期的武山水帘洞石窟群,位于天水市武山县东北 25 公里处的鲁班峡峡谷中,主要由显圣池、水帘洞、拉梢寺、千佛洞四个单元组成(图 1–1),自北周肇始,历隋唐至明清,代有修建②。鲁班峡峡谷深幽、山势奇伟雄浑,乃一修行圣地,故被选中开凿石窟。其中最著名的则为拉梢

---

①陈悦新《西魏北周时期的麦积山石窟》,《中原文物》2006 年第 4 期。

②对武山水帘洞石窟群的研究成果较多,主要有甘肃省文物考古研究所等单位所编著的《水帘洞石窟群》、吴荭的博士论文《北周石窟造像研究》、张黎琼的硕士论文《北周时期武山水帘洞石窟群研究》、美国学者罗杰伟撰写的《北周拉梢寺艺术中的中亚主题》(罗杰伟在他的研究中认为"拉梢寺大佛不仅发挥着宗教的,而且也发挥着政治的功能")、魏文斌和吴荭撰写的《甘肃武山水帘洞石窟北周供养题记反映的历史与民族问题》。有学者认为武山水帘洞石窟群的创建年代为前秦后期,但缺乏有力证据,学术界总体认为,武山水帘洞石窟群开凿于北周时期。

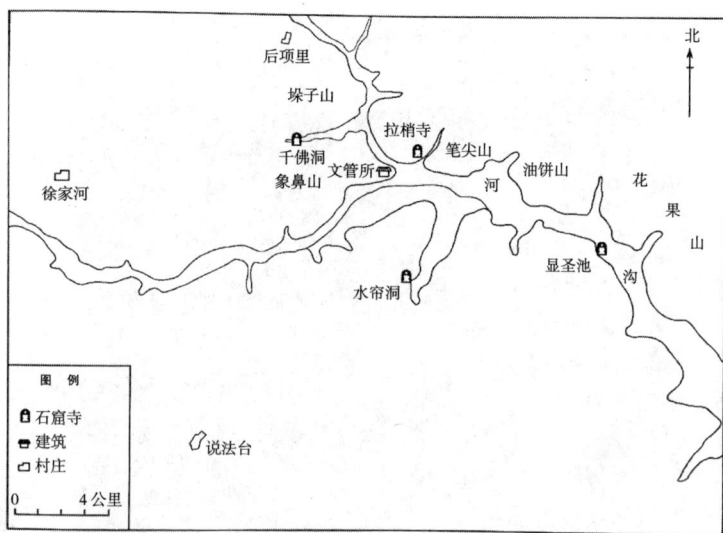

图 1-1 水帘洞石窟群分布图(采自《武山水帘洞·木梯寺石窟》)

寺摩崖大龛。拉梢寺所在崖面被称为大佛崖，其主体开凿于呈内弧形的60 余米高的大佛崖上。拉梢寺现存大小窟龛 24 个,造像 33 身,覆钵塔 7 座,壁画 1700 平方米,及北周纪年摩崖题记一方。北周时期开凿的洞窟主要有编号第 1、8、9、10、11、16 等窟龛①。

第 1 龛(图 1-2),位于拉梢寺窟群中部,坐北向南,为巨型摩崖雕塑大龛,立面基本呈方形,总高 42.30 米,宽 43 米,为现存亚洲第一高摩崖造像。造像主体为一佛二菩萨像,均为石胎泥塑浮雕,主尊为释迦牟尼佛,有多重圆形头光,低平肉髻,丰圆面形,粗短颈。身穿圆领通肩袈裟,用凸起泥条做成阶梯状衣纹,双手结禅定印。结跏趺坐,左脚外露,掌心浮塑法轮。方形佛座,宽 17.55 米,高约 17 米,自上而下有七层浮雕,依次为:双层仰莲、卧狮、双层仰莲、卧鹿、双层仰莲、立象和双瓣覆莲。两侧胁侍菩萨

①甘肃省文物考古研究所,麦积山石窟艺术研究所,水帘洞石窟保护研究所《水帘洞石窟群》,科学出版社,2009 年。

图 1-2　拉梢寺第 1 龛(采自《水帘洞石窟群》)

面向主佛对称而立,高 30 余米,有多重圆形头光。面形长圆,两耳垂肩,宝
缯垂肩,头戴三瓣莲式宝冠。颈部粗短,戴尖形项圈。内着僧祇支,披帛自
身体两侧下垂。双手戴环,托举盛开莲花。下着长裙,裙边于腰际外翻,衣
纹呈横向阶梯状。双脚戴环,呈八字形外撇,跣足立于覆莲之上。左下方有
一方北周纪年摩崖题记,为北周明帝武成元年(559)秦州刺史尉迟迥修建
拉梢寺大佛后的造像题记,录文如下:

维大周明皇帝三年岁/次己卯二月十四日使/持节柱国大
将军陇右/大都督秦渭河鄯凉甘/瓜成武岷洮邓文康十/四州诸
军事秦州刺史/蜀国公尉迟迥与比丘/释道□(减、藏、成)于渭
州仙崖敬/造释迦牟尼佛一区愿/天下和平四海安乐众/生与天

地久长周祚与/日月俱永

对该题记的考证和对尉迟迥所任官职及开凿拉梢寺摩崖浮雕大佛时间的考证,已有学者进行了诸多有益研究①。至于尉迟迥本人崇佛之事迹,唐法琳所撰的《辨证论》中称"周太师柱国蜀国公尉迟迥(造妙像寺)……周朝建国,匡翊揖让。勋高效重,所在难方,崇善慕福,久而弥著,造妙像寺,四事无阙,法轮恒转,三学倍增"②。法琳文中对尉迟迥崇佛事的记载突出了"周朝建国"这一信息,而这又和拉梢寺大佛题记中"愿……周祚与日

---

①杨森《跋甘肃武山拉梢寺北周造大佛像发愿文石刻碑》(《敦煌学辑刊》2005年第2期)对该题记字句进行了逐一释读,其中对比丘的姓名解读为释道减,并对尉迟迥相关的史实与官职进行考证,指出了一些他认为有错误的信息。杜斗城《尉迟迥与拉梢寺大佛》(《丝绸之路》2009年第10期)认为麦积山第13、98号摩崖大佛的造龛规模、造像题材及其艺术风格均与此拉梢寺大佛接近,可能与尉迟迥有关。笔者注:麦积山第98龛为北魏时代开凿,开凿年代要远早于拉梢寺,第13龛大佛开凿年代为隋代,因此这两个摩崖大龛的开凿与尉迟迥没有关系,反倒是第98龛有可能对拉梢寺大佛的开凿产生影响。而这三个摩崖大龛的先后出现则说明了北朝时期秦州地区对大像的崇拜,也说明了秦州地区佛教之兴盛,是中国北朝佛教信仰特征的重要实物。刘复兴《武山拉梢寺大佛造像发愿文再辨析》(《西北民族大学学报》(哲学社会科学版)2013年第5期)针对题记中存在的一些疑问给出了自己的解释,认为题记中关于尉迟迥职位的记载与《周书》并不矛盾,反推出大佛开凿时间当在公元557年从尉迟迥出"镇陇右"始,到武成元年(559)完成,历时一年多,并认为尉迟迥把完工时间放在"武成元年(559)二月"不是凑巧,而是精心的设计和安排,其中的用意与当时的政治背景密切相关,表现了他作为北周皇室成员,对国家命运和百姓生活的关切。杨皓《武山水帘洞石窟〈拉梢寺摩崖题记〉摭谈》(《天水师范学院学报》2011年第3期)将比丘的姓名直接录为释道藏,并从书法艺术的角度对该题记进行了解读,认为该题记是考察北周书法面貌的重要依据之一,上承魏晋,下开隋唐,是书法史上一个极其重要的艺术品。魏文斌先生在《甘肃武山水帘洞石窟北周供养题记反映的历史与民族问题》(2005年云冈国际学术研讨会论文集)一文中,对之前的研究进行了总结,对相关的问题重新予以考证,将该比丘识读为"道成",而在《中国佛教艺术的鸿篇巨制》(《武山水帘洞·木梯寺石窟》,甘肃人民美术出版社,2015年)一文中,在对尉迟迥与拉梢寺的相关说明中,认为比丘姓名可能为"释道藏",并指出拉梢寺大佛是尉迟迥为国家祈福而造的国家工程,也正是因为有了尉迟迥所创建的拉梢寺大佛,才使得拉梢寺所在的水帘洞石窟群最终发展成为陇右的又一佛教圣地。

②(唐)法琳《辨证论》卷4《十代奉佛篇下》,《大正藏》第52册,第518页。

月俱永"相呼应,从而凸显出了尉迟迥本人建寺造像立意之高远。其本人作为皇亲贵胄,朝中重臣,"勋高效重",在北周一朝地位极高。尉迟迥在其《举兵下令》中自称"吾居将相,与国舅甥,同休共戚,义由一体"[1],对北周可谓忠心耿耿,因此营建拉梢寺本身确属为国祈福的国家工程,或许乃献礼工程也未可知[2]。作为亚洲最大的摩崖浮雕,其"不仅发挥着宗教的,而且也发挥着政治的功能"。但由于尉迟迥在杨氏代周的过程中奋而反抗,最后兵败身死,其营建拉梢寺大佛一事也便被刻意掩盖了,到唐朝时已不为人所知。幸得拉梢寺大佛摩崖题记得以保存至今,让我们知晓了尉迟迥本人对于北周佛教的贡献,完善了北周佛教史。而拉梢寺摩崖浮雕大佛的这一方纪年题记,为拉梢寺造像提供了可靠的断代依据,成为北周佛教造像断代的可贵实物资料。

拉梢寺其余北周窟龛,造像组合主要有一佛二菩萨立像(第 8、9、16 龛)、十佛立像(第 10 龛)、一佛二弟子二菩萨(第 11 龛),其中十身立佛的组合为秦州地区所未见。

千佛洞,现存窟龛 39 个,除个别窟龛开凿年代不明外,皆为北周时期开凿,以小型尖拱浅龛为主,造像组合有一铺 1、3、5、7 身的组合,1 身的为一身立菩萨,3 身的组合有一佛二菩萨、一佛二弟子、一立菩萨二胁侍菩萨,5 身的组合有一佛二菩萨二弟子,7 身的组合有一佛二弟子四菩萨、七立佛,壁画及塑像部分为宋代重修。其中的供养人、千佛壁画和造像的特征均与麦积山北周时期相同。但七立佛的造像组合是麦积山所没有的,这一组合承袭自云冈,在甘肃地区则与庆阳北石窟寺的北魏造像组合接近。供养人题记有"大都督姚长璨供养时"等。

---

①(唐)令狐德棻等《周书》卷 21《尉迟迥传》,中华书局,1971 年,第 351 页。
②魏文斌《中国佛教艺术的鸿篇巨制》,见《武山水帘洞·木梯寺石窟》,甘肃人民美术出版社,2015 年。

　　水帘洞单元,位于拉梢寺对面莲花峰下,坐西向东,为一大型天然洞穴,在洞穴外侧壁上绘制有多组壁画和浮塑一些覆钵塔,以壁画为主,共编号 19 个,主要为北周作品,宋代有重修。北周时期的遗存主要有两大类:第一类是壁画,所占面积最大,主要是说法图,壁画中有着数量较多的供养人题记,说法图的组合主要有一佛二菩萨、一坐菩萨二胁侍菩萨、一佛四胁侍菩萨、一佛二弟子二菩萨,其中编号 15 的北周壁画比较特殊,佛的四胁侍为世俗供养人,着世俗装,但都有榜题项光,且女胁侍的形体稍高大,在佛身边;第二类是浮塑覆钵塔。

　　水帘洞单元中北周的可辨供养人姓氏及注有地名的题记主要有:

　　编号 2 龛,"南安郡丞都□/ 魏洪标供养佛时""□□□西县□/ 昌运供养""佛弟子莫折永妃一心供养""□□南安郡……""杜行……时""……王真□/……""清信女王女妙□/ 供养"。编号 6 龛,"清信女焦□□/ 供养佛时""佛弟子焦阿帛 / 供养佛时""佛弟子焦阿祥 / 供养佛时""佛弟子焦阿善 / 供养佛时""……梁…… / 供养佛时""……梁令超 / 供养佛时""……梁畅 / 供养佛时""……□阿洛 / 供养佛时""佛弟子梁阿男(昂)/ 供养佛时""佛弟子梁景延 / 供养佛时"。可以看出此龛是由梁、焦两姓家族所共同供养。

二、北周时期的秦州佛教造像碑

　　天水,即古秦州,现包含两区五县:秦州区、麦积区、武山县、甘谷县、秦安县、张家川回族自治县、清水县。在该区域,发现了不少北朝晚期佛教造像碑及单体造像,是北周时期秦州佛教遗存的重要组成部分。现将该区域遗存的北周时期有纪年及大概能够确定开凿时间的 6 通佛教造像碑予以简要介绍,碑文中相关姓氏,有选择性地以下划横线的方式标注,碑文繁简错讹,一仍原题。

　　1. 权道奴造像碑(图 1-3,1-4)

　　北周保定三年(563)造,高 82 厘米,宽 32.5 厘米,1965 年秦安县征

图 1-3　权道奴造像碑
（采自《甘肃佛教石刻造像》）

图 1-4　权道奴造像碑
（采自《甘肃佛教石刻造像》）

集,现存甘肃省博物馆①。

　　碑阳:碑额中部刻一屋形龛,内雕倚坐弥勒,双手施无畏与愿印。碑身上部雕牛车及马各一,人物像 3 身,剩余碑面皆刻供养人姓名。录文如下:②

　　　　□□申/□長容

　　　　亡姊公(父)王□頑/亡姊母仵帛椿

　　　　亡姊弟僧安/亡姊弟顯安　亡姊弟帛恶

---

①张宝玺《甘肃佛教石刻造像》,甘肃人民美术出版社,2001 年,第 217 页。

②参考张宝玺《甘肃佛教石刻造像》,甘肃人民美术出版社,2001 年,第 218 页。

盪難殿中二将軍都督渭州南安郡守/

陽縣開國伯權道奴供養佛時/

息朗起　姪兒僧朗　世榮　孫長/

息朗琛　清信姊昌松郡君王女俄　孫始/

息永琛　清信姊呂女姿　孫女小荣/

息永集　清信嫂廉男叙　孫女阿□/

息永祆　姊香秀　　　　孫女帛容/

息永息　女永妃供養　　孫女善容/

息永富　息姊廉益男　姪姊王善如/

息永檀　息姊呂要男　外生呂陽如/

孫慶善　孫女伯容　　姊姪王子郎/

從姪永安/妻王法秀

從姪法僧/妻王洛秀

從姪道元/妻王妃

外生王明息姊姪王清妃

车马两侧供养人题名:

匠□權帛郎(？)/□孫延和

碑阴:碑额雕蟠龙,中刻"伏富寺",碑身上部刻 11 竖行发愿文,下部刻两排供养人姓名。

周保定三年歲在癸未六月甲午/

朔廿日癸丑佛弟子權道奴割施/

財産之餘發誓斯願為家口/

大小建立弥勒石像一區并為亡父母/

兄等造碑一所親迎妙匠盡奇/

巧思攦石表容兹儼然願家眷/

休延命齊天壽仕官高遷富/

禄无窮子孫昌熾流光万世亡者/

歸真永斷苦因國主清化民安/

豊洛佛法長輝取迷歸正□/

□之願普諸靈境/

亡父阿驢　亡伯帛安　亡伯世安　亡叔阿興　亡叔興洛
亡叔松洛　亡叔洛豊　亡兄伏富　亡兄清楷　亡兄標安　亡弟
標富

亡姪洛超　亡姪慶超　亡姪帛超　亡母辛香姬　亡姊周好
亡姊僧姿　亡姊小女　亡嫂妙男　亡姪女王秀

该碑功德主为"荡难殿中二将军都督渭州南安郡守阳县开国伯权道奴",属于权氏家族造像碑,权道奴割舍资财凿碑为其一家大小祈福,尊奉弥勒佛。从供养人的姓名中也可以看出权姓与王、吕姓之间的姻亲关系。发愿文及供养人姓名刻于阴刻的竖长框内,不同于一字一格的方框形式。

供养人题刻中的"昌松郡君王女"还反映出当时秦州大姓与武威贵族之间的关系。

2. 诸邑子石铭(图 1-5-1,1-5-2)

约为北周保定至建德年间(561—574)制作[1],出土于秦安县中山乡吊坪村的关帝堡,碑分碑额和碑身两部分,碑身下半部分已残损,材质为砂

---

①张铭,魏文斌《甘肃秦安"诸邑子石铭"考析——甘肃馆藏佛教造像研究之三》,《敦煌研究》2016 年第 5 期。

图 1-5-1 秦安"诸邑子石铭"

图 1-5-2 秦安"诸邑子石铭"

岩。残高 74 厘米,厚 12 厘米,碑额宽 51 厘米,高 44 厘米,碑身宽 41 厘米,碑身残高 30 厘米。碑额呈圆拱形,上雕蟠龙四条,身体交错,头部向下,龙鳞斑驳,牙齿锋利。

碑阳:碑额正中凿一外沿呈竖长方形,里沿呈圆拱形的浅龛,雕出龛尖,内刻一思维菩萨,头向左侧倾斜,戴高冠,右手抚左脚,结半跏思维坐,跣足坐于略呈圆柱形的台座之上。身着宽袍大袖的通肩衣饰,衣纹刻画简练,刻痕较深,显得质地厚重。碑身上部凿出一横长方形浅龛,在其中间又凿一圆拱形龛,内有一佛二弟子,佛高肉髻,面部损毁,但圆润之形可辨,双手结禅定印,结跏趺坐于方形台座之上,衣摆呈圆弧形下垂至龛底。两侧弟子面部也已残损,头大颈短,身形短小,躯体壮硕,拱手而立。圆拱形小龛两侧各立一胁侍菩萨,面形圆润,皆戴高冠,宝缯下垂,向后飘扬。右侧菩萨右手下贴腰侧,左手屈肘上举,所持之物不可辨认,披帛自腹部相交上绕手臂后下垂至地面,着长裙;左侧菩萨残损较严重,右手持一莲蕾,披帛的穿着方式与右侧菩萨一致,侧身扭头,与右侧菩萨相对而立。碑身下方为阴刻供养人姓名,竖行排列,因碑身残损,题刻所存不多,现识录如下:

邑□……/

邑主件……/

邑頭□……/

邑□……/

邑……

碑阴:碑额中部的竖长方形位置阴刻"诸邑子石铭"五个大字,碑身全是供养人姓名,刻写于阴刻的方格线内,所刻字迹残损严重,识录如下:

□□權□□……/

權□(家)昌吕□/

……/

權□□□/

件……/

□(吕)……/

權……/

……/

權伏□□……/

吕 ……

碑身两侧也有阴刻题记,竖行排列,刻于方格之内。碑阳左侧面刻:

王□□僧□□□□權……/

王容晖王容吕□□□……/

王□□□□王□□□……/

權……

碑阳右侧面刻：

王□□□……/

吕顯□吕□□……/

吕……/

吕□□王……

现存造像的主佛还延续有秦州地区西魏造像的特点，弟子和菩萨头部比例较大，身躯较矮，上身长，下身短，是典型的北周造像特点。从题记中可以看出，这是一通由邑社组织、"诸邑子"共同出资雕凿的功德造像碑，牵头和管理人员应为邑中的邑主和邑头。供养人的姓氏有权、吕、王、仵等，以权、吕、王为主，仵姓的出现值得注意，并且其为邑主，身份特殊。该造像碑的功德主身份则有僧有俗，是北朝时期佛社造像中常见的组合形式①。虽然没有明确的铭文说明供奉的主尊身份，但是根据造像特点分析，思维菩萨和龛内主佛皆是释迦牟尼。据统计，释迦是北周崇奉的主要对象，合邑造像大多造此题材。长安地区释迦造像十分流行，这可能是受到北魏传统佛教思想的影响，继承了原来的释迦信仰②。

该碑是秦安权、吕、王、仵氏等信众与僧人共同施功德所制作的造像

---

① 郝春文《东晋南北朝时期的佛教结社》，《历史研究》1992 年第 1 期，第 90—105 页。

② 崔峰《北周民众佛教信仰研究》，兰州大学硕士研究生学位论文，2006 年，第 27 页；崔峰《论北周时期的民间佛教组织及其造像》，《世界宗教研究》2011 年第 2 期，第 25—32 页。

碑,供养人人数有数十人。

3. 王文超造像碑(图1-6)

北周保定四年(564)造,高96厘米,宽43厘米,厚12厘米,秦安县新化乡征集,现存甘肃省博物馆[①]。碑额雕蟠龙,正面碑额中上部阴刻"还乡寺"三字,中间凿一竖长方形圆拱龛,雕出龛楣,内有一佛二弟子。主佛肉

图1-6　王文超造像碑
(采自《甘肃佛教石刻造像》)

髻呈半圆形,面形圆润,穿双领下垂袈裟,双手施无畏与愿印,结半跏趺坐于台座之上,台座与龛等宽,衣摆呈半圆形覆于佛座前,衣裙错落有致,褶皱曲折,装饰意味强烈。左右二弟子侧身向佛而立,头部较大。两侧各开一方形圆拱龛,雕出龛楣,内各有一坐佛,结禅定印坐于方形台座之上,头部造型特征与主佛相同,构成三佛组合。碑身大部分为阴刻发愿文,字刻于阴刻的方格之内,共10行。录文如下:[②]

保定四年二月庚寅朔十四日/

夫先出轩辕支惟帝喾姬仲□/

王之次子江　周世

---

①张宝玺《甘肃佛教石刻造像》,甘肃人民美术出版社,2001年,第218页。
②参考张宝玺《甘肃佛教石刻造像》。

之封名兹/

　於百代煥乎方策累葉簪纓天/

　下稱為盛後選士豪常為次第/

　自入起戰已来蒙假輔國將軍/

　中散儀同司馬王文超属逢□/

　未薄識屈傲割姿生之□造浮/

　嵒三劫并銘一所選石崟山工/

　過世表仰願四海寧住生净土

　　碑阴：碑额只刻蟠龙，没有开龛及造像。碑身上部一字排开凿有三龛，中间龛略呈梯形，弧度和龛顶曲线明显平缓，雕出龛楣，内刻一佛二弟子。主佛释迦牟尼肉髻较低平，穿双领下垂袈裟，右手施无畏印，结半跏趺坐于方形台座之上，衣摆呈莲瓣形下垂，衣裾较碑阳的主佛明显简单和呆板，左右两身弟子拱手面佛而立。该龛两侧各开一龛，右侧为华盖顶式竖长方形龛，文殊菩萨结半跏趺坐于束腰台座之上，头戴宝冠，饰宝缯，右手抚左足，左手屈肘上举；左侧为屋形龛，维摩诘居士安坐于束腰型台座之上，宽袍大袖，右手执扇上举，左手抚于左膝，题材取自《维摩诘经·文殊师利问疾品》。碑身中下方为供养人题刻，阴刻于方格线之内，录文如下：[1]

　佛弟子王文超妻吕阿□/

　岐解愁息王景景先小□/

　姪苟与郎妻權帛香息□/

　明息女善徽□外吕绍吕□/

　超姊僧姿□姿□姿何□/

────────────

①参考张宝玺《甘肃佛教石刻造像》。

姊帛姿羌姿外子暈僧□/

叔父王清仁弟白福鴻□/

肆保姪王顯弟顯達清□/

義珎慶□買□僧雲永□/

呂仕斌<u>榷洛萬</u>王紹子相□

该碑碑身两侧也刻有造像铭记,右侧题刻:

呂定熾常在妙樂其辞日子超洪進□/

呂正名外榷道生弟子襲楜達慶楜□/

義達僧绍從弟王茧仁子明始□□□/

榷杏保小妹夫榷□仁奴<u>陽仁来</u>

左侧题刻:

忘父坞進忘母续男忘兄令熾嫂帛朱/

忘伯父進富忘叔烦進叔拜侍妹□姿/

忘叔<u>仵烦</u>□兒郎富兄安超妹帛汝

　　该碑为王文超王氏家族所制作的功德造像碑,从识读的供养人题刻中可以看出王氏家族与吕、权等家族之间密切的姻亲关系,还有仵姓供养人。

　　4. 王令猥造像碑(图 1-7)

　　造于北周建德二年(573),1973 年出土于张家川回族自治县。碑高 90 厘米,宽 39 厘米,现藏于甘肃省博物馆①。张家川在北周时属于秦州管

_____

①张宝玺《甘肃佛教石刻造像》,甘肃人民美术出版社,2001 年,第 220 页。

辖①，因此将其纳入对比范围。

　　碑额雕两对蟠龙，身体交错，碑额两面正中皆开一小型圆拱形浅龛，雕出龛楣，内雕一坐佛，肉髻低平，面形圆润，身穿低领通肩袈裟，双手施无畏与愿印，结半跏趺坐。正面坐佛坐于工字形须弥座上，佛座较低，衣摆较短，呈半圆形下垂，背面坐佛坐于方形高台座之上，衣摆较长，也是呈半圆形下垂。

　　正面碑身分两部分雕刻，上部雕一仿帐形佛龛，龛顶饰宝珠，帐幔垂悬，等分收束，自两侧下搭，龛上方左右两侧各有一龙头口衔流苏，流苏垂直及地。龛内雕一佛二菩萨，

图1-7　王令猥造像碑（魏文斌拍摄）

主佛面形方圆，肉髻低平，颈部粗短，内着僧祇支，外穿低领通肩袈裟，右手施无畏印，左手拈衣角置于左膝，衣摆呈半圆形下搭，坐于方形台座之上，造像特征与碑额背面小龛内坐佛造像相同。主佛两侧立胁侍菩萨共两身，头戴宝冠，宝缯垂肩，披帛绕臂下搭及地，右侧菩萨左手持莲蕾，右手提桃形法器；左侧菩萨右手持莲蕾，左手提桃形法器。两身菩萨跣足而立，和主佛一起面向前方，表情睿祥。帐形龛下方雕二力士二狮子，中间二力士头戴盔甲，扭头向外，正对狮子，两侧狮子朝外而坐，扭头和力士相对。碑身最下方雕发愿文，共14竖行，还有5行转至碑身右侧。

①谭其骧《中国历史地图集》第四册《东晋十六国·南北朝时期》，中国地图出版社，1996年，第67—68页。

慶延明父/母等敬造/石銘一區/高四尺弥/勒壹堪释/加門
壹堪/前有二師/子伏令忘/息等神生/净土值遇/諸佛龍花/三會
願在/祈首合家/眷属一年/(下转接右侧面下方)以來百年/以還
衆灾/消滅含生/之類普同/斯願

背面碑身上部开尖楣龛,龛内雕一弥勒菩萨及二胁侍菩萨,弥勒菩萨
体型壮实,披帛"X"形交叉穿环后绕臂下搭,倚坐,跣足踩于方形座基,左
右两侧胁侍菩萨与正面胁侍菩萨造型大致相同,龛两侧题刻供养人姓名。

龛左侧:

猥清信息女道容清信/女顔容清信華容供養

龛右侧:

猥弟永世法標姪元慶/弟主簿王安绍先孫何妮

碑身下方浅浮雕车马图,计牛车 2 辆,马 2 匹,供养人 5 身,皆有姓名
题记(自右而左、自上而下排列):

忘息延慶乘馬供佛時/忘息女帛女乘供養佛時/扶車奴豊
德/忘息延明乘車馬供養佛時/忘父元壽供養佛時/忘母皇甫男
奸供養佛時/忘息女香容供養佛時

碑阴左侧面开一小龛,龛内雕一交脚菩萨。下方竖刻题铭:

建德二年崴次癸巳五月丙寅朔/

正信佛弟子堡主王令猥嘱值伯/

陆盈缩无常知惠可舍知善可崇/

以减割妻子衣食之入為忘息延/(下接碑阳下方14行题刻)

碑阴右侧面也开一小龛。下方横刻题铭:

佛弟子堡主/王令猥息曠/隋将軍殿中/司馬別将嵩/慶孫子

彥子/茂子開子初/清信梁定姿/清信張女如/清信權男嬰/清信

權影暉/女子暉贤暉

　　该碑是以当时军事上防守用的建筑物堡垒、城堡等作为组织单位,由
正信佛弟子的堡主王令猥牵头,还有其他家庭共同出资供养雕凿而成的
佛教功德碑。供养人有王、嵩、梁、张、权、皇甫等氏,也从侧面反映出该造
像碑的这一性质。该碑的供养对象是释迦牟尼和弥勒菩萨,祈愿全家平安
无灾,能够往生净土。

　　碑阳下方的发愿文中有"敬造石铭一区",可见在当时,人们对这种造
像碑的正式称谓是石铭。

　　王令猥造像碑所反映的建筑形式及造像风格与麦积山第4窟有很密
切的关系,特别是帐形龛两侧龙口衔流苏、帐幔束腰等,反映出麦积山石
窟对周边地区佛教造像的影响。

　　5. 宇文建崇造像碑(图1-8)

　　北周建德三年(574)甘肃秦安出土①,现藏于西安碑林博物馆。碑高

_____

　　①李举纲,樊波《甘肃秦安出土北周〈宇文建崇造像碑〉》,《甘肃省博物馆学术论文集》,三秦
出版社,2006年。

图1-8 宇文建崇造像碑
（采自《甘肃佛教石刻造像》）

110厘米，宽53厘米，碑额刻两对蟠龙，身体交错。

碑阳：碑额正中竖刻"建崇寺"三字，碑身上部方形壁面内开一圆拱尖楣龛，龛楣上方左右对称各雕刻一飞天二比丘，比丘只露出头部，龛内雕一佛二菩萨二比丘二罗汉二狮子。主佛高肉髻，刻身光，面形方圆，双手施无畏与愿印，结跏趺坐于方形台座之上，衣摆呈半圆形下搭，两侧弟子拱手而立。右侧菩萨头戴宝冠，宝缯下垂，颈饰项圈，披帛在胸、腿部两道绕臂后下搭，右手执桃形法器，左手上举持物；左侧菩萨装饰与右侧基本相同，右手上举持物，左手提桃形法器。两只狮子向佛蹲踞。碑身下方为供养人题刻。

> 亡祖秦州都酋长吕帛冰女定羌女　　／
> 骠骑大将军南道大行台秦州刺史　　／
> 显亲县开国伯亡伯兴成伯母带神　　／
> 龙骧将军都督浙州刺史亡父兴进　　／
> 亡母元要亡母男娥亡母僧姿　　　　／
> 亡叔法成叔双进兄天猥弟道伯　　　／
> 亡姊李姿姊男姿妹伯男　　　　　　／

輔國將軍中散都督開國子宇文建 /
弟進周　崇息雍周法達孫洪濟　 /
輔國將軍中散大都督宇文嵩　　 /
息妻王花　姪季和　　　　 /
姪子孝子順子恭保和達和善和　 /
伯母王阿松佐阿男兄妻仵思妙 /
弟妻王遝輝　姪女仙輝小輝□女 /
弟婦權常妙息□女姉赤女　　 /

碑阴:碑身上部开一龛,龛内雕一佛二弟子二菩萨,主佛穿低领通肩袈裟,倚坐于工字形须弥座,跣足踩于莲台之上。碑身下方为发愿文,刻写于方格之内,共 16 竖行。

惟建德三年歲次甲午二月 /
壬辰朔廿八日□□佛弟子 /
□呂蒙太祖賜姓宇文建崇 /
夫灵象神容遺形□品□倫 /
讀道敷五□之□□顕楊設 /
教斯□百代聚沙起塔欲崇 /
虛之妙旨崇寔亘業淺□□ /
别将法和為國展效募衝戎 /
首從柱國銚國公益州征討 /
亘陣身故是以削竭家珎輿 /
□福刊造浮圖三級石銘壹立 /
師子九(二)霍輙扵冥積採取将 /
□□四身□分流欲追□□ /

　　□□心念之善□□帝□永 /

　　隆万國来助普济一切曠劫 /

　　師宗六道衆生同登斯□（福？）

　　碑身侧面上部刻一菩提树，树下一人坐于方形台座之上，刻画的应该是菩提树下悟道的佛陀形象。下方为 3 竖行供养人题刻。

　　佛弟子權法超　　妹皂花　　妹明光 /

　　佛弟子王湛書 /

　　佛弟子權仕賔

　　从题记可知，"建崇"为吕建崇之名，后被宇文泰赐姓"宇文"，宇文建崇造像碑是宇文（吕）氏的家族造像碑，是文中所涉及的几通造像碑中供养人级别比较高的。供养人反映出吕氏家族与王、权、仵姓之间的姻亲关系，题记中也将造像碑称为"石铭"。供养对象是释迦牟尼和弥勒佛。该碑造于建德三年（574）二月，即周武帝灭法前三个月，意义特殊。特别值得关注的是宇文建崇的母亲为元氏，显然出于拓跋鲜卑宗室，在秦州地区的氏族中能与拓跋鲜卑皇族联姻的实属少见，可见其家族显赫[1]。

　　6. 鲁恭姬造像碑（图 1-9）

　　出土于天水市清水县城北李崖石佛坪，北周天和二年（567）造，砂岩石雕。碑高 2 米，宽 0.85 米，厚 0.56 米。拱形碑额，碑身四面雕刻。碑阳雕一舟形浅龛，龛内为一立佛，龛口两侧各立一胁侍菩萨，皆用减地浮雕的手法雕刻而成；碑阴最上部雕出七身小坐佛，其下也是用减地浮雕的手法

---

　　①王大华先生最早注意到这一细节，见王大华《论关陇军事贵族集团之构成》，《陕西师范大学学报》（哲学社会科学版），1990 年第 1 期。

雕刻一铺五身的造像组合,分
别是一坐佛、二立弟子、二菩
萨,菩萨分别为骑狮和象的文
殊、普贤菩萨。碑阴中部为造
像发愿文:

图1-9 鲁恭姬造像碑

天和二年六月
十□□和□□/左员
□□郎南阳枹罕二
郡太守/郡功曹郡平
望清水句法袭为亡/
妻鲁恭姬造释迦定
光并等身像/二躯息
刺史蔡国公士曹从
事功曹长/晖次息长荣姪仕遵僧允僧进颙昌/孙怀□杨氏妹风
姜垣氏女永妃/毕氏女□女女保妃

由碑文可以看出,该碑是句法袭与其家人为其亡妻鲁恭姬所造的造
像碑,造像的主尊为释迦佛和定光佛。因为之前收录该碑文的相关文献都
称此碑为鲁恭姬造像碑,后人便皆从之,但此碑应命名为"句法袭造像碑"
为宜。碑文中除了主要的功德主句法袭和其家人外,还有僧人,家属中也
出现了杨、姜等姓氏,皆为秦州本地大姓。而句法袭之句姓,从其所任官职
及其家属中出现的姓氏来分析,可能为匈奴句龙氏族人逐渐汉化,按汉俗
以氏族名称首音的谐音汉字"句"为姓氏者,读gōu。

另外,在天水市麦积区博物馆藏有一件北周建德二年(573)刘长寿造

观音像石像①,台座正面刻纪年铭文:

　　观世音 / 菩萨弟 / 子刘长 / 寿为合 / 家大小法 / 界众生 / 普得

佛道 / 建德二 / 年四月廿 / 日敬造

　　该观音菩萨立像可作为秦州地区特别是麦积山北周造像年代和尊格
判断的一个依据。

三、麦积山石窟的北周洞窟

　　麦积山石窟以其保存有北朝完整的造像序列而被称为"北朝雕塑陈
列馆",其现存的北周造像最多,是研究北周佛教的重要实物遗存,和敦煌
莫高窟、固原须弥山、武山水帘洞等北周石窟一起构成了北周时期境内石
窟寺的主体。麦积山北周洞窟数量较多,主要分布在东崖区域,西崖也有
开凿。

　　1. 麦积山北周洞窟的断代

　　关于麦积山北周窟龛的断代及统计, 先后已经有许多学者做过研究
和说明,现按照年代先后概述如下:

　　1953 年,由中央人民政府文化部组织的麦积山勘察团在对麦积山进
行了比较全面的考察研究之后,于第二年发表了《麦积山石窟内容总录》,
认为北周开凿的洞窟有第 11、12、31、32、48、49、117、124、125、157、171
窟,第 34、82 窟是北周或隋开凿,第 4、65 窟为魏晚期或北周开凿,第 116
窟为魏或北周开凿。总数约为 16 个。

---

　　①关于该造像碑的具体介绍, 可见汪明《北周观世音菩萨石造像》,《丝绸之路》2010 年第 2
期。

　　1983 年,董玉祥先生在其对麦积山石窟分期断代的文章中,认为北周时期的洞窟有第 3、4、9、18、22、26、27、31、36、39、45、48、62、64、65、82、88、94、141 窟,共计 19 个窟龛①。

　　张学荣先生认为北周洞窟有 42 个,约占全部洞窟总数的五分之一,北周时期的造像 1200 余身,其中圆塑和石胎泥塑有 450 余身②。

　　1998 年出版的《中国石窟·天水麦积山》中,李西民、蒋毅明二位先生整理出新的《麦积山石窟内容总录》,其认为北周开凿的窟龛有第 2、3、4(北周和隋)、6、7、9、11、12、14、18、22、26、27、31、32、35、36、39、45、46、47、48、52、55、62、65、67、94、113、125、136、141、157、168 窟, 共计 34 个,第 34、40、41、42、53、54、78、88、134、143 窟 10 个洞窟为北周重修,也就是说共有 44 个北周相关洞窟③。

　　张锦秀先生在其《麦积山石窟志》一书中,认为北周开凿的洞窟有第 2、3、4、6、7、9、11、12、14、18、22、26、27、31、32、35、36、39、40、42、45、46、47、48、52、55、62、63、65、67、82、84、94、104、109、113、117、134、136、137、141、157、166、168、171、194 窟,共计 46 个洞窟,并认为第 41、53、54、80、88 窟的造像是北周重修,第 53、128、155、162 窟的部分壁画也是北周重绘。因此北周相关的洞窟多达 54 个④。

　　孙晓峰先生认为麦积山北周开凿的大小窟龛有 44 个,即第 4、9、28、30、7、11、12、14、26、27、32、35、36、39、10、34、40、42、45、18、41、46、33、15、

---

　　①董玉祥《麦积山石窟的分期》,《文物》1983 年第 6 期,第 18—30 页。

　　②张学荣《关于麦积山石窟中的北周洞窟、造像和壁画》,见《麦积山石窟》,甘肃人民出版社,1984 年。

　　③天水麦积山石窟艺术研究所《中国石窟·天水麦积山》,文物出版社,1998 年,第 274—292 页。

　　④张锦秀《麦积山石窟志》,甘肃人民出版社,2002 年,第 35—41 页,98—102 页,125—131 页。

31、109、141、104、113、82、52、62、65、22、63、64、84、53、54、55、60、67、94、189 窟，北周重修和重绘的 9 个，为第 23、108、135、70、71、74、90、78、88 窟，共计 53 个，占麦积山现存窟龛的四分之一①。

东山健吾先生认为北周时期的窟龛有第 3、4、7、9、12、18、22、25、26、27、31、32、36、39、41、45、46、52、54、55、65、67、109、113、134、141、157 窟，共计 27 个，并认为第 62 窟为北周时代开凿，但所存造像为隋代作品。第 14 窟也是北周窟形，至隋代重新造像②。

八木春生先生在其《天水麦积山石窟编年论》一文中，认为麦积山有 46 个北周洞窟，并将其分为前后两期，认为第 22 窟是麦积山最早开凿的北周洞窟③。

达微佳在其《麦积山石窟北朝洞窟分期研究》一文中，将麦积山的北朝洞窟分为五期，第五期约从北周闵帝元年至隋初，即公元557 年至 581 年前后，主要以北周为主。这一期的洞窟有第 109、141、27、65、39、36、26、12、32、113、45、94、42、40、97、62、157、134、82、67、7、3、46、41、35、31、22、4 窟，共计 28 个洞窟，但没有具体分出哪些属于隋代所开凿的洞窟④。

魏文斌先生认为北周时期的窟龛有第 3、4、7、9、11、12、22、26、27、31、32、35、36、39、41、45、46、52、65、67、94、109、113、134、136、141、157、166 窟及王子洞窟区的第 197 窟，共计 29 个；并认为第 84、88 窟在北周时期

---

①孙晓峰《谈麦积山石窟的北周窟龛》，见《麦积山石窟艺术文化论文集》（上），兰州大学出版社，2004 年，第 243—269 页。

②东山健吾《麦积山石窟——云海中微笑的众佛及其系谱》，见《麦积山石窟研究》，文物出版社，2010 年，第 19 页。

③八木春生，李梅《天水麦积山石窟编年论》，见《石窟寺研究》第二辑，2011 年，第 111—138 页。

④达微佳《麦积山石窟北朝洞窟分期研究》，见《石窟寺研究》第二辑，2011 年，第 65—110 页。

被重修①。

2013 年，陈悦新先生从麦积山石窟佛像服饰和题材布局及仿帐、仿木构等方面，对麦积山北朝的洞窟重新进行了分期断代，对诸如造像特点、题材内容、壁面配置等方面进一步细化。同时考虑了洞窟内外存在的仿帐、仿木构的雕饰，并与其他石窟寺进行了比对，对保存较好的北朝洞窟进行了考古类型学的分期研究。认为北周时期的洞窟主要有第 141、36、41、45、157、22、82、94、97、166、39、32、109、35、4、3、9、31、65、62、12、7、27、26 窟，共计 24 个，并且将北周洞窟的时间下限定为北周灭佛之前，即公元 574 年；对一些保存不甚完好的窟龛也进行了比对，如第 54、60、113、96 窟可纳入第三、四期（即西魏至北周灭佛之前，535—574 年），第 55、18、42、53、46、197、11、52、136、202、34、134、67、8、10、40 窟可纳入第四、五期（即北周至隋代，557—618 年）。此文最大的特点是把佛衣列入类型学研究，从中国石窟寺及单体造像遗存变化的全景中，得出麦积山石窟北朝窟龛分期的新结论。陈悦新认为在佛教艺术表现形式中，佛衣是中国石窟寺以及单体造像遗存间可参照比较的甚至是唯一的遗存类型②。

李裕群先生在其《北朝晚期石窟寺研究》一书中，对麦积山北朝晚期 35 个相关洞窟通过窟龛形制、题材内容和造像特点三个方面进行类型排比，将其分为三期。第二期洞窟的年代界定为西魏大统末年至北周末年（551—581），基本以北周为主，属于该时期的洞窟有第 109、4、7、11、12、26、27、32、35、36、39、65、72、136、62、141 窟，共计 16 个③。2013 年，李裕群先生又通过对麦积山东崖崖面坍塌时间的推断，认为第 9、11、12、30、32、

①魏文斌《文化遗产麦积山石窟》，见《中国石窟艺术·麦积山》，江苏美术出版社，2013 年。

②陈悦新《从佛像服饰和题材布局及仿帐、仿木构再论麦积山北朝窟龛分期》，《考古学报》2013 年第 1 期。

③李裕群《北朝晚期石窟寺研究》，文物出版社，2003 年，第 112—140 页。

35、33、34、37、40、41、42、10、13、14、15、28、7 等窟皆为隋代所开凿的洞窟[①]。通过崖面坍塌来区分麦积山北周与隋代洞窟,对研究麦积山北周及隋代洞窟启发很大。因此,综合来看,李裕群先生认为北周时期的洞窟有第 109、4、7、26、27、36、39、65、72、136、62、141 窟,共计 12 个。

表1-1　麦积山北周洞窟划分一览表

姓名	北周窟龛	北周重修或重绘	窟龛总数	备注
麦积山勘察团	11、12、31、32、48、49、117、124、125、157、171、34、82、4、65、116		16	第 34、82 窟是北周或隋开凿,第 4、65 窟为魏晚期或北周开凿,第 116 窟为魏或北周开凿
董玉祥	3、4、9、18、22、26、27、31、36、39、45、48、62、64、65、82、88、94、141		19	
李西民蒋毅明	2、3、4(北周和隋)、6、7、9、11、12、14、18、22、26、27、31、32、35、36、39、45、46、47、48、52、55、62、65、67、94、113、125、136、141、157、168	34、40、41、42、53、54、78、88、134、143	44	
张锦秀	2、3、4、6、7、9、11、12、14、18、22、26、27、31、32、35、36、39、40、42、45、46、47、48、52、55、62、63、65、67、82、84、94、104、109、113、117、134、136、137、141、157、166、168、171、194	北周重修41、53、54、80、88;北周重绘53、128、155、162	54	

①李裕群《麦积山石窟东崖的崩塌与隋代洞窟判定》,《考古》2013 年第 2 期。

续表

姓名	北周窟龛	北周重修或重绘	窟龛总数	备注
孙晓峰	4、9、28、30、7、11、12、14、26、27、32、35、36、39、10、34、40、42、45、18、41、46、33、15、31、109、141、104、113、82、52、62、65、22、63、64、84、53、54、55、60、67、94、189	23、108、135、70、71、74、90、78、88	53	
东山健吾	3、4、7、9、12、18、22、25、26、27、31、32、36、39、41、45、46、52、54、55、65、67、109、113、134、141、157		27	第62、14窟为北周开凿，隋代造像
八木春生	2、3、4、6、7、9、11、12、14、18、22、26、27、31、32、35、36、39、40、42、45、46、47、48、52、55、62、63、64、65、67、82、94、104、113、117、125、134、136、137、141、157、166、168、171、194	53、84、88、109	50	
达微佳	109、141、27、65、39、36、26、12、32、113、45、94、42、40、97、62、157、134、82、67、7、3、46、41、35、31、22、4		28	
魏文斌	3、4、7、9、11、12、22、26、27、31、32、35、36、39、41、45、46、52、65、67、94、109、113、134、136、141、157、166、197	84、88	31	
陈悦新	141、36、41、45、157、22、82、94、97、166、39、32、109、35、4、3、9、31、65、62、12、7、27、26		24	将北周洞窟开凿限定在灭佛之前，即557—574年
李裕群	109、4、7、26、27、36、39、65、72、136、62、141		12	

总的来看，目前对于麦积山石窟北周窟龛的确定还存在很多不同意见，造成这一现象的主要原因就是对于北周和隋朝窟龛区分的不同，而这在学界也一直是个未能被很好解决的问题。在没有确切纪年的界定时，要想准确地判断到底是北周造像还是隋代造像就存在很大困难。北周和隋代作为两个存在时间都较为短暂的王朝，其在佛教造像的风格变化方面没有很明显的区别和特征，特别是周隋之交的造像和窟龛更是难以判断其年代所属；加之麦积山石窟区域特征明显，短期内的风格变化不甚明显，增加了辨别的难度。麦积山石窟自北魏中后期以来就有两种不同风格并存，不同工匠体系的传承在北周时期仍然存在，这也造成了北周洞窟确定的难度。如此种种，就造成了对于麦积山石窟北周洞窟断代存在的巨大分歧。而从上文所列的诸家对于麦积山北周窟龛数目的统计来看，麦积山北周洞窟的数量经历了由少到多，再由多到少的阶段，从中也反映出对北周洞窟划分的合理性转变。因此，我们需要在诸位学者已经取得的研究基础上，对麦积山的北周洞窟进行重新判定。

2. 相关洞窟年代的再考证

张学荣、张锦秀、孙晓峰、八木春生诸先生都认为麦积山北周洞窟多达四五十个。那么，麦积山北周时期开凿的洞窟，真的有四五十个之多，占到了麦积山现有洞窟的四分之一吗？

我们可以从以下几个角度来分析：

第一，北周王朝仅仅存在了25年，若除去武帝灭佛的4年多时间，北周用来发展佛教的时间最多只有20年，这对石窟的开凿同样适用。而这段时间中，还需要除去诸如气候等原因造成的停工休整的时间，因此能用的时间就更少了。

第二，北周时期，秦州地区佛教中心点不止麦积山一处，武山水帘洞石窟群在北周时期也有大规模的开凿。拉梢寺、千佛洞皆为北周开凿，且规模宏大。麦积山北周时期开凿的诸如第4窟，工程浩大，需要耗费大量的人力、物力,非几年时间所能建成,有些工程甚至延后至隋初方能完工。

第三,以北周时期秦州的人口和经济实力来论,就算这一时期秦州经济实力较为雄厚,麦积山在不到 20 年的时间内开凿四五十个大小窟龛的可能性也实在不大,而且在这期间还有一个水帘洞石窟群需要耗费大量的人力与物力。

与北周相同,隋朝虽然同样短暂,但在莫高窟,却有 100 多个洞窟开凿,规模极大,这其中是有区别的。一来隋代属于统一王朝,国家统一安定,不存在割据的困境,前期也少战争的消耗;二来敦煌乃丝路咽喉之地,经贸发达,经济实力有保障,加之隋王朝着力于河西走廊的贯通,刻意经营西域,敦煌地位极其重要;三则敦煌其本身佛教发展的程度和规模非秦州所能比拟。所以在敦煌出现大量的隋代洞窟也属正常。但是秦州在北周和北齐攻战的分裂局面下,受各种限制,在短短 20 年内实在没有能力去开凿四五十个窟龛。因此,笔者认为,麦积山北周时期开凿的窟龛绝对不会多达四五十个。既然没有这么多,那么麦积山的北周洞窟数量应该有多少?其实,近几年相关学者的研究结果应该说基本达到了一个合理的尺度范围,即 20 多个北周窟龛。但是对于其中的一些洞窟,我们还需要仔细分析,再次确认其年代所属。

麦积山北周石窟的划分,在一些时代特征明显的洞窟上,大家基本都没有争议,诸如第 3、4、7、22、62、141 等窟,但是对其他一些洞窟,意见分歧还是比较明显的,但是也主要集中在西魏、北周、隋这三个北朝晚期朝代的划分差异上。因此,在对麦积山进行多次实地调查的基础上,笔者拟对麦积山北周洞窟的划分提出一些自己的想法和意见。对于麦积山东崖因地震大面积坍塌的时间,笔者同意李裕群先生的观点,即隋开皇二十年(600)[1]。

---

[1] 李裕群《麦积山石窟东崖的崩塌与隋代洞窟判定》,《考古》2013 年第 2 期。

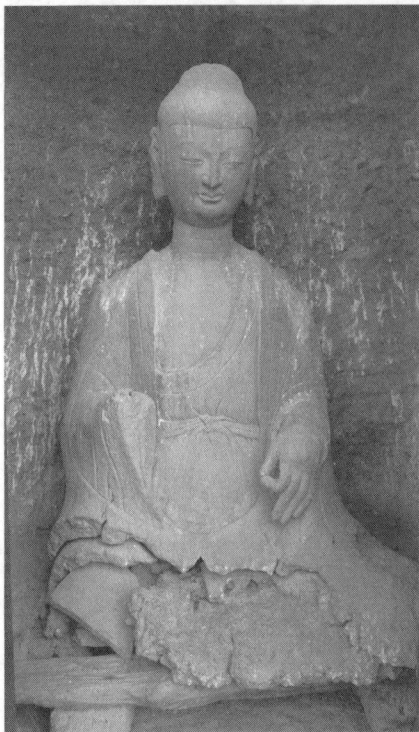

图1-10　麦积山第18窟

第18窟（图1-10），位于东崖中区，窟龛前部大半残毁，仅存正壁一平面梯形的敞口圆拱形小龛。造像现存坐佛一身，佛低平肉髻，面形方圆饱满，弯眉细目，鼻梁高挺，双耳平贴后颊，颈较长，上有两道阴刻纹，挺胸鼓腹，左手拇指与食指相拈，神情庄重含蓄。内穿僧祇支，衣带胸前打结下垂，外穿双领下垂式袈裟。服饰上有稀疏的阴刻衣纹线，质感轻柔透体，隋代特征居多。需要注意的是，该泥塑是被重新包塑的，底下还有一层，可见阴刻线的衣纹，因此该窟原作造像要早于表层隋塑。且该窟前部及塑像腿部以下残缺，是因为地震而毁，结合李裕群先生关于麦积山东崖坍塌事件的推定，现存作品最早应作于隋开皇二十年（600）大地震之前。按照残存窟形判断，该窟的完整窟形应该与第12、22窟相同，应为平面方形的四角攒尖顶窟，正壁开一龛。因此，结合窟形、造像层位、地震时间三方面来综合判断，基本可以确定该窟的开凿年代为北周。

第113窟（图1-11,1-12），位于麦积山西崖上部。该窟上方为第127窟，左右两侧相邻的分别为第114窟和第121窟。该窟所处平面和上方分布的洞窟都是北魏晚期至西魏时期所开凿的洞窟，之前的断代中，该窟一般都被划分为北周开凿。

仔细分析就会发现，之前对该窟的断代存在问题：首先，西崖大部分

图 1-11　麦积山第 113 窟崖面位置图

图 1-12　麦积山第 113 窟

洞窟以第 98 号摩崖大佛为中心,呈左右对称分布,在崖面的利用上,存在越早开凿越能占据有利崖面的情况,而第 113 窟所在区域基本都是北魏晚期至西魏时期所开凿的窟龛,按照崖面利用的顺序来判断,不可能在北周时期还留有这么大的一块空白崖面;其次,该窟现为平面方形的四角攒尖顶小型窟,窟门近方形,窟顶凿痕较粗糙且不规则,虽然符合麦积山北周洞窟的主要特征,但是仔细观察就会发现,该窟存在被后代改造的可能,也就是说,该窟是在北周时期又被重新改造成为四角攒尖顶窟的;再次,该窟内现存造像属北周时期的造像,但是造像和洞窟之间的大小比例并不十分合理,造像搭配比较奇怪,因此有可能不是开窟时的造像;还有,该窟正壁现存泥皮较厚,这一现象在麦积山北魏及西魏时期比较流行,比如第 74、78、165、102 等窟,但在北周时期的洞窟中却没有这么厚的泥层出现。因此,综合分析可以得知,第 113 窟开窟的年代应为北魏晚期或者西魏,北周时期被改造为四角攒尖顶,现存造像则为北周重塑,主尊坐佛为宋代重塑。

第 67 窟(图 1-13),位于西崖第 98 号大佛下方,平面长方形圆拱顶龛,浮塑龛楣及龛柱,窟前部大半坍塌。现存北周造像 4 身,坐佛 1 身,胁侍菩萨 2 身,力士 1 身。该窟胁侍菩萨的项圈与第 141 窟基本相同,且在麦积山北周造像中仅此两例。西崖大佛脚底崖面也曾遭地震破坏,因此对于此区域洞窟的断代也要考虑地震的因素。

第 42 窟(图 1-14),位于麦积山东崖中区,其右侧为第 43 窟,即被称为"寂陵"的魏后墓。该窟为平面马蹄形、穹窿顶小龛。该窟的开凿打破了该区域以第 43 窟为中心的洞窟开凿顺序。因此开窟时间要晚于第 43 窟。

图 1-13　麦积山第 67 窟

第 42 窟和第 37 窟窟形相同，都是麦积山流行于隋代的平面马蹄形窟，都属于后期开凿。麦积山崖面现分为东西两崖，在崖面的利用上，历史上先后形成了几个中心区域，也就是围绕某一个中心洞窟而分布的窟龛群，主要有以下 4 个窟龛群：西崖以第 98 窟为中心的窟龛群，以第 74、78 窟为中心的窟龛群，东崖以第 43 窟为中心的窟龛群，以及以第 13 窟为中心的窟龛群，这对于麦积山相关洞窟的断代和崖面利用

图1-14 麦积山第42窟

的研究都有很重要的参考价值。关于麦积山崖面利用的相关问题，初世宾先生对此有独到和精彩的说明①。该窟正壁主佛身后的壁面上有一竖凹槽，其原始功能值得注意。

第 9 窟，开凿年代应在隋代开皇二十年（600）之后，和第 28、30 窟同属隋代开凿的洞窟，关于该窟开凿的详细情况，在后面第四章中有专门的考证说明。

经过勘察和分析，笔者认为麦积山北周时期开凿的洞窟有：第 3、4、7、11、12、18、22、26、27、32、35、36、39、45、46、52、62、65、67、94、109、136、141、

①初世宾《石窟外貌与石窟研究之关系——以麦积山石窟为例略谈石窟寺艺术断代的一种辅助方法》,《西北师大学报》(社会科学版)1983 年第 4 期, 第 84—98 页。

157、168、197窟,共计26个。

3.麦积山北周洞窟的窟形及造像组合

麦积山北周时期的洞窟,窟龛形制方面主要承袭了之前北魏和西魏时期的平面方形无龛窟、三壁三龛窟、崖阁式窟等窟龛形制,出现了窟廊,该时期主要的窟龛形制为三壁一龛窟和三壁七龛窟,壁龛以圆拱形浅龛为主。

第4窟为大型庑殿顶建筑,与帐形龛相结合。在窟内结构的处理上,出现了大量的仿木式佛帐结构,四角攒尖顶的窟顶成为主流。

在壁画题材上,承袭了北魏晚期和西魏的涅槃变(第26、4窟的窟顶均有涅槃变),新出现了法华经变(第27、4窟窟顶有法华经变),大量运用浮塑的技法〔第4窟窟顶、前廊上部以及第26窟佛坛前端都出现了浮塑,这是受巩县(现巩义市)石窟寺的影响〕,伎乐天和供养天大量出现。壁面上部及窟顶出现成排千佛,第26窟左右壁上部为两排彩绘千佛,第4窟变为三排影塑千佛。

造像组合上,以七佛题材为主的麦积山北周洞窟中,出现七佛组合的有12个,分别是第4、7、12、26、27、32、35、36、39、65、109、141窟。个别洞窟继承了麦积山北魏时期的造像组合特征,仍有三佛组合(第45、52、62、197窟),也有一佛(第67、157窟)和千佛(第3窟)的单独组合。

表1-2　麦积山北周洞窟信息一览表

窟号	窟形	造像组合	壁画	其他
3	廊道	千佛		
4	庑殿顶,七间八柱崖阁式仿宫殿建筑	七佛	涅槃变、法华变、薄肉塑	诸龛壁面影塑千佛
7	平面方形,四角攒尖顶,三壁一龛窟	七佛		正壁龛一坐佛,左右壁各三坐佛

续表

窟号	窟形	造像组合	壁画	其他
11	平面方形,四角攒尖顶			方形大窟门
12	平面方形,四角攒尖顶,三壁一龛窟	七佛		正壁龛一坐佛,左右壁各三坐佛
18	龛形大部坍塌,正壁开龛			可能是平面方形的四角攒尖顶窟
22	龛形大部坍塌,正壁开龛			
26	平面方形,四角攒尖顶,三壁一龛窟	七佛	涅槃变、千佛	正壁龛一坐佛,左右壁各三坐佛
27	平面方形,四角攒尖顶,三壁一龛窟	七佛	法华变	正壁龛一坐佛,左右壁各三坐佛
32	平面方形,四角攒尖顶,三壁一龛窟	七佛		正壁龛一坐佛,左右壁各三坐佛
35	平面方形,四角攒尖顶,三壁一龛窟	七佛	窟顶有说法图	正壁龛一坐佛,左右壁各三坐佛
36	平面方形,四角攒尖顶,三壁一龛窟	七佛	经变图、千佛	正壁龛一坐佛,左右壁各三坐佛;四壁上部绘千佛
39	平面方形,四角攒尖顶,三壁一龛窟	七佛		正壁龛一坐佛,左右壁各三坐佛
45	平面马蹄形,穿窿顶	三佛		
46	龛形大部坍塌			平面应为方形
52	平面方形,四角攒尖顶	三佛		方形大窟门,根据左右壁壁面残存桩孔判断应为三佛组合

续表

窟号	窟形	造像组合	壁画	其他
62	平面方形,四角攒尖顶,三壁三龛窟	三佛	千佛	壁面及窟顶绘千佛
65	平面方形,四角攒尖顶,三壁一龛窟	七佛	千佛	正壁龛一坐佛,左右壁各三坐佛;壁面绘千佛
67	龛形大部坍塌,平面方形	一佛		倚坐佛
94	平面马蹄形			正壁存一坐佛
109	平面方形,覆斗顶,三壁一龛窟	七佛	千佛(窟顶四壁满绘)	正壁龛一坐佛,左右壁各三坐佛
136	平面方形,四角攒尖顶			
141	平面方形,覆斗顶,三壁七龛窟	七佛		正左右壁龛内皆一坐佛
157	平面方形	一佛		正壁一坐佛,左右二胁侍弟子
168	石雕台阶			
197	平面方形,四角攒尖顶,三壁三龛窟	三佛		现仅存左壁坐佛,窟形经过改造

第二节　佛教浸染下的秦州地区民族融合

秦州地理位置重要,史载秦州"旧土有秦之富,跨带垅坂"①,"山多林木,民以板为室屋"②,"彼俗不设村坞……陇右之人,以畜牧为事"③。秦州自古就是少数民族聚居之地,加之"秦州殷富,去京悬远"④,民族复杂,矛盾突出,多有战乱。先秦时期,秦州为戎族居地。汉代秦州所在的地方势力的兴起与羌胡等少数民族关系密切⑤。魏晋南北朝时期,秦州作为兵家必争之地,先后归属于由各少数民族权贵建立起来的前赵、后赵、前秦、后秦、西秦、赫连夏等北方政权,后又被北魏、西魏、北周等少数民族政权所统治。在数百年的时间里,这块土地上充斥着匈奴、羯、氐羌、大夏、鲜卑等少数民族的身影。他们杂居于此,关系复杂,不易管制,到了北魏太和年

①(梁)萧子显《南齐书》卷 15《州郡下》,中华书局,1972 年,第 295 页。
②(汉)班固《汉书》卷 28 下《地理志》,中华书局,1962 年,第 1644 页。
③(唐)李延寿《北史》卷 73《贺娄子幹传》,中华书局,1974 年,第 2522 页。
④(北齐)魏收《魏书》卷 52《赵叔隆传》,中华书局,1974 年,第 1148 页。
⑤杨永俊《略论汉代陇右地方势力的兴起及其与羌胡的关系》,《敦煌学辑刊》2000 年第 2期。

间,仍旧是"秦人恃崄,率多粗暴,或拒课输,或害长吏,自前守宰,率皆依州遥领,不入郡县"①。正是因为秦州民族情况复杂,且多经战乱,各族人民饱受其苦,魏晋南北朝时期,各民族的反抗此起彼伏,经常见诸史册。

石勒之时,"秦州休屠王羌叛于勒,刺史临深遣司马管光帅州军讨之,为羌所败,陇右大扰,氐羌悉叛"②。北魏太平真君七年(446)"金城边固、天水梁会,与秦、益杂民万余户据上邽东城反……氐、羌万余人,休官、屠各二万余人皆起兵应固、会"③。北魏太和元年(477)"秦州略阳人王元寿聚众,自号冲天王……二月辛未,秦益二州刺史、武都公尉洛侯讨破王元寿"④。北魏正始三年(506)"壬申,梁、秦二州刺史邢峦连破氐贼,克武兴。秦州人王智等聚众,自号王公,寻推秦州主簿吕苟儿为主,年号建明"⑤。"初,秦州城人薛伯珍、刘庆、杜迁等反,执刺史李彦,推莫折大提为首,自称秦王。大提寻死,其第四子念生窃号天子,年曰天建……时有天水人吕伯度兄弟始共念生同逆,后与兄众保于显亲聚众讨念生。战败,奔于胡琛。琛以伯度为大都督、秦王,资其士马,还征秦州。大破念生将杜粲于成纪,又破其金城王莫折普贤于水洛城,遂至显亲。念生率众身自拒战,又大败。伯度乃背胡琛,遣其兄子忻和率骑东引大军。念生事迫,乃诈降于宝夤。朝廷嘉伯度立义之功,授泾州刺史、平秦郡公"⑥。北魏延昌年间(512—515)"秦州民反,诏(卢)同兼通直常侍,持节慰谕之,多所降下"⑦。北魏永平三年(510)"春二月壬子,秦州沙门刘光秀谋反,州郡捕斩之"⑧。北魏神龟元

①(北齐)魏收《魏书》卷70《刘藻传》,中华书局,1974年,第1550页。
②(唐)房玄龄等《晋书》卷105《石勒载记下》,中华书局,1974年,第2747页。
③(北宋)司马光《资治通鉴》,中华书局,1956年,第3935页。
④(唐)李延寿《北史》卷3《高祖孝文帝纪》,中华书局,1974年,第93页。
⑤(唐)李延寿《北史》卷4《世宗宣武帝纪》,中华书局,1974年,第136页。
⑥(唐)李延寿《北史》卷29《萧宝夤传》,中华书局,1974年,第1054—1055页。
⑦(北齐)魏收《魏书》卷76《卢同传》,中华书局,1974年,第1681页。
⑧(唐)李延寿《北史》卷4《世宗宣武帝纪》,中华书局,1974年,第139页。

年(518)正月,"秦州羌反""秦州属国羌及南秦、东益氐皆反"①。西魏大统四年(538)"秦州浊水羌反,州军讨平之"②。

根据史料记载可以看出,自西晋至西魏,特别是北魏时期,秦州地区以氐羌为主的少数民族起义频繁,但延至北周,已经很少出现。这一变化的主要原因固然是统治者对秦州的掌控力越来越强,通过军事镇压、设置镇戍、迁移户口使其分散居住③,并设置有专门管理少数民族的职位④,以及推诚布信、随机安抚等多种手段并用,恩威并施,多管齐下,从而达到了对秦州少数民族的有效管控;但另外一方面,佛教的教化作用也是非常关键的,佛教在安抚人心方面,其功甚显,佛教的输入,既满足了各民族的心理需求,也达到了统治者掌控和教化人民的目的。因此,佛教迅速流布,兴盛异常。至后秦姚兴之时,已是"州郡化之,事佛者十室而九矣"⑤。

一、秦州地区的少数民族与佛教

佛教早在汉代就可能影响到了秦州地区。随着十六国北朝时期秦州大兴开凿石窟之风,并成为一个中心点,秦州佛教在全国的地位和作用得到极大的提升。秦州僧人、任职秦州的地方官员、秦州大族以及当地氐羌等少数民族对佛教的崇奉,带动了这一地区佛教的迅猛发展⑥。郑文以关中地区的造像碑作为中心,对魏晋南北朝时期关中地区氐羌民族的宗教

---

①(北齐)魏收《魏书》卷105之4《天象志四》,中华书局,1974年,第2438页。

②(唐)令狐德棻等《周书》卷49《异域传上·宕昌传》,中华书局,1971年,第893页。

③史载刘曜曾"迁韬等及陇右万余户于长安""徙秦州大姓杨、姜诸族二千余户于长安。氐羌悉下,并送质任"。石勒在击败秦州休屠王羌叛乱之后,"徙秦州夷豪五千余户于雍州"。石季龙"遂徙秦雍豪杰于关东。"(《晋书》)

④诸如史书中所记载的大羌令"维应反坐,又言于太后,欲开将来告者之路,乃黜为燕州昌平郡守,纪为秦州大羌令"(《北史》),寻进监秦州氐羌诸军事,还有"护羌中郎将"等职(《晋书》)。

⑤(唐)房玄龄等《晋书》卷117《姚兴载记上》,中华书局,1974年,第2985页。

⑥魏文斌《汉至北魏秦州佛教史料与麦积山石窟(一)》,《敦煌学辑刊》2013年第1期。

信仰做了初步考察研究。他指出氐羌等少数民族在内迁的过程中将其对原始宗教的信仰转为对佛、道的信仰。在佛教造像方面,羌族中参与造像的官吏众多,阶级、等级分明,族群内部联系紧密,而氐族则以相对松散的个体造像模式居多。由于当时少数民族女性在家庭、社会中享有较高的地位,同时佛教宣扬"众生平等""人人皆有佛性,人人皆可成佛",氐羌中出现了独立的女性邑社及女性的造像碑。共同的宗教信仰打破了以一个族群为主的造像模式,氐羌民族开始共同出资、策划和参与造像活动。这样必然会增进彼此间的心理上的认同,为民族融合提供了条件和可能①。

魏晋及北朝时期,统治秦州的各个政权大都崇奉佛教,佛教成为当时各个统治者首选的解决民族矛盾、促进社会团结、增强政权向心力的不二之选。这种选择一方面为佛教在秦州的发展提供了政治前提,另一方面也确实极大地促进了秦州各少数民族之间以及汉族与少数民族之间的大融合。北周时期,秦州各少数民族之间通过官方、家族、邑义等方式大力供奉佛教,反映出佛教浸染下民族关系得到了极大的缓和。佛教遗存中所遗留下来的少数民族信息, 也为我们研究秦州以及陇右的少数民族发展史提供了宝贵的资料。

为了较为明确地审视北周时期少数民族与佛教之间的关系, 现对秦州地区北周时期佛教遗存中的少数民族供养人分别列表:

---

① 郑文《魏晋南北朝时期关中地区氐羌民族的宗教信仰——以造像碑为中心的考察》,陕西师范大学硕士论文,2006 年。

表 1-3　水帘洞石窟群中的少数民族供养人列表

所在单元及编号	题记	姓氏	民族
拉梢寺第 1 龛	……蜀国公尉迟迥……	尉迟	鲜卑
水帘洞 6 号	清信女焦□□/ 供养佛时 佛弟子焦阿帛 / 供养佛时 佛弟子焦阿祥 / 供养佛时 ……梁令超 / 供养佛时 ……梁畅 / 供养佛时 佛弟子梁阿男(昂)/ 供养佛时 佛弟子梁景延 / 供养佛时	焦、梁	氐、羌
水帘洞 2 号	佛弟子莫折永妃一心供养	莫折	羌
水帘洞 11 号	佛弟子权之女供养	权	氐
千佛洞	大都督姚长璨供养时	姚	羌

表 1-4　北周时期秦州出土的造像碑中所见姓氏列表

碑名	题记	姓氏	民族	出土地
权道奴造像碑	权道奴供养佛时 清信嫂廉男叙 外生王明息姊侄王清妃 清信姊吕女姿 亡姊母仵帛椁	权、廉、王、吕、仵	氐等	秦安
王文超造像碑	佛弟子王文超妻吕阿□ 权杏保小妹夫权□仁 忘叔仵烦□	王、吕、权、仵	氐等	秦安
王令猥造像碑	堡主王令猥 忘母皇甫男奸 清信梁定姿 清信权影晖 清信张女如	王、皇甫、梁、权、张	羌等	张家川

续表

碑名	题记	姓氏	民族	出土地
宇文建崇造像碑	秦州都酋长吕帛冰 亡母元要 亡姊李姿 妻忏思妙 佛弟子王湛书 佛弟子权法超	吕（宇文）、元、李、忏、王、权	氐、鲜卑等	秦安
诸邑子石铭	王容晖王容吕□□□…… 权伏□□…… 邑主忏……	忏、权、吕、王	氐、羌等	秦安
句法袭造像碑 （鲁恭姬造像碑）	清水句法袭 杨氏妹 姜垣氏	句、杨、姜	匈奴、氐等	清水

由表1–3可知，北周时期活跃于该区域的少数民族姓氏主要有莫折、权、焦、梁、姚等。关于水帘洞石窟群供养人题记中所反映的民族问题，魏文斌和吴荭先生在其文章中已经有详细的考证说明[1]。

莫折氏为秦陇羌族大姓，是羌族的一支。《北朝胡姓考》第五《西羌诸姓》：“关西莫折氏，本西羌族。”[2]《元和姓纂》：“莫折氏，本羌姓，代居渭州襄城。”[3]莫折氏为关西羌中强族，最晚在西秦之前已经内迁于秦州一带，十六国北朝时期活动频繁，魏周之世，迭为边患。随着佛教在秦州的发展，秦州地区的羌族开始信奉佛教，凿龛造像之事随之增多，水帘洞石窟中出现的莫折氏题记就是一个例证。

---

[1]魏文斌，吴荭《甘肃武山水帘洞石窟北周供养题记反映的历史与民族问题》，2005年云冈国际学术研讨会论文集，2005年。

[2]姚薇元《北朝胡姓考》（修订版），中华书局，2007年，第357页。

[3]（唐）林宝撰，岑仲勉校《元和姓纂》，中华书局，1994年。

权氏在十六国后直至唐代一直是秦州大姓，西魏北周时期有著名的权景宣，并出土了许多权氏佛教造像。据敦煌文书 S.2052《新集天下姓望氏族谱一卷并序》中所记载的唐十道诸郡所出姓望氏族可知，权氏郡望即在秦州天水郡①。吕姓属略阳氏族，也是秦州大姓，十六国时吕光在姑臧（武威）建立后凉政权。王姓也是天水大姓，天水是王姓的几大郡望之一②。梁姓是陇西羌族大姓，两晋十六国时期，梁氏多人曾担任陇西、天水、南安等地的军政要员③。

姚、梁、焦、权皆是陇西氏羌大姓。十六国时期，梁、焦、姚、权等姓氏有多人担任陇西、天水、南安等地的军政要员。起家天水的羌族姚苌称制之后，所任用的官员多为秦州氏羌人士④。正是因为姚、焦、权、梁等氏为当地大姓，势力很大，且均信奉佛教，因此他们对于秦州佛教的发展和兴盛起了很关键的作用。

在造像碑中还出现了仵、廉等姓，根据马长寿先生的观点"唐代以前，无论鲜卑、西羌大都保持着族内婚制，不与外族通婚，只有上层人物，如贵族、达官则不在此限"⑤来判断，题记中出现的仵、廉姓氏的供养人也属氏羌。

关于仵姓，史书载，薛举在攻打陇州不克后，"乃遣其将仵士政以数百

①郑炳林《敦煌地理文书汇辑校注》，甘肃教育出版社，1989 年，第 323—328 页。
②魏文斌《水帘洞石窟群与麦积山等石窟的关系及其在学术研究上的地位与价值》，见《水帘洞石窟群》，科学出版社，2009 年，第 133—149 页。
③魏文斌《水帘洞石窟群与麦积山等石窟的关系及其在学术研究上的地位与价值》，见《水帘洞石窟群》，科学出版社，2009 年，第 133—149 页。
④《晋书》："苌乃从纬谋，以太元九年自称大将军、大单于、万年秦王，大赦境内，年号白雀，称制行事。以天水尹详、南安庞演为左右长史，南安姚晃、尹纬为左右司马，天水狄伯支、焦虔、梁希、庞魏、任谦为从事中郎，姜训、阎遵为掾属，王据、焦世、蒋秀、尹延年、牛双、张乾为参军，王钦卢、姚方成、王破虏、杨难、尹嵩、裴骑、赵曜、狄广、党删等为帅。"
⑤马长寿《碑铭所见前秦至隋初的关中部族》，广西师范大学出版社，2006 年，第 77 页。

人伪降达"①。而薛举则是隋大业末年,以金城(今甘肃兰州)校尉"率众反,自称西秦霸王,建元秦兴,攻陷陇右诸郡"②。之后薛举遣子薛仁杲攻克秦州之后,薛举便将都城自兰州迁至秦州③,其主要的势力范围在陇西和秦州区域,因此其部将仵士政也当为陇西或者秦州人。因此造像碑中所出现之仵姓与仵士政极有可能同属仵姓一支。

关于廉姓,战国时期赵国有名将廉颇,《汉书》中有"中郎将廉丹"④,《后汉书》中有廉范。其中关于廉范之记载较为详细,"廉范字叔度,京兆杜陵人也,赵将廉颇之后也。汉兴,以廉氏豪宗,自苦陉徙焉。世为边郡守,或葬陇西襄武,故因仕焉"⑤。可知廉颇之后代在汉代作为边地郡守而迁至陇西等地,遂居于此地,这可能就是秦州北周造像碑中出现的廉氏之来源。

由表 1-4 可以看出,当时活跃在秦州地区的少数民族姓氏有吕、权、仵、梁、廉,以及王、张、李、皇甫等包括汉族姓氏在内的各民族姓氏,并以王、权、吕出现的频率最高。他们之间通婚频繁,关系密切,对当时秦州地区的政治、文化等带来的影响,特别是对秦州佛教发展的影响,值得关注。

从表 1-4 中我们会发现,在当时,不同姓氏的分布存在区域性,即使是在秦州这一区域内的东西部也存在这种情况。武山水帘洞石窟群中所反映的主要有焦、梁、姚、莫折等姓氏,而秦安、张家川的则主要有权、吕、仵等姓氏。

碑刻中的供养人姓名中多次出现了带"僧""道""妙""善"等与佛教有关的字眼,这也显示出了佛教对于当时民众影响之深。公元 563 年的权道奴碑中有"亡姊僧姿",公元 564 年的王文超造像碑中有"姊僧姿",公元

①(后晋)刘昫等《旧唐书》卷 187《常达传》,中华书局,1975 年,第 4866—4867 页。
②(唐)李延寿《北史》卷 12《炀帝纪》,中华书局,1974 年,第 469 页。
③(后晋)刘昫等《旧唐书》卷 55《薛举传》,中华书局,1975 年,第 2246 页。
④(汉)班固《汉书》卷 99 中《王莽传》,中华书局,1962 年,第 4126 页。
⑤(宋)范晔撰,(唐)李贤等注《后汉书》卷 31《廉范传》,中华书局,1965 年,第 1101 页。

574 年的宇文建崇造像碑中又有"亡母僧姿",同时出现了三个叫僧姿的女性。从时间和姓氏判断,权道奴碑中的僧姿与王文超造像碑中的僧姿不是同一个人。根据宇文建崇造像碑中多次出现王姓供养人来判断,王文超造像碑和宇文建崇造像碑中所记的供养人僧姿为同一人。

这也从侧面反映出了王姓与吕姓家族之间密切的姻亲关系,而且这种前后年代相差不远的造像碑是为同一个人造像祈求功德的现象是比较少见的,而这种情况只有在互为姻亲且均信奉佛教的部族之间才会出现。可以说,至少在这两通碑刻中,所涉及的家族整体信奉佛教,这也是秦州地区少数民族信仰佛教的一个特点。虽然这时候的一些少数民族仍旧流行族内通婚的习俗,但是随着各民族之间相互融合,以及各少数民族汉化程度的加深,他们与汉族之间的通婚也便属于正常,这也是北周时期秦州佛教遗存中出现大量汉族姓氏的原因。

麦积山石窟现存的供养人题记中,也出现了秦州李、姜、仵姓供养人,说明秦州氐羌等少数民族以及秦州大姓在麦积山开窟造像的情况。北魏第 159 窟,是李道主一家的功德窟,麦积山勘察团将该窟称为李氏窟①。相关题记在张锦秀《麦积山石窟志》中也有收录,正壁右侧下部有"亡父李道主供养"等榜题②。第 110 窟前壁右侧有题记"仵玄宝亡父供养佛时"③。第 160 窟为姜氏家族窟,有"姜氏妹小晖持花供养佛时"等榜题④。

---

① 麦积山勘察团《麦积山勘察团工作日记》,《文物参考资料》1954 年第 2 期。

② 麦积山勘察团录为"李道主",张锦秀录为"李道生",麦积山勘察团所录为是。见张锦秀《麦积山石窟志》(甘肃人民出版社,2002 年,第 140—141 页),及麦积山勘察团《麦积山石窟内容总录》(《文物参考资料》1954 年第 6 期,第 103 页)。

③ 麦积山勘察团在其工作日记中首次录入该题记,但是张锦秀在其石窟志中将该题记录为"侔玄宝亡父供养佛时",误将"仵"认作"侔"。见麦积山勘察团《麦积山勘察团工作日记》(《文物参考资料》,1954 年第 2 期),及张锦秀《麦积山石窟志》(甘肃人民出版社,2002 年,第 138 页)。

④ 见麦积山勘察团《麦积山勘察团工作日记》及张锦秀《麦积山石窟志》第 141 页。

二、北周时期与秦州佛教有关的官吏

秦州为关中屏障,是定都长安的各政权之后方,西魏至北周时期,备受中央重视,先后有宇文导、宇文广、尉迟迥、宇文亮、侯莫陈琼、尉迟运等多位重臣和皇室成员主政,详见表 1-5。在这些地方最高官员中,多有信佛之人,他们对于秦州佛教的发展有着重要的推动和引领作用。这一时期,还有许多官员虽然没有直接担任秦州刺史一职,但是也是在秦州担任其他官职或者在秦州地区活动,以往对这些人有所忽视,以下所列举的这些人,都与秦州佛教有着直接和间接的关系。

1. 元伟

元伟字猷道,河南洛阳人也。魏昭成之后。曾祖忠,尚书左仆射,城阳王。祖盛,通直散骑常侍,城阳公。父顺,以左卫将军从魏孝武西迁,拜中书监、雍州刺史、开府仪同三司,封濮阳王。……孝闵帝践祚,除晋公护府司录。世宗初,拜师氏中大夫。受诏于麟趾殿刊正经籍。寻除陇右总管府长史,加骠骑大将军、开府仪同三司。保定二年,迁成州刺史。伟政尚清静,百姓悦附,流民复业者三千余口。天和元年,入为匠师中大夫,转司宗中大夫。六年,出为随州刺史。伟辞以母老,不拜。还为司宗。寻以母忧去职。建德二年,复为司宗,转司会中大夫,兼民部中大夫,迁小司寇。四年,以伟为使主,报聘于齐。是秋,高祖亲戎东讨,伟遂为齐人所执。六年,齐平,伟方见释。高祖以其久被幽絷,加授上开府。大象二年,除襄州刺史,进位大将军。

伟性温柔,好虚静。居家不治生业。笃学爱文,政事之眼,未尝弃书。谨慎小心,与物无忤。时人以此称之。初自邺还也,庾信赠其诗曰:"虢亡垂棘反,齐平宝鼎归。"其为辞人所重如此。后以疾卒。①

　　元伟乃北魏皇族,主要的活动时间在西魏北周时期,曾经担任陇右总管府长史。从对他性格的"性温柔,好虚静"描述来看,此人喜好黄老,在北周明帝宇文毓在位时(557—560)担任陇右总管府长史,直到保定二年(562),在任期间政尚清净,也是符合其性格和黄老特点。天和元年(566)他回长安担任匠师中大夫,当然是熟知各种建筑及营造事宜,也就是说他是一个既留心黄老、又懂得营造法式之人。建德四年(575)作为北周特使,前往北齐报聘,被北齐囚禁于邺城长达两年,至577年北周灭北齐后返回长安,在这期间还曾写《述行赋》一篇用来劝导北齐皇帝高纬和其母亲胡太后二人和好。从庾信为其赠诗可以看出,其与庾信关系相熟。元伟本人笃学爱文,周武帝时期,与萧捴、唐瑾、王褒四人俱为文学博士,史载"周氏创业,运属陵夷,纂遗文于既丧,聘奇士如弗及。是以苏亮、苏绰、卢柔、唐瑾、元伟、李昶之徒,咸奋鳞翼,自致青紫"②,可见元伟当时在北周朝廷中作为文官的地位很高,因此与庾信同属文人,互相为友也属正常。

　　元伟作为北魏皇族,历经西魏北周能够并受重用,是宇文氏对待前朝皇族的一个缩影,正如《周书》中所言"太祖天纵宽仁,性罕猜忌。元氏戚属,并保全之,内外任使,布于列职。孝闵践祚,无替前绪。明、武缵业,亦遵先志"③。这在古代王朝更替中也实属难得。而元伟也继承了北魏皇族的一些特征,比如好清虚黄老之道,他本人极有可能是一个佛教信徒。元伟生于洛阳,任职于长安、陇右等地,在邺城被关两年,担任过多种官职,好文又懂城郭宫室之制,又与庾信相熟,可以说他是北周历史上不多的能够将陇右、秦州和长安、洛阳、邺城等地联系起来的人，又曾担任匠作和刊正经籍之职，受佛教浸染较深，所以不光是对于秦州佛教和石窟营造的研究，对于整个西魏北周时期的佛教及佛教建筑的研究，他都是一个很重要的人物。

2. 苏氏兄弟、周惠达及姜俭诸人

苏亮与苏绰在西魏和北周时期，名重于朝，备受宇文氏倚重，"世称二苏"。苏亮先后跟随萧宝夤和长孙稚、尔朱天光、贺拔岳，皆任要职。最值得注目的事情就是"魏文帝子宜都王式为秦州刺史，以亮为司马。帝谓亮曰：'黄门侍郎岂可为秦州司马，直以朕爱子出蕃，故以心腹相委，勿以为恨。'临辞，赐以御马。七年，复为黄门郎，加骠骑将军"[1]。和这件事情紧密相连的就是西魏文帝皇后乙弗氏被贬居秦州，依附其子宜都王式，而这时苏亮正好在秦州担任秦州司马。大统六年（540），乙弗氏奉敕自尽。大统七年（541），苏亮也就返回长安，复为黄门郎。直接原因就是文帝之子元式离开秦州，不再担任秦州刺史一职，苏亮的任务完成，便返回长安了。苏绰乃苏亮从弟，因为周惠达的推荐而被宇文泰所知，遂被重用。苏绰"绰始制文案程式，朱出墨入，及计帐、户籍之法"[2]。后上书六条，为宇文泰"革易时政"。苏绰上书的六条成为宇文泰力推的行动纲领，以致"令百司习诵之，其牧守令长非通六条及计帐者，不得居官"[3]，苏绰又制定了朝廷官方的行文体例和文风。可以说他是西魏政府的"一支笔"，重新建立起了西魏北周时期的礼乐典章制度。其生卒年为太和二十一年至大统十二年（497—546），享年四十九岁，主要活动于西魏。他还曾"著佛性论、七经论，并行

---

①（唐）令狐德棻等《周书》卷38《苏亮传》，中华书局，1971年，第678页。

②（唐）令狐德棻等《周书》卷23《苏绰传》，中华书局，1971年，第382页。

③（唐）李延寿《北史》卷63《苏绰传》，中华书局，1974年，第2239页。

于世"①,可见其佛教造诣之深。

苏湛,乃是苏亮从弟。史载苏湛"字景俊。少有志行,与亮俱著名西土。年二十余,举秀才,除奉朝请,领侍御史,加员外散骑侍郎。萧宝夤西讨,以湛为行台郎中,深见委任"②。

《魏书》载:"湛从母弟天水姜俭,字文简。父昭,自平宪司直,出为兖州安东长史,带高平太守,卒于营构都将。俭少有干用,勤济过人。起家徐州车骑府田曹参军,转太尉外兵参军。萧宝夤出讨关西,引为开府属,军机谋略,多所参预。俭亦自谓遭逢知己,遂竭诚委托。宝夤为雍州,仍请为开府从事中郎,带长安令。及宝夤反,以为左丞,尤见信任,为群下所仇疾。宝夤败,城人杀之,时年三十九。苏湛每谓人曰:'以姜俭才志,堪致富贵。惜其不遇,命也如何!'"③

苏湛和姜俭因为都曾是萧宝夤的属下,并且姜俭是苏湛的从母弟,因此萧宝夤在准备叛乱之时,为了拉拢苏湛加入,曾经派遣姜俭前去劝说苏湛加入,但被拒绝。这里面有个细节就是,姜俭乃是苏湛的从母弟(即姨兄弟,笔者注)④。"及宝夤将谋叛逆,湛时卧疾于家。宝夤乃令湛从母弟天水姜俭谓湛曰……"⑤,由此可知苏湛的母亲是姜俭母亲的亲姊妹,两家关系自然非常紧密,姜俭最后因为萧宝夤兵败被杀。

天水姜氏在北朝晚期也是秦州本地的大姓之一,麦积山现存第160窟供养人题记中的"姜氏妹小晖持花供养佛时"等题记⑥,就是天水姜氏一

①(唐)李延寿《北史》卷63《苏绰传》,中华书局,1974年,第2243页。
②(唐)令狐德棻等《周书》卷38《苏亮传附弟湛传》,中华书局,1971年,第678—679页。
③(北齐)魏收《魏书》卷45《韦阆传附姜俭传》,中华书局,1974年,第1018页。
④《尔雅·释亲》:"母之姊妹为从母。"《仪礼·丧服》:"从母,丈夫妇人报。"郑玄注:"从母,母之姊妹。"《释名·释亲属》:"母之姊妹曰姨……礼谓之从母,为娣而来,则从母列也。"
⑤(唐)令狐德棻等《周书》卷38《苏亮传附弟湛传》,中华书局,1971年,第679页。
⑥张锦秀《麦积山石窟志》,甘肃人民出版社,2002年,第141页。

支信奉佛教并在麦积山开窟造像的例证。魏晋南北朝时期,天水姜氏人才辈出、文武并列。天水姜氏在北朝时期信奉佛教,这在秦州北朝时期的佛教遗存中多有例证。前文中所列造像碑中就多有出现,麦积山石窟也有天水姜氏开窟造像的供养人题记留存。

　　周惠达"字怀文,章武文安人也"①。随萧宝夤西征入关,来到陇右,受萧宝夤指派前往洛阳,后跟随贺拔岳。侯莫陈悦杀害岳后,为了躲避侯莫陈悦而"遁入汉阳之麦积崖"②,之后又为宇文泰所重用。"自关右草创,礼乐缺然。惠达与礼官损益旧章,至是仪轨稍备。魏文帝因朝奏乐,顾谓惠达曰:'此卿之功也。'"③周惠达"尽心勤公,进拔良士",当时的天水赵煚就是受其提拔④。可以说,周惠达熟知秦州,并与麦积山的僧众有一定关系,因此方能遁入麦积山以求自保,又于苏绰有推荐之功,和苏亮又都跟随过萧宝夤、贺拔岳等人,二人自然相熟。苏绰、苏亮与苏湛又同属苏氏一族,互为兄弟。苏绰于佛教造诣颇深,天水姜俭与苏绰又相互关系紧密。天水姜氏多崇奉佛教,又曾经在麦积山开窟造像。从这些错综复杂的线索当中不难看出,这些人与秦州佛教及麦积山石窟都有着某种关系。

---

①(唐)令狐德棻等《周书》卷 22《周惠达传》,中华书局,1971 年,第 361 页。
②东汉永平十七年(74),改天水为汉阳郡,事见《后汉书》(卷二)显宗孝明帝纪第二。《隋书·地理志》载:"汉阳郡后魏曰南秦州,西魏曰成州。"汉阳之麦积崖即今天水麦积山,这一条记载是北朝时期有关麦积山的又一重要史料。
③(唐)令狐德棻等《周书》卷 22《周惠达传》,中华书局,1971 年,第 363 页。
④(唐)李延寿《北史》卷 75《赵煚传》,中华书局,1974 年,第 2563 页。

表1-5 北魏末至北周历任秦州地方长官信息列表①

时间	姓名	籍贯	任职	家世	资料来源
530— 534	侯莫陈悦	代郡	开府仪同三司、都督陇右诸军事、秦州刺史	北镇武将	《魏书》卷80《侯莫陈悦传》
534	李弼	辽东襄平	秦州刺史	北镇武将	《周书》卷15《李弼传》,《资治通鉴》卷156"中大通六年"条
535	念贤	?	秦州刺史	累世公卿	《周书》卷14,《北史》卷49《念贤传》
537	常善	高阳	秦州刺史	北镇武将	《周书》卷27《常善传》
538	元式	洛阳长安	秦州刺史	西魏皇族	《周书》卷38《苏亮传》,《北史》卷13《后妃传上》
539	念贤	?	都督秦渭原泾四州诸军事、秦州刺史	累世公卿	《周书》卷14《念贤传》
540— 547	独孤信	云中	陇右十州大都督、秦州刺史	北镇武将	《周书》卷16《孤独信传》
547— 550	宇文导	代郡	陇右大都督、秦南等十五州诸军事、秦州刺史	北镇武将	《周书》卷10《邵惠公颢传附子导传》
550	元廓	洛阳	出牧秦陇	西魏皇族	《周书》卷39《王子直传》,卷10《邵惠公颢传附子导传》,卷2《文帝下》
557— 559	宇文广	长安	秦州刺史	北周皇族	《周书》卷10《邵惠公颢传附子导传》,《文苑英华》卷948《周故大将军赵公墓铭》
559	尉迟迥	代人	秦州总管	皇亲国戚	《北史》卷62《尉迟迥传》,《周书》卷4《明帝纪》

①该表采自陈悦新《中心文化对北朝麦积山石窟的影响》(《敦煌研究》,2006年第4期)。表中"家世"一项中,"北镇武将"指北魏后期镇守北边六镇,后因六镇叛魏,流徙中原,陆续加入尔朱氏集团,后来跟随尔朱天光、贺拔岳、侯莫陈悦等入关的将士;"累世公卿"指随魏帝入关的北魏旧臣。

续表

时间	姓名	籍贯	任职	家世	资料来源
562—568	宇文广	长安	秦州总管、十三州诸军事、秦州刺史	北周皇族	《周书》卷 10《邵惠公颢传附子导传》,《文苑英华》卷 948《周故大将军赵公墓铭》
568—570	宇文纯	长安	秦州总管	北周皇族	《周书》卷 5《武帝纪上》
570	宇文广	长安	秦州刺史	北周皇族	《文苑英华》卷 948《周故大将军赵公墓铭》
571	宇文亮	长安	秦州总管	北周皇族	《周书》卷 5《武帝纪上》,卷 10《邵惠公颢传附子导传》
574	侯莫陈琼	?	秦州总管	柱国、大宗伯、周昌公	《周书》卷 5《武帝纪上》
579	尉迟运	代人	秦州总管、秦渭等六州诸军事、秦州刺史	卢国公	《周书》卷 40《尉迟运传》,卷 20《尉迟纲传》
580	刘昶	中山	柱国、秦灵总管	皇亲国戚	《周书》卷 17《刘亮传》
582	窦荣定	扶风	秦州总管	皇亲国戚	《隋书》卷 1《高祖记》、卷 39《于义传附窦荣定传》

本章通过梳理北周时期秦州佛教遗存,可知北周时期秦州佛教兴盛,主要因素是在北朝佛教整体发展的大背景下,北周诸帝、地方长官、秦州大姓、僧俗大众等各个阶层对于佛教的崇奉;探讨了佛教浸染下的秦州地区的民族问题,审视了北朝时期,特别是北周时期,佛教对于民族融合所起到的积极作用。

第二章

麦积山第 4 窟原作遗存

麦积山第4窟营建之后,多次遭受地震、兵火等劫难,历经重修,原貌不再。虽然原作信息大量消失,但透过重重层层的历史叠加,仍然可以观察到许多北周原始信息。这些信息是了解第4窟营建历史、建筑特点、造像组合、壁画内容及风格等的关键点。本章将从建筑、造像和壁画三个方面对遗存予以说明。

第一节　建筑

一、第 4 窟建筑

中国的佛教建筑主要可分为寺、塔、石窟三种。石窟寺最早出现于印度，是开凿于山崖上的一种特殊佛寺形制，特别是以印度阿旃陀石窟为代表的佛教建筑影响深远。在佛教传入中国之后，石窟寺就与中国本土的古代建筑艺术相互结合，与佛教的本土化是一致的。而麦积山石窟现存的 11 座北朝及隋唐石窟崖阁建筑遗存就是这一结合的典范，第 4 窟则是其中最具代表性、最为宏伟的石窟寺建筑。按照庾信铭文所记，该窟的建筑，经过"梯云凿道"的路线，施以"似刻浮檀，如攻水玉""横镌石壁，暗凿山梁"的雕凿，表现出"壁垒经文，龛重佛影"的景象，有"轮月殿""镜花堂"及"山楼石柱"等建筑组成，最终呈献给我们的就是作为"说法之堂"和"天宫"的"七佛龛"①，即我们今天看到的第 4 窟。该窟是麦积山石窟现存的窟

_____

①该段文字中引号内内容皆引自庾信《秦州天水郡麦积崖佛龛铭并序》。

廊和洞窟内部都为仿木构建筑的两个北朝洞窟之一。该窟的建筑可分为
3 个主要部分,即窟廊、屋顶及后室。

1. 窟廊(图 2-1)

窟廊即前廊,面阔七间。廊高 8.65 米,面阔 31.40 米,进深 4.10 米。前
方原有一横排 8 根檐柱,即庾信铭文中所指"石柱",中间 6 根因地震全部
崩塌。在今中区下方的地面上可见其中部分檐柱的柱身及栌斗残块,现仅
余东西稍间的 2 根角柱和崖面相连。廊柱为八面,柱身上收,底部宽 115
厘米(指八角形相对两边的间距),上部宽 92 厘米,柱身净高724.50 厘米
(指自柱础上边至栌斗下方之间的距离)。柱身不是正八边形,八面的宽度
不同,其特点是四个正面较宽,四个侧面较窄。以西侧廊柱为例,其正面底
边长 59—62 厘米, 四个侧面底边长约 35 厘米。柱身下方为圆形覆莲柱
础,高 40.50 厘米,底部直径为 196 厘米,刻出莲瓣。据傅熹年先生推测,
柱础为 12 莲瓣形[①]。柱头之上为栌斗,栌斗总高 89 厘米,底宽约 105 厘

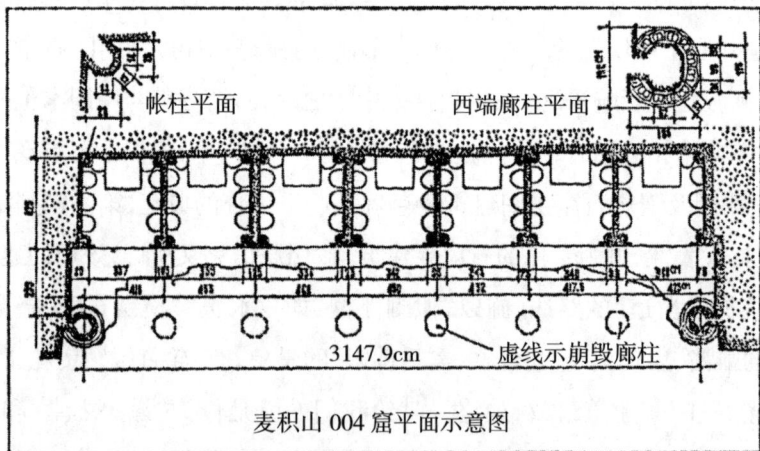

帐柱平面　　　　　西端廊柱平面

3147.9cm　　　虚线示崩毁廊柱

麦积山 004 窟平面示意图

图 2-1　第 4 窟平面图(采自傅熹年先生文章)

①傅熹年《麦积山石窟中所反映出的北朝建筑》,原载《文物资料丛刊》4,文物出版社,1981
年。

米,顶宽 120 厘米,略呈倒梯形,软高约 31 厘米。栌斗之上雕出阑额(或额枋),断面为矩形,宽 70 厘米,高 50 厘米,在根部崩塌。阑额之上雕有齐心斗和散斗。斗上雕有上下两层一高一矮的橑檐枋和替木,向外凸出,呈矩形。橑檐枋之上又雕有檐椽,水平向前伸出,呈扁方形,无飞椽,各椽之间平行,绝大部分崩塌,仅存有东西两侧的四根。从正面和侧面可以清晰地看见诸多建筑构件之间的交替和卯榫关系。东西两侧的两根角柱相对的一面,上部凿有两道并列的长竖槽,柱身下部相对凿有三道短竖槽,自上而下间隔相等排列。据此推测,其余六根廊柱两侧也凿有相同的竖槽,用来镶置诸如门窗等各种木构件,其中东侧角柱竖槽内尚有残存木板。东西两角柱上部外侧崖面各凿有大型乳突状雕饰,凸出于崖面,中间凿出方形孔,用来插置幡旗,20 世纪七八十年代进行山体加固时,里面尚有插置的木头伸出。

前廊左、右壁上方各开一小龛,敞口,平面方形,四角攒尖顶,被后世改造为平面八角形小龛,仿帐架式攒尖顶,龛口变小成为拱形。现高 2.65 米,宽 2.02 米,深 1.87 米。前廊右壁下方凿有一洞,连接第 5 窟牛儿堂,原来较小,只得一人匍匐而过,经过明代甘茹命人加以扩凿,乃成今状。洞口上方刊有石质匾额一方,书曰"小有洞天",也是甘茹所书,并写有《小有洞》五言律诗一首[①]。

窟廊顶部,按前面廊柱及后方诸龛也分为七间。每间廊顶上凿有梁,中间六根梁已经崩塌,仅存有梁尾与后壁上部相连。只有东西两梢间的梁尚完整,梁高约 60 厘米,里端连接前廊后壁,前端连接廊柱的栌斗,并穿过栌斗现出梁头。每间廊顶雕出 6 块平棋,按照宽 2 块、进深 3 块的方式排列,7 间

---

①甘茹诗碑刊于麦积山石窟东崖门口壁面,即第 168 窟最东侧,上面刻写了甘茹和胡安重游麦积山所写的七首诗,其中一首述说此洞之事。见张锦秀《麦积山石窟志》,甘肃人民出版社,2002 年,第 181—182 页。

廊顶共计有 42 块平棋,保存完整的只有东西两侧 6 块。平棋内凹,凿有方形边框,每块平棋四角各有 5 个小圆孔,组成圆形,当为插贴花饰之用。

　　2. 屋顶(图 2-2-1,2-2-2)

　　在第 4 窟地面上方 16 米的崖面上,凿有单檐庑殿顶。正脊两端凿出鸱尾,均做素平处理。雕出瓦垄,表现出筒板瓦屋面,因屋顶坍塌而残存不多。2007 年,麦积山石窟艺术研究所在对第 4 窟屋顶上方的凹槽进行考古调查时,发现三片琉璃瓦扣于庑殿顶的正脊上,被白石灰泥覆盖固定,是南宋时对第 4 窟重修时为了防雨而放置的脊瓦。庑殿顶上方有大小桩孔各两排,共计四排,中间两排为大桩孔,平均尺寸为高 0.72 米,宽 0.6 米,深 0.83 米。四排桩孔之上有一凹槽,高约 1.07 米,进深 0.70 米,宽 35 米以上,凹槽距离第 4 窟底平面约 20.50 米。桩孔是北周开窟时为了做防雨檐的凹槽而开凿的①。

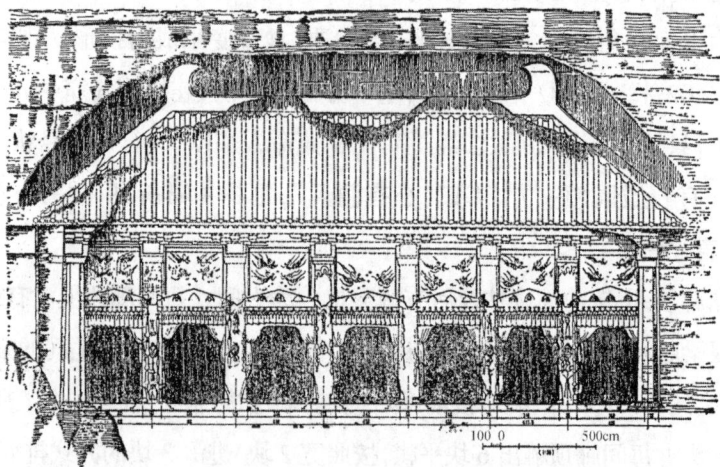

图 2-2-1　第 4 窟立面图(采自傅熹年先生文章)

①关于第 4 窟庑殿顶及桩孔、凹槽的考古调查,详见麦积山石窟艺术研究所考古研究室《麦积山石窟第 4 窟庑殿顶上方悬崖建筑遗迹新发现(附:麦积山中区悬崖坍塌 3 窟龛建筑遗迹初步清理)》,《文物》2008 年第 9 期。

图 2-2-2　第 4 窟全景立面照

3. 后室

后室为一字排开的 7 座仿帐形佛龛，即庾信铭文中所指"轮月殿""镜花堂"。面阔较前廊略窄，龛形一致，平面方形，四角攒尖顶龛，近方形门。龛内雕出八边形枋梁及四壁角柱，壁面凸出的部分呈四棱状，如同骨架支撑整个龛形，四壁与龛顶梁柱相交的四角雕出大朵莲花[①]，四角柱基为覆莲形。帐楣和帐杆的两端和中间雕出束莲，代表着柱束装饰构件。窟顶中央有一大朵莲花，其中第 7 龛龛顶莲花已经脱落，露出方形插孔。7 个龛大小基本相同，其中第 1 龛高 5.34 米，壁高 4.28 米，宽 4.22 米，进深 4.22 米；第 2 龛高 5.37 米，壁高 4.47 米，宽 4.05 米，进深 4.10 米；第 3 龛高 5.06 米，壁高 4 米，宽 3.94 米，进深 3.95 米；第 4 龛高 5.07 米，壁高 4.01

---

①以麦积山第 4 窟为代表的北周仿帐形窟龛顶部四角一般都做莲花或镜子形的装饰物，形如满月和镜子，这应该就是其得名"轮月殿""镜花堂"之因。

米,宽 4.03 米,进深 3.95 米;第 5 龛高 5.07 米,壁高 2.50 米,宽 4.01 米,进深 3.95 米;第 6 龛高 5.42 米,壁高 4.41 米,宽4.15 米,进深 4.33 米;第 7 龛高 5.48 米,壁高 4.47 米,宽 3.99 米,进深4.23 米。从诸龛的外立面可见每个佛帐顶部前坡面的外部特征,特意做出一个梯形的斜坡面来表示。坡面下方就是呈竖长方形的帐口, 最上部一字排开插有 5 个木制泥塑的火焰宝珠,但其最初有可能是在崖面上直接凿出形状,残破后又加以补做的。最外两侧雕出龙、凤、象首等动物形象,口含由珠宝、铃铛等构成的长流苏,且每龛的动物组合各异。帐形龛的流苏皆是从瑞兽的嘴中下垂,第 1 至第 3 龛的瑞兽依次为龙、凤、象,第 5 龛因为残缺没法辨认,第 7 龛为龙,第 6 龛应该为凤。根据对称原则,第 5 龛应该也为象,至于中间第 4 龛的瑞兽,则已无法判断。火焰宝珠下方为两排帐头横帔,一排覆莲瓣形和倒三角形垂饰,三角尖挂有宝珠,其下为向两侧分束的帐幔。帐外的诸形象及装饰皆是采用石胎泥塑的手法做成。第4 窟诸龛形制一般都认为是平面方形、四角攒尖顶龛,但是仔细观察就会发现,诸龛龛内是四角攒尖顶,但是诸龛外立面顶部的形制却是覆斗顶。这一点从诸龛外侧上方所做出的覆斗形石雕就可以看出。李裕群先生早就注意到了这一点,在其《北朝晚期石窟寺研究》一书中,按照窟龛形制将第 4 窟这 7 个龛内外形制做出了分类[1]。

窟檐是石窟建筑的组成部分, 是在窟龛外的崖面上做出屋檐的建筑形式,包括木构与石构两种。在我国早期佛教石窟中,一般不设窟檐。窟檐在石窟寺中的出现,是中国建筑与石窟寺结合的标志之一,也是外来的石窟形式本土化的标志之一。国内的石窟建筑出现的年代为北魏太和年间始。仿木构形式的窟檐主要集中于云冈、麦积山、天龙山、响堂山等石窟,截至北朝晚期,窟檐的雕刻越来越写实,水平越来越高。麦积山第 4 窟窟

---

①李裕群《北朝晚期石窟寺研究》,文物出版社,2003 年,第 117—121 页。

檐的屋面部分,改变了云冈石窟在垂直崖面上平面浮雕的方式,转而采用嵌入崖壁的方式,雕刻出曲线屋面和檐椽。北齐天龙山与响堂山石窟中的仿木构窟檐,为立体石雕,屋面、屋脊、瓦件以及檐椽、斗拱等,刻画真实细致,显示出了当时开凿石窟时规划设计、工匠技艺等方面的高超水平,是当时木构窟檐建筑发展已趋成熟的重要例证[①]。

张睿祥在其硕士论文中,专门对麦积山石窟北朝至隋窟檐建筑进行了研究。通过梁架结构、建筑装饰以及雕刻技法三方面,与云冈、天龙山以及响堂山石窟的窟檐进行了比较,据此将我国北方地区石窟窟檐的分布划分为三个区域:以云冈为主的晋北地区,是雕凿窟檐较早的地区,受希腊、印度影响较深;以响堂山为代表的冀南地区,流行塔庙式窟檐;以麦积山、天龙山为代表的陇右及晋中地区,则是窟檐建筑最具中国化的地区[②]。

建筑装饰与建筑结构,是建筑整体的有机组成部分,二者密不可分。而建筑装饰则是对建筑功能内涵的一种表达。麦积山石窟第 4 窟是麦积山现存最大的庑殿顶仿木构大型宫殿式建筑,也是国内现存最大的仿木构建筑。它将屋宇建筑与佛龛结合,在中国建筑史上具有重要的实物参考价值,是北朝时期中国建筑形制及空间结构的完美表现。

第 4 窟是典型的前廊列柱式窟,也就是窟龛前方设置前廊,最前方有一排列柱。这种窟形或许受到印度毗诃罗式石窟前廊列柱的影响,但其建筑结构与艺术造型已经完全中国化了。而这种七间八柱的形制在麦积山及中国石窟中也是仅此一例。正如傅熹年先生所说,第 4 窟"是全国现存各石窟中凿有窟廊建筑形象的最大一个"洞窟,也是"全国各石窟中最大

---

①韩有成《从须弥山石窟看原州古典建筑式样——略析须弥山石窟建筑》,《宁夏师范学院学报》2009 年第 2 期。

②张睿祥《麦积山石窟北朝至隋窟檐建筑的初步研究》,兰州大学硕士论文,2015 年。

图 2-3 第 4 窟正脊中央石雕形象

一座模仿中国传统建筑形式的洞窟"①。但是傅熹年先生在其文章中所绘的第 4 窟复原图中，忽略了窟顶正脊中央的建筑装饰（图 2-3），有可能是正脊兽。这种形制及装饰可参见龙门石窟古阳洞的石刻屋盖，关于这方面的论文可参照许慧的论文②。

第 4 窟虽然遭地震破坏严重，庑殿顶、前廊及地面大部坍塌，但是仍具有重要的参考价值和意义，正如傅熹年先生所指出的，"它表现建筑物的构造清晰，风格庄重华贵，在唐以前木构建筑早已不存的今天，是研究北朝木构建筑的重要资料。它内部空间的并列七座佛帐尤足珍视""只有此窟是真正如实地表现了南北朝后期已经中国化了的佛殿的外部和内部面貌，在石窟发展史上具有重要意义"③，其在中国建筑史上的意义丝毫不亚于五台山唐代的佛光寺大殿，并且年代要比其早 300 年。

二、第 3、168 窟建筑

第 3、168 窟作为通往第 4 窟的通道，是第 4 窟建筑整体的组成部分，

---

①傅熹年《麦积山石窟中所反映出的北朝建筑》，原载《文物资料丛刊》4，文物出版社，1981 年。
②许慧《中国古建筑屋顶脊饰研究》，河南大学硕士论文，2009 年。
③傅熹年《麦积山石窟中所反映出的北朝建筑》，原载《文物资料丛刊》4，文物出版社，1981 年。

是展现第 4 窟开凿构想和建筑空间意境的重要环节,是庾信铭文中所指"梯云凿道"之工程。

第 3 窟俗称"千佛廊",位于第 4 窟东侧偏下,东与第 168 窟顶端石门相连,西侧与第 4 窟相接(图 2-4-1,2-4-2)。因其廊道上下共有六排石胎泥塑千佛而得名,但是上面两排千佛与下面四排千佛并非同时所作,上面两排千佛才是与廊道相配的造像组合。下面四排千佛像的开凿要晚于第 168 窟。第 3 窟是大型的人字坡顶长廊式崖阁建筑,也是麦积山唯一一座长廊式阁道,整体水平凿刻,东西全长 36.50 米,进深 2.70 米。共有 14 间,前檐大部崩塌,东侧石凿地面上尚存有崩塌后的石墙少许,推测此窟原是在崖壁中穿行的隧道式走廊,外侧凿有石墙或者明窗,或者如第 168 窟那样开一长带形窗口。廊顶两侧素壁,中间雕有月梁 13 道,月梁中央雕出驼峰,驼峰之上有替木和脊檩,内外壁上雕出檐檩,两坡之间凿出圆形椽子连接脊檩和檐檩。除了椽子断面为半圆形外,其余的构件断面皆为方形,月梁外端曾雕有檐柱,现已崩塌无存。每间廊顶凿出椽子 6—7 根,石胎包泥。第 3 窟真实地表现了木构廊道的形式和构造,完整地表现出南北朝时期长廊的内部构造,是目前所存最早的廊道实例,而该窟所反映的月梁则

图 2-4-1　麦积山第 4、3、168 窟立面关系照

图 2-4-2　麦积山第 4、3、168 窟立面关系图(采自李西民所绘麦积山立面图)

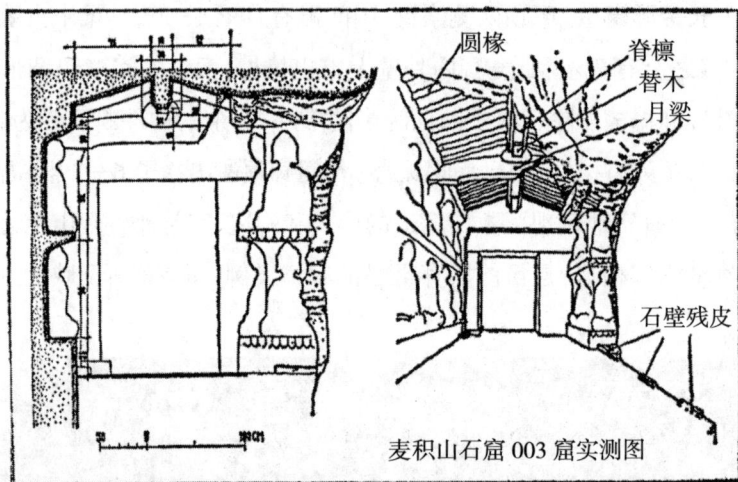

麦积山石窟 003 窟实测图

图 2-5-1　麦积山第 3 窟实测图(采自傅熹年先生文章)

是迄今所见最早的月梁形象[1](图 2-5-1,2-5-2)。

　　第 3 窟西侧与第 4 窟连接的栈道上方壁面,凿有两个上下连通的规整方洞两个,内壁上存有方孔,壁面为素壁。据推测,此处就是庾信铭记刊

---

①傅熹年《麦积山石窟中所反映出的北朝建筑》,原载《文物资料丛刊》4,文物出版社,1981 年。

刻之处。

第 168 窟位于第 3 窟东侧（图
2-6），是在崖壁上凿出的从地面通
往第 3 窟的斜长廊，呈 45°坡，廊底
与廊顶高差 10 米，西侧与第 3 窟相
通，东侧连接东崖地面，建筑形式为
斜梯廊道。该窟是前往第 4 窟的必
经之道。该廊道面阔 10 米，斜梯长
13.70 米，进深 2 米。内侧壁素面，外
侧壁凿出斜带形豁口，上下凿出石
壁式的矮栏杆。共凿出 24 级石台
阶，每级台阶高度为 35 厘米。此窟
只是用来登临第 3、4 窟之用，加之
年代久远，因而显得结构简单、做工
粗糙。傅熹年先生认为此窟极有可
能没有完成，台阶也是后代粗凿。该
窟因为廊顶上部有坍塌，原貌已经
遭到破坏，但从内侧壁西侧上方残
存的泥皮及壁画来看，在开凿之初
是有泥皮覆盖并施以彩绘壁画的。
至于石台阶现在看起来残破而不精
细，则是千余年来变化之结果，因
此，不能说该窟雕工草率。石台阶是
该窟存在的意义和开凿的目的。在
与第 3 窟连接处的石门处，从现存
痕迹判断，原来还装有木门，但年代

图 2-5-2 麦积山第 3 窟原状示意图
（采自傅熹年先生文章）

图 2-6 第 168 窟俯视图（笔者拍摄）

已不可定。

　　麦积山第 4、3、168 三窟组成的建筑组合，是中国石窟建筑中最为经典的组合。关于第 4 窟整体建筑所要表现的设计构想，第四章有详细说明，对于这一伟大的建筑成就，明代人赫瀛写于第 4 窟第 4 龛外上方壁面的"麦积奇观"可谓是最恰当的评价。

第二节　造像

第 4 窟的主体造像组合为七佛,也因此被称为"七佛龛"。后室 7 个并列龛内正壁各塑一身主尊佛,组成七佛。但是北周时的原作造像已基本不可见,仅在第 3 龛主佛腿部表层泥皮脱落处可见下层泥皮,应是北周原作,但是具体样貌无法复原,龛内主佛及胁侍像的佛座、莲台、背光及头光则是北周原作。我们只能从庾信铭文中"似刻浮檀,如攻水玉,从容满月,照耀青莲"的描述中去感受和想象这些造像的精美。麦积山现存的其他洞窟内的北周造像也可以作为参考。第 4 窟现存大中型泥塑造像共计 77 身,包含诸龛内的佛、弟子、菩萨像,以及前廊左右耳龛内的文殊、维摩诘两铺造像组合,还有前廊两侧的两身力士像。这些造像均为隋唐及宋代作品,大多为后代重修或重塑,明清又进行了重妆和贴金。因为本章内容只是讨论第 4 窟开窟时的原作造像,故将其放于后面章节进行专门说明。

目前能够明确为北周开窟时的原作造像遗存主要有两部分,一部分是 8 身护法像,另外一部分是诸龛壁面上贴塑的 757 身影塑千佛。现分别予以说明。

一、8 身护法像

在第 4 窟诸龛外左右两侧的壁面上有 8 身护法像,为石胎泥塑。石胎为北周原作,上面的泥层经后代重新包裹数层,造像手法浑厚,表情生动,高大威猛。这 8 身像在 1954 年最早被麦积山勘察团命名为"天龙八部",中间 6 身的两足间浮刻的都是狮子, 东西两侧 2 身脚下各有 1 身侏儒力士[①]。此命名遂为学界沿用。通过观察以及与其他地区的天龙八部进行对比分析,笔者认为将这 8 身像称为天龙八部是不准确的。首先,这 8 身像整体呈现出中心对称的特征,中间 2 身像呈正面形象,而其余的 6 身则均为侧身或者侧面朝向中间,东西两侧的 2 身面相凶恶,发型为火焰发,是护法神中的恶神形象,并且均是面朝中间诸龛,而中间的 6 身像则呈现出天王像的特征;其次,正如麦积山勘察团报告中指出的,与中间 6 身像相配的瑞兽都是狮子,而两侧的则是两身侏儒力士,这在目前已有的天龙八部组合中是找不到同例的[②],当然,这种瑞兽的搭配组合也符合中心对称的特征;再有,这 8 身像的特征,目前无法与已有天龙八部造像经文中的记载一一对应,且多有重复和矛盾;最后,这 8 身像的出现主要是对应 7 龛的存在,因为这 7 个一字排开的龛之间的壁面,只能容纳 8 身护法像,并且这 8 身护法像,除了东西两侧的 2 身具有单独性外,其余的 6 身都是相邻两龛并用的,同时肩负了守护两龛佛法的职责,因此这 8 身护法像的出现是与七佛相对应的, 是为了符合建筑上的对称性及完整性。也就是说,假如第 4 窟是三佛阁、五佛阁、十佛阁的话,对应的护法像就会分别是 4 身、6 身、11 身。因此,笔者认为这 8 身像是专为护持佛法而凿,称之为

---

①麦积山勘察团《麦积山石窟内容总录》,《文物参考资料》1954 年第 2 期。

②陈悦新《川北石窟中的天龙八部群像》,《华夏考古》2007 年第 4 期,第 146—150 页。

护法或者护法神更为准确①。现将现存的这 8 身护法像按照自东往西的顺序，做一介绍说明：

第 1 身（图 2-7）：身高 250 厘米，头发如火焰般一束束上扬，发丝采用阴刻线勾勒，显得刚劲有力，发如钢丝，极富气势。头向右侧转，露左耳，耳廓大而厚，所戴耳环饰有宝珠。面形较方，眉毛粗而浓，呈立状，双眉紧蹙。双目圆睁，鼻梁高挺，做鼻孔。嘴微张，可见上排牙齿。颧骨高突，宽下巴。上身祖，披战巾，下身穿短襦战裙。手腕戴双环，左手叉于腰侧，右手持钢叉，双脚大八字形向外撇开而立，脚踩小鬼。小鬼高 54 厘米，用右手和头顶托护法的右脚，右腿呈弓步，左腿半跪，左手触地。

第 2 身（图 2-8）：身高 233 厘米，扭头朝向右侧，头发用卷草纹形的紧箍束发，发纹阴刻，粗而整齐。剑眉高挑，双眼圆睁，眼角上挑。鼻子短，翘鼻头，露鼻孔，双嘴紧闭，嘴角向下，露左耳，耳饰环。面部棱角分明，表情冷酷。戴桃形项圈，手腕戴环，左手抚于腹部，右手屈肘上握金刚降魔杵（两头尖，如枪尖，中间圆柱形）。上身祖，下着贴身短襦，腰系带，双脚呈大

①关于第 4 窟 8 身像的定名问题，自从麦积山勘察团将第 4 窟的这 8 身石胎泥塑造像定名为"天龙八部"之后，学界都认同这一看法。但是根据各种资料中对于天龙八部的说明及介绍，目前很难将这 8 身像与天龙八部一一对应。第 4 窟的这 8 身像数身的石胎已经残损不全，表层的泥皮也是经过了数代的重塑，面目全非。笔者曾经考虑过这 8 身像是否有可能为神王像。神王像在石窟中的出现是在北魏时期，主要分布在中原北方地区，如龙门宾阳中洞、宾阳南洞、巩县石窟、响堂山石窟、天龙山石窟、须弥山石窟、灵泉寺大住圣窟等石窟。其形象盛行于北齐周，至隋唐仅零星可见，一般呈坐姿布于四壁或中心柱台座基部，但大住圣石窟的神王显示出新的时代特征和组合特征。值得注意的是，麦积山石窟目前还没有发现神王的形象，按照神王形象盛行的时间段来看，麦积山北周时期的洞窟应该也有神王形象的出现。开凿于隋的河南相州宝山大住圣石窟(也称那罗延窟)，其窟外两侧有两身石雕神王像，因为有明确的题刻，故其身份定名是没有问题的。这种神王的体量、组合、所处位置等，打破了北魏时期神王的传统。据观察，麦积山第 5 窟中间龛及两侧的天王像，就是受该窟影响而雕凿的，现存的左侧踏牛天王，极有可能就是大住圣窟左侧的那罗延神王。因此可以推知，麦积山石窟至晚在隋代也有神王造像的出现。那么第 4 窟的这 8 身形象有没有可能是神王像呢？个人觉得其可能性是存在的，在目前无法确定这 8 身造像尊格的情况下，结合麦积山这 8 身像的特征和其功能，还是称之为护法为宜。

图 2-7　第 1 身护法

图 2-8　第 2 身护法

图 2-9　第 3 身护法

图 2-10　第 4 身护法

八字形外撇,右腿残,脚踩狮子而立。狮子高 44 厘米,呈侧面而立。

第 3 身(图 2-9):身高 210 厘米,正面而立,头戴虎头盔,双眉立而紧蹙,双目圆睁,眼角上挑。鼻梁高挺,做鼻孔,口张开,露出上排牙齿,有两个下巴尖,面部肌肉饱满。戴项圈,饰忍冬垂饰。上身披战巾,下着战裙,披帛从两侧下飘。手戴环,左手残,手持宝铜,右手上扬,手掌朝外贴于胸前,拇指与食指屈捏,剩余三指直伸。脚踩雄狮,雄狮高 66 厘米,正面而蹲。

第 4 身(图 2-10):身高约 210 厘米,具体形象和所踩瑞兽都残不可辨。

第 5 身(图 2-11):身高 233 厘米,头束高发髻,双眉立而紧蹙,鼻子短而鼻头大,朝天鼻,嘴呈哼状,表情威猛有气势。上身着披帛,飘带自两侧下垂。下着短襦,手腕戴环,右手上抚于胸前,左手持一宝铜,下半身漫漶严重,脚下所踩形象已不可辨,推测也是狮子。

第 6 身(图 2-12):身高 214 厘米,头戴盔甲,饰帽缨,头向左侧低斜。剑眉粗浓,斜插入鬓,杏目,眼角上挑,鼻梁高挺,做鼻孔,双唇紧闭,嘴角向下,面部表情肃严威厉。身穿战甲,左手屈肘上托一火焰宝珠,右手残。脚踩狮子,身体漫漶严重。狮子高 67 厘米,侧身而立,张口大吼。

第 7 身(图 2-13):身高约 215 厘米,正面而立,用卷草纹紧箍束高发髻。双眉立而紧蹙,双眼圆睁,眼角上挑,鼻梁高挺,做鼻孔,嘴角上扬,虽没张口,但是上排牙齿清晰可见,面形较饱满。戴项圈,披帛自两侧下垂,下着贴身短襦,系长带。左手残,双手握持一饰圆环形手柄的长鞭。踩一正面蹲踞的狮子而立。狮子高约 63 厘米。

第 8 身(图 2-14):身高 246 厘米,与第一身相对而立,扭头朝向左侧,露右耳。头发呈束状卷草纹上扬,阴刻发纹,刚劲有力。双眉立而紧蹙,鼻梁高挺,鼻翼宽大,张嘴,露牙。戴桃形项圈,上身袒,披战巾,下着短襦,手戴双环,右手上握长柄金瓜锤,左手叉于腰侧,双脚戴环,双脚呈大八字形外撇,光脚而立,脚踩小鬼。小鬼高 66 厘米,长发后甩,面部表情威严,上身袒,下着贴身短裙。胸部与腹部凸出,左腿弓步,右腿屈膝而跪。双手上托护法的双脚。

二、影塑千佛

第 4 窟的影塑千佛分布于 7 个列龛正、左、右三壁上部。每壁均为上下三排,原作当有千数之多,就是庾信铭文中所说"龛重佛影"之指,但是因遭盗窃剥取,目前剩余 757 身。皆为坐佛,北周原作,每身影塑通高 26 厘米,通宽 13 厘米。坐佛低平肉髻,内着僧祇支,外穿袈裟,结跏趺坐,有椭圆形通高大背光,上部饰华盖,帷幔布于下方,两侧各有一串璎珞垂饰。所有坐佛的手印、背光色彩、佛座都呈现有规律的变化,手印有双手抚胸式和结禅定印,佛座有莲花须弥座和双狮莲花须弥座,背光色彩则有红色和绿色。这使得千佛看上去整齐而又富有变化,富丽堂皇,气势宏大。三排千佛按照华盖形式的不同可分为三种类型,每排为同一类型,分别命名为 A、B、C 型。统计 7 个龛就会发现,三种千佛类型的组合有一定的规律。

A 型(图 2-15):六边伞盖形华盖,正面表现出三边。华盖上方中央是一颗较大莲瓣摩尼宝珠,华盖腰部位置分开放有三颗较小莲瓣摩尼宝珠,则整个华盖共有六颗宝珠。较小宝珠之间用圆珠链连接,两侧的尖角垂饰流苏,中间的两个尖角挂铃铛与花朵串接的垂饰。两条龙围着较大颗宝珠缠绕,龙首自两侧伸出,口衔宝珠长链。坐佛身穿通肩袈裟,低平肉髻,面形圆润,浮塑莲瓣形圆形头光,身光为椭圆形。双手结禅定印,结半跏趺坐,露出右脚,衣摆呈两瓣状向两侧分开,坐于工字形须弥座上。佛座两侧蹲踞两头狮子,侧身面向两侧,狮子及佛座均置于一排莲瓣之上。

B 型(图 2-16):圆形华盖,上方有一排摩尼宝珠与桃形物相间的装饰,两侧伸出两龙首及足,口含流苏下垂。下方为一排鱼鳞状和倒三角形垂饰,底层为褶皱下垂的帷幔,与第 4 窟诸龛外侧的龛饰相近。坐佛头光及身光与 A 型相同,身穿通肩袈裟,双手举于胸前结说法印,袈裟下摆一

图 2-11　第 5 身护法(贾濎拍摄)

图 2-12　第 6 身护法

图 2-13　第 7 身护法

图 2-14　第 8 身护法

图 2-15　第 4 窟 A 型影塑坐佛

图 2-16　第 4 窟 B 型影塑坐佛

图 2-17　第 4 窟 C 型影塑坐佛

整片覆脚下搭,结跏趺坐于工字形须弥座上。佛座两侧内各有一身托举力士,头脚连接须弥座上下,佛座整个放置于一排莲瓣之上。

C 型(图 2-17):圆形华盖,顶端中间一兽面口衔珠带,珠带与两侧的龙首相接,呈"W"形。两龙首口含流苏,华盖其余装饰与 B 型相近,另有两条长带自坐佛两侧下垂。坐佛身着覆搭右肩袈裟,内着僧祇支,双手结禅定印。袈裟衣摆、佛座等与 B 型相同,只是将力士改为狮子。

按照自上往下的顺序,三排影塑千佛在诸龛内的排列组合明细如下:

表 2-1 第 4 窟诸龛壁面影塑千佛排列表

龛号	第 7 龛	第 6 龛	第 5 龛	第 4 龛	第 3 龛	第 2 龛	第 1 龛
三排影塑组合关系	A B C	C A B	B C A	A B C	C A B	B C A	A B C
类型	Ⅰ	Ⅱ	Ⅲ	Ⅰ	Ⅱ	Ⅲ	Ⅰ

由表 2-1 可以看出,若是将诸龛中影塑千佛组合予以Ⅰ、Ⅱ、Ⅲ分类的话,诸龛影塑千佛的排列关系,呈现出自第 7 龛向第 1 龛循环排列的特点,而非中心对称分布。关于这一排序特征,笔者认为是为了和龛内七佛自西向东的排列相互配合,与七佛的传承关系相吻合,从而显示出佛法不灭和佛法的循环无尽。关于诸龛内坐佛与七佛的对应,详见下文。

三、从影塑千佛看第 4 窟与第 31 窟的关系

第 31 窟(图 2-18),位于第 4 窟下方,第 13 号摩崖大佛与右侧菩萨之间的崖面下方,是一座小型泥塑摩崖龛。现存 10 身影塑千佛和 1 身胁侍菩萨。影塑千佛分上下两排,贴于用木条和泥做成的庑殿顶浅龛里,顶为素面。影塑千佛与第 4 窟诸龛影塑千

图 2-18 麦积山第 31 窟

佛大小及样式都相同,也就是说是用同样的模具制作而成。这也是麦积山现存洞窟中两个洞窟用一个模具制作佛像的唯一例证。第 31 窟千佛类型也是 3 类,但排列方式与第 4 窟不同,是以中心对称的方式间隔排列,沿用上文对这三种千佛影塑的分类命名,对第 31 窟的千佛排列予以简单示意,上面一排 5 身:C—A—C—A—C;下面一排 5 身:B—A—C—B—A。可以看到, 上面一排只出现了两种类型,下面一排三种类型的影塑都有出现,但是上下两排影塑都是以 C 类型的影塑坐佛为中心对称的。

第 31 窟的功德主无疑与第 4 窟之间有着某种直接关系,该窟应该是略晚于第 4 窟开凿或者在第 4 窟开凿修建的过程中所开凿。从其大小体量来看,功德主身份地位不高。从其主要影塑千佛来看,第 31 窟有可能是当时参与营建第 4 窟并负责影塑千佛制作的相关人员所开凿的功德窟。

四、关于第 4 窟造像组合的思考

虽然第 4 窟的造像大多已非北周原作, 但是总体是七佛是没有疑问的。按照雕凿的正壁石佛座及石雕莲台来判断,北周原作的造像数目与现在我们所看到的是一致的,加上龛口两侧侍立的两身护法天王像,我们基本可以认定第 4 窟诸龛的北周原作造像组合应该是一铺 11 身造像组合。

经过观察,第 4 窟诸龛左右两壁现存的头光都是浮塑而成。头光主要分为两种:第一种是桃形火焰纹头光(图 2-19),火焰纹用泥浮

图 2-19　第 4 窟火焰纹头光

塑而成；第二种是中间为圆形浮塑莲瓣、周围为桃形火焰纹的头光（图 2-20）。并且呈现出一定的分布规律，即左右壁的三个头光都是由两个第一种头光和一个第二种头光组合而成，并且每个龛内左右两壁的头光组合相同，呈现出相互对应的特点。按照这两种头光特征的不同，笔者用○和◎这两个符号来分别对应第一和第二两种头光，并将诸龛内的头光组合分为 A、B 两类。诸龛两壁头光分布的具体情况为：

图 2-20　第 4 窟莲瓣与火焰纹组合头光

表 2-2　第 4 窟诸龛左右壁头光分布表

龛号	壁面	头光组合	对应组合类型
1	左壁	◎○○	A
	右壁	◎○○	
2	左壁	○○◎	B
	右壁	○○◎	
3	左壁	◎○○	A
	右壁	◎○○	
4	左壁	○○◎	B
	右壁	○○◎	

续表

龛号	壁面	头光组合	对应组合类型
5	左壁	◎○○	A
	右壁	◎○○	
6	左壁	○◎○	B
	右壁	○◎○	
7	左壁	○◎○	A
	右壁	◎○○	

　　从表中可以看出,7个龛中,A、B两种类型的头光组合是隔龛出现,并且整体呈现出以第4龛为中心对称分布。笔者之所以要在这里详细地列出诸龛左右两壁造像头光的分布及整体特点,就是要说明一个问题,那就是北周原作的造像组合问题,开窟造像时对头光进行这样的处理,不仅仅是为了对称和美观。佛教造像中造像身份与头光是有一定对应关系的,特别是在成铺的造像组合中更是如此。正如笔者在后面章节中所言,麦积山第4窟这种一铺11身的造像组合是受安阳小南海北齐石窟影响。小南海石窟窟内造像组合也是一铺11身,正壁为一坐佛二立弟子,左右壁各为一佛二菩萨的立像组合,窟外两侧雕有护法天王像,并且小南海石窟左右壁的佛与菩萨都是浮雕头光,但佛与菩萨的头光又有区别。那么第4窟诸龛左右两壁原来的造像组合是不是也是一佛二菩萨的立像组合? 笔者曾经与八木春生先生讨论关于麦积山第4窟的一些问题, 当时八木春生先生曾提醒笔者应该考虑一下左右壁的北周原作全是立佛的情况, 也就是诸龛内的造像组合原来也是七佛的组合。关于七佛的讨论已经有诸多成果,简单来说,七佛造像的组合最早出现在古印度地区,在印度和巴基斯坦有记载和实物出土。受其影响,在克孜尔、北凉石塔中都有七佛图像和组合的出现,之后在敦煌、炳灵寺、云冈、龙门等众多的石窟寺中都有出

现。而南北石窟寺出现的七佛立像组合则是目前所见最早的大型七佛窟，受到了云冈第 13 窟南壁七佛立像组合的影响。而这种将七佛分布于窟内三个壁面的做法也影响到了须弥山北周第 51 窟的开凿和麦积山北周流行的三壁七佛组合的出现，但是大型的七身立佛组合却在南北石窟寺之后少有出现。那么,麦积山第 4 窟诸龛内北周原作有没有七佛组合的可能呢? 从笔者在前文列出的诸龛左右壁头光的组合特征来看,左右壁的三身原作造像由一身主像和两身胁侍像组成，基本可以排除左右壁都是立佛像的可能。还有一点,如果每个龛内都是七佛组合,这样的造像组合与第 4 窟整体的造像主体为七佛有冲突。受此启发,笔者在梳理麦积山第 4 窟和其他石窟之间关系的时候,注意到了安阳小南海石窟的造像组合。在窟形基本一致、造像组合数量相同的情况下,小南海石窟的这种造像组合会不会影响到麦积山第 4 窟诸龛内左右壁的造像组合呢? 从麦积山第 4 窟左右壁三身原作造像头光不同的类型和组合特征来看，麦积山第 4 窟诸龛内的造像组合是一坐佛二立佛的三佛组合是有可能的，当然这只是一种推测。

五、关于第 4 窟诸龛内的北周造像

第 4 窟诸龛内的造像，目前能够看到的基本都是唐宋时期及以后重塑的。仅在第 3 龛内坐佛右腿部位置,由于表层重塑泥层掉落,显现出的底层的造像层位,似为北周原作遗存,但是因为脱落面积不大,难以判断其层位所属的准确年代。除去诸龛主尊坐佛或许在底层仍然保存有北周原作遗存之外,诸龛左右两壁的诸多造像则全部为后代重新塑作。第4 窟第 1、2 龛内有两身倒塌的菩萨像,破碎成许多残块,从这些造像残块可以观察到这些塑像是重新塑制的,并无时代的层位叠压关系。那么那些北周开窟时的造像到底发生了什么?

第 4 窟窟内现存造像大部分为宋塑，说明北周原作的造像至晚在宋

代便遭到了破坏。那么遭到破坏的原因又是什么？

从诸龛的完整性及龛顶壁画的现存情况来看，麦积山第 4 窟虽然在隋代的大地震中前部崩塌，但是只是前廊及庑殿顶的部分遭受到了严重的破坏，而诸龛本身却并没有遭到损坏。也就是说，诸龛内的北周造像并没有在隋及以后的地震中损毁。那么到底是什么原因导致诸龛内的造像，特别是左右壁的造像全为宋代重塑呢？既然排除了受地震损毁的原因，那么只能从人为的角度去考虑。首先，从灭佛的角度去考虑。第 4 窟开凿之后，从时间顺序上，其有可能遭受到佛教史上三次灭佛运动的后两次，即北周武帝灭佛及唐武宗灭佛。但是从麦积山石窟目前遗存的窟龛和造像中，很难发现这两次灭佛运动所带来的灾难性破坏痕迹。学界也大都认为，北周武帝灭法，秦州地区的佛教造像因为受到当地高级官吏和地方大族的保护，并没有遭受到多大的冲击和破毁，麦积山及水帘洞石窟中所保存下来的大量北周时期的窟龛造像就是最好的例证。只是在灭佛之后的一段时期内，佛教造像的活动大为减少，同时期的佛教遗存较之前时期明显减少。而麦积山石窟留存下来的唐代窟龛造像本就不多，对于唐代的灭佛运动所造成的影响也无法准确判断，但是根据现存窟龛内造像的保存情况来看，处在低处的北周诸窟内的造像原作都保存了下来，因而受到唐代这次灭佛运动的影响也不会很大。其次，战乱和兵火。秦州地区因为地理位置重要，历代皆是兵家必争之地，特别是宋金时期，秦州地处前线，因而战事较多。据相关史料记载，麦积山石窟就曾经在宋代元符元年（1098）和绍兴二年（1132）先后两次遭兵火之灾。麦积山现存《秦州雄武军陇城县第六保瑞应寺再葬佛舍利记》碑文称"元符元年讼火毁坏寺宇"[1]。麦积山第 3、4 窟之间的崖面上原有的宋代绍兴二十七年（1157）题记中，记载了

---

①张锦秀《麦积山石窟志》，甘肃人民出版社，2002 年，第 142 页，第 168 页。

麦积山在"绍兴二年岁在壬子兵火毁"的历史事件①。而这方宋代绍兴二十七年(1157)的题记,之所以刻在第4窟的附近,想必是这次兵火与第4窟遭到毁坏有着直接关系。因为第4窟作为麦积山石窟的标志性洞窟,其遭到兵火毁坏的可能性很大。麦积山第4窟在南宋宝庆三年至绍定元年(1227—1228)年间,经历了一次历经两年的大规模重修②,极有可能包括对第4窟诸龛内造像的重塑。

综上所述,麦积山第4窟诸龛内的北周原作造像,当是在宋代绍兴二年(1132)的兵火之乱中遭受整体性的损毁。之后在时局较为安定的宝庆至绍定或者其他时期,麦积山所在寺院的僧人和周围信众对第4窟的造像进行了重塑。第4窟第5、6龛菩萨像,和其他几龛的宋代造像风格明显不一致,尚需对其年代进行仔细分析。

六、第4窟七佛造像与七佛名称

七佛又称七世佛,代表了佛法的传承和不灭。七佛分别指的是庄严劫的毗婆尸佛、尸弃佛、毗舍浮佛三佛;现在贤劫为拘留孙佛、拘那含牟尼佛、迦叶佛、释迦牟尼佛四佛。而在七佛之后,就是弥勒佛,被称为未来佛,未来星宿劫将有弥勒成佛,掌管这个世界。有关七佛的佛经很多,也存在着不同的序列,七佛的译名不尽相同③。

麦积山北周时期的窟龛主要的造像组合就是七佛。关于窟内七佛所对应的具体名号,学界一般都认为正壁中间的主佛是现在佛释迦牟尼,而对于左右壁的三佛的名号却很少有人专门进行过说明。张宝玺先生认为,

---

①详见本文附录中的供养人题记第2条。

②麦积山石窟艺术研究所考古研究室《麦积山石窟第4窟庑殿顶上方悬崖建筑遗迹新发现(附:麦积山中区悬崖坍塌3窟龛建筑遗迹初步清理)》,《文物》2008年第9期。

③本文采用目前较为流行的七佛名称,关于七佛不同名称体系的研究,详见唐晓军《关于十六国北朝七佛造像诸问题》,《北朝研究》1993年第4期。

根据七佛在窟内的位置，可以判断居中者为释迦牟尼佛，左侧为过去庄严劫三佛，即毗婆尸、尸弃、毗舍浮三佛，右侧为现在贤劫的拘留孙、拘那含牟尼、迦叶三佛[①]。应该说，这种判断在麦积山其他三壁七佛的洞窟中是有一定道理的，但是对于第 4、9 窟这样的七佛一字排开的洞窟不一定适用和准确。因为佛教所讲的七佛，主要是为了说明佛法的传承和延续，这就意味着七佛有先有后，他们之间的传承是按照一定顺序进行的。因此，在第 4 窟的七佛组合中，就不大可能将现在贤劫中的最后一个佛，即释迦牟尼佛置于最中间的位置，这样不符合佛教的传承关系。通过对第 4 窟诸龛进行观察，发现第 1 龛的主佛佛座上面铺设了一条毯子（图2-21），并且在 7 个龛中只有第 1 龛的佛座上铺设了毯子。这条毯子，就是佛经中所说的释迦牟尼结跏趺坐前在地面或者佛座之上所铺设的"尼师坛"。此处简要解释一下尼师坛。鉴于第 4 窟诸龛中只有这一身坐佛的狮子座上铺有尼师坛，因此笔者认为第 1 龛内的主佛即为现在贤劫中的最后一位佛，即释迦牟尼佛。还有一个细节也可以视作对第 1 龛内主佛佛号的说明：该龛内

图 2-21　第 1 龛佛座所铺尼师坛

还对称立有两身小佛（图 2-22，2-23）。这两身小佛都是宋代所塑，在麦积山第 133 窟宋代的释迦会子造像组合中，释迦牟尼的儿子罗睺罗就是被塑造成了一身小立佛的形象

---

① 张宝玺《麦积山石窟的七佛窟》，见《麦积山石窟研究》，文物出版社，2010 年。

图 2-22　第 1 龛右侧小立佛　　　　　　　图 2-23　第 1 龛左侧小立佛

（图 2-24）。这三身小立佛是目前麦积山石窟仅有的三身小佛像，身高基本相等，形象也基本一致。宋代在该龛中塑造这两身立佛像想必是有其原因的，主要是对该龛内主佛身份的一种确认，也就是说至少在宋代，该龛内的主佛是被认定为释迦牟尼佛的①。既然确定了第 1 龛内的坐佛为释迦牟尼佛，那么剩余的六身坐佛的名号也便很容易确定了，因为按照七佛的先后排序，贤劫最后一佛排在了最东侧的一个龛，那么前面的六身佛按照

————————

①在对第 4 窟诸龛七佛命名时，面对着一个问题，那就是宋代重塑造像时，对北周原创的认识是否一致？宋代距该窟开凿年代久远，原作造像损坏严重，且造像思想已经发生变化，极有可能按照新的理解去重塑造像。现存诸龛造像中，只有第 1、2、4、6、7 龛正壁组合皆是一佛二弟子，其余两龛则是一佛二菩萨，明显呈中心对称分布，这种造像组合对正壁主尊的判断造成了困惑。本文则主要依据现存主尊中第 1 龛的主尊座上铺设尼师坛和龛内立有两身小佛来判断其为释迦牟尼佛，从而依次推断其他六佛的身份。

图 2-24　第 133 窟小立佛

表 2-3　第 4 窟七佛排列及对应名称

龛号	第 7 龛	第 6 龛	第 5 龛	第 4 龛	第 3 龛	第 2 龛	第 1 龛
佛名	毗婆尸佛	尸弃佛	毗舍浮佛	拘留孙佛	拘那含牟尼佛	迦叶佛	释迦牟尼佛

从西向东的顺序排列即可。因此,虽然第 4 窟诸龛的编号按照最初的命名
排序,但是若是按照七佛的顺序来排龛号的话,则应该从西向东排列为
宜,正好与现在诸龛的编号顺序相反。

　　第 4 窟诸龛内正左右三壁上方的影塑千佛的排列顺序和组合特征也
正好符合从第 7 龛至第 1 龛循环往复的特点,这也是对佛法延续循环的
一种刻意表现。具体情况见本章前面影塑千佛的相关内容。

第三节　壁画

第4窟的壁画情况比较复杂,自北周开窟之后,历经隋、唐、宋、明诸朝代,皆有壁画留存,在本章节中只对北周开窟之时的壁画情况予以说明和辨识。关于后代所绘壁画,在关于第4窟重修的章节中有专门分析说明。

第4窟的壁画按照本窟建筑的构成可分为两个部分,第一部分为前廊壁画,第二部分为后室7龛壁画,现分别予以说明。

一、前廊壁画

前廊壁画主要包括廊顶平棋顶内的壁画和前廊正壁上方的七幅大型薄肉塑壁画。

(一)廊顶壁画

原有42块,因地震现仅存6块,皆有破损。因为廊顶壁画免于阳光照射以及雨水冲刷,故现存壁画色彩鲜艳,形象较为清楚。按照自东向西的顺序(即第1到7龛的顺序)叙述如下:

1. 菩萨弟子赴会图（图2-25）

位于第1龛前的廊顶，画面共绘有菩萨、弟子、天人等共17身，所用颜料有石青、石绿、土红、姜黄等，画面左侧上方有一竖长方形榜题框，原本应有榜题文字，但现已整体变黑不可辨认。画面整体可分为两部分。左侧部分画四身引导天人，分为上下两排各两身，凌空屈膝飞翔，身穿三层衣服，各层衣服颜色不同，显得变化灵活。上方一排左侧的一身天人，扭头朝向后方，双手似乎合于胸前，其身后的一身天人扭头侧身，右手屈肘执一柄雀尾炉，左手上举呈拈花状，应为散花天人。下排前方天人面朝前方，左手屈肘于胸腹间，右手后扬，手举一物，其身后的一身天人则扭头向后，右手屈肘执一柄雀尾炉。四身天人身姿、手势各不相同，也显示出其引导各司其职、井然有序，而其正面与背面结合的展示方式也是匠心独具。这四身天人上面两身以身体正面展现于观者，下面两身则以背部示于观者，从而形成两两相对、互为一组的两排，用来巧妙地表示两排之间的空间感和前行的引导排列模式。四身天人的衣摆、衣袖、衣带皆向后方飘动，显示

图2-25　菩萨弟子赴会图

出其向前飞行引导的状态以及速度感，充分地显示出以静写动的高超技巧。中间及右侧画面绘出13身弟子、菩萨，是画面的主要部分。按照中心人物则又分为两部分，画面中间以一身弟子为中心，该弟子有圆形头光，内着深红色僧祇支，外穿双领下垂袈裟，右领绕左臂后下搭，手执一柄雀尾炉，双脚呈外八字形，跣足立于圆形莲台之上。其左右及身后围绕着形象较小的六身弟子，身穿双领下垂袈裟或者通肩袈裟，可见的三身弟子都是足穿尖头敞口鞋，双脚呈外八字形而立。这七身弟子像面朝前方，均为男性形象。画面右侧中心为一身菩萨，头戴三叶宝冠，颈戴项圈，内着僧祇支，外着披帛，飘带在腹前呈"X"形交叉后绕臂下垂，腕戴环，双手屈肘于胸前，似捧一供养器，腰系长带，下着长裙，裙裾在腰部外翻，双脚呈外八字形，跣足立于圆形莲台之上。菩萨左右及后方跟随有五身侍从，均头戴冠，有的身穿通肩衣，有的穿交领长衫，有的穿双领下垂长衣，也是脚穿尖头敞口鞋。菩萨周围的五身侍从，除了右侧的一身面向中间菩萨外，其余四身皆侧身向前。壁画中的人物都身躯前倾，表现出虚空前行的状态。周围空白以大朵带茎四瓣香花及忍冬纹祥云填补。该幅壁画按照天人、弟子众、菩萨众的顺序排列，错落有致，各有中心点，在较小的壁面上表现出众多的人物形象，但又不显得拥挤和烦乱，空间感突出，可见构图之精妙。弟子及菩萨的侍从有可能分别代表了比丘与比丘尼这两种身份的听法大众。

2. 天人赴会图（图2-26）

位于第1龛前的廊顶，大半残损。左下方可见一身飞天，腰系宽带，飘带向后飘动。身后是一身侍从，双脚呈丁字形站立，侍从身后可见一圆形莲台，所立形象残破不可辨认，当是该幅壁画的中心人物。其身后及周围可见四身供养众，其中可见三身头戴宝冠，脚蹬敞口鞋，两身身穿双领下垂袈裟，两身上身袒露。最后方的一身供养侍从，宝珠后扬，颈戴项圈，上身袒，披帛自两肩搭覆后长带后扬，下着长裙，腰系带，戴腕环及臂钏，手

图2-26　天人赴会图

持一长茎莲花,脚穿敞口鞋，双脚呈外八字形而立。画面周围也是以带茎四瓣香花及忍冬纹祥云填补。该幅壁画和前面所说的一幅属于同样的题材。

3. 骑兽天人图（图2-27）

位于第6龛前的廊顶,大半残损,只存中间下方部分。上绘两兽,似白象与青狮,一前一后奔跑,其上各坐一人。画面左侧绘一骑兽天人,赭石色天衣,坐于方形石绿色的方毯之上,所骑瑞兽似为一白象。后方紧跟一骑兽天人,石绿色天衣,坐于方形赭石色方毯之上,所骑瑞兽为一青狮,狮子嘴巴大张,可见尖牙。画面周围及中间也是以带茎四瓣香花及忍冬纹祥云填补装饰。

4. 莲花图（图2-28）

位于第6龛前的廊顶,仅存一少部分,可以看出一粗茎大朵莲花。莲瓣

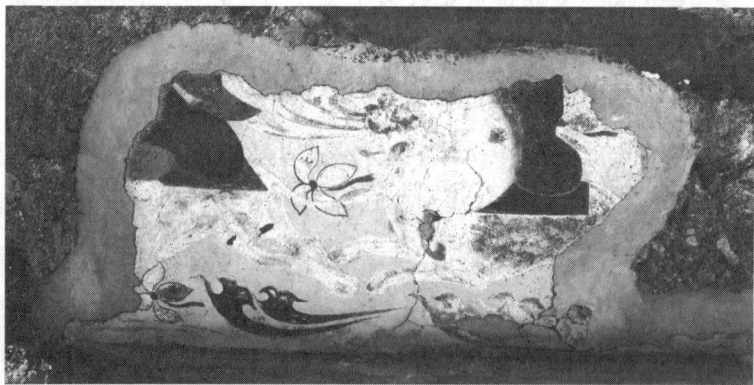

图2-27　骑兽天人图

图 2-28　莲花图

朝上下两层盛开，从莲藕中生出 7 枝忍冬及其他形状的枝叶，右侧还有莲叶，枝叶均染成墨绿色。而从这一大朵莲花在该块平棋所处位置判断，该幅壁画的中心形象就是这一朵莲花及其附带的各种形象，故命名为莲花图。

5. 妇人出行图（图 2-29）

位于第 7 龛前的廊顶，壁画存有一半。画面正中是该幅壁画的主要形象，一贵妇人端坐于一双轮马车之中，穿露肩交领长裙，宽袍大袖，裙腰高于胸际，双手笼于袖中，坐姿端庄。马车前有踏板，两侧有护板，饰鸾带，斜插旌旗。前方四马并列拉车，马匹红白相间，左、右各一车夫伴护。车夫头巾束发，穿圆口紧身短袍，腰系带，宽裤于膝盖部位扎束，一手握缰绳，一手握拳举至胸前，体格健壮魁梧，形态逼真。马车左、右及后侧有数名骑马侍从跟随，或回首观望，或提握缰绳，形态各异。整幅画面细腻严谨，动静结合。这幅出行图中，一个细节值得注意：画面右侧两个骑马侍从的形象并非像中土民族。其中前方的一个人高鼻深目，头戴方巾，方巾用长条形箍固定，身穿紧袖长衫，外着披风，足穿长靴，其身后的一个男性形象，头发为波浪卷发，两身随从都是胡人形象。这一图像应当是对秦州地区多民族交往共处的真实写照。天水石马坪就曾出土过这一时期的胡人墓葬，反

图2-29　妇人出行图

映出作为丝路重镇的秦州，是商贸和多民族交往的一处中心。壁画中这两身胡人的出现，极有可能是对居住于秦州本地的胡人参与该窟营建的信息反映。对该幅壁画内容的解读，张宝玺先生认为可能是母子由蓝毗尼园还宫的佛传故事，张锦秀先生在《麦积山石窟志》中沿用此说①。

6. 庭院图（图2-30-1,2-30-2）

位于第7龛前的廊顶，中心部分残毁，所余画面共有23身人物形象。画面主体为一座庭院。庭院由廊庑围绕成为一个封闭空间，廊庑上缘为"人"字形拱，前面正中为面阔一间的悬山顶式屋宇大门，门内一人露出一腿向门外走出。庭院正中为面阔三间的歇山顶式正殿，殿前及院内共有人物形象15身，有的上身袒、穿短裤、着披帛，有的身穿圆领、紧袖、束腰长袍，有的身穿袈裟。除了右侧上方一身外，其余人物皆侧身向右，双手合

①张宝玺《麦积山石窟壁画叙要》，见《中国石窟·天水麦积山》，文物出版社，1998年，第198页；张锦秀《麦积山石窟志》，甘肃人民出版社，2002年，第117页。

十,抬头观望,有数人
高鼻深目,为胡人形
象。门外左侧并排立有
四人,上身袒露,身穿
短裤,跣足,最前一人
双脚呈外八字形站立,
后面三人为行走状,均
双手合十于胸前。门外
右侧有两人,均左手持

图 2-30-1　庭院图

盾牌,后面一人扭头回
视,前方之人前视,均
做行走状。庭院外右侧
上方也有一身武士,右
手执枪,左手执盾,侧
身向前。右侧上方有一
竖长方形榜题框,字迹
已不可见。上述两方壁
画,之前都被认为可能
为佛传或因缘故事内
容。张宝玺先生认为可
能为太子建三时殿的

图 2-30-2　庭院图线描图(采自傅熹年先生文章)

佛传故事,张锦秀先生在《麦积山石窟志》中沿用此说①但是根据该壁画中
相关人物形象及表情动作来看,表现的应该不是建三时殿的佛法故事。

①张宝玺《麦积山石窟壁画叙要》,见《中国石窟·天水麦积山》,文物出版社,1998 年,第 198
页;张锦秀《麦积山石窟志》,甘肃人民出版社,2002 年,第 117 页。

7. 城池图（图 2-31-1,2-31-2）

位于第 7 龛前的廊顶,残损过半,仅剩左侧上部及右侧下方部分。左侧上部画城池一座,可见正面的城楼及城门、左侧的角楼以及右侧城墙及侧门,两侧的城楼都是三开间的歇山顶式,筑墙的长条砖清晰可见。城门及城楼皆是向前伸展,城墙外侧做上堞,城内建筑可见回廊,有人物数身。画面右侧下方绘有女装人物,上身着交领衫,腰系带,下着长裙,可见 9 身,其中 8 人分两排夹道而立,中间一人左手扬掌前伸,指向前方。

第 6、7 幅壁画的这种用一半来表现全部建筑的省略方法, 是充分考虑到了壁画实际面积的限制,是为了将故事情节表现得更完整和充分。虽然只画了一半,但是却能让观者自己在脑海中映现出建筑的另一半,这种处理方法无疑是很成功的。

8. 天人图（图 2-32）

位于第 7 龛前的廊顶,在第六幅壁画的上方位置,仅存一小部分。可见一有圆形头光的天人,飘带向后方扬起,显示出天人飞行的状态,其他图案不知为何物。

第 7 龛前廊顶的四方壁画之间是存在着内容上的关联性的, 但是因为残损较为严重,故尚不能确定其内容的具体所指。

(二)前廊正壁上方的薄肉塑壁画

前廊上方诸龛对应的壁面上,绘有七幅大型飞天壁画,每幅绘塑 4 身飞天,左右对称,呈梯形排列,合计 28 身。每幅壁画长2.90—3.50 米不等,高 1.50—1.80 米不等。这七幅壁画因其绘塑结合的手法闻名于世,麦积山勘察团最初将其命名为"薄肉塑"壁画[1],遂为世人所知并沿用其名。这一绘塑技巧的最主要特征就是飞天头面及肌肤可见部位皆用不足 0.5 厘米

---

①麦积山勘察团《麦积山石窟内容总录》,《文物参考资料》1954 年第 2 期。

的细泥塑出,而飞天的衣饰及壁画中的其他形象则全部彩绘而成。这七幅大型壁画原来皆采用薄肉塑的手法绘塑而成,但是经过一千多年,现今编号为第 6、7 龛上部的两幅壁画,其薄肉塑的部分已经脱落,但是痕迹依然存在。麦积山勘察团曾经对第七幅薄肉塑壁画进行临摹,发现原来的薄肉塑已脱落。笔者曾经近距离观察过这两幅壁画,断定其原作属薄肉塑壁画。相较于廊顶壁画,这七幅壁画因受地震、日照、潮湿等自然因素的影响,保存状态不如廊顶壁画。现将这七幅薄肉塑壁画按照自东向西的顺序进行说明,每幅壁画中飞天的说明顺序则按照观者的方位进行:

1. 第一幅(图 2-33),为四身伎乐飞天。右上方的飞天吹胡角,身上薄肉塑脱落;右下方的飞天双手似捧

图 2-31-1 城池图

图 2-31-2 城池图局部线描图(采自傅熹年先生文章)

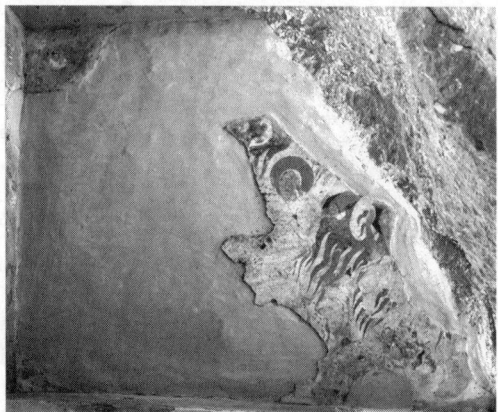

图 2-32 天人图

图 2-33　第 1 龛外上方壁画

图 2-34　第 2 龛外上方壁画

图 2-35　第 3 龛外上方壁画

一排箫。左侧上方飞天抚琴，左侧下方飞天双手拍打细腰鼓。

2. 第二幅（图 2-34），为四身供养飞天。右上方的飞天双手持一枝三茎莲花，三茎各连接两朵莲花和一片莲叶；右下方飞天左手执雀尾炉，右手屈肘上举呈捏花状。左上方飞天左手托盘，盘内满盛供品，右手五指伸展，做散花状；左下方飞天右手执雀尾炉，左手呈捏花状。

3. 第三幅（图 2-35），为四身伎乐飞天，壁面上部残损。右上方飞天双手持横笛，下方飞天吹笙；左侧上方飞天抚琴，下方飞天弹奏阮咸，其中三身飞天身挂穗形璎珞。

4. 第四幅（图 2-36），壁面上部残缺，仅剩三身供养飞天。右侧上方飞天左手执供养器，右手向下，五指呈拈花手；下方飞天双手持雀尾炉，璎珞在腹部穿壁交叉，呈"X"形。左侧下方飞天右手端带底熏炉，左手立掌护于炉侧。画面中心下方为一枝五朵香花，枝叶繁盛；上方是一莲花宝珠，宝珠内有长方体形状的物体，这种形象在诸龛龛顶壁画中多有出现。宝珠周围生出忍冬草及莲花。

　　5. 第五幅（图2-37），为四身伎乐飞天，壁面的右上角残缺。右上方的飞天侧身回首，手捧胡角而吹；下方飞天双手弹奏箜篌。左上方飞天左手拎锣，右手敲击；下方飞天双手执铙钹，做拍击状。该幅壁画中飞天的手脚薄肉塑多有脱落。

　　6. 第六幅（图2-38），为四身供养飞天。壁面中飞天头面、手臂、脚的薄肉塑全部脱落。右上方飞天侧身，左手端举香盘，盘中满盛供品，右手屈肘扬掌，做散花状；下方飞天上身正面，右手似端举

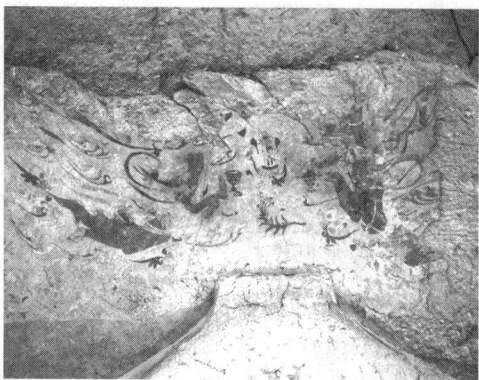

图2-36　第4龛外上方壁画

图2-37　第5龛外上方壁画

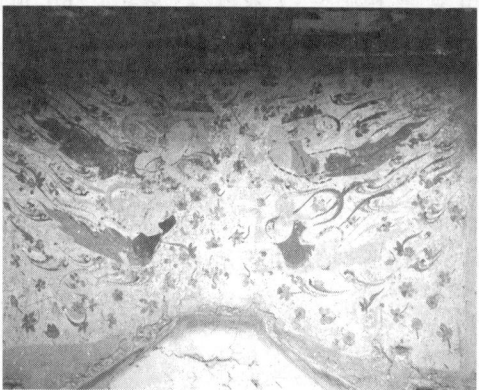

图2-38　第6龛外上方壁画

图 2-39　第 7 龛外上方壁画

一物。左上方飞天则是与右上方飞天相对，左手端举香盘，盘中满盛供品，右手下伸，做散花状；下方飞天侧身回首，双手似上举散花。

7. 第七幅（图 2-39），为四身伎乐飞天，薄肉塑也是全部脱落。右上方飞天正面吹埙，下方飞天弹奏琵琶。左上方飞天双手持箫；下方飞天双手演奏的似乎是磬一类的击打乐器，左手托一倒置铃铛形的乐器，右手握一槌形器，做击打状。这些飞天多结三瓣式发髻，前端饰宝珠，面形圆润，弯眉细长目，直鼻小口，短颈半肩，手部纤柔细腻。上穿僧祇支，下系长裙，璎珞搭肩贴胸而下，于腹前十字穿壁交叉后扬，飘带搭肩绕臂或裹腹向后飞扬，身姿飘逸。

这七幅薄肉塑壁画，是中国壁画史上最精美的作品之一。塑绘结合的手法使得诸飞天鲜活灵动，似乎破壁欲出，营造出了一个鼓乐齐鸣、天音袅袅、香花满壁、天衣飘飘、满壁灵动的佛国世界。壁画中出现的多种乐器及供养器是北周时期实物的重要图像参考资料①。

二、后室 7 龛壁画

主要是指 7 个四角攒尖顶龛内龛顶四坡所绘的北周壁画，每龛内对应龛顶形制有 4 块三角形的壁画，7 龛合计 28 块，60 多平方米，皆是北周

---

①关于飞天可见刘晓毅《试论佛教石窟中的飞天》(《敦煌学辑刊》2004 年第 2 期)一文。

开窟时的原作,虽然表层被明代壁画所覆盖,但是因为这些龛顶壁画也是采用了薄肉塑的手法绘制而成,所以壁画的主尊都得以保存。北周壁画的形象和色料在漫长的历史过程中慢慢浸透了出来,即使表层有明代的壁画,但是通过各种角度的仔细观察,仍然可以对底层的北周原作壁画进行识别。也正是因为辨识难度较大,这些壁画之前尚未被人完整细致地进行过辨识,麦积山勘察团在《麦积山石窟内容总录》中最早指出 7 个龛顶存在薄肉塑的壁画①。张锦秀先生指出,7 个龛顶的壁画多绘说法图、礼佛图或供佛图,也有经变画,比如涅槃经变和西方净土变等②。项一峰先生认为壁画的题材内容来源于北朝盛行的《法华经》《涅槃经》《华严经》等③。在这些壁画中,薄肉塑的使用范围较龛外的七幅大型飞天壁画有了扩展,不单单是佛像采用了绘塑结合的手法,其余的树木、花朵、建筑、佛座、华盖、供养器等也都采用了这一手法,因此画面感更加强烈。加之这些龛顶壁画因为本身处于内倾的角度,制作难度也更大,因此,不论是从艺术高度、构图、制作技术还是内容表现方面,都要比七幅飞天薄肉塑壁画更加复杂。1953 年麦积山勘察团对这 7 龛按照自东向西的顺序依次编号为第 1 到 7 龛,现据此编号,按照后、右、前、左的顺序(对应北、西、南、东,但是在叙述壁面具体内容时所用的左、右侧则是采用了观者视角中的左、右,笔者注),对诸龛龛顶的壁画进行基本的识读:

1. 第 1 龛龛顶壁画

后坡(图 2-40):画面内容主要分为三部分。左侧壁面一坐佛,左手置于腿上,拇指和食指展开,其余三指屈,右手屈肘扬掌。佛顶上方有华盖,可见两串垂饰自华盖角下垂, 左侧一条由四角及中心嵌圆珠的菱形宝器

---

①麦积山勘察团《麦积山石窟内容总录》,《文物参考资料》1954 年第 2 期。
②张锦秀《麦积山石窟志》,甘肃人民出版社,2002 年,第 118 页。
③项一峰《麦积山石窟第四窟七佛龛壁画初探》,《石窟寺研究》2010 年第一辑。

及小圆珠连串而成,右侧一串似由瑞兽口中垂下,由四瓣形的花饰及小圆珠连串而成。佛座前放置一香薰,底部为圈足敞口碗形,细腰,长尖,尖顶呈圆形,香薰两侧有数身人物形象依稀可辨,左侧一身似为身穿甲胄的天王形象,香薰右侧靠近中间的位置有宝树一棵,上方有一身飞天向右侧的城池飞去。画面右侧上方绘长方形城池一座,走向与壁画的右侧边线平行。城池四角是庑殿顶的角楼,城门开在左侧,门楼似为歇山顶式,门楼与角楼之间,以及角楼之间的城墙上还设置有阁形建筑,城内上方和右侧可见回廊建筑,左上方城墙转角处绘有一棵宝树。右侧下方绘立佛一身,光脚而立,侧身面向左侧。壁画泥皮有四处脱落,其中三处是因为燕窝导致,还有右侧上方的一块泥皮是明代重补。

右坡(图 2-41):正中为一歇山顶三开间大殿,中间一间为帐形建筑,上方两帐角各浮塑一长鼻象头,帐柱下方两边各有一浮塑物件,形象难辨。殿顶、正脊、垂脊上饰有摩尼宝珠,檐前挂一排莲花风铃,殿基用长砖砌成,前有梯形台阶。大殿两侧及后方两侧共有四棵宝树,其中后方两棵树上挂满六瓣香花。大殿中间为一身倚坐佛,双手结转法轮印,坐于工字形须弥座上,光脚。坐佛及台阶两侧均为众侍立菩萨,

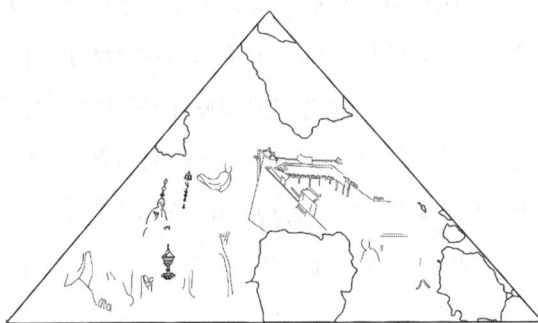

图 2-40　第 1 龛龛顶后坡线描图(张铭、武海超绘制)

图 2-41　第 1 龛龛顶右坡线描图(张铭、武海超绘制)

皆有圆形头光,头戴三叶宝冠,宝缯后扬,颈戴项圈,下着长裙。左侧下方绘立佛一身,侧身朝右,有圆形头光,双手施无畏与愿印,双脚呈外八字形立于莲台之上,光脚,头顶华盖。华盖顶角有瑞兽(似为象首),口含长串风铃,可见三串,风铃形状和正坡壁画中风铃相同。立佛两侧各有立菩萨数身,也是头戴宝冠,颈戴项圈,有圆形头光。右侧下方塑宝树一棵,前方有立菩萨像数身。该幅壁画中没有看到比丘弟子像,或许是因为壁画被掩盖严重而不可见。壁画顶角部泥皮掉落,中间下方也因为燕窝导致壁画漫漶不清。

前坡(图 2-42):供养法器图,画面主体是一梯形的四合式庭院,左、右、前三面皆以木构长廊式建筑连接。正中为一大型庑殿顶大殿建筑,左右两侧以回廊相连,回廊里绘有众多人物形象。正门建筑难以辨认,前围建筑也是木构长廊式建筑。大殿前摆放供养器,共五件,中间为一个浅圆盘底座式四足盆,两侧各有一件敞口钵和细颈带盖瓶。画面右侧长廊中有一身坐佛,圆形头光。

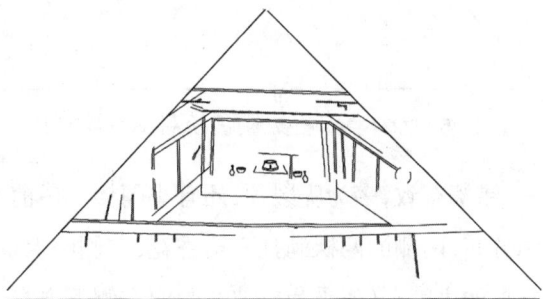

图 2-42　第 1 龛龛顶前坡线描图(笔者绘制)

左坡(图 2-43):满壁绘一座两进式庭院,四面皆以木构长廊式建筑连接,正门似为歇山顶式。画面右侧,两身坐佛并排坐于木构建筑中,结跏趺坐于方座之

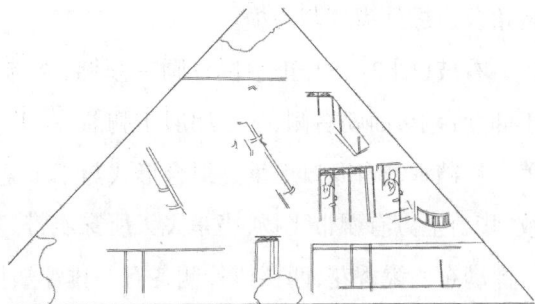

图 2-43　第 1 龛龛顶左坡线描图(张铭、武海超绘制)

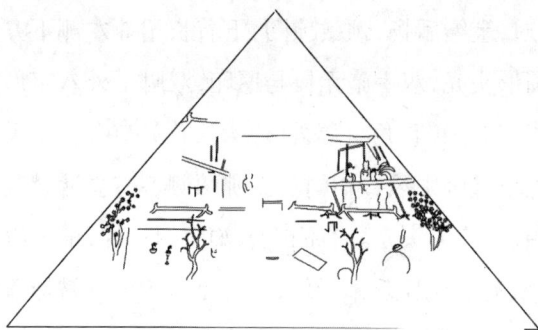

图 2-44　第 2 龛龛顶后坡线描图（张铭、武海超绘制）

图 2-45　第 2 龛龛顶右坡线描图（张铭、武海超绘制）

上，双手施无畏与愿印，右侧下方还有一方形木阁楼。

2. 第 2 龛龛顶壁画

后坡（图 2-44）：建筑群落图，中间上方绘一庑殿顶三开间大殿，整体向右倾斜，中间一间门口挂帷幔，殿内正中似为一工字形须弥座。该殿后方有两棵宝树，左右两侧还连接有建筑各一座，右侧可见数身人物形象。该殿前方为一排建筑，大小不一，错落有致，多为庑殿顶，还有小阁楼。最前方一排四棵宝树，呈中间对称分布，两侧的两棵满挂六瓣香花，左侧两棵宝树之间浮塑有两排长茎龙首形的供养器（似乎为旌节），画面右侧下方有一个钵形供养器，底座为长方形。画面下部右侧可见一圆形头光，其余画面依稀可见人物形象。壁面转角及边缘处遭燕窝污损。

右坡（图 2-45）：正中位置画一立佛，立佛双脚呈外八字形跣足站立于仰莲台上，面朝右侧，右手屈肘于胸前，左手下垂。头顶四角攒尖顶形华盖，铃铛垂饰自龙口下垂，组合形式与第 1 龛龛顶壁画中的风铃基本一致。华盖上方有飘带飞扬，当是飞天所穿衣带。立佛两侧是两棵大树，左侧一棵满布六瓣香花，两棵树外侧各有一排浮塑长茎龙首形的供养器（似乎为旌节），和正坡形象相同，左侧可见 3 件，右侧有 4 件。画面右侧下方绘一宝树,为曼陀罗华①。树上挂满花朵。主佛左侧应该原有 5 身形象,左侧也有数身。立佛左右两侧及前后方,站立着多身菩萨、弟子等,皆有圆形头光,人物众多。壁面三角及下方中央的壁画遭燕窝污损。

前坡(图 2-46):整壁为梯形庭院图,四面由木构长廊连接组成完整庭院,造像组合为三佛。画面的中上方,三身坐佛结跏趺坐于方形高台座之上,呈品字形分布,头顶为四角攒尖顶华盖,四角由龙首口衔长串铃铛下垂,顶有缀饰。每个佛座前均放置一供养器,覆莲瓣形底托,莲茎形腰,上部以仰莲瓣装饰。三佛之间浮塑四棵宝树,对称分布,后面两棵挂满六瓣形香花, 三佛两侧各立有胁侍众,中间为一佛两胁侍,左侧为一佛一胁侍,右侧为一佛三胁侍。

庭院正门为歇山顶式,门两侧为木构长廊。前方一字排开五棵宝树(按照画面判定是左右

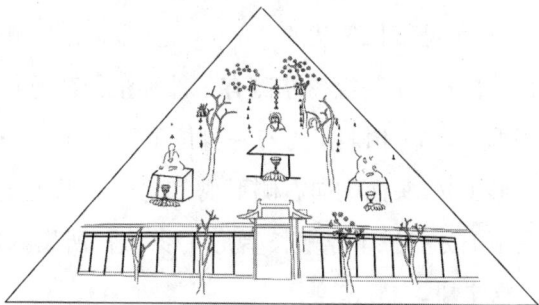

图 2-46　第 2 龛龛顶前坡线描图(张铭、武海超绘制)

各有三棵,但是最右侧一棵因壁画覆盖而不可知),也是浮塑枝干,自左向右的第 1、4 棵树上分别挂满形似香蕉的香花和六瓣香花。壁面边缘部分有三处壁画遭燕窝污损。

左坡(图 2-47):画面正中为一坐佛,圆形头光和身光,头面朝向右侧,坐于高台座之上,右手屈肘上举,左手置于腿部,结跏趺坐,腿上横放

---

①曼陀罗华是四种天花之一,乃天界之花名,属茄科。见赖永海《法华经》,中华书局,2015 年,第 22 页。

图 2-47　第 2 龛龛顶左坡线描图(张铭、武海绘制)

一长方形物件，一头有带饰。坐佛两侧立有胁侍像。坐佛头顶华盖，飘带自华盖垂落，华盖顶饰宝珠。佛座及坐佛整体向右侧倾斜。佛座前方似斜放一长桌，长桌上放置供养器，左侧为一覆莲瓣底托、莲茎细腰、仰莲瓣炉身、翻口供养炉，右侧供养器已经残缺，只可见其长条状的一部分。坐佛身后两侧有两棵高大宝树，六瓣香花挂满树枝，左侧宝树左侧有三件浮塑长茎龙首形的旌①，所属飘带向左侧飘垂，右侧宝树斜上方有一身伎乐飞天，双手抚琴。画面右下角画一立佛，圆形头光，头面朝向右侧下视，双手施无畏与愿印，两侧有胁侍站立围绕，头顶上方有三个浮塑长茎龙首形的旌，所属飘带向左侧飘垂，立佛左侧有一棵宝树。

左侧画面形象较多，浮塑长茎龙首形的旌及所属飘带，还有一浮塑长条状物件，与坐佛腿上所置之物相同，说明画面之间具有关联性，但是遭烟熏和燕窝污损，具体细节不能辨认清楚。壁画边缘有六处遭燕窝污损。

3. 第 3 龛龛顶壁画

后坡(图 2-48)：主体为一梯形庭院，前后是木构长廊建筑。前门两侧是两身天王，颈戴项圈，双手握尖头金刚杵正面而立，金刚杵竖立及地。中间画一坐佛，双手施无畏与愿印，结半跏趺坐于须弥座上，露右脚。佛座前方有一细腰供养法器，底座和开口等大。坐佛两侧绘众多带头光的胁侍形

---

①对于该龛顶所绘旌，后文有专门的考证说明。

象,身后绘两棵宝树,左侧
的一棵树上满布六瓣宝
花,另外一棵仅可见树枝。
庭院前方绘一排树木,共
计五棵,门左侧两棵,右侧
三棵。门两侧的第一棵树
为光枝,左侧第二棵树上
生满形似香蕉的宝花,该
树右侧还有三个供养法
器,形状和第 4 龛龛顶左
坡壁画中的供养法器相
同,形如长方体鸟笼。右侧
第二棵树上挂满六瓣香
花,第三棵树上挂满形似
香蕉的宝花。

图 2-48　第 3 龛龛顶后坡线描图(张铭、武海超绘制)

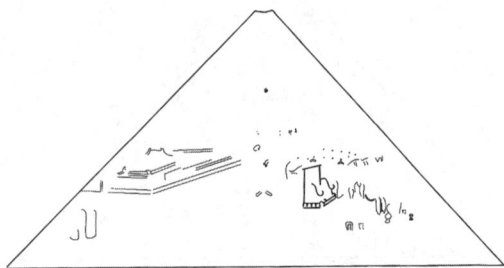

图 2-49　第 3 龛龛顶右坡线描图(笔者绘制)

　　左侧画面可见浮塑玉磬垂饰和一建筑底座部分残迹, 正上方多有宝珠,据此判断原有华盖或者楼阁一类的建筑形象,同样的形象还见于该龛右坡壁画的右侧,这也说明了在情节内容上的连续性。壁画边缘有五处遭燕窝污损。

　　右坡(图 2-49):画面左侧为一座城池,内有庑殿顶建筑。中间上方有一摩尼宝珠,右下方有铃铛等装饰形象,判断此处原有建筑或者华盖。画面右侧靠近中部可见一带四边形底座的方柱状建筑,从斜上方残存的风铃和宝珠判断,上面有一四边形华盖。其余位置绘制众多形象,最外侧有两个供养法器,左侧是一个香宝子(圆底桃形器),右侧是圆形浅盘底细腰杯。该幅壁画下方一排仍有不少形象因为被明代壁画的大团花覆盖而不可辨认,顶、右角及下部边缘有三处壁画被燕窝污损。

图 2-50　第 3 龛龛顶前坡线描图（张铭、武海超绘制）

图 2-51　第 3 龛龛顶左坡线描图（张铭、武海超绘制）

前坡（图 2-50）：壁面中间绘一歇山顶式大殿，正脊中央有摩尼宝珠脊饰，前檐挂一排打十字结的带饰。殿内一坐佛，圆形头光，双手施无畏与愿印，结跏趺坐。前方有一供养杯，底座为一敞口带圈足形碗，腰部如莲茎，上部是敞口杯，杯身饰仰莲。坐佛两侧绘供养胁侍像。画面底部，特别是左侧画面现存近似正方形的四个台座，根据第 7 龛龛顶壁画的观察，类似这种原壁画的遗存，都是当座和高台之用，上面置物或者立像。画面下方中部绘宝树两棵，较低矮。该幅壁画仅顶角部位遭燕窝污损，但是明代壁画覆盖和改动较大，因此无法对相关细节予以辨认。

左坡（图 2-51）：画面中上部中间有一主殿，面阔一间，正脊中央有一覆莲底的桃形脊饰，殿顶垂脊端头各垂挂一风铃，两大根圆形殿柱上浮塑出六边形龟甲纹。前台由四层砌成，每层雕饰一种连续性装饰图案，自上而下依次为长方形、菱形、莲瓣形、摩尼宝珠形，前台中间为四级台阶，整体呈梯形，两边缘部位浮塑有摩尼宝珠。殿内塑一坐佛，圆形头光，双手施无畏与愿印，倚坐①。主殿左右两侧各有一侧殿，从右侧画面判断应是庑殿

---

①坐佛双脚看起来很别扭，不是倚坐时的脚姿，透视关系也不对，倒是像一个人跪着时从后面看的样子，颇疑。

顶,两侧殿前端与主殿连接,但两头则向后缩进,从而突出主殿两侧殿高度明显低于主殿。前台面也是由四层连续图案组成,自上而下依次为摩尼宝珠、大长方形①、菱形、长方形,与主殿顺序不同,台阶也较为简单。值得说明的是,因为前台及台阶的装饰图案都是用浮塑的方法制作而成,因此可以清楚地发现当时工匠在处理两侧殿的前台时出现了偏差及失误,一些装饰图案彼此未能对应衔接。在主殿及两侧殿的后方,仍能看到木构长廊式建筑,应是院落后面的围墙。主殿两侧后方各有一棵宝树,在树间及上方壁面上浮塑有摩尼宝珠,其中还分为有莲瓣式摩尼宝珠及无莲瓣形摩尼宝珠。两侧殿侧前各有一棵宝树,仅见树的枝干,不见叶花。主殿右侧斜前方有一供养像,颈戴项圈,手腕戴环,侧身面向主殿内坐佛,左侧与其相对的地方,可见一浮塑供养器,推测此处原来也有供养像。左侧殿左前方、右侧殿的右前方各有一个四边形华盖,应是四角攒尖顶,盖顶和四角饰宝珠和风铃,右侧华盖下有一四方体的供养器,左侧华盖下有一些木构件依稀可见,两个华盖下均未见佛的形象。

画面下方为城池的前城墙及城门,城墙用砖砌成,城门高大,门楼的建筑形制不清,城门两侧有立像。前方一排宝树,以城门为中心对称排列,有的开满六瓣香花,有的则是挂满形似香蕉的香花。该幅壁画最大的特点就是满布各种香花和宝珠。壁面有四处壁画遭燕窝污损。

4. 第4龛龛顶壁画

后坡(图2-52):画面正中一坐佛,圆形头光,双手置于胸前,施说法印,面容安详,结跏趺坐于工字形须弥座上,露出右脚。头顶华盖,垂饰铃铛,可见三串,推测华盖为四角攒尖顶,底缘饰带打结后下垂,华盖顶部的长带向上方两侧飞扬。佛座前方有供养器。佛左右及身后立有带圆形头光

---

①此处画面比较模糊,加之工匠在两侧殿与主殿前台的连接部位的处理上出现了偏差,因此这一排的图案似乎不应该是大长方形,而是莲瓣形才对,难以确定。

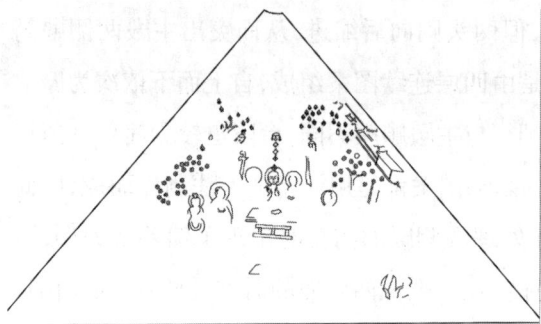

图 2-52　第 4 龛龛顶后坡线描图 (笔者绘制)

图 2-53　第 4 龛龛顶右坡线描图 (笔者绘制)

的胁侍众。四棵宝树分列两侧,两两对称,前方两棵挂满六瓣宝花,后面两棵挂满形如香蕉的宝花。壁画左右两侧下方画面不清,右侧依稀可见一四边形木构建筑,靠近右侧边沿部位绘斜长方形建筑组合。壁面两角壁画遭燕窝污损。

右坡 (图 2-53):说法图,正中间为一坐佛,双手结说法印,结半跏趺坐于工字形须弥座上,头顶为四角攒尖顶形华盖。华盖顶饰一摩尼宝珠,铃铛串饰自华盖顶部下垂。华盖左侧后方幻化出一歇山顶殿,前檐装饰有风铃,周围飞天环绕。画面上部及左右两侧绘飞天,自上而下飞舞,飘带灵动。佛座前放置一个圆形浅盘底、四足钵形供养法器。佛两侧及身后绘数身圆形头光的胁侍众侍立。画面下方左右两角处绘制竖排众多听法信众,两侧对称,面向中间,最前方一排呈跪姿,前方有宝树,附近还绘有水草。壁面边沿部位的壁画遭燕窝污损。

前坡 (图 2-54):中间绘一立佛,圆形头光,颈戴项圈,上身袒,下着长衫,双脚呈外八字形,跣足立于莲台之上。左手屈肘施无畏印,右手前伸,大拇指、食指伸展,其余三指屈于掌心。立佛头顶有一华盖,左右两侧各有三个四边形华盖,自上至下竖排排列,分别由一莲茎与菩萨脚底莲台连接，总共七个华盖。华盖顶部为一倒覆莲花。华盖左右两侧绘胁侍菩萨及弟子，皆立于莲台之上。其中左侧靠近主尊菩萨的两身胁侍菩萨各捧一钵和盘。画面上方满绘祥云及彩带。整铺壁画的众多形象，皆是侧身向左，衣带向后飘动。画面下方偏左有一竖长方形榜题。

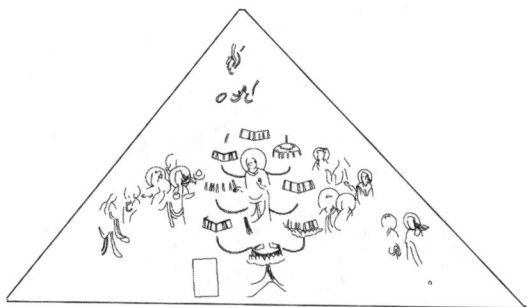

图 2-54　第 4 龛龛顶前坡线描图（笔者绘制）

左坡（图 2-55）：涅槃图。画面左侧是一辆向左前方行驶的七宝

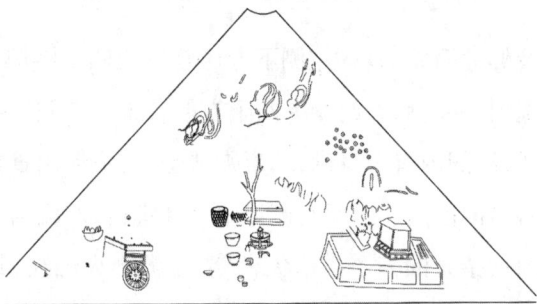

图 2-55　第 4 龛龛顶左坡线描图（笔者绘制）

车，驷马拉行，马脖子下系铃铛。长方形舆（车厢），舆顶满饰珠宝，为四角攒尖顶，左侧有一大供养器，内装一莲花宝珠。车毂周围饰以莲瓣，宽辐辏，车身周围跟随侍从。画面下方中央位置浮塑近十件供养法器，有碗、盆、钵、长柄炉、罐、供养炉（两层，上面还架一盘，盘中置物，与第 5 龛前壁上部所绘供养炉一致）等，形式各异，大小不一，还有一个形似灯笼的菱形网格纹篓形供养器。供养器上方有一工字形台座，台座前有一棵宝树，右侧有数身人物形象。画面右侧是一大型方台，方台中央靠左竖置一口金棺，金棺中央有一鸟，双翅展开。方台中央起塔，塔基方形，塔身略收，塔顶庐形，方台右侧及后方侍立众弟子，方台左侧上方有一棵宝树，挂满六瓣香花。画面上方飞天凌空向下飞行，飘带飞舞，左侧一身飞天抚弹古琴。壁面左侧斜边有三处壁画遭燕窝污损。

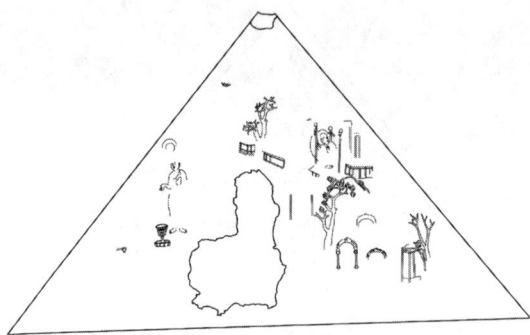

图 2-56　第 5 龛龛顶后坡线描图(笔者绘制)

5. 第 5 龛龛顶壁画

后坡(图 2-56):画面左侧上方绘立佛一身,圆形头光,双手施无畏与愿印。前方有一供养杯器, 圆形仰莲瓣底座,细腰,上部是宽边形杯,杯身有云形、长方形及仰莲瓣纹饰。杯左侧下方还有一长柄雀尾炉。画面中间上方绘光枝龙华宝树一棵,后方两侧有两个方形台座。右侧边缘部位绘一佛阁,前沿垂饰风铃,阁内有一身佛,结半跏趺坐,右手伸出食指和中指①,左手手掌上扬,身材向前倾。画面右侧浮塑三棵宝树,左侧与中间两棵树之间的山上,有前后错开的三个拱形尖楣龛,龛楣饰火焰纹,其中最前方的一个龛,龛柱底端为莲花,上端施宝珠,其他两龛可见龛楣,中间宝树下绘木构建筑一间。左侧宝树挂满花朵,右侧宝树挂满八瓣香花。壁面中间部分泥皮脱落。

右坡(图 2-57):画面左侧是一座歇山顶建筑,殿顶及脊上有宝珠,四边挂风铃,殿内形象难辨。殿外两侧立有诸胁侍像多身,圆形头光,颈戴项圈,有的身穿交领长衫。左下方位置有两个供养法器,一个是杯,一个是瓶,器形和大小与该龛前坡中的两个供养器相同,这也说明了该窟龛顶壁画内容的相关性。画面左侧角落有一竖长方形榜题框。画面右侧一身坐佛,圆形头光和身光,结跏趺坐于方形台座上,右手拇指和食指捏合,其余三指伸展,掌心向内,屈肘置于胸前,左手抚膝,侧身朝向右侧,头顶华盖。华盖挂饰风铃及打结饰带。前方隐约可见数身带有圆形头光的胁侍像,侧

---

①应该是在暗示不二法门,第 5 龛左坡壁画中左侧坐佛右手手势与此相同,可以断定这两身佛的指代相同。

身面向坐佛。画面上方
两侧有飞天，飘带向后
方飘扬。壁面有两处画
面遭燕窝污损。

前坡（图2-58）：画
面正中一坐佛，双手结
说法印，结半跏趺坐于
工字形须弥座上，圆形
头光及身光，头顶为四
边形华盖。华盖四角垂
饰铃铛，顶部置一大腹
细颈瓶，瓶口周围有三
个圆球，呈三角形分布。
主佛右侧有圆形头光胁
侍弟子及菩萨数身，左
侧因壁面脱落已不可

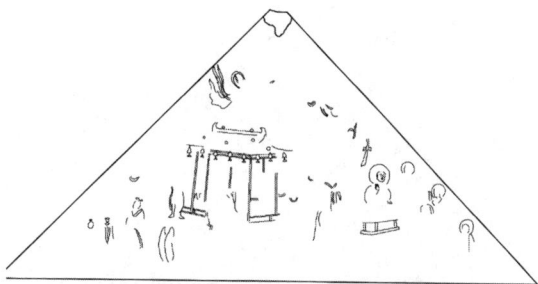

图2-57　第5龛龛顶右坡线描图（笔者绘制）

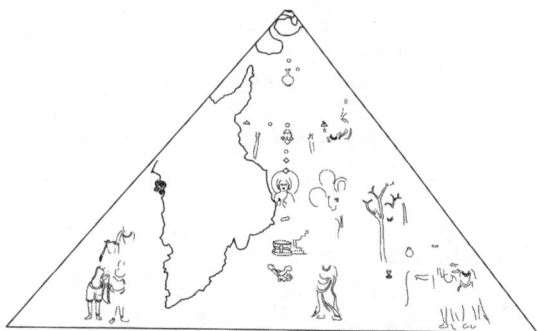

图2-58　第5龛龛顶前坡线描图（笔者绘制）

知。佛座前方放置一供养器，和第4龛龛顶右坡法器形制相近。前方一鸟
脚踩一蛇。画面左侧绘供养众，其中一身身穿短裤，是胡人的形象。画面右
侧也是供养众的形象，一棵宝树下放置一供养香炉，右侧还有一供养瓶。
壁画上方右侧可见飞天飘带。左侧壁画的泥皮脱落过半。

此坡壁画可以与麦积山第26、27窟顶的壁画相互参照比较。

左坡（图2-59）：画面中间一字排开绘三身坐佛，皆为圆形头光，中间
一身佛右手置于腿侧，左手屈肘，手掌向内，倚坐，双脚呈外八字，跣足。左
侧坐佛结半跏趺坐，露右脚，右手置于右脚上方，伸出食指和中指，其余三
指屈于掌心。右侧坐佛结跏趺坐，右手与左手施无畏与愿印。三身佛像面
前各有一个供养法器，中间主佛的供养法器形状是上大下小，两边坐佛则

图 2-59　第 5 龛龛顶左坡线描图（笔者绘绘制）

图 2-60　第 6 龛龛顶后坡线描图（武海超绘制）

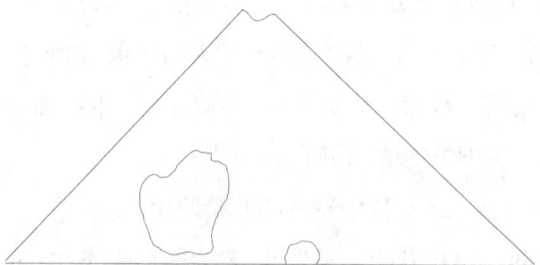

图 2-61　第 6 龛龛顶右坡线描图（武海超绘制）

正好相反。画面左侧和右侧下方各有一棵宝树，右侧宝树枝头生有六瓣宝花，左侧目前只有枝干可见。三佛头顶有华盖，饰以宝珠和铃铛，身后及左右两侧各绘有众多弟子等胁侍像，其中主佛身后两身弟子立像清晰可见。华盖两侧各有一身飞天凌空飞舞。画面内容应该是弥勒三会。

6. 第 6 龛龛顶壁画

后坡（图 2-60）：壁面脱落过半，正中间一坐佛，侧身面朝右侧，结跏趺坐，露右脚，圆形头光，头顶上方两侧有长串铃铛，说明头顶有华盖。壁面上方有一莲花宝珠，中间部位似乎为一座塔，每级用浮塑泥条表示。

右坡（图 2-61）：左侧壁面大半脱落，画面左侧可见有供养钵，圆形头光。

前坡（图2-62）：正中一坐佛，头顶有华盖。

左坡（图2-63）：有圆形头光，中间下方有一鸟，形似一只鸽子。

7. 第7龛龛顶壁画

后坡（图2-64）：画面正中为一庑殿顶大殿，前檐垂挂一排风铃。大殿正中坐一佛，圆形头冠，双手结禅定印，结跏趺坐，露右脚。大殿上方两侧各有一身飞天，右侧有一棵宝树，树旁有一老年弟子侧身朝后，画面右侧下方可见一身比丘像。

右坡（图2-65）：画面正中为一坐佛，圆形头光，双手施无畏与愿印，结跏趺坐，侧身朝向左侧，左右两侧及身后立胁侍，圆形头光。头顶华盖，装饰华贵，有半月形、玉磬形、圆形、莲花形等，共

图2-62　第6龛龛顶前坡线描图(武海超绘制)

图2-63　第6龛龛顶左坡线描图(武海超绘制)

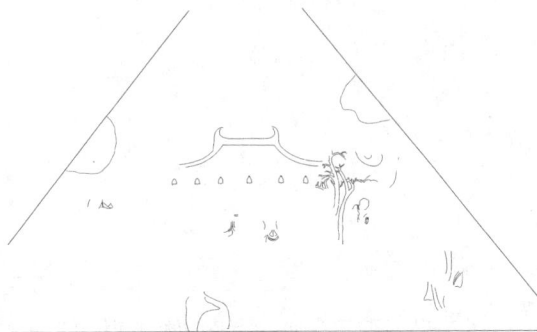

图2-64　第7龛龛顶后坡线描图(武海超绘制)

可见8串铃饰下垂，两侧的2串自龙首口中下垂，长带下飘。从佛两侧所见的长柄雀尾炉来判断，各有2身供养菩萨或天人，画面上方有4身飞

图 2-65 第 7 龛龛顶右坡线描图（武海超绘制）

图 2-66 第 7 龛龛顶前坡线描图（武海超绘制）

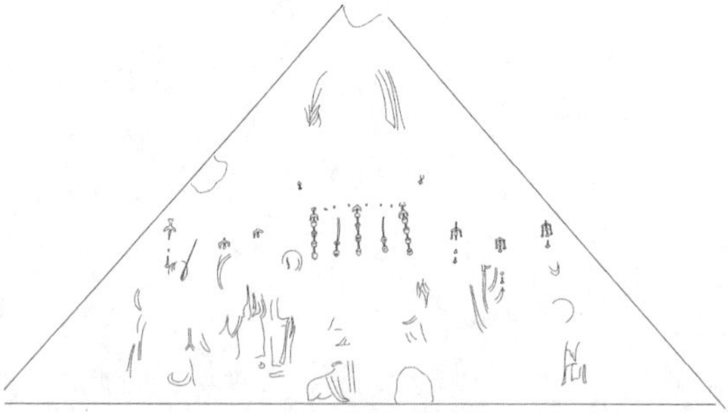

图 2-67 第 7 龛龛顶左坡线描图（武海超绘制）

天，两两相对而飞。画面左右两侧绘有多身供养菩萨及弟子像。

前坡（图 2-66）：画面正中一歇山顶大殿。殿中一坐佛，身穿双领下垂袈裟，内着僧祇支，自右肩斜至左腰部，双手结禅定印，结跏趺坐于方形台座之上，周围有长带自殿中下搭。坐佛前两侧各有一身供养弟子，身穿双领下垂袈裟，双手合于胸前或者捧物供养，站在方形台座之上，相向而立。坐佛正前方有一略小的方形台座，其上形象不清。画面左右两侧各有一座方形小殿，歇山顶，有台阶，殿基用长砖砌成，殿内立胁侍菩萨众，有圆形头光。画面上方两侧有飞天，从飘带判断共有 6 身，对称分布。

左坡（图 2-67）：三佛组合，三佛排成一排，头顶华盖，圆形头光。中间一身佛，双手结说法印，倚坐于方形台座之上，双脚呈外八字形，跣足。头顶华盖装饰繁盛,串饰风铃。佛两侧各有胁侍两身,圆形头光,前方左侧可见侧身蹲踞狮子一身,推测右侧也应对称蹲踞一身,中间应有供养器,可惜不可辨识。左侧坐佛结跏趺坐于须弥座之上,头顶四角攒尖顶华盖,三串风铃下垂,两侧有胁侍像,佛座前方似有供养器。右侧坐佛也是结跏趺坐,露右脚,侧身朝向右侧,前方有杯形供养器,两侧各有两身胁侍像。

　　诸龛龛顶壁画中出现的庭院多呈梯形,一是受龛顶壁面形状的限制,二是对建筑的空间做透视处理。龛顶壁画中佛像皆有贴金。依据各壁画的内容及情节来判断四壁画的观赏顺序,应该是从右坡向后坡的顺序。

　　麦积山第4窟壁画中的相关形象如雀尾炉、摩尼宝珠等,在洛阳巩县石窟寺中基本都可以找到相同的和相似的图像。第4窟第3龛右坡中出现的香宝子(上面为桃形、底座为圆底的供养器)在巩县石窟寺第3窟的礼佛图中有出现,莲花及三角形帐幔和垂饰,在巩县石窟寺中都有着清晰的表现。这充分说明了洛阳地区佛教艺术对麦积山第4窟营建的影响。笔者曾就第4窟诸龛龛顶壁画内容请教过古正美老师,古正美老师认为,这些龛顶壁画应该与弥勒下生信仰相关。这些壁画情节和内容被表层壁画覆盖,且多有残损,给辨识工作造成很大困难,只能从一些主尊组合及细节来判断壁画所绘内容。河南安阳小南海石窟的造像组合对麦积山第4窟影响深刻。小南海石窟东窟内雕刻有弥勒说法图,西窟内刻有弥勒佛像,中窟刻有弥勒上生经变,东窟有现存最早的弥勒上生经变和下生经变。据此推断麦积山第4窟也极有可能受其影响在壁画中绘制弥勒经变的相关内容,但是其内容却不仅限于弥勒信仰,壁画中出现的二佛并坐很明显就是法华经典型的图像组合。本文中笔者暂时认同关于龛顶壁画中有弥勒图像和信仰的说法[①]。关于第4窟诸龛龛顶壁画的识读工作尚需进一步深入。

　　[①]对于第4窟诸龛龛顶壁画内容的辨识,目前说明较为详细的就是项一峰《麦积山石窟第四窟七佛龛壁画初探》(《石窟寺研究》2010年第一辑)。

表 2-4　第 4 窟诸龛龛顶北周壁画信息表

名称		主尊组合	胁侍及其他	建筑	其他
第1龛	后坡	1 身坐佛	立菩萨、飞天	5 开间庑殿顶大殿及门楼、回廊、长方形城池	博山炉、华盖、树木
	右坡	1 身倚坐佛、1 身立佛	立菩萨、弟子	1 开间庑殿顶殿	华盖、树木、象头、六瓣花
	前坡		飞天	梯形庭院、回廊	长颈瓶、香炉、钵
	左坡	2 身并坐佛	模糊不清	两进式庑殿顶庭院、楼阁、回廊	
第2龛	后坡		侍者	庑殿顶大小殿	树木、六瓣花、供养器
	右坡	1 身立佛	菩萨、弟子		华盖、树木、六瓣花
	前坡	3 身坐佛	比丘	庭院、庑殿顶门、墙	华盖、树木、博山炉
	左坡	1 身坐佛、1 身立佛	飞天		华盖、树木、六瓣花、博山炉、长条形器物
第3龛	后坡	1 身坐佛	菩萨、天王	长殿、庭院门、墙、	华盖、树木、六瓣花、博山炉
	右坡	1 身立佛		长方形庑殿顶庭院	华盖、杯、壶、宝珠形供养器
	前坡	1 身坐佛	飞天	庑殿顶大殿	树木、杯
	左坡	1 身倚坐佛		3 开间庑殿顶大殿、砖墙	树木、华盖、莲花宝珠

续表

名称		主尊组合	胁侍及其他	建筑	其他
第4龛	后坡	1 身坐佛	菩萨、弟子、侍者	庑殿顶建筑	华盖、树木、六瓣花
	右坡	1 身结跏趺坐佛	飞天、弟子	歇山顶建筑	华盖、供养盆
	前坡	1 身立佛	飞天、菩萨		华盖、钵、盘
	左坡		弟子		舍利塔、金棺、鸟、盆、钵、碗、长柄炉、马车、六瓣花、莲花火焰宝珠、宝树
第5龛	后坡	1 身坐佛、1 身立佛		木构方形帐、尖楣龛	宝树、六瓣香花、供养器、长柄炉
	右坡	1 身坐佛	菩萨、弟子、飞天、身穿短裤的婆罗门	庑殿顶建筑	华盖、供养杯
	前坡	1 身坐佛	天王、菩萨、弟子、婆罗门、飞天		华盖、长颈瓶、供养杯、香炉、宝树
	左坡	3 身坐佛	菩萨、弟子、飞天		华盖、供养器、宝树
第6龛	后坡	1 身坐佛		塔	华盖
	右坡				钵
	前坡	1 身坐佛			华盖
	左坡				鸟
第7龛	后坡	1 身坐佛	弟子、飞天	歇山顶大殿	宝树
	右坡	1 身坐佛	飞天、菩萨		华盖
	前坡	1 身坐佛	弟子、菩萨、飞天	歇山顶殿	
	左坡	1 身倚坐佛，2 身坐佛	弟子、菩萨		华盖

8. 博山炉供养壁画

麦积山第4窟第1、4、5、7等龛的前壁上方绘有壁画，以第7龛的保存最为完整①。这些壁画因位置较高，遭烟熏严重，之前尚无人发现并进行记录和研究。笔者在调查过程中发现了这些壁画，现做一初步说明和研究。

这些壁画均位于距离洞窟地面3米多的窟龛前壁上方。第4窟第7龛的这幅壁画绘制于前壁上方的横长方形框内，长3.20米，宽0.45米，底色为白色，左侧部分遭烟熏变黑，后世对壁画表层还进行了涂抹和重绘，壁画周边的黑色粗线边框就是重绘时所留，应为明代对该窟进行重新妆彩时所做功德。该壁画共绘有人物形象14身，左右各7身对称分布于中间博山炉的两侧，上方绘一排化生莲花，下方画面为龛门隔挡（图2-68）。从可见的人物形象判断，所绘人物形象皆为女性，身穿交领长衫，长裙及地，头结发髻，宝缯飘扬，手中持物。壁画正中的博山炉则采用绘塑结合的手法制作而成，做工精美，立体感强，炉盖浮塑云气纹，尖头饰圆珠，炉身下部浮塑莲叶围绕一圈，炉柄为莲茎形，中间部位装饰两层莲叶，圆形敞口承盘（图2-69），承盘为后装木门阻挡，博山炉两侧绘有莲叶向上伸展，

图2-68　麦积山第4窟第7龛前壁上方壁画（笔者拍摄）

①第4窟诸龛前壁上方均应绘制大小和内容相近的壁画，但由于各种原因，只有第1、4、5、7龛的壁画得以保存。麦积山第4窟第7龛双面天人形象是2016年笔者陪同颜娟英老师考察麦积山石窟时，同行的敦煌研究院范泉老师最先发现。

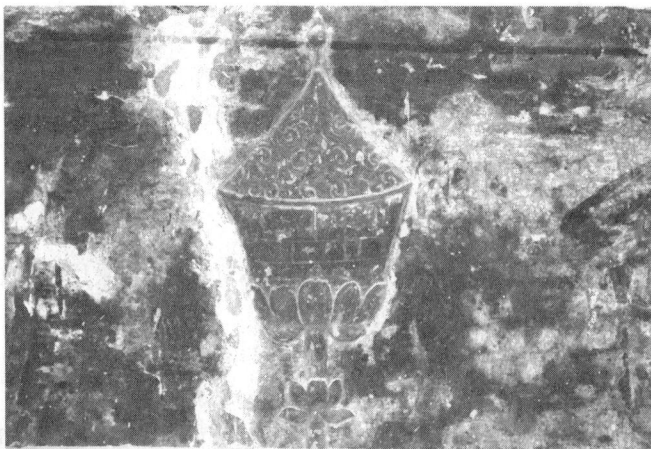

图2-69 麦积山第4窟第7龛前壁上方博山炉(笔者拍摄)

属于莲花式博山炉,整幅壁画最下方皆为木门隔挡,不能完整辨认。初步判断,这是一幅以博山炉为中心,由博山炉和两侧对称分布的诸多人物形象共同组成的供养壁画。

发现第4窟第7龛前壁上方壁画后,笔者对第4窟其余诸龛进行考察,发现现存第1、4、5三龛也有壁画绘于前壁上方的长方形框内。其中第1龛中部壁画脱落,底部崖面露出,画面两侧尚有数身人物形象依稀可辨,衣饰穿着与第7龛相同(图2-70),最左侧一身形象似乎立于莲台之上,从现状推测也属于中心对称的壁画构图,属于供养图像。第5龛的前壁上方壁画整体遭烟熏严重,且遭后世重绘,只有画面中间位置的浮塑盆状法器较为清晰,两侧依稀可见人物形象的上半身(图2-71),衣饰与第7龛相同,也属于供养图像,壁画下部皆为木门横板隔挡。因此,以第4窟第

图2-70 麦积山第4窟第1龛前壁上方壁画(笔者拍摄)

图 2-71　麦积山第 4 窟第 5 龛前壁上部壁画（笔者拍摄）

7 龛为代表的博山炉供养图像，应是对第 4 窟诸龛前壁上方的壁面所进行的统一供养行为。这些供养图像采取中心对称构图，采用绘塑结合的方法制作供养法器，两侧对称绘制供养众。

（1）博山炉供养图像

魏晋南北朝时期，博山炉成为一种重要的佛教供养法器，其形象广泛出现在与佛教相关的题材和图像中。以博山炉为中心的对称供养图像，在佛教石窟、造像碑、单体石刻造像中均有大量出现，数量之多，分布之广，都显示出其在佛教活动中的重要地位。这种以博山炉为中心的对称供养图像，一般都位于造像基座正面位置，并且已经形成一种程式化的构图组合。这些以博山炉为中心、位于基座正面的供养图像，也经历了由简单到复杂的变化过程。博山炉本身的形象也是加入了各种佛教元素，成为一种装饰意味极浓的流行图案，丰富了佛教艺术，极具观赏价值，成为这一时期佛教蓬勃发展的一个缩影和实证。博山炉形象本身的精美和复杂程度，也反映出功德主身份和地位的差异，成为一种具有礼仪、宗教、身份等多重象征意义的器物代表。为了方便叙述，笔者权将这种以博山炉为中心，绘制或者雕刻在佛教造像基座正面的组合式供养图像称之为"博山炉供养图像"。

博山炉供养图像在南北朝时期的佛教造像中大量出现，分布地域极广，并且呈现出较为明显的区域特征。主要集中出现的石窟和区域有云冈石窟、龙门石窟、响堂山石窟以及陕西耀县（今铜川市耀州区）药王山、邺城、曲阳等石刻造像等所在区域，与南北朝时期佛教发展的中心区域大体一致。

图2-72　定州常山鲍纂造石浮图(采自《海外及港台藏历代佛像——珍品纪年图鉴》)

国内最早出现的博山炉供养图像应
该是在单体造像上①。北魏太平真君三年
（442）定州常山鲍纂造石浮图的塔基基
座就有完整的博山炉供养图像，以被托
举力士托起的博山炉为中心，两侧对称
分布有狮子和成排的立姿供养人（图
2-72），这一做法在北魏天安元年（466）
的曹天度造九层千佛石塔塔基基座有着
相同的延续。北魏太安三年（457）宋德兴
造石佛坐像基座正面的博山炉图像为供
养人和狮子组合（图2-73）。天安元年
（466）的冯受受造石佛坐像上的博山炉
图像与宋德兴造石佛坐像基本一致，应
是来源于相同的图像粉本。

这些早期石刻造像对云冈和龙门石窟的开凿以及博山炉供养图像的

图2-73　宋德兴造石佛坐像
（采自《海外及港台藏历代
佛像——珍品纪年图鉴》）

①炳灵寺第169窟西秦说法图壁画中也有博山炉供养图像，但是根据遗存痕迹判断，应为
后代所绘，无法确认其为西秦原作。

图 2-74　云冈石窟第6窟南壁中层中部小龛
（采自《中国石窟·云冈石窟》）

图 2-75　云冈石窟第 11 窟南壁第 4 层
东侧佛塔
（采自《中国石窟·云冈石窟》）

产生和发展应该产生过影响。随着博山炉供养图像的发展，双狮遂成为博山炉供养图像最主要的流行元素和组成部分。

云冈石窟的北魏博山炉供养图像组合内容已经非常丰富，有博山炉与供养菩萨组合（图 2-74），有博山炉与世俗供养人组合（图 2-75），有博山炉、僧人和世俗功德主组合（图 2-76），也有力士托举博山炉与带圆形头光的供养菩萨组合（图 2-77），但主要以供养人组合为主。这些组合奠定了其后中国博

图 2-76　云冈石窟第 11 窟东壁第 3 层中部交脚菩萨龛（采自《中国石窟·云冈石窟》）

图 2-77　云冈石窟第 11 窟南壁第 2 层西侧佛龛（采自《云冈石窟全集》）

山炉供养图像的基本样式。

　　将众多供养人集中在一个四周有边界的横长方形框内进行表现的典型图像，与麦积山第 4 窟第 7 龛前壁上方壁画图像的整体构图之间有着最直观的联系。

　　龙门石窟北魏博山炉供养图像中，博山炉形象明显复杂精细，显示出博山炉形象的不断演进和成熟变化。龛下基座正面的图像组合中加入了狮子以及力士等形象，也出现了胡跪菩萨形象（图 2-78），这一做法一直延续到了龙门唐代的窟龛。

　　邺城北吴庄造像博山炉图像在北魏至东魏时期都有出现，组合主要以狮子、比丘、世俗供养人为主（图 2-79，2-80），没有出现供养菩萨、天人以及力士等与博山炉的组合，显示出单体造像明确的供养和祈福功能。

　　响堂山石窟中保存有大量的北齐至隋的博山炉供养图像，构图精致，雕刻精美。博山炉装饰华美，充分展现出供养人的级别和实力。值得注意的是，响堂山北齐洞窟中出现了博山炉与供养人和伎乐天的组合（图

图 2-78　龙门古阳洞
（采自《中国石窟·龙门石窟》）

图 2-79　张雄造观世音像
（采自《邺城北吴庄出土佛教造像》）

图 2-80 弄女造弥勒像(采自《邺城北吴庄出土佛教造像》)

图 2-81 响堂山石窟第 3 窟(采自《中国佛教美术全集 雕塑卷 响堂山石窟》)

2-81)以及博山炉与神王的组合(图 2-82)。与之相应,须弥山北周洞窟
中,也出现了以博山炉为中心的神王组合,第 45、46 窟中心柱基座下方为
博山炉、神王、供养人、伎乐的组合模式(图 2-83)。

陕西耀县(今铜川市耀州区)药王山北魏到隋的石刻中,博山炉供养
图像多有出现,多有地方特色。组合形式有博山炉与双狮,博山炉与供养

图 2-82　响堂山石窟第 5 窟博山炉与神王组合(采自《中国佛教美术全集 雕塑卷 响堂山石窟》)

图 2-83　须弥山第 45 窟中心柱基座博山炉和伎乐组合(采自《须弥山石窟》)

图 2-84　陕西药王山张乱国造像碑
(采自《药王山碑刻》)

人,以及博山炉与演奏乐器的伎乐天等,主体则以双狮与博山炉组合为主(图 2-84)。北周、隋时期也出现了力士托举博山炉的组合和博山炉与带头光弟子的组合(图 2-85)。隋代郭羌造像碑中的博山炉形象与麦积山第 4 窟博山炉形象很是接近(图 2-86)。药王山北周至隋的造像碑与秦州及陇右地区的造像碑之间有着较为明显的图像联系。

西安北郊草滩出土的北周白石龛像中的博山炉供养图像,博山炉刻画精美,与跪地的弟子或者狮子成组出现,组合简单(图 2-87)。草滩白石造像对麦积山第 4 窟造像有一定的影响①。

甘肃现存的佛教石刻造像中,也有

①孙晓峰、曹小玲《长安与麦积山石窟北周佛教造像比较研究——以西安北草滩出土的北周白石龛像为中心》,《敦煌研究》2014 年第 1 期,第 53—61 页。

图 2-85　弥姐显明造像碑

（采自《药王山碑刻》）

图 2-86　郭羌造像碑

（采自《药王山碑刻》）

着数量较多的博山炉供养图像,其基本特征与龙门石窟较为接近,与陕西药王山石刻以及长安地区的佛教造像关系密切,年代主要集中在西魏、北周时期(图 2-88,2-89,2-90),展现出受到中心文化的直接影响。这一时期的麦积山石窟也显示出同样的特征。

图 2-87　西安草滩北周白石造像(笔者拍摄)

图 2-88　甘肃灵台西魏造像碑

（采自《甘肃佛教石刻造像》）

图2-89　甘肃西魏石刻造像(采自《甘肃佛教石刻造像》)

图2-90　甘肃北周石造像
(采自《甘肃散见佛教石刻造像
调查与研究》)

总体来看,以博山炉为中心的供养图像,在南北朝直至隋唐时期的佛教艺术中多有表现,形成了数量众多、组合多样的系统性发展演变过程。

麦积山石窟第4窟第7龛的博山炉供养图像,从其艺术水准来说,属于北方地区精品之列,显示出第4窟功德主身份的非同一般。

(2)双面天人的形象及初步研究

关于麦积山第4窟第7龛的博山炉供养图像,最值得关注的是两身双面天人形象①。这两身供养形象是

①因目前尚无法对第4窟诸龛前壁壁画中的众多供养形象进行身份确认,故将这些供养形象称之为供养天人,笔者注。

麦积山石窟唯一发现的双面天人形象,在国内石窟中也是非常少见。两身双面天人对称分布于博山炉两侧。第一身双面天人位于画面右侧倒数第三身,头戴冠,左右两侧各有一面,身穿交领长衫,宽袖及地,为典型的褒衣博带装束,双手屈肘上举,手中捧一物(图2-91,2-92)。第二身双面天人位于画面左侧倒数第三身,头戴高冠,发带飘扬,双面分向左右侧视,眉目可辨,宽袍大袖,长衫及地(图2-93,2-94)。

图2-91　麦积山第4窟第7龛前壁上方右侧双面人(笔者拍摄)

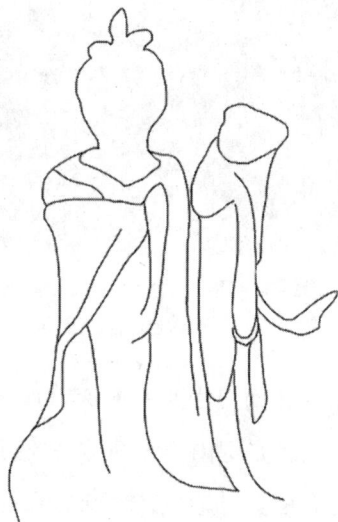

图2-92　麦积山第4窟第7龛前壁上方右侧双面人线描图(笔者绘制)

国内石窟寺中出现的双面人形象,目前已知的主要有巩县石窟、莫高窟两处。

①巩县石窟双面人

大致开凿于北魏末期的熙平至孝昌年间(516—528)①的巩县石窟寺

_____

①陈明达认为第3、4窟开凿年代为熙平二年(517)或稍后,完工于孝昌末年(527)。而常青认为第4窟完工于孝明帝熙平、神龟年间(516—520),第3窟开凿时代约为正光、孝昌年间(520—527)。

图 2-93　麦积山第 4 窟第 7 龛前壁上方
　　　　左侧双面人(笔者拍摄)

图 2-94　麦积山第 4 窟第 7 龛前壁上方左
　　　　侧双面人线描图(笔者绘制)

第 3、4 两窟中心柱西面基座各有一身浮雕双面人(图 2-95,2-96),一般认为其是国内已知的唯一的石雕双面人像,关于这两身双面人雕像,学界已有诸多讨论,具体情况如下:

陈明达认为双面人像可能是十二宫中的阴阳宫,属于神王之列[1]。

常青最早认为巩县石窟寺第 4 窟的双面抱小儿的妇人形象,可能是鬼子母,是护法神,因其既能护法又能为众生送子,因而受到了佛教信徒的供奉[2]。

赵秀荣认为巩县石窟寺中的双面人形象即是神王像[3]。

---

①陈明达《巩县石窟寺的雕凿年代及特点》,见《中国石窟·巩县石窟寺》,文物出版社,2012,第 186 页。

②常青《北朝石窟神王雕刻述略》,《考古》1994 年第 12 期。

③赵秀荣《北朝石窟中的神王像》,《敦煌学辑刊》1995 年第 1 期。

图 2-95　巩县石窟第 3 窟中心柱西面
基座浮雕双面人
（采自《中国石窟·巩县石窟寺》）

图 2-96　巩县石窟第 4 窟中心柱西面
基座浮雕双面人
（采自《中国石窟·巩县石窟寺》）

金申也认为巩县石窟双面人为双面神王，认同陈明达的观点。他认为神王、夜叉、罗刹鬼神等没有截然的区别，并对神王的特征和出现位置进行归纳总结，指出神王永远位于窟内四壁下方或中心柱下方或单身像台座上，是守土镇方、护持禳灾的神祇①。

殷光明认为巩县石窟寺的双面人形象为神王像，其职守是护持供养佛法②。

田军认为巩县双面人像为夜叉护法神鬼子母，并指出鬼子母是《法华经》的护持者③。

朱丹丹首次对巩县双面人形象进行专题研究，她在其论文中结合与

①金申《关于神王的探讨》，《敦煌学辑刊》1995 年第 1 期。
②殷光明《试论北凉石塔基座像与神王》《敦煌研究》1996 年第 4 期。
③田军《巩县石窟寺双面人像浅析》，《故宫博物院院刊》2006 年第 5 期。

双面人像有关的图像进行比对梳理,也认为巩县双面人像是鬼子母。她认为鬼子母在石窟中的出现,主要是为了宣扬大乘佛教之教义,教化世人弃恶从善,认为不能将这一形象混同为神王①。

综合来看,目前学界对于巩县石窟寺出现的双面人形象的身份主要持两种观点,即鬼子母(夜叉、护法神)和神王,目前以其为鬼子母的说法最为流行。虽然对双面人形象的定名存在差异,但对其功用的认定则基本相同,即认为其是对佛法的护持供养。

巩县石窟寺中出现的这两身双面人形象,有三个最重要的特征需要注意,一是双面,二是皆位于中心柱基座下方,三是怀中抱有小儿。鬼子母由最初伤害小孩的夜叉鬼,皈依佛法之后身份转变,成为佛教护法神,在中国又升格为佛教二十诸天护法神之一,是对大乘佛教教义的最好说明。双面可以代表善与恶,也可以代表现与往,故用双面来代表鬼子母。因此,笔者赞同巩县石窟寺双面人形象为鬼子母的说法。

在笔者看来,鬼子母皈依佛教之后也属于神王之列,神王就是佛教的护法神,职能就是护持佛教,只不过经过佛教中国化的演进,鬼子母的形象和衣饰已经完全汉化,外形特点也脱离了夜叉的模样,变成了慈善温柔的女性形象。其所出现的雕刻位置,决定了其身份属性和功能,不管是作为原身份的夜叉形象还是皈依后的护法神,这两种身份在鬼子母身上并无矛盾,反而是一种最具典型的结合体。

②莫高窟第 251 窟双头药叉

莫高窟北魏第 251 窟西壁下方绘有一身双头形象 (图 2-97,2-98),《莫高窟内容总录》将其认定为"药叉"。这身双头药叉的表现方式较为特殊,采用深浅两色,分别绘出差异明显的双头和双上身,共用的下身躯干以及双臂则采用同一处理方式绘制。

①朱丹丹《巩义石窟寺双面人像研究》,陕西师范大学硕士论文,2012 年。

以上即为国内佛教艺术中已知的双面人形象，加上麦积山的双面人形象，就是国内已知的三例双面人形象。总体进行比对，三者之间的差别还是比较明显的。

双头或者双面形象，在佛教题材中常有出现，且身份所指多样。有虔心供养、别出心裁的双头佛，有善恶两面的共命鸟，有双面一体的鬼子母和天人，也有两头两体的药叉。这些双面形象是佛教徒及信众根据佛教经典，为了方便弘法所做的经典艺术创作。麦积山的双面天人形象无疑是对佛教双面形象题材的丰富和充实。

图 2-97　莫高窟第 251 窟正壁下方双头夜叉　　图 2-98　莫高窟第 251 窟双头夜叉线描图
（周晓萍绘制）

(3)第 4 窟博山炉供养图像绘制年代

根据现场观察，第 4 窟第 7 龛前壁上方壁画所在壁面存在部分残损，残损处可见博山炉供养图像所在壁画层之下尚存有底层壁画（图 2-99），底层壁画的主要用色为麦积山北周壁画中普遍使用的赭石色。壁画的附着层主体用瓦片、粗泥及木头混合而成，在上面敷泥作为地仗层后进行彩绘，外侧立面为仿帐幔结构，内侧壁面绘制壁画，即可见的双面人形象壁画所在，这层地仗层明显属于后期重新制作。也就是说博山炉供养壁画图像并非此处壁面的底层壁画，存在着重绘的迹象。

图 2-99　麦积山第 4 窟第 7 龛前壁上方壁画层位关系图(笔者拍摄)

　　麦积山石窟博山炉供养图像集中出现在北周时期。除了新发现的第 4 窟这几幅以外①,在北周的第 26、27 窟窟顶壁画中也有发现。第 26 窟的博山炉供养图像位于佛说法图的正下方,博山炉两侧配饰以莲叶,两侧各有一狮子背向博山炉蹲踞,对称分布(图 2-100)。第 27 窟窟顶说法图中佛座前中心位置壁画脱落,但是底部仍然可见博山炉的圆形底座,可以将其认定为博山炉供养图像(图 2-101)。麦积山第 4 窟第 7 龛博山炉供养图像中的浮塑博山炉形象在第 4 窟第 1 龛后坡壁画中也有出现,虽然原作莲叶等细节被明代白粉层覆盖,但形制基本相同(图 2-102)。二者采用相同的塑作手法,说明制作手艺的传承与延续。北周同时期的麦积山北周第 26 窟窟顶壁画中的香炉形象,也与第 4 窟极为相近。麦积山隋代洞窟中尚没有发现严格意义上的博山炉供养图像, 并且薄肉塑的塑造手法为

---

　　①麦积山第 4 窟诸龛龛顶底层壁画为北周原作,采用薄肉塑的手法绘制,因此虽被表层明代壁画所覆盖,但底层的北周壁画仍然依稀可见。这些北周原作壁画中也有一些博山炉供养图像出现,比如第 1 龛后坡,但是因为组合内容及细节难以辨认,故在文中没有算入。

图 2-100　麦积山第 26 窟窟顶后坡博山炉供养图像（笔者拍摄）

图 2-101　麦积山第 27 窟窟顶后坡博山
炉供养图像（笔者拍摄）

图 2-102　麦积山第 4 窟第 1 龛龛顶
后坡博山炉（笔者拍摄）

图 2-103　第 4 窟第 7 龛外立面(麦积山石窟艺术研究所提供)

麦积山石窟北周时期所独有的艺术表现手法。因此,第 4 窟这幅博山炉供养图像应该是绘制于北周。

第 4 窟博山炉供养图像,其绘制年代当在北周末年, 结合麦积山第 4 窟受到武帝灭法运动影响而中途停工的历史背景来分析, 第 4 窟博山炉供养图像的具体绘制年代应为北周宣帝 579 年复法之后。这些壁画是由原功德主在时隔不久后使用相同的制作技艺来绘制, 两层壁画皆是北周时期绘制。这也向我们揭示了一个极可能存在但是之前被忽略的历史信息, 那就是第 4 窟的营建因为北周武帝灭佛运动遭到了一定程度的破坏(图 2-103)。在北周复法之后进行重修时,要对破坏的壁面进行人为的修补, 也便有了我们现在可以看到的北周后绘的博山炉供养壁画与开窟之初的北周原作壁画层位叠压的现象了。

第四节　第 4 窟北周壁画庄严图案

　　在第 4 窟诸龛顶部及龛前上部所存的这 35 幅北周原作大型薄肉塑壁画中,有着许多庄严图案,诸如摩尼宝珠、供养法器、宝树、香花等。这些图像和其他地区石窟寺造像及单体佛教造像中所呈现出的图案,具有明显的传承关系,是体现壁画绘制时代风格和区域性特征的重要元素。本节中,笔者将选择其中具有代表性的庄严图案来进行跨区域和时代的对比说明。

一、摩尼宝珠

　　摩尼宝珠是佛教艺术中非常普遍的形象之一,是佛法的象征物之一。在石窟寺艺术中,摩尼宝珠被广泛应用,并形成了其自身的体系特征,具有图像学上的断代意义。

1. 麦积山石窟中的摩尼宝珠

　　在麦积山石窟中,摩尼宝珠在西魏洞窟中就开始出现。其中第 20 窟的菩萨头冠中就有摩尼宝珠出现,并且在北周第 4 窟中有了新的变化。摩尼宝珠在北周和隋代被大量被运用,据笔者统计,麦积山石窟中出现摩尼宝珠的洞窟有三十多个,跨越了西魏、北周、隋、元等诸朝代,并且每个朝代的风格和样式又有不同。

　　通过对麦积山石窟现存摩尼宝珠的统计可以得知，西魏洞窟中有 7
个洞窟出现了摩尼宝珠，分别是第 20、44、102、123、127、145、133 窟。在这
一时期没有出现莲瓣形的摩尼宝珠，但是含有圆形宝珠及笏板状的摩尼
宝珠已经出现，而这一类型的摩尼宝珠后来在麦积山北周第 4 窟中大量
出现，并有了新的变体。可以看出，西魏时期是麦积山石窟造像和壁画中
开始出现摩尼宝珠的发端期，这无疑与乙弗氏和长安有着极大的关系。

　　北周时期的石窟中，保存有摩尼宝珠的有 14 个，分别为第 4、141、
54、62、12、22、26、27、31、39、45、65、82、134 窟，麦积山山顶舍利塔出土的
两身菩萨像头顶冠饰也出现了摩尼宝珠。这一时期的摩尼宝珠样式繁多，
在多个方面被应用，诸如菩萨头冠、华盖、龛柱、壁画等。其中菩萨头冠装
饰摩尼宝珠继承了西魏的传统，但是摩尼宝珠加饰莲瓣，是这一时期新的
特点。最值得关注的是，摩尼宝珠的多种变体形象在第 4 窟出现，有五六
种之多，这也反映了第 4 窟在其营建过程中兼容并蓄以及全面创新的特
点。从目前的情况判断，北周时期的洞窟应该都有摩尼宝珠，但是因为一
些北周窟龛的坍塌和残损，所以未能全部保存。以第 4 窟为代表的北周洞
窟，对秦州地区的单体佛教造像和造像碑的制作都产生了很大影响，如甘
肃天水张家川出土的北周建德二年(573)王令猥造像碑中的仿帐形龛顶
就饰有摩尼宝珠。

　　隋朝时期，出现摩尼宝珠的洞窟有第 13、5、28、43、25、8、14、48、78、
98、113 窟，共计 11 个窟龛。这一时期摩尼宝珠主要出现在菩萨的头冠和
龛柱的柱头上，形象特征是有两层莲瓣。因为隋朝壁画保存甚少，第 5 窟
前廊顶部平棋中有几个火焰纹莲花摩尼宝珠形象，第 78 窟右壁主佛背光
边缘也有隋代重绘的摩尼宝珠形象。

　　到元代对第 35 窟重修时，在正壁龛内坐佛两侧的壁面上浮塑的两个
忍冬纹莲花摩尼宝珠，可以说是麦积山现存年代最晚的摩尼宝珠遗存了。

摩尼宝珠作为一个具有区域和时代特征的重要图案及形象，其对麦积山洞窟的分期断代是很有帮助和参考意义的。

表 2-5　麦积山石窟摩尼宝珠统计表

时代	窟号	图片	说明
西魏	44		正壁左右两侧胁侍菩萨头冠上的摩尼宝珠
	20		胁侍菩萨头冠上的摩尼宝珠
	102		摩尼宝珠类型同第 20、44 窟
	123		摩尼宝珠
	127		窟内正壁石雕胁侍菩萨和窟顶壁画中都有摩尼宝珠

续表

时代	窟号	图片	说明
西魏	145		胁侍菩萨头冠上的莲花摩尼宝珠
	133		第 1 号西魏造像碑仿帐形结构顶部有摩尼宝珠
北周	4		第 4 龛外上部壁画，内有含立柱的莲花摩尼宝珠和含圆形宝珠的莲花摩尼宝珠，附线描图
			含圆形宝珠的莲花摩尼宝珠和含笏板形的莲花摩尼宝珠
			诸龛壁面上方影塑千佛的华盖上的摩尼宝珠
	141		龛柱上方的含圆形宝珠的莲花摩尼宝珠

续表

时代	窟号	图片	说明
北周	54		菩萨头冠上的含圆形宝珠火焰纹莲花摩尼宝珠
	62		菩萨头冠上的含圆形宝珠火焰纹莲花摩尼宝珠
	山舍利塔顶出土		含圆形宝珠火焰纹莲花摩尼宝珠
	12		正壁龛两侧龛柱顶端上的莲花摩尼宝珠
	22		正壁龛内右侧壁面彩绘的摩尼宝珠,有忍冬纹
	26		正壁右侧菩萨头冠饰有摩尼宝珠,彩绘千佛的华盖和窟顶壁画上方华盖饰摩尼宝珠

续表

时代	窟号	图片	说明
北周	27		龛柱顶端上的莲花摩尼宝珠
	31		影塑千佛华盖顶端上的摩尼宝珠
	39		龛柱顶端上的莲花摩尼宝珠
	45		胁侍菩萨头冠上的莲花摩尼宝珠
	65		胁侍菩萨头冠上的莲花摩尼宝珠
	82		左侧胁侍菩萨头冠上的摩尼宝珠
	134		正壁倚坐菩萨头冠上的火焰纹莲花摩尼宝珠

续表

时代	窟号	图片	说明
隋	13		大佛左侧菩萨头冠上的含圆形宝珠火焰纹莲花摩尼宝珠
			大佛右侧菩萨头冠上的三种摩尼宝珠：含圆形宝珠火焰纹莲花摩尼宝珠、含正方形物体的火焰纹莲花摩尼宝珠、含象头及忍冬草的火焰纹莲花摩尼宝珠
	5		龛柱上方的含圆形宝珠的莲花摩尼宝珠，龛外护法天王头冠上的含拱形物的火焰纹莲花摩尼宝珠，廊顶壁画上的火焰纹莲花摩尼宝珠
	28		龛柱上方的含圆形宝珠的莲花摩尼宝珠
	43		立柱上方的含宝珠的莲花摩尼宝珠
	25		菩萨头冠，组合比较奇特，有火焰纹，有摩尼宝珠，还有莲花瓣，并且由四个摩尼宝珠共同组成一个大的摩尼宝珠组合

续表

时代	窟号	图片	说明
隋	8		两侧胁侍菩萨头冠上的摩尼宝珠
	14		正壁龛两侧龛柱上方的莲花摩尼宝珠
	48		龛柱上的莲花摩尼宝珠
	78		莲花火焰纹摩尼宝珠
	98		右侧胁侍菩萨头冠上的含圆形宝珠火焰纹莲花摩尼宝珠
	113		右壁胁侍菩萨头冠上残存的摩尼宝珠
元	35		正壁龛内主佛上的含圆形宝珠忍冬纹摩尼宝珠

2. 其他地区的摩尼宝珠形象

笔者通过对不同区域和历史时期中的摩尼宝珠做一简要比对，大致勾勒出摩尼宝珠发展的历史脉络和特点。

从目前已知的材料来看，最早出现有纪年的摩尼宝珠的石窟是炳灵寺第 169 窟，该窟 6 号龛左侧壁画女供养人身后彩绘一火焰纹莲花摩尼宝珠①。左壁 11 号壁画中所绘华盖，顶饰有摩尼宝珠，形象简单②。该窟有西秦建弘元年（420）的题记，因此这些摩尼宝珠的绘制年代不会晚于该年③。

我们首先来简单梳理一下石窟寺及佛教造像中出现的摩尼宝珠（详见表 2-6）。

开凿于北魏时期的巩县石窟寺第 1 窟东壁第 3 龛南胁侍菩萨像身侧，浮雕莲花摩尼宝珠，中间绘有方形立柱体的形象。洛阳龙门石窟第 159 窟（宾阳南洞）壁面上方雕有摩尼宝珠和三瓣莲花摩尼宝珠。陕西西安未央区出土的西魏大统三年（537）比丘法和造像碑中，华盖顶端也饰有摩尼宝珠。摩尼宝珠雕刻简单，装饰性为主，没有雕出中间的圆形宝珠。而麦积山第 133 窟内的西魏 12 号造像碑上的摩尼宝珠则雕出了圆形宝珠，这固然是功德主及雕刻精细度不同所造成的，但也反映出摩尼宝珠装饰作用的增强。河北邺城出土的东魏武定元年（543）北梁太守贾仲贤造释迦像中，主佛项光内雕刻有三朵莲花摩尼宝珠，莲花有四瓣，也有五瓣，与莲叶及忍冬草相连。这种在造像头光内雕刻莲花摩尼宝珠的现象在南响堂北齐窟内也有出现，如南响堂北齐第 7 窟主室南壁主龛造像头光内就刻

---

①甘肃省文物考古研究所《中国美术分类全集·中国敦煌壁画全集 11·麦积山炳灵寺》，天津人民美术出版社，辽宁美术出版社，2006 年，图版五。

②甘肃省文物考古研究所《中国美术分类全集·中国敦煌壁画全集 11·麦积山炳灵寺》，天津人民美术出版社，辽宁美术出版社，2006 年，图版十三。

③炳灵寺的唐代窟龛多有火焰纹摩尼宝珠出现，如第 134 窟正壁左侧的壁面上，华盖顶部就绘有火焰纹摩尼宝珠，第 9 窟正壁上部壁画华盖顶也饰有火焰纹摩尼宝珠。

有莲花摩尼宝珠。美国弗利尔博物馆所藏北朝晚期(534—550)造像的项光内也雕出莲花摩尼宝珠,这种在头光和项光内雕刻摩尼宝珠并与其他纹饰结合的情况可以视之为邺城地区的特点,并在太原地区也有出现。

北齐天统四年(568)张伏惠造像碑(河南省襄城县孙庄村出土,现藏河南博物院),仿帐形龛顶雕饰摩尼宝珠,和麦积山第 4 窟龛外上方所饰的摩尼宝珠很接近。南响堂第 5 窟北齐小龛的下方,雕刻有一个五瓣莲花的摩尼宝珠。北齐武平七年(576)(原存河南市登封市,现藏河南博物院)宋始兴造像碑仿帐形顶端中间雕一摩尼宝珠,其上是一个大型莲花舍利宝塔,宝塔塔身上沿四周还雕饰摩尼宝珠,周饰忍冬纹。南响堂第 2 窟主室中心柱正面主尊头光上方刻有和娄叡墓形象完全相同的七瓣莲花摩尼宝珠。北响堂第 4 窟一尖楣龛两侧的龛柱上方各有一个五瓣莲花摩尼宝珠,两侧下方饰以忍冬草,值得注意的是这两个莲花摩尼宝珠还刻出了火焰纹。北齐汉白玉三尊佛造像的须弥座中央,刻有五瓣莲花摩尼宝珠,周围饰以忍冬草。北响堂北齐第 9 窟南壁上部由三个火焰纹莲花摩尼宝珠组成的塔刹组合精美,构想奇特,充分显示出北响堂的雕凿水平和皇家身份,代表了摩尼宝珠组合和应用的最高水平。山西太原市华塔村出土的北齐贴金彩绘释迦造像(现藏山西博物院)最上方雕刻有莲花舍利宝塔。华塔村出土的另外一尊北齐贴金彩绘释迦造像的项光中雕刻有莲花摩尼宝珠。

出现北周莲花摩尼宝珠的还有西安未央区中查村出土的北周 16 号菩萨像,头冠所饰的莲花摩尼宝珠与麦积山第 4 窟中出现的摩尼宝珠在基本造型和内部所绘形象方面非常相似。同样是西安未央区中查村出土的 26 号北周菩萨像,其胸部配饰有莲花摩尼宝珠,其形象和麦积山北周莲花摩尼宝珠形象很接近,但是在麦积山石窟中,还没有在菩萨胸部配饰中发现摩尼宝珠。出土于甘肃华亭的北周保定四年(564)张丑奴造像碑,仿帐形龛顶也饰有摩尼宝珠。西安草滩出土的一块北周造像碑,仿帐形龛顶雕出三个摩尼宝珠,周围则是夸张的火焰纹。莫高窟北周第428窟前部人字坡顶所绘的莲花摩尼宝珠，和麦积山第 4 窟龛外上部的薄肉塑壁画中的摩尼宝珠则是非常相似。北周史君墓石椁西壁上部刻有莲花摩尼宝珠,周围饰忍冬纹[1]。

　　隋朝时期,摩尼宝珠尖部出现了变化,不再规整,而是拉出了长长的尾巴。隋开皇二年(582)的荀国丑造像(现藏河南博物院),舟形龛上部满雕莲花摩尼宝珠和莲花坐佛,莲瓣双层。莫高窟隋代第 313 窟南壁说法图中的三身菩萨,头戴火焰纹摩尼宝珠冠。莫高窟隋代第 314 窟西壁南侧半跏菩萨身旁有五瓣莲花摩尼宝珠,东壁北侧说法图中,华盖顶端饰有摩尼宝珠。莫高窟隋代第 394 窟北壁西侧说法图中华盖顶端有一火焰纹五瓣莲花摩尼宝珠,华盖右下方的菩萨头冠饰摩尼宝珠,有忍冬纹饰,样式和麦积山隋代第 5 窟龛外护法天王的头冠相近。而莫高窟隋代第 305 窟窟顶所绘的莲花摩尼宝珠, 则和麦积山第 4 窟龛外上部的薄肉塑壁画中的摩尼宝珠可以说是一模一样的, 这种完全相同的摩尼宝珠充分说明了两地石窟之间的联系。到了唐代,莫高窟初唐第 341 窟弥勒三会壁画有莲花摩尼宝珠,装饰柱头。莫高窟盛唐第 148 窟的彩绘摩尼宝珠,和麦积山隋唐时期的摩尼宝珠形象基本相同,但是其莲瓣为仰覆莲瓣。北响堂长乐寺出土的唐代菩萨头像,其头冠上装饰五瓣莲花摩尼宝珠,雕出火焰纹,宝珠下还刻出两层圆台,宝珠稳居其上。

　　在北朝时期的墓葬中,也出现了大量的摩尼宝珠图案。目前已知的最早出现摩尼宝珠的,则是山西省大同市沙岭北魏壁画墓,该墓埋葬年代为北魏太延元年(435)。从目前的材料可以大概看出,摩尼宝珠在内地的出现,石窟寺要比墓葬略早,但是也基本同步。

---

[1]西安市文物保护考古所《西安市北周史君石椁墓》,《考古》2004 年第 7 期。

关于北魏墓葬中的摩尼宝珠，林圣智在其文章中进行了比较全面的统计和说明。他指出在北魏时期的墓葬中，沙岭壁画墓最先绘出摩尼宝珠，之后在北魏孝子传石棺和四神石棺的前档上部中央也出现了摩尼宝珠的形象。波士顿美术馆所藏的北魏石棺床座中央也雕出了摩尼宝珠，是作为中心图像来构图的。北魏永安二年(529)的苟景墓墓志盖下方中央也有摩尼宝珠，以畏兽为间隔，将摩尼宝珠、莲花蔓草与千秋万岁相组合，这种图像的组合方法和配置原则与河南省泌阳县西向公社的石棺床座以及波士顿美术馆所藏石棺床座相同。而苟景墓中的摩尼宝珠形象具有镇墓的意义和作用，林圣智先生认为施安昌先生在其关于苟景墓志及纹饰考的文章中，将苟景墓墓志盖上的摩尼宝珠认为是拜火祭坛的说法值得商榷，其图像应该是摩尼宝珠。北魏正光三年(522)冯邕妻元氏墓志盖上也刻有摩尼宝珠。在总结北魏墓葬中出现的摩尼宝珠的特征后，林圣智先生认为这些摩尼宝珠大多配置在墓葬的正面或者入口处，并且位置处于上方。结合摩尼宝珠本身所具有的可以调节冷热、破除黑暗、取代日月作为天界的光明象征的功能，他认为这些墓葬中不管是壁画、葬具还是墓志中所出现的摩尼宝珠都具有相同的象征意义。在墓葬入口处描绘摩尼宝珠的做法，自北魏始，一直延续到东魏、北齐，比如河北磁县东魏武定八年(550)的茹茹公主墓及山西太原北齐武平元年(570)东安王娄叡墓。娄叡墓是目前所知的北朝晚期墓葬中，出现的摩尼宝珠反映了墓主佛教信仰的唯一实例，也是北魏自洛阳时期以来，墓葬图像与佛教图像逐渐分离的一个佐证[①]。

关于林圣智先生的论述和观点，需要注意的是，摩尼宝珠及其各种变体形象，不单单只是作为佛教图案才被使用，在北魏至东魏、北齐以及北

①林圣智《墓葬、宗教与区域作坊——试论北魏墓葬中的佛教图像》，《美术史研究集刊》第二十四期，第27—29页。

周墓葬中,摩尼宝珠被普遍使用,但不能认为墓主都与佛教有关系,只能认为摩尼宝珠作为一种具有多样象征意义和内涵的图案形象,被这一时期的墓葬文化所广泛吸收和使用。

3. 关于莲花摩尼宝珠中立柱体形象的说明

在麦积山第 4 窟的壁画中,多次出现摩尼宝珠中心部位绘出一个长方形立柱的形象,笔者认为其属于摩尼宝珠的一种变体形象,是莲花化生中的一种。

从目前的资料来看,这种样式的摩尼宝珠最早出现在苟景墓中。关于苟景墓中出现的这一莲花摩尼宝珠,施安昌在其《北魏苟景墓志及纹饰考》一文中是这样描述的:"二神(指两侧半兽半鸟的形象,笔者注)拱卫着一个方形祭坛,升腾着火焰,外周施以花瓣与花叶。"他还认为苟景墓葬中的这些纹饰存在祆教文化因素以及波斯——粟特艺术的题材与风格①。也就是说,施安昌先生认为这种方柱体形象是祆教用来祭祀的祭坛。林圣智先生则认为它是摩尼宝珠,但是林圣智先生却没有对其中所包含的立柱体的形象进行进一步的讨论②。笔者同意林圣智先生对这一形象做出的基本判断,也认为这不是祭坛,是摩尼宝珠。通过对其他地区佛教艺术中出现的类似形象的比对,笔者认为这种内含方形立柱的摩尼宝珠,与南朝梁中大通二年(530)比丘晃藏造释迦像中所雕刻的莲花宝塔都属于莲花化生。

河南洛阳北魏永安二年(529)的苟景墓中,墓志盖雕刻有九瓣莲花摩尼宝珠,边饰忍冬草,中间为方形立柱体,周围刻出火焰纹。苟景墓中这种样式的莲花摩尼宝珠是目前有确切雕凿年代中最早的一个。而开凿于北魏时期的巩县石窟寺第 1 窟东壁第 3 龛南胁侍菩萨像身侧的浮雕莲花摩

①施安昌《北魏苟景墓志及纹饰考》,《故宫博物院院刊》1998 年第 2 期。
②林圣智《墓葬、宗教与区域作坊——试论北魏墓葬中的佛教图像》,《美术史研究集刊》第二十四期,第 27—29 页。

尼宝珠,中间也绘有方形立柱体的形象。苟景墓和巩县石窟寺第1 窟中出现的这两个莲花摩尼宝珠表明,这种内含方形立柱的莲花摩尼宝珠在内地的最初流传可能是在洛阳地区[①],随后扩展到了其他区域,其可能是在麦积山北周第 4 窟和敦煌莫高窟北周第 428 窟、隋代 305 窟所出现的莲花摩尼宝珠的最早图像来源之一。

摩尼宝珠作为佛教造型艺术中被广泛应用的一个形象,在北朝晚期,其装饰意义得到了极大的加强,多与仿帐形建筑相互结合,这一点在石窟寺中的壁画及建筑中例证极多。

4. 莲花宝塔

南朝梁中大通二年(530)比丘晃藏造释迦像(四川省成都市西安路出土,现藏成都博物馆),背屏中央最上部雕莲花宝塔,塔身方形。南朝梁大同十一年(545)张元造释迦多宝像(四川省成都市西安路出土,现藏成都博物馆)和比丘晃藏造释迦像背屏上部雕刻构图相同。青州龙兴寺出土的一通东魏北齐时代的造像碑中,最上方两身飞天托举一座莲花舍利宝塔,周围饰忍冬纹,宝塔为正方形,有塔刹,顶饰宝珠。河北景县的东魏如来三尊像的顶部,也是两身飞天托举一座莲花舍利宝塔。这种莲花宝塔是莲花摩尼宝珠的一种变体,在麦积山第 4 窟中也有出现,但是在麦积山相类似的莲花摩尼宝珠中,则对中心的宝塔进行了简化处理。

不管是莲花摩尼宝珠、火焰纹莲花摩尼宝珠,还是莲花舍利宝塔,这些都属于莲花化生的一种。

从表 2-6 中可以看出,摩尼宝珠在 5 世纪就已经出现,并且在佛教造像和墓葬中都有应用。在大的历史背景和区域中,东魏、北齐的摩尼宝珠

---

①关于巩县石窟寺第 1 窟的开凿年代,宿白先生认为,巩县石窟寺的 5 座洞窟,均是北魏后期胡太后时期开凿。详见宿白《洛阳地区北朝石窟的初步考察》,《中国石窟·龙门石窟》(一),文物出版社,1991 年。

要比西魏、北周的摩尼宝珠更加精美和细致,显示出区域之间经济、文化等方面的差异。

　　王银田先生在其文章中对东魏、北齐墓葬壁画中的莲花纹予以总结[1],并将莲花摩尼宝珠归入莲花纹当中。从图像学的角度来看,这种分类并没有问题,但是从其宗教功能这一方面来看,将莲花摩尼宝珠归为莲花化生是最准确的。莲花宝塔和莲花摩尼宝珠都属于莲花化生。韩国学者苏铉淑在其文章中也对这一庄严纹样进行了归纳总结[2]。

表 2-6　其他地区部分摩尼宝珠简表(含莲花宝塔)

时代	具体信息	图片	与麦积山摩尼宝珠对比	说明
西秦	炳灵寺第 169 窟			建弘元年(420)左右
北魏	金塔寺石窟西窟			位于塔柱左面一层佛龛龛楣中部,内部有六边形形象
	河南洛阳永安二年(529)苟景墓			麦积山北周第 4 窟

①王银田,王晓娟《东魏北齐墓葬壁画中的莲花纹》,《北方文物》2010 年第 1 期。
②苏铉淑《东魏北齐庄严纹样研究——以佛教石造像及墓葬壁画为中心》,文物出版社,2008 年。

续表

时代	具体信息	图片	与麦积山摩尼宝珠对比	说明
北魏	河南巩县石窟寺第 1 窟东壁第 3 龛南胁侍菩萨像身侧			麦积山西魏第 44 窟
	河南洛阳龙门石窟第 159 窟(宾阳南洞)壁面上方			麦积山北周第 4 窟
南朝梁	四川成都梁中大通二年(530)比丘晃藏造释迦像			属于莲花化生宝塔
	四川成都梁大同十一年(545)张元造释迦多宝像			属于莲花化生宝塔
西魏	陕西西安大统三年(537)比丘法和造像碑			麦积山西魏第 12 号碑
东魏	河北邺城武定元年(543)北梁太守贾仲贤造释迦像			

续表

时代	具体信息	图片	与麦积山摩尼宝珠对比	说明
东魏	山东青州龙兴寺出土如来三尊像			属于莲花化生宝塔
	河北景县东魏如来三尊像			属于莲花化生宝塔
	美国弗利尔博物馆藏坐佛像(河北)			
北齐	山西太原王郭村娄叡墓(武平元年,570 年)			
	河南登封市武平七年(576)宋始兴造像碑			属于莲花化生宝塔
	河南襄城县天统四年(568)张伏惠造像碑			与第 4 窟相近

续表

时代	具体信息	图片	与麦积山摩尼宝珠对比	说明
北齐	河北邯郸南响堂第 5 窟北齐小龛			
	河北邯郸南响堂北齐第 2 窟			
	河北邯郸北响堂北齐第 4 窟			
	河北邯郸北响堂北齐第 9 窟南壁上部			
	山西太原市华塔村出土的北齐贴金彩绘释迦造像			属于莲花化生宝塔
	山西太原市华塔村出土的北齐贴金彩绘释迦造像			

续表

时代	具体信息	图片	与麦积山摩尼宝珠对比	说明
北齐	北齐汉白玉佛三尊造像			
北周	甘肃华亭县出土保定四年（564）张丑奴造像			与麦积山北周第 4 窟相近
	陕西西安市未央区中查村出土的北周 16 号菩萨像			与麦积山北周第 4 窟相近
	陕西西安市未央区中查村出土的北周 26 号菩萨像			与麦积山北周第 4 窟相近
	敦煌莫高窟北周第 428 窟前部人字坡顶			与麦积山北周第 4 窟摩尼宝珠相近
	陕西西安草滩出土造的北周像碑			

续表

时代	具体信息	图片	与麦积山摩尼宝珠对比	说明
隋	河南新乡开皇二年(582)的荀国丑造像			
	敦煌莫高窟第 305 窟窟顶			
	敦煌莫高窟第 313 窟南壁说法图			
	敦煌莫高窟第 314 窟西侧半跏菩萨身旁			
	敦煌莫高窟第 314 窟东壁北侧说法图			

续表

时代	具体信息	图片	与麦积山摩尼宝珠对比	说明
隋	敦煌莫高窟第394窟北壁西侧说法图			
唐	河北邯郸北响堂长乐寺出土的唐代菩萨头像			
唐	敦煌莫高窟第148窟(盛唐)			

二、龛顶壁画中的旌

经过笔者仔细辨认,在第4窟第2龛龛顶壁画中,发现有成排的旌出现(图2-104,2-105)。旌作为一种仪仗用具,在麦积山现存壁画中尚属首次发现。

据扬之水先生考证,旌在先秦时期即已出现,通常系指挥之用,一般设在车后。该形象在铜器和漆器以及墓葬中都有出现,东晋顾恺之的《洛神赋图》中就有旌的形象(图2-106,2-107)。汉代时期,旌上所饰旗子的

图 2-104　第 2 龛龛顶左坡壁画中的浮塑旌

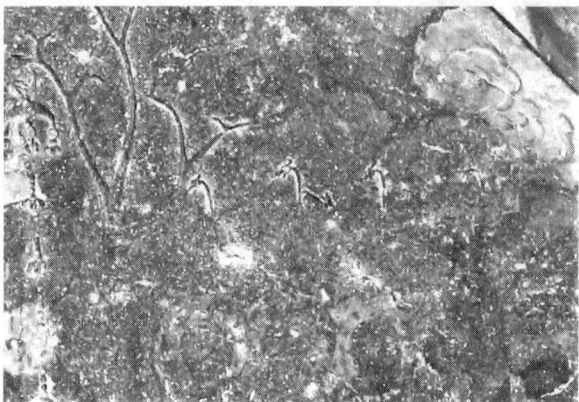

图 2-105　第 2 龛龛顶左坡壁画中的浮塑旌

制作材料则由羽毛改为帛，但是其细长整体特征并没有变化。因为举旌指挥的动作常常被称为"麾"，所以"麾"作为名词使用时与"旌"相通。南北朝时期的文献中，通常将旌称之为麾，唐代仍循此制，但是其在实战中已经很少用作指挥之用。其竿首固定羽或旄，形制如幢。也称之为幢麾或麾幢。旌的顶端做一龙首，《新唐书·舆服志》即有关于旌的详细记载[①]。

河北磁县湾漳北朝壁画墓是一座级别很高的北齐墓葬，据推测有可能是北齐文宣帝高洋之墓。在该墓的东西壁绘有对称的卤簿图，仪卫煊赫，气势恢宏，规格极高。对该墓中出现的仪仗，《磁县湾漳北朝壁画墓》一书的第四章中有着详细的说明，其中将东壁第七人和西壁第七人手中所

---

①扬之水《磁县湾漳北朝壁画墓卤簿图若干仪仗考》，《故宫博物院院刊》2006 年第 2 期。

执的仪仗描述为"E
类仪仗为黑色长杆，
上端有一'几'字形
钩，钩上悬挂着一面
朱红色窄长幡旗，旗
垂曳玉持杆人身后。
竿下端呈尖锥状"①
（图2-108），并认为
该类仪仗或许就是

图2-106 《洛神赋图》中的旌

文献中所记载的旖。扬之水先生则通过考证将该仪仗名称定为旌，并对旌
在中国的发展历史和演变过程作了说明和考证②。虽然该墓中旌的形象不
甚完整，但是将其与麦积山第4窟第2龛中出现的形象进行比较，发现二

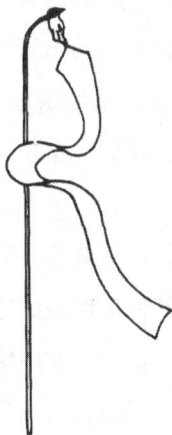

图2-107 《洛神赋图》中旌的线描图
（采自扬之水先生文章）

图2-108 磁县湾漳北朝墓中的旌
（采自《磁县湾漳北朝壁画墓》）

①中国社会科学院考古研究所，河北省文物研究所《磁县湾漳北朝壁画墓》第四章，科学出版
社，2003年，第150页。
②扬之水《磁县湾漳北朝壁画墓卤簿图若干仪仗考》，《故宫博物院院刊》2006年第2期。

者非常相似。特别需要注意的是，东晋著名画家顾恺之绘制的《洛神赋图》中出现的旌，与麦积山第 4 窟出现的旌形象基本相同。麦积山第 4 窟龛顶出现的旌，为这一形象又提供了北周时期的宝贵图例。

三、第 4 龛龛顶壁画中的马车

第 4 窟第 4 龛龛顶左坡左侧壁面绘有一辆车，一辆向左前方行驶的七宝车，骈马拉行，马脖子下系铃铛。长方形舆，舆顶满饰珠宝，为四角攒尖顶。车毂周围饰以莲瓣，宽辐辏（图 2-109，图 2-110），莲瓣用浮塑的方式制作。这种在车毂周围装饰莲花的形象较为特殊，略作说明。

图 2-109　第 4 龛龛顶马车

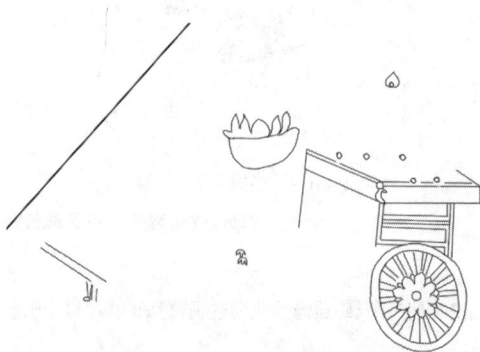

图 2-110　第 4 龛龛顶马车壁画线描图

麦积山西魏第 127 窟窟顶壁画中，多次出现各种车的形象，如前坡的睒子本生图、后坡的舍生饲虎图、窟顶中间的出行图，还有正壁下方左侧壁面的仪仗图等，都有宝车出现。由牛、马、龙等动物拉牵，且车本身的形象基本一致，是该时期各种车形象的宝贵资料。其中后坡壁画中的马车形象保存最为清晰和完整（图 2-111）。从图中可以看出，这辆马车的车毂周围也是绘出莲瓣，但是辐辏较第 4 窟龛顶壁画中的细了不少，可推测第 127 窟其他的宝车也是这种装饰特征。从中可以看出麦积山马车形象的传承和变化。

图2-111　麦积山第127窟马车壁画

这种在车毂周围装饰莲花瓣的车型,在考古资料中发现的数量不多,除去麦积山所存的这些实例以外,其他的多见于墓葬当中。河北磁县湾漳北朝壁画墓中出土的陶车,也是在车毂周围作出莲瓣①(图2-112)。北齐武平元年(570)的东安王娄睿墓壁画中,所绘牛车的车毂部也有莲花瓣图案,一圈应该是10瓣,形状和云冈第9、10窟的窟顶莲花纹相似②(图2-113)。徐显秀墓壁画中牛车的构件中也有莲花纹饰(图2-114)。

图2-112　磁县湾漳北朝壁画墓出土陶车
(采自《磁县湾漳北朝壁画墓》)

牛车图在这一时期比较常见,但是在车轴部位饰有莲花图案的不多见。西安市文物保护考古所(今西安市文物保护考古研究院)2001年6月

① 中国社会科学院考古研究所,河北省文物研究所《磁县湾漳北朝壁画墓》第四章,科学出版社,2003年,图片采自彩版32。

② 王银田,王晓娟《东魏北齐墓葬壁画中的莲花纹》,《北方文物》2010年第1期。

图 2-113　娄睿墓牛车壁画
（采自《北齐东安王娄睿墓》

图 2-114　徐显秀墓牛车壁画
（采自《北齐徐显秀墓》

清理发掘出三座北魏北周墓,分别编号为 M3、M4、M5, 这三个墓葬都出土了牛车。根据 M4 和 M5 两墓中出土的墓志, 得知这两个墓葬是北魏末年的墓, 埋葬时间相差一年, 分别为北魏孝武帝永熙二年(533)和永熙三年(534)。根据拓跋虎、叱罗协、独孤藏、王德衡、若干云等北周保定四年(564)到宣政元年(578)之间的墓葬的埋葬时间,M3 的埋葬时代当为北周。这三个墓葬同属韦氏的家族墓,M4、M5 两墓的墓主是韦氏亲兄弟, 其父亲曾为雍州大中正,赠秦州刺史。M4、M5 两墓中出土的牛车虽然车厢造型不同, 但是车轮及装饰却完全相同（图 2-115,2-116）。M3 中出土的陶车,车毂周围施以莲瓣,轴毂外还饰有珠纹一周(图2-117,2-118), 是这三座墓葬出土的牛车中制作最为精美的①。而车轴出现的连珠纹这一元素,在隋代的石窟和佛教造像中非常流行。

---

①西安市文物保护考古所《西安南郊北魏北周墓发掘简报》,《文物》2009 年第 5 期。

图 2-115　西安南郊北魏 M4 出土陶车
（采自《西安南郊北魏北周墓
发掘简报》

图 2-116　西安南郊北魏 M5 出土陶车
（采自《西安南郊北魏北周墓
发掘简报》）

图 2-117　西安南郊北周 M3 出土陶车
（采自《西安南郊北魏北周墓发掘简报》

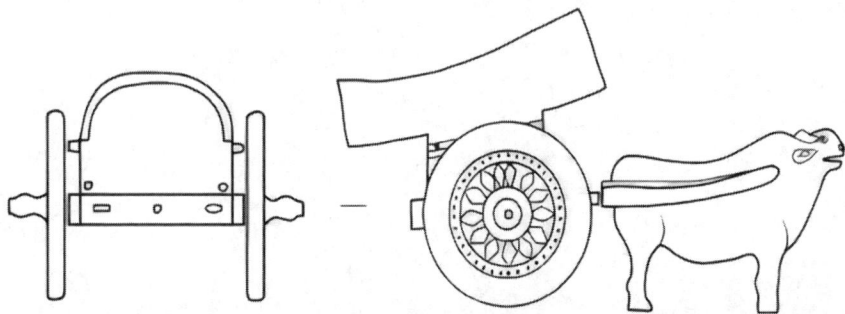

图 2-118　西安南郊北周 M3 出土陶车线描图（采自《西安南郊北魏北周墓发掘简报》）

第三章

麦积山第 4 窟相关史料考证

自从第 4 窟进入人们的视野之后，关于第 4 窟的诸多问题便一直是学术界的关注点，也是麦积山研究的热点内容，比如第 4 窟的开凿年代、功德主的身份、庾信与麦积山等，本章主要对这些疑难问题作一较合理和明确的解答。具体思路如下：先解决第 4 窟的定名问题，其次解决第 4 窟的功德主问题，接着解决庾信以及其所撰铭文的问题，最后解决第 4 窟的开凿年代等问题①。

---

　　①关于第 4 窟的开凿者李充信，因为传世的庾信铭记中将其称为李允信，所以导致后来诸多学者沿用了庾信铭记中的记载，而阎文儒先生早在研究之始，就根据《周书》中记载，将李允信改为李充信。个人认同阎先生观点，故本书中凡是出现第 4 窟营建者姓名之处，皆采用李充信，而非李允信，但是绪论中的研究综述，则以诸先生原文中所用名字为准，不在此例，特此说明。

第一节　关于七佛龛

　　关于七佛龛之记载，最早见于著名文学家庾信所撰《秦州天水郡麦积崖佛龛铭并序》："乃于壁之南崖，梯云凿道，奉为亡父造七佛龛。"[①]该记载对麦积山七佛龛位置及造像组合作了整体说明。此后五代时期天水籍诗人王仁裕在其《玉堂闲话·麦积山》中记载"其上有散花楼、七佛阁、金蹄银角犊儿"[②]。宋元祐六年（1091），游师雄与仇伯玉一行在游览麦积山后在第 4 窟长廊西壁上部壁面上所刻的题记中称"同登麦积山寺七佛瑞阁"[③]。同样处于第 4 窟长廊西侧石柱外壁面的宋政和七年（1117）的游人题记中也称之为"登阁瞻礼圣容"[④]。麦积山第 5 号崖阁有北宋熙宁八年（1075）石刻题记云："熙宁八年三月二十四日，试校书郎赵瞻，自秦州陇城寨薄权陇城

---

　　①（北周）庾信撰，（清）倪璠注《庾子山集注》，中华书局，1980 年，第 672—677 页。

　　②（宋）李昉等《太平广记》，中华书局，1961 年。

　　③张锦秀《麦积山石窟志》，甘肃人民出版社，2002 年，第 143 页。关于该题记的详细信息，本书附录中有详细辨识。

　　④张锦秀《麦积山石窟志》，甘肃人民出版社，2002 年，第 143 页。关于该题记的详细信息，本书附录中有详细辨识。

县尉,来观麦积山石佛阁,因书。"①顺治年间所编的《秦州志》卷3《地理志》中则记为:"又至下七佛堂,级而上至中七佛堂,又至罗汉堂,又级至上七佛堂,傍有石牛、石金刚,工皆奇巧。"清乾隆时,秦州知州王宽游麦积山,有诗云:"路盘七佛洞,龛蚀六朝碑。"②

由上面所列举的史料可知,最早七佛龛之名在北周出现后,至五代宋时期,其称呼已经变为七佛阁、七佛瑞阁等名称,并广为人知。明清则又出现了七佛堂、七佛洞等名称。这一变化体现了不同时期人们对相关洞窟功能和形制认识的不同,也体现了第4窟在麦积山历史中其功能的不断变化。时至今日,则一般都称之为七佛阁。③

一、庾信铭文中"七佛龛"所指

麦积山现存的七佛阁有三组,即俗称的上七佛阁(第4窟)、中七佛阁(第9窟)、下七佛阁(第28、29、30窟)。清《直隶秦州新志》卷2"山川"之"麦积山"条记:"岩间有上七佛、中七佛、下七佛,皆凿岩而立。"④因为下七佛阁并不是整体设计并开凿的一个完整窟龛,而是三个互相为邻的洞窟组合,因此可以直接排除,不予考虑。那么,上七佛阁和中七佛阁到底哪一个才是庾信所指的七佛龛呢?

关于庾信文中所称七佛龛具体所指这一问题,目前学界有四种观点,各持其说,莫衷一是:

第一种观点认为,庾信所言七佛龛就是指麦积山现编号第4窟的上七佛阁,持该观点的学者有冯国瑞、郑振铎、(日)名取洋之助、阎文儒、董

①张锦秀《麦积山石窟志》,甘肃人民出版社,2002年,第145页。
②张锦秀《麦积山石窟志》,甘肃人民出版社,2002年,第277页。
③一般概念中,阁多指木构或者砖瓦一类的建筑,概念较为宽泛;而龛所指空间较为狭小,在佛教传入中国后因佛龛而广为流行。因此若以佛教概念来说,称龛最佳,但麦积山七佛龛最受人瞩目的则是其仿木构式的宫殿建筑,因此,渐渐被冠以七佛阁、七佛堂之名。
④(清)费廷珍纂修《直隶秦州新志》,台北成文出版社,1976年。

玉祥、陈万鼐、张学荣、傅熹年、温玉成、马世长、孙纪元、张锦秀、李裕群、魏文斌、陈悦新等,这一观点为学界大多数学者所认同。

第二种观点认为,庾信所言七佛龛是指麦积山中七佛阁,即第9窟,主要代表学者有金维诺、黄文昆、刘雁翔等。

第三种观点,认为麦积山第4窟下方存在七佛,有可能是庾信所指七佛龛,这一观点的主要提出者和支持者是日本的末森薰和八木春生。

第四种观点,有一部分学者则认为尚不能确认七佛龛的具体所指,对此持谨慎态度,主要有麦积山勘察团、东山健吾等。

对于第一种观点,会在后文讨论,因此暂时不予以讨论。现仅就第二、三种观点进行分析说明。

第二种观点的提出者是金维诺先生。他认为第3、4、9窟可能同时规划兴建,但是由于工程浩大,又遇上周武帝宇文邕在建德三年(574)下诏灭佛,中途停顿。第4窟实际应该称之为散花楼,上七佛阁不是李充信所建,其所建七佛阁应该是第9窟。

金维诺先生从三点分析,认为第4窟不是李充信所建。第一是第4窟没有庾信铭记"刊于岩中";第二是上七佛阁虽然在北周已经开始开凿,但工程一直到隋唐才完成;第三就是王仁裕在其《玉堂闲话》中将散花楼与七佛阁并称,因此二者是不同的建筑,指出"如果散花楼是上七佛阁的话,七佛龛应该是专指另外一个刊有庾信铭记的李充信所建的七佛阁"[1]。随后,金先生认为李充信没有足够的财力和地位来创建第4窟,也不可能在未完成的情况下请庾信刊铭于上。

现在来对金先生的这三点分析一一进行说明。关于不见庾信铭记的问题,这是造成我们现在讨论七佛龛所在的最根本原因,若是有庾信铭记

---

[1]金维诺《麦积山石窟的兴建及其艺术成就》,见《中国石窟·天水麦积山》,文物出版社,1998年。

在,则不会有这个问题的出现,因此这一点不能成为第 4 窟不是七佛阁的依据。因为麦积山石窟目前所有的洞窟中都没有发现庾信铭记,总不能说这些洞窟都不是七佛阁, 况且金先生自己推定的第 9 窟也没有发现庾信铭记。第二点,第 4 窟没有完工极有可能是受武帝灭佛影响或者其他原因所致,这一点更不能成为该窟不是李充信开凿的依据,因为庾信撰写铭记不一定是在李充信修建七佛龛全部完工之后。况且,谁能确保第 9 窟就是李充信在短时间内完成的呢? 关于第三点,刘雁翔先生已经对此进行过说明,认为散花楼和七佛阁并列,但却是同指七佛阁而已。笔者随后将会讨论散花楼与七佛阁二者之间的关系,但有一点是可以肯定的,那就是王仁裕文中所说的七佛阁指代第 4 窟是确属无疑的, 并非如金先生所说的那样。这一点刘雁翔先生也是认可的,他也认为王仁裕文中所称的"文中的七佛阁只能是上七佛阁(004 窟)"①。

从以上对金维诺先生观点的分析我们可以得知, 他关于第 4 窟不是李充信所开凿的七佛龛的论证是立不住脚的。我们再来看金维诺先生对于认定第 9 窟就是李充信所开凿七佛龛的说明:金先生认为第 9 窟的造像虽经后代重妆,但是第 3 龛佛座所露出的底层悬裳褶纹以及第 4 龛须弥座上部中央露出的底层衣纹等都有北周的风格。若是按照这个标准来判断,第 4 窟则有着太多的北周实例,光北周的影塑坐佛就可以作为最大的证据了,因此该说法明显不能说明问题。金维诺先生还认为第 3 龛西壁上有北朝墨书文字,认为其与庾信铭记中"壁累经文,龛重佛影"相符合。总的来看, 金维诺先生关于第 4 窟不是七佛龛以及第 9 龛才是七佛龛的论证和说明还是不够有说服力的。

黄文昆先生赞同金维诺先生的观点,认为北周时代,最有资格做上七佛阁主人的,只有宇文广及其家族,而李充信作为宇文广下属的地位决定

---

①刘雁翔《王仁裕〈玉堂闲话·麦积山〉注解》,《敦煌学辑刊》2006 年第 2 期。

了其在麦积山石窟开凿中居次要地位，因而认为庾信所称李充信造七佛龛，应该是现在被称作中七佛阁的第 9 窟。这一观点的主要逻辑就是，在预设了第 4 窟的功德主之后，运用了排除法来对应麦积山相关的洞窟，认为庾信所称七佛龛是第 9 窟。这一逻辑存在的最大问题就是，如果对于第 4 窟功德主的假设一旦不成立，那么其观点也就随之不能成立了。

　　刘雁翔先生在其文章中，通过对唐末五代诗人王仁裕的《玉堂闲话》中关于麦积山的记载，利用王仁裕的原话"其上有散花楼、七佛阁"中的"上"这一方位词，来判断庾信碑铭所在，由此判断庾信所言七佛龛之所指，最终认为第 9 窟就是庾信所称之七佛龛①。这里存在着一个关键的问题和结点，那就是对"上"字具体所指的理解。笔者经过仔细阅读王仁裕原文，认为文中"上"字所指乃是东崖之上，即王仁裕文中所说的"东阁"，是对整个东崖的指代，而非刘雁翔先生所说庾信碑铭所在窟龛之上这一位置。现予以分析说明，王仁裕原文如下：

　　　　麦积山者，北跨清渭，南渐两当，五百里冈峦，麦积处其半。崛起一石块，高百万寻，望之团团，如民间积麦之状，故有此名。其青云之半，峭壁之间，镌石成佛，万龛千室。虽自人力，疑其鬼功。隋文帝分葬神尼舍利函于东阁之下，石室之中，有庾信铭记，刊于岩中。古记云："六国共修。自平地积薪，至于岩巅，从上镌凿其龛室佛像。功毕，旋旋折薪而下，然后梯空架险而上。"

　　　　其上有散花楼，七佛阁、金蹄银角犊儿。由西阁悬梯而上，其间千房万屋，缘空蹑虚，登之者不敢回顾。将及绝顶，有万菩萨堂，凿石而成。广若（"若"原作"古"，据明抄本改）今之大殿。其雕梁画栱，绣栋云楣，并就石而成。万躯菩萨，列于一堂。自此室之

---

①刘雁翔《王仁裕〈玉堂闲话·麦积山〉注解》，《敦煌学辑刊》2006 年第 2 期。

上,更有一龛,谓之天堂,空中倚一独梯,攀缘而上。至此,则万中无一人敢登者,于此下顾,其群山皆如培楼。

王仁裕时独能登之,乃题诗于天堂西壁上曰:"蹑尽悬空万仞梯,等闲身共白云齐。檐前下视群山小,堂上平分落日低。绝顶路危人少到,古岩松健鹤频栖。天边为要留名姓,拂石殷勤手自题。"时前唐末辛未年,登此留题。于今三十九载矣。①

王仁裕对麦积山短短四百余字的记载主要可分为三个部分:第一部分先叙述麦积山的地理位置和山形特征及得名由来, 接下来介绍麦积山窟龛的分布和相关的历史掌故;第二部分介绍麦积山东西崖的主要代表窟龛;第三部分则是记载其登上天堂洞后题诗之事,聊以自夸。据文意分析, 作者在第一部分介绍说明之后, 即转入对东崖的介绍,"其上有散花楼、七佛阁、金蹄银角犊儿"。因此,其上指代的是东崖之上,绝非刘雁翔先生所说的"刻有庾信铭记的石窟之上"。因此,刘雁翔关于麦积山七佛龛所在的判断是不准确的。

综合以上分析,第二种观点是不成立的,也就是说,中七佛阁(第9窟)不是庾信文中所说的李充信所开凿的七佛龛。

这里面还有个细节需要指出,从王仁裕当时登临麦积山的描述可以看出,麦积山当时的崖面已经分为东西两大部分,要想进入这两个崖面上的洞窟,需要通过东阁和西阁才能到达。关于东阁和西阁,之前的学者都没有注意到这个细节,所谓东阁和西阁,就是当时在东西崖的栈道口各设置的一个木构阁门。登临洞窟只能经由这两个阁门,这样就可以对洞窟安全等进行有效管理, 其功能和如今旅游景点门口设置的检票口或者大门一致。时至今日,麦积山石窟东西崖也设置有几道铁门,主要是为了确保

---

①原文录自蒲向明《玉堂闲话评注》,中国社会出版社,2007年,第232页。

洞窟文物安全，想来当初寺院的僧人们也是出于这样的考虑来设置阁门的。关于东西阁的说明，王仁裕在文中其实说得很明白，"由西阁悬梯而上"，至于东西阁的具体位置和样貌，我们已经无从得知了，但是根据所遗留下来的图像资料，我们还是可以大概知晓。20世纪七八十年代对麦积山进行山体加固时，施工单位绘制了一张西崖面加固透视图（图3-1），从图中可以看见西崖有两个阁，一个在今第52窟右上方的位置，另外一个则在今第191窟的下方偏左的位置。这两个阁中，第52窟右上方的阁应该就是王仁裕悬梯而上的西阁了。关于东阁，《直隶秦州新志》中有一张麦积山的图像可以用来参考和说明①（图3-2）。该图名为"麦积烟雨图"，描绘了秦州八景之首的麦积烟雨，主要表现了麦积山东崖的情况。从图中我们可以看出，东阁应该在今第168窟入口处或者在下七佛阁附近。

　　关于第三种观点，也是一种可能性的推测，并且根据麦积山崖面没有被加固前的原貌进行推断，也是值得借鉴的。研究麦积山石窟的开凿年代是离不开对原始崖面洞窟分布情况的分析和审视的。

图3-1　麦积山崖面加固透视图

----

①（清）费廷珍纂修《直隶秦州新志》，台北成文出版社，1976年，第86—87页。

图 3-2　麦积烟雨图(采自《直隶秦州新志》)

　　从目前保存的麦积山东崖的旧照片中,我们可以看出,在第 4 窟下方的崖面确实存在两排大桩孔。但这些桩孔不是开凿石窟时所留下来的痕迹,而是第 4 窟因为地震前部坍塌以后,没有了窟廊地面,所以后人就重新开凿了三排桩孔。最上面一排桩孔插入木头之后,铺设木板,作为地面,下面两排桩孔安设木头,是为了支撑上面木板的重量,最大限度地保证了最上面一层栈道的安全。苏立文拍摄的该区域的侧面图,正好给我们展示了这三层栈道之间的栈道架构(图 3-3)。也就是说在这一区域之前看到的只是两排桩孔,而不是窟龛。根据崖面的使用来判断,在第 4 窟开凿之后又在其下方非常接近的地方开凿一排洞窟是很危险。第 4 窟第 7 龛左下方的位置有一坍塌洞窟,编号为第 194 窟(图 3-4),现已被喷护覆盖。该窟与第 4 窟在垂直方向上拉开了 5 米以上的距离, 这就充分说明了古代人在开凿石窟的时候,是十分注意崖面利用的安全问题的。而第 194 窟所在水平位置的崖面,也就是末森薰和八木春生先生所认为的七佛所在。八木春生根据 1950 年拍摄的照片推测,第 4 窟下方原有七体如来坐像并列一排①。但是我们从老照片上只能看到第194窟中残存的佛像,所谓七体如来只是推测,就算七体如来确实存在,其规模与庾信铭文中所记规模相差甚远。因此,笔者认为这一观点也是不成立的。

综上所述,第二、三种观点都不具备较强的说服力,因此笔者倾向于第一种观点,即庾信所言七佛龛就是指麦积山现编号第4窟的上七佛阁。对该观点的论证,笔者在下文将一一展开。其实持第二、三种观点的学者都有一个观点,那就是以营建第4窟所耗费之人力、物力、财力之巨,李充信作为一个大都督是承担

图3-3　麦积山东崖(采自《麦积山石窟寺》)

图3-4　麦积山第194窟(第4、5窟下方崖面)

---

①八木春生,李梅《天水麦积山石窟编年论》,《石窟寺研究》第二辑,2011年。

不起的,也就是说他们都认为李充信没有能力去营建第 4 窟,而有能力开凿第 4 窟的只有宇文广家族。对这一点,笔者将在下文进行专门的说明,从而证明李充信是有能力去开凿第 4 窟这样的大型洞窟的。

二、散花楼与七佛阁

在上文中,笔者已经指出,麦积山第 4 窟就是庾信铭文中所说的七佛龛,后又被称为七佛阁、七佛堂等。在有关第 4 窟的说明中,一般都会将第 4 窟、上七佛阁、散花楼等同为同一个窟龛,但也有学者对此提出异议。

总的来看,学界目前存在两种观点:

第一种观点,认为第 4 窟就是散花楼,散花楼就是七佛阁。金维诺先生指出七佛阁实际应该被称为散花楼, 散花楼的得名就是因为那些精美的薄肉塑飞天壁画。刘雁翔先生认为七佛阁和散花楼的关系应从散花楼的得名去考虑,散花楼是因为第 4 窟前廊上方的七幅飞天壁画而得名,与金维诺先生观点一致。

第二种观点,认为散花楼和七佛阁是两个不同的建筑,持这种观点的学者主要有冯国瑞、陈万萧等先生。冯国瑞先生最早指出七佛阁和散花楼不是同一个建筑, 他认为第 4 窟的薄肉塑壁画及该平面以上的遗存才是散花楼所在;七佛阁则专指由第 4 窟的第 1 至 7 龛这 7 个佛龛组成的佛阁。陈万萧也认为散花楼和七佛阁所指不同,他认为散花楼可能在七佛阁的上方,从七佛阁顶上看到整整齐齐的三十八个大桩眼, 可能是真正的"散花楼",也就是我们目前能够看到的第 4 窟上方的两排大桩孔。冯国瑞先生则误将这几排桩孔认为是王仁裕所登临的天堂所在①(图 3-5)。

要想弄明白散花楼与七佛阁之关系, 还需以历史发展的眼光去分析这一问题。既然第 4 窟就是李充信所建造之七佛阁,那就是说,第 4 窟在

---

①冯国瑞《天水麦积石窟介绍》,《文物参考资料》1951 年第 10 期。

图 3-5　麦积山第 4 窟及上方桩孔

修建和完成之后的一段时间里,它只有一个名称,那就是庾信铭记中所称的七佛龛。但是毋庸置疑的是,现在我们可以看到的诸龛前面上部的七幅大型薄肉塑供养飞天以及诸龛龛顶的薄肉塑壁画也是李充信设计的重要的组成部分,因此庾信铭记中有着"影现须弥,香闻忉利"的描述。这既是对薄肉塑壁画特征的概括,也是对薄肉塑壁画中诸佛、飞天、香花之精彩描述。后来随着第 4 窟性质的转变,该窟成为麦积山石窟的一个中心点,就是说第 4 窟由最初的私家窟变成了麦积山宗教活动道场和公众阁堂,名称由七佛龛转为七佛阁、七佛瑞阁、七佛堂等。信众为了营造宗教氛围,也可能是受到了该窟壁画的启发,于是有了人为的散花行为。也许为了更好地体现宗教活动的庄严盛大,便修建了专门散花的楼阁,散花楼之名便随着钟鼓之声四散而开,广为人知了。从王仁裕的记载中我们可以得知,散花楼之名出现的最晚时间也是在唐末五代。散花楼之名,并非麦积山第 4 窟所专有,四川成都就有著名的锦城散花楼,民间相传因是天女散花之处而得名,相关史料记载是隋朝蜀王杨秀所建,始建于唐代。唐代诗人李白有《登锦城散花楼》,张祜有《散花楼》,宋人喻汝砺有《散花楼》,南宋诗人陆游有《初春出游》,都是关于锦城散花楼的存世诗篇①。隋唐佛教发达,佛教活动频繁,麦积山第 4 窟散花楼之得名也应在这一时期。秦州临近巴蜀,自古就有前往川蜀的道路,麦积山散花楼与建于隋唐的锦城散花楼二者之间有无关系也是一个有趣的话题。

也就是说,散花楼和七佛阁都是指麦积山第 4 窟,但散花楼这一名称出现的时间要晚,是随着第 4 窟的性质和功能的变化而出现的。至于第 4 窟上部现存的两排大桩孔,还需从考古调查中去发现其功能。2007 年,麦积山石窟艺术研究所对第 4 窟上方的桩孔和桩孔上方的凹槽进行了考古调查工作,取得了一些新发现,这对于我们理解这两排桩孔的作用有很大的启发和帮助②。该凹槽比第 4 窟还宽,据估计,长度在 35 米以上,均高为1.07 米,顶部进深 0.7 米,底部进深 0.3 米,距离第 4 窟底平面约 20.5 米,所处海拔约 1617 米,距离地面 100 余米。研究人员通过此次考察也发现了此处区域共有四排桩孔,之前从远处观看只能看到三排桩孔。中间两排大桩孔我们前文已经提到过,这两排大桩孔上下还各有一排较小的桩孔

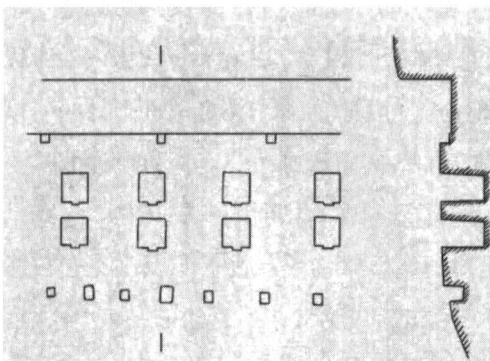

图 3-6　第 4 窟上方四排桩孔立面及剖面图
(采自《麦积山石窟第 4 窟庑殿顶上方悬崖建筑遗迹新发现(附:麦积山中区悬崖坍塌 3 窟龛建筑遗迹初步清理)》)

---

①常崇宜《锦城散花楼小考》,《四川师院学报》1983 年第 1 期。
②麦积山石窟艺术研究所考古研究室《麦积山石窟第 4 窟庑殿顶上方悬崖建筑遗迹新发现(附:麦积山中区悬崖坍塌 3 窟龛建筑遗迹初步清理)》,《文物》2008 年第 9 期。

（图 3-6）。两排大桩孔之间的上下平均距离为 0.3 米，单个大桩孔的平均尺寸为高 0.72 米、面宽 0.6 米、进深 0.83 米，每个大桩孔之间的横向间距为 1.42 米。从其内部结构判断，均为安插木头之用。在凹槽东侧泥皮上还存有南宋绍定元年（1228）的题记。根据此次考古调查可知，在南宋对第 4 窟重修时，曾在凹槽内用白石灰泥贴造像一排，共计 5 身①；凹槽和四排桩孔都是第 4 窟开窟时的遗迹，即北周开凿；第 2、3 排桩孔主要起承重作用，表明当时可能建设了较大型的木构建筑，是古人为了防止雨水侵蚀洞窟，用来建造大型遮雨檐的遗存。这一说法和推测是比较合理的。

结合上文对散花楼和七佛阁名称出现先后的论述以及对第 4 窟上方凹槽和桩孔的考古学调查和研究结果，可以基本确定散花楼与七佛阁都是指代第 4 窟；第 4 窟上方的桩孔和凹槽是北周开窟时用来设置大型遮雨檐，并非散花楼；散花楼最初得名时间在隋唐的可能性比较大。

①现仅存一身坐佛，后被麦积山石窟艺术研究所搬入文物库房保存，详见麦积山石窟艺术研究所考古研究室《麦积山石窟第 4 窟庑殿顶上方悬崖建筑遗迹新发现（附：麦积山中区悬崖坍塌 3 窟龛建筑遗迹初步清理）》，《文物》2008 年第 9 期。

第二节　关于李充信

在上一节中，笔者主要讨论和梳理了与麦积山第 4 窟相关的历史遗留问题，认为第 4 窟就是李充信在北周时期开凿的七佛龛，但是学界一直存在一种观点，那就是认为李充信作为宇文广的下属，是没有实力来营建第 4 窟这样的巨型洞窟的。在本节中，笔者将就这一问题展开讨论，从而证明李充信是有能力来开凿第 4 窟的。在这一节里面我们主要说明李充信与宇文广之间的关系，而要说明李充信与宇文广的关系，我们得先梳理一下李充信与陇西李氏的关系，然后说明宇文广与陇西李氏的关系，最后再去讨论李充信与宇文广的关系。

一、李充信与陇西李氏

先简要地对陇西李氏做一简要的说明。陇西是李氏郡望所在，陇西即为秦汉时期的古陇西郡。陇西郡始置于秦昭王二十年（公元前 287），陇西者，陇山以西也，管辖着当时秦国属地今甘肃境内的大片区域。秦始皇统一中国后所设 36 郡即有陇西郡。汉初沿袭之，管辖 11 个县。到汉武帝元鼎三年（公元前 114），分陇西郡置天水郡，郡治平襄，而陇西郡治仍在狄道。陇西李氏的奠基人是战国时的李崇,但正式定居是自李崇第四代孙李伯考始。之后伯考之子李尚"因居成纪"从而便有了成纪李氏,自此陇西李氏便分为狄道房和成纪房,李广就是成纪房的后代。魏晋十六国时期,陇西李氏逐渐兴盛,代表人物有西凉武昭王李暠和其孙李宝,李暠则后来被李唐王朝在玄宗时追尊为先祖。他们是陇西狄道房的主要代表人物。北魏时期,特别是在孝文帝时李冲得宠,陇西李氏的势力大增,和皇室以及中原高门士族建立了姻亲关系,社会和政治影响力加强,成为北方高门。北魏末期、东西魏时期,由于当时政治上的争斗,陇西李氏在政治上遭受了沉重打击,迅速衰败。据张金龙先生统计,自北魏宣武帝至东魏孝静帝,总共有17名陇西李氏人物被杀[1]。北周时期,固原李贤、李远、李穆三兄弟名震朝野,"自周迄隋,郁为西京盛族",他们这一支乃是汉代李陵之后,和敦煌李氏同为一支。自从李唐取代杨隋之后,李氏一跃而成为国姓,陇西李氏被置于诸李氏郡望之首。史念海先生在其《两〈唐书〉列传人物籍贯的地理分布》一书中,考证了两唐书列传中的人物,其中陇西李氏关中分支就有13人入传[2],可见陇西李氏在北朝乃至隋唐势力之大,影响之深。自此陇西李氏便成为人数最多的李氏一支,分布最广,影响最深,乃至宋代以后,出现了"言李者称陇西"的情形。有学者认为陇西李氏出于羌族[3],不管陇西李氏其最初的民族所属,总而言之,陇西李氏在秦州区域内,自汉代以后,一直是当地的大族和豪门[4]。西魏北周时期史书中的关于陇西李氏的记载都说明陇西李氏在关陇集团中占有一定地位。

---

①张金龙《陇西李氏初论——北朝时期的陇西李氏》,《兰州大学学报》(哲学社会科学版)1994年第4期。

②史念海《两〈唐书〉列传人物籍贯的地理分布》,陕西师范大学历史系唐史研究室,1980年。

③景生魁《陇西李氏羌族——中国古代民族史研究札记之二》,《阿坝师范高等专科学校学报》2005年第2期。

④刘雯《陇西李氏家族研究》,《敦煌学辑刊》1996年第2期。

关于李充信其人其事,最关键的信息是庾信《秦州天水郡麦积崖佛龛铭并序》中关于他营建麦积山七佛龛一事。庾信在铭文中称他为"大都督",查之史书,李充信仅出现于《周书》与《北史》中。

《周书》载:

> 其故吏仪同李充信等上表曰:
>
> 臣闻资孝成忠,生民高义;旌德树善,有国常规。窃惟故豳国公臣广,懿亲令望,具瞻攸在,道冠群后,功懋维城。受脤建旆,威行秦、陇;班条驱传,化溢峤、函。比媵理舛和,奉诏还阙,药石所及,沉痾渐愈。而灾衅仍集,丁此穷忧,至性过人,遂增旧疾,因兹毁顿,以至薨殂。寻绎贯切,不能自已。
>
> 臣等接事,每承余论。仰之平昔,约己立身,位极上公,赋兼千乘,所获禄秩,周赡无余,器用服玩,取给而已。每言及终始,尤存简素。非秦政而褒吴礼,讥石椁而美厚薪。今卜兆有期,先远方及,诚恐一从朝露,此志莫伸。伏惟陛下弘不世之慈,垂霈然之泽,留情既往,降愍幽魂,爰敕有司,申其宿志,窀穸之礼,庶存俭约。
>
> 诏曰:"省充信等表,但增哀悼。豳国公广藩屏令望,宗室表仪,言著身文,行成士则。方凭懿戚,用匡朝政,奄丁荼蓼,便致毁灭。启手归全,无忘雅操。言念既往,震于厥心。昔河间才藻,追叙于中尉;东海谦约,见称于身后。可斟酌前典,率由旧章。使易箦之言,得申遗志;黜殡之请,无亏令终。"于是赠本官,加太保。葬于陇西。所司一遵诏旨,并存俭约。[1]

---

[1] (唐)令狐德棻等《周书》卷10《邵惠公颢列传附导子广传》,中华书局,1971年,第156—157页。

　　《北史》中对此事也是寥寥数语,"其故吏仪同李充信等上表褒述,申
其宿志,庶存俭约"①,是说李充信是作为宇文广故吏的代表,为了宇文广
之丧事而给北周武帝上书。从以上的资料中我们可以看出四个关键信息:
第一,李充信曾任大都督;第二,李充信是宇文广之下属;第三,李充信上
表时的级别是仪同三司,仪同是仪同三司的简称;第四,李充信与宇文广
关系非同一般,并且在宇文广去世的这段时间里,李充信是相关事务的主
事者。除此之外,我们对李充信的其他信息知之甚少。结合以上四点信息,
笔者将从北周时期的官制和府兵制等方面来分析李充信其人其事。

　　以宇文泰为首的宇文氏是西魏的实际统治者, 随后又建立了北周王
朝。为了有效地对抗东魏北齐政权,自宇文泰始,实施了一系列的政策和
改革。陈寅恪先生将宇文泰在关陇地区实施的各种政策统称为"关中本位
政策"②,而宇文泰通过关中本位政策建立起来并发展壮大的这一集团,陈
寅恪先生创造性地概括为"关陇集团"。关陇集团对西魏北周乃至隋唐的
中国历史产生了极其深远的影响。关中本位政策中,有一个重要的措施就
是军事上实行府兵制。关于西魏北周府兵制的建立、原因,以及过程、措施
和影响的研究,成果丰硕,已经有非常多的学者对此进行过讨论和研究,
由于不是本文的论述重点, 所以不再细述。笔者主要利用已有的研究成
果,来对李充信的身份和职位进行分析。

　　府兵制的建立, 其中一个重要的内容就是对关陇士族以及豪右所拥
有的部曲、私兵以及大量存在的乡兵进行整合,最终使其正规化、中央化,
将其纳入府兵系统,由中央统一调配。面对这些拥有大量部曲、私兵的关
陇豪右,以宇文泰为首的宇文氏采取了一系列的办法和措施。姜涛将西魏

---

①(唐)李延寿《北史》卷 57《邵惠公颢传附导子广传》,中华书局,1974 年,第 2059 页。
②陈寅恪《统治阶级之氏族及其升降》,见《唐代政治史述论稿》,三联书店,2004 年,第 198
页。

北周府兵制下部曲、私兵国家化的措施概括为五点,即常备兵均纳入六柱国统辖系统之内、对归附之豪右授官、遴选当州乡望统领乡兵、赐姓以及筑城或设乡团让士兵安土定居①。

　　而对归附之豪右授官、遴选当州乡望统领乡兵则主要针对当时关陇二三流的豪族。唐长孺先生对北周时任果的一段说明很能说明问题,"北附西魏北周后,任果先任仪同、大都督,率乡兵二千人,虽从迥征蜀,但是他的私兵、部曲并未真正离开过南安,以致其乡兵迟迟未能纳入国家化系统。众所周知,西魏北周以大都督或仪同统带乡团,居于本乡,有事出战,事定则还乡"②。从中我们可以看出,任果也担任过仪同及大都督,李充信的情形与此相同。因此可以判定,李充信和任果一样,都是通过北周府兵制一步步得到升迁的。西魏北周时期在将乡兵正规化和国家化的过程中,对豪右和关陇士族所拥有的部曲、私兵进行有效管控的措施中,就包括对所归附的豪右授之以官,遴选当州乡望,统领乡兵,这样一来既提高了对地方豪右及大族势力的控制力,也使对应的关陇士族有了政治上的依靠,关陇集团的实力最终得到增强。而大都督一职则属于宇文泰建立起来的府兵制度中的一个层级,其下有帅都督和都督,其上则是仪同将军。这样的例子在《周书》中有很多记载,如:

　　　　"十四年,置当州乡帅,自非乡望允当众心,不得预焉。乃令驿追椿领乡兵,其年,破樊头氏有功,除散骑常侍,加大都督。"③
　　　　"河东解县人……迁礼部郎中,封武城县子,加帅都督,领本

---

①姜涛《西魏北周府兵制下的部曲、私兵国家化问题研究》,云南大学硕士论文,2010 年。
②唐长孺《魏晋南北朝史论丛》,河北教育出版社,2002 年,第 265—267 页。
③(唐)令狐德棻等《周书》卷 23《苏椿传》,中华书局,1971 年,第 395 页。

乡兵。俄进大都督①"。

"韦瑱字世珍,京兆杜陵人也。世为三辅著姓。……大统八年,齐神武侵汾、绛,瑱从太祖御之。军还,令瑱以本官镇蒲津关,带中潬城主。寻除蒲州总管府长史。顷之,征拜鸿胪卿。以望族,兼领乡兵,加帅都督。迁大都督、通直散骑常侍,行京兆郡事,进车骑大将军、仪同三司、散骑常侍②"。

这三人的官职变化很具有代表性,如苏椿由乡帅升迁为大都督,柳敏由领乡兵的帅都督进为大都督,韦瑱先是城主,后为蒲州总管府长史,后因为兼领乡兵,成为帅都督、大都督,乃至仪同三司等。因此,我们可以同理得知,李充信之大都督乃是统领其部曲和私兵之大都督,他本人当然也是能得众信的乡望了,也是本州的望族代表,而在秦州,能够成为望族和大姓的则只有陇西李氏了。

因此,我们基本可以断定,李充信乃是陇西李氏之一支,在当时的政策下,他带领所属部曲、私兵投奔了宇文氏集团,因之被授予官职,领乡兵驻于秦州所在,受宇文广辖制。这里需要注意的一点就是,李充信的大都督,极有可能是其在率领部曲、乡兵归附后一级级升迁的结果,就和史书中所载的其他相同类型的人物一样,从乡帅到帅都督,然后到大都督。

笔者将从北周时期的官制,特别是北周总管府制度方面侧面印证一下这一推论结果。按《周书·宇文广传》记载,宇文广第二次坐镇陇右的时间为保定二年至天和三年(562—568),所任官职为"秦州总管十二州诸军事秦州刺史",568年被授予陕州总管,但因为身体的原因被免去此官职,回

---

① (唐)令狐德棻等《周书》卷32《柳敏传》,中华书局,1971年,第560—561页。
② (唐)令狐德棻等《周书》卷39《韦瑱传》,中华书局,1971年,第693—694页。

都城养病直至 570 年病逝。而作为其故吏的李充信则极有可能就是其担任秦州总管及秦州刺史时的下属。按照北周官职制度，秦州总管府总掌镇戍军事，设有总管和副总管①。总管不设明确的品秩。而作为州官的刺史一职，三万户以上的州刺史为正八命，秦州刺史当属此列。各州刺史总理州政，均设有长史、司马、司录、大呼药、小呼药、别驾、治中、主簿、列曹参军②。从中我们可以看出，李充信之仪同和大都督皆不在总管府所属列。

严耕望先生认为，北魏孝昌以后（525—527），北方乱起，刺史太守皆为当部都督，另开府置僚佐。于是，加将军号，带都督的刺史，其佐吏就分别为将军府、都督府和州吏 3 个并列的系统③。黄惠贤先生认为都督府佐吏的职称，与将军府相同，基本上为长史、司马和录事、功曹、仓曹、户曹、中兵等参军及府功曹、主簿等员④。宇文广也应该有这 3 个并列的下属系统，但是李充信皆不在这 3 个系统的僚佐之中。

由此可知，李充信既不是北周总管府之属官，也不是北周刺史府和将军府之属官。

二、李充信之"大都督""仪同"考

庾信在其铭记中称李充信为大都督。大都督属于西魏北周府兵制中的一级军职，并非之前诸位先生所认为的秦州大都督一职。府兵制度最初由宇文泰自西魏开始实施，北周继之。府兵的军职，最初是八柱国、十二大

---

①王仲荦先生在《北周六典》中认为"按北周惟江陵置副总管，其余诸府，不置副总管也"，见王仲荦《北周六典》，中华书局，1979 年，第 623 页。但是张小稳认为其他总管区也可能置副总管，只是史书中没有用副总管这一职位来记载而已，见张小稳《北朝都督、行台与总管长官等级考辨》，《北华大学学报》（社会科学版）2009 年第 4 期。

②俞鹿年《中国官制大辞典》，黑龙江人民出版社，1992 年，第 1386—1387 页。

③严耕望《中国地方行政制度史：魏晋南北朝地方行政制度》，上海古籍出版社，2007 年。

④黄惠贤《中国政治制度通史·第四卷·魏晋南北朝》，人民出版社，1996 年，第 241—242 页。

将军、二十四开府的体制，其下有开府、大都督、帅都督、都督等。因为府兵
军职的滥授，北周武帝便重新排定了上柱国至仪同大将军的名号①。北周
的府兵制度又和相应的勋官制度相互结合，北周勋官共十一等级：上柱
国、柱国大将军、上大将军、大将军，以上四级皆正九命；上开府仪同大将
军、开府仪同大将军、上仪同大将军、仪同大将军，以上四级皆九命；大都
督，八命；帅都督，正七命；都督，七命。这十一等级的勋官就是北周的整个
一套府兵军号。北周在其制度的制定过程中，参照周礼，采用了"九命"的
古制，以命高为贵。九命的各级又分为两等，总共 18 级。比如最高级的为
正九命、九命两个等级，正好等于正一品和从一品。关于西魏北周府兵制
军职详细及北周府兵军职与勋官对应情况见表 3–1。

表 3–1　西魏至隋府兵军职变化表

西魏府兵	周武帝改制	北周府兵军职（勋官）	隋散实官
柱国	上柱国	上柱国（正九命）	上柱国
	柱国	柱国（正九命）	柱国
大将军	上大将军	上大将军（正九命）	上大将军
	大将军	大将军（正九命）	大将军
开府	上开府仪同大将军	上开府仪同三司（九命）	上开府仪同三司
	开府仪同大将军	开府仪同三司（九命）	开府仪同三司
仪同	上仪同大将军	上仪同三司（九命）	上仪同三司
	仪同大将军	仪同三司（九命）	仪同三司
大都督	大都督	大都督（八命）	大都督
帅都督	帅都督	帅都督（正七命）	帅都督
都督	都督	都督（七命）	都督

①阎步克《中国古代官阶制度引论》，北京大学出版社，2010 年，第 296 页。

本表参照阎步克先生《中国古代官阶制度引论》第 31 页和 296 页的内容以及北周九命的对应关系制作。从表中我们可以看出,北周至隋的府兵军号是对西魏府兵军号的细化①。

由此我们可以看出,李充信所任之府兵军职大都督对应的勋官是八命。而这种大都督多是朝廷当时授予那些率领乡兵归附朝廷的当地乡望豪右之职,这也从侧面印证了李充信本人乃是秦州当地望族陇西李氏的乡望。也正是因为这个原因,虽然他不在秦州总管府和秦州刺史府担任某一具体职位,但是因为他手里握有军队,而宇文广又是都督秦渭等十二州诸军事,所以李充信在宇文广统帅之下。因此李充信在上表时自称宇文广之故吏也是说得通的。况且,因为没有相关史料记载,我们也无法具体得知李充信除了担任大都督一职外是否在宇文广手下还有另外一个身份。

总之,李充信之大都督、仪同皆为府兵军号之军职名称,都有勋官对应,大都督非将军号。冯国瑞先生和之前的学者们,在解读李充信大都督一职时,往往将该大都督解读为秦州大都督,冯国瑞先生第一个将庾信铭记中所说的"大都督"解读为"秦州大都督"。之后的学者多从其说,这种解读是不符合当时北周的府兵制度的,也不符合李充信本人的出身和身份。

阎文儒先生在其《麦积山石窟的历史、分期与题材》中,认为李充信的官衔"仪同"指的是"后代的开府仪同";根据《周书》中"封郡县五等爵者,

---

①在阎步克先生的书中,对于北周府兵军职和周武帝改制后的府兵军职之介绍不甚相同,特别是对于仪同的说法不一,仪同分为上仪同和仪同倒是一致,但是一个是仪同大将军,一个是仪同三司,殊为奇怪。那么,到底是仪同三司还是仪同大将军呢?其实从北魏后期开始,都督的滥授导致了都督的军职化,当州都督、当郡都督、大都督、子都督、帅都督等各种名号大量出现,严重地冲击了北魏的都督诸州军事。在这种情况下,都督已经不再适合作为地方军镇要员的头衔,东魏、北齐顺应北魏后期行台地方化的既成事实,以行台取代都督诸州军事,北周则改都督诸州军事为总管制。张小稳经过分析总结认为,北周的这一套府兵军号,在使用不久后,和北魏的都督一样,也虚衔化了。见张小稳《魏晋南北朝时期地方官等级管理制度初探》,北京大学历史系 2006 年博士论文,第 73 页。

皆加开国;授柱国大将军、开府、仪同者,并加使持节、大都督",认为李充信的"开府仪同""大都督"的官衔与庾信为宇文广所写墓志铭中所说的宇文广的官衔是相同的,由此推出李充信是在宇文广死后承袭了其官职,为开府仪同三司都督秦州刺史,进而推测出李充信开凿七佛阁是在宇文广死后至建德三年(574)灭佛之间①。阎文儒先生就是因为没有将北周时期实行的府兵制度和官方任职之间的关系进行区分,所以才会将仪同和大都督的含义弄混,对李充信本人的任职产生了误读。因而其得出的七佛阁修建时间也就不准确了。

在这一小节中,笔者通过相关记载和信息,结合北周时期的府兵制和总管制度的一些特征,对李充信本人的郡望做出了一个基本的判断,认为李充信属陇西李氏,是北周府兵体系中统领由乡兵转化为府兵的大都督,但是这个大都督不是秦州大都督。关于李充信的任职,还有一个细节值得注意。根据府兵官职与相应的官品表,庾信在铭记中称李充信为大都督,而在李充信上武帝表中则升为仪同。说明庾信为其撰写铭记时,李充信只是八命的大都督,而等到宇文广死后,李充信已经升为九命的仪同了,这也符合府兵系统中依靠军功升迁的一个顺序。

三、宇文广与陇西李氏

关于宇文广与陇西李氏的关系,势必要从其父宇文导去开始讨论。《北史》载:

> 导性宽明,善抚御,文帝每出征,导恒居守,深为吏人所附,
> 朝廷重之。薨于上邽,魏帝遣侍中、渔阳王纲监护丧事,赠尚书

---

①阎文儒《麦积山石窟的历史、分期与题材》,见《麦积山石窟》,甘肃人民出版社,1984年,第21页。

令,谥曰孝。朝议以导抚和西戎,威恩显著,欲令世镇陇右,以彰
厥德。乃葬上邽城西无疆原,华戎会葬者万余人,莫祭于路,悲号
振野,皆曰"我君舍我乎"。大小相与负土成坟,高五十余尺,周回
八十余步。为官司所止,然后泣辞而去。①

　　宇文导死在秦州任上,朝廷以其"抚和西戎,威恩显著,欲令世镇陇
右,以彰厥德",故而直接将其葬在秦州本地。这当然是朝廷为长远计的一
个处理办法,但是这其中透露出一个关键的信息,就是宇文导是把家安在
了秦州。
　　关于宇文导的夫人,《周书》中有个信息非常关键,《周书·宇文广传》
载:

　　　　初,广母李氏以广患弥年,忧而成疾,因此致没。广既居丧,
　　更加绵笃,乃以毁薨。世称母为广病,广为母亡,慈孝之道,极于
　　一门。

　　也就是说宇文广的母亲姓李。那么,李氏是哪里人呢? 从目前的资料
我们还不得而知,但是根据其他的一些信息,我们可以推测。宇文导乃北
周宗室,李氏作为长子的母亲,也绝对不会是一个普通人家的女子。宇文
导坐镇陇右将近八年(547—554年,除去550年有段时间还朝长安外,这
期间宇文导都是在秦州任职),薨于上邽时,享年四十四岁,据此可以推算
出其生年当在公元510年,即北魏永平三年。根据宇文广墓志铭中的相关
记载,称宇文广母亲为"太夫人"②,按,保定二年(562)下诏曰:"柱国以下,

---

　　①(唐)李延寿《北史》卷57《宇文导传》,中华书局,1974年,第2058—2059页。
　　②宇文广墓志铭见庾信《周故大将军赵公墓志铭》(《庾子山集注》,中华书局,1980年)。

帅都督以上,母妻授太夫人、夫人、郡君、具君各有差。"①是时,宇文导已经死去 8 年,因此李氏是按照宇文广的级别来得到封号的,该年宇文广为大将军、蔡国公,因此其母被封为太夫人。

　　根据宇文广墓志铭中的记载,宇文广"大渐之辰,春秋二十有九",即宇文广去世时年仅 29 岁。宇文广病逝于北周天和五年(570)十一月丁卯,在他袭其父亲宇文导幽国公之封后两天就病逝了。则其生于541 年,宇文导时年31 岁,而宇文导与李氏结为连理事必在 541 年之前,也就是说宇文导在 547年坐镇陇右之前就已经和李氏完婚了。宇文导早年追随宇文泰征战关陇,"及太祖随贺拔岳入关,导从而西,常从征伐",备受宇文泰信任和倚重,和宇文护都是宇文泰重点培养的对象。宇文泰将秦州这个北周的大后方交给宇文导坐镇,若是国家征战之时,则又调回长安坐镇,对其子宇文广也是如此,这也充分说明了他们父子二人在宇文泰及北周皇帝心目中的地位。

　　宇文导一家死后葬于天水的目前可知的有宇文导、宇文广、宇文翼父子三人,宇文翼又写为宇文廙②。按照《周书》记载,宇文导共有五个儿子,其中三个儿子,也就是宇文广、宇文廙、宇文众为李氏所生。《周书》记载:

　　　　"导五子,广、亮、翼、椿、众。亮、椿并出后于杞。""众字乾道。
　　　保定初,封天水郡公。少而不惠,语默不常,人莫能测。隋文帝践
　　　极,初欲封为介公,后复诛之,并二子仲和、執伦。"③

　　宇文众及两儿子被隋文帝诛杀,其葬地不得而知,但根据他父亲和兄长的归葬地来推断,如果当时条件允许的话,他们也应该葬于天水才是。

---

①(唐)令狐德棻等《周书》卷 5《武帝纪上》,中华书局,1971 年,第 66 页。

②邵郁《北周宇文廙、宇文广墓志疏证》,《天水师范学院学报》,2014 年第 3 期。

③(唐)令狐德棻等《周书》卷 10《邵惠公颢列传附导子众传》,中华书局,1971 年,第 156、158 页。

　　宇文导与他夫人李氏所生的两个儿子都葬于天水，这也从侧面说明了宇文导一家完全是安家于秦州，这也说明了李氏本人极有可能就是陇西李氏之女，这也是宇文宗室和关陇士族豪右联姻后，世代镇守一地的典范。

　　宇文导抚合西戎的一个措施应该包括与当地士族豪门结为姻亲，其夫人李氏极有可能就是秦州本地人氏，至于史书中没有李氏的详细记载，这在北周时期非常正常。宇文泰有后宫宫人权氏，是秦州天水人，是宇文泰第十个儿子宇文俭的母亲[①]，有人推测其为权景宣所属的天水权氏。苏相禹在其硕士论文中认为，唐李延寿撰写《北史》时，一般将人物按类编写，在卷六一中，有王盟、独孤信、窦炽、贺兰祥、叱列伏龟、阎庆、史宁和权景宣八人列传。前七人皆为宇文氏之通婚家族，且有史可稽，权景宣既然也位列其中，李延寿想必也是有着相同的考虑和原因的。所以苏相禹推想，权景宣家族也存在与宇文氏通婚的情况。也就是说，此宇文泰之权氏夫人即为权景宣家族之女子[②]。笔者赞同苏相禹这一推论结果。

　　在宇文泰时期的政治联姻中，诸如陇西李氏、天水权氏这种在当时关陇地区处于二流的士族不是其重点结纳对象。相较于鲜卑皇族和六镇勋贵来说，这些家族的女性虽然和宇文氏有着姻亲关系，但是家族自身的背景和影响力，往往决定了她们在夫家一般不处于正位，故而对她们的有关信息也就模糊不记了。只是因为母以子贵，在记述她们的儿子时才会以姓称之，一笔带过。宇文导的妻子李氏在史书中之所以出现，也是为了记载他的儿子宇文广的需要。周一良先生对此有精准的概括分析，他认为"关中地主阶级的汉族高门势力微弱，不能和胡人统治者斗争。宇文氏也用不着特别联络他们，这是与北魏统治者内部胡汉关系相异之点"，"关西高门地主不像山东门阀之能维持他们的文化水准、社会地位以及经济政治各

---

①见《周书》文帝诸子列传，及邢福来，李明《咸阳发现北周最高等级墓葬》，《中国文物报》2001 年 5 月 2 日第 1 版。

②苏相禹《宇文氏婚姻与魏周隋政治》，郑州大学硕士论文，2010 年。

方面的势力了……宇文泰的胡族政权建立在这样的关中，所以除去模拟鲜卑部落之制、编汉人为兵之外，对于汉族高门地主集团无需特别注意联络或防范"①。整体情况实如周一良先生所言，但是不用特别联络和防范是相对而言，在具体的一些情况下，则又得专门笼络，比如原州(固原)李贤一门，他们与宇文泰家族渊源极深，互为姻亲，宇文泰因为关中新定，竟然将其子交由李贤抚养了六年之久。原州又是长安的西大门，对于这样的家族，宇文氏当然也得特别联络和注意了。而秦州作为北周的大后方，宇文泰派宇文导前来镇守，想必也得有相应的措施来配合，和当地大族结为姻亲无疑是最快最直接的办法。这在陇右地区尤为明显，周一良先生对此概括为，宇文氏"曾利用秦雍地主集团的高门。但除去统领乡兵用当州首望以外，这些人之进用并不由他们的门阀和门阀所代表的经济基础，还是由于他们的本身。不是由于本身的学艺文采，而是由于武功"②。这从另外一方面倒是给了关陇一些大族通过建立军功来取得更高的地位和受到进一步的重视的机会，促进了关陇大族在以军事斗争为主的西魏北周时期的壮大。诸如李贤一门以及权景宣等，都是因为为宇文氏立下了汗马功劳而备受重用，就如前文所分析的一样，李充信其人担当大都督一职，想必也是利用建立军功来达到的。

宇文广父子三人之所以能被朝廷信任，坐镇陇右长达二十年，前提就是宇文导父子乃是北周宗室，值得信赖。从宇文导的角度来考虑，其中一个重要的原因就是宇文导和秦州当地的陇西李氏通过联姻的方式，和秦州的豪家大族结为利益共同体，从而能够做到世镇陇右。通过这样的方式，陇西李氏原来的部曲和私兵自然归宇文导家族统领，这也为宇文导家

---

①周一良《北朝的民族问题与民族政策》，《魏晋南北朝史论集》，见北京大学出版社，1997年，第145页。

②周一良《北朝的民族问题与民族政策》，《魏晋南北朝史论集》，见北京大学出版社，1997年，第146页。

族世镇陇右打下基础。之前就有学者对宇文泰与关陇大族之间的联姻做过相关研究,并认为这是宇文泰建立关陇集团的方法之一。

四、李充信与宇文广

接下来探讨李充信和宇文广之间的关系。宇文广病逝于北周天和五年(570)十一月丁卯,也就是他袭其父亲宇文导豳国公之封后两天就病逝了,其故吏仪同李充信等上书武帝当也在该年。《周书》中只是称李充信为其"故吏"。那么作为一个只是当州乡望及部曲、私兵统领的李充信,为什么能够在宇文广去世后,作为故吏代表,上书武帝,对宇文广的丧葬事宜提出意见和申请呢?很明显,单凭一个故吏的身份,是说不通的,还需从其他方面去思考。

从宇文广死后李充信作为故吏代表上书武帝,笔者认为可以推测出两个信息点:首先,就是李充信与宇文广关系非同一般;其次,李充信所上表中对于宇文广丧事的相关说明能够代表宇文广家人的想法和意见。再结合李充信与宇文广、陇西李氏之间的关系,笔者有理由认为,李充信与宇文广之间不仅仅是上下级的关系,他们之间是亲戚关系,也就是说宇文广的母族就是李充信所属的陇西李氏的一支, 而连接起这一关系纽带的人,就是宇文导的妻子,也就是宇文广的母亲——李氏。

这也就能解释,为什么宇文导家族在秦州经营二十多年,父子三人先后皆坐镇陇右,但是开凿麦积山第 4 窟的人却是李充信了。两个家族作为一个利益共同体,李充信要在麦积山为王父开凿七佛龛,必然是受到宇文广诸人的大力支持,加之李充信家族本来就是关陇大族,他们也是有能力和实力来开凿第 4 窟这样的大型窟龛的。

至于李充信与宇文广之间具体的关系, 由于信息有限, 只能略作推测。宇文广去世时年仅 29 岁,其父亲宇文导去世时也只有 44 岁,其年宇文广只有 13 岁。李充信并非北周宗室,其职位升迁自然不能如宇文广那样青云直上，应该是从基层的军职人员一步步升迁而来。据此推断，李充信比宇文广年长，年龄当与宇文广父亲宇文导相差不多，因此，李充信因为与宇文导家族之间密切的姻亲关系，自然是前后相续辅佐。宇文广主政陇右之时，李充信是宇文广的主要亲信，这也符合宇文广死后李充信作为代表上书北周武帝的历史事实。

五、"亡父"与"王父"

麦积山第4窟是李充信开凿的七佛龛，正如庾信铭记中所称是大都督李充信为其亡父开凿。关于亡父，历来有亡父与王父两种解释，而这两个字不论是从书写还是发音上，都容易混淆。之前的学者们对此也是各执一说，因为对该字的解读关系到具体供养对象的问题，所以在此很有必要阐释清楚。

庾信之《秦州天水郡麦积崖佛龛铭并序》一文，最原始和准确的版本当然是刊于麦积山的题刻了，可惜该题刻在五代王仁裕之后就不知所终了。因此只能从相关史籍中去查找。最早为庾信该铭记作纂注的是清代的倪璠。倪璠所作的这一纂注版，在《摛藻堂四库全书荟要》集部《庾子山集》卷十二中所录，以及中华书局1980年版的《庾子山集注》也是依据倪璠之纂注，其中都记为"亡父"。明朝冯惟讷来麦积山时因为庾信原碑已经不可找寻，因此据原文重刻，该碑现存于麦积山瑞应寺大雄宝殿前廊，该碑中为"王父"[1]。麦积山勘察团在其麦积山石窟工作报告中写成"王父"当据此碑之文。明代冯惟讷所重刻的庾信麦积崖佛龛铭是目前所见到的最早的留存文献资料，最具可信性。因此，在庾信《秦州天水郡麦积崖佛龛铭并序》原文中应是李充信为其"王父"而开凿七佛龛，后代在文献传抄的过程中，将"王父"误改为"亡父"了。

王父，祖父也。因此，第4窟是李充信为其祖父所开凿的。

---

①张锦秀《麦积山石窟志》，甘肃人民出版社，2002年，第177页。

第三节 庾信与麦积山

庾信所撰《秦州天水郡麦积崖佛龛铭并序》,使李充信修建第 4 窟的壮举得以为世人所知,麦积山也名声大振。该铭记是研究麦积山北周历史的重要资料,也是考证第 4 窟有关问题的一把钥匙,意义巨大。作为当时大文豪的庾信,他与麦积山相关的一些历史问题,也成为研究麦积山第 4 窟必须解决的问题。诸如庾信撰写该铭的时间,以及庾信到底来没来过麦积山等问题,都与麦积山第 4 窟的开凿年代以及功德主密切相关,在本节里,笔者将主要探讨庾信与麦积山之间的关系。

一、庾信《秦州天水郡麦积崖佛龛铭并序》

庾信(513—581)乃是北朝晚期最著名的文学家之一,也是南人入北的代表人物,在中国文学史上占有重要地位。其"集六朝之大成,而导四杰之先路"①,在当时文坛地位极高,"朝廷之人,闾阎之士,莫不忘味于遗韵,

---

①(清)永瑢等《四库全书总目·庾开府集笺注》卷 148,中华书局,1965 年,第 1275 页。

眩精于末光。犹丘陵之仰嵩、岱,川流之宗溟、渤也"。庾信既是魏晋南北朝时期一位伟大的文学家,又是一个颇有建树的文学理论家,"穷南北之胜"①。唐代燕国公张说在《过庾信宅》的一首五律中写道:"兰成追宋玉,旧宅偶词人。笔涌江山气,文骄云雨神。"庾信是我国南北朝文学之集大成者,又是唐代格律诗的先驱,在中国文学史上起了承前启后的作用。据统计,自 20 世纪以来,光是研究庾信的专著和论文就有 200 多篇部,这也从侧面反映出庾信其人的价值②。

　　庾信一生经历坎坷,流入北方后,先后仕于西魏北周,经历了两朝五帝,度过了 28 个年头,最终也没有返回江南。庾信是在公元554 年 4 月出使西魏时被扣留, 时年 42 岁,557 年才被任命为司水下大夫。569 年至571 年,庾信一直在齐王宇文宪幕府担任佐属。入北前期的十四年时间,他的作品的基调以悲哀为主,但是随着他地位和身份的抬升,后期的作品之中就开始多有颂扬北周的了③。庾信一生"四朝十帝尽风流,建业长安两醉游。惟有一篇杨柳曲,江南江北为君愁"(唐人崔涂诗)。而饱受战乱和颠沛流离之苦的杜甫,对于庾信的遭遇感同身受,为之写下了"庾信平生最萧瑟,暮年诗赋动江关"(杜甫《咏怀古迹五首》其一)的诗句,着实让人唏嘘不已④。

　　庾信诗文融汇佛道词语,表现了其佛道融合的思想。庾信在《秦州天水郡麦积崖佛龛铭并序》中糅合佛道词语,来说明麦积崖是一个修行的圣地。"方之鹫岛,迹遁三禅;譬彼鹤鸣,虚飞六甲。"鹫岛是佛陀与阿难坐禅说法之地,三禅是指佛教四禅静修行之前三个境界,鹤鸣山为天师道张道

---

①倪璠《注释庾集题辞》,见《庾子山集注》,中华书局,1980 年。

②吉定《庾信及其文学作品研究》,上海师范大学博士论文,2006 年。

③牛贵琥《庾信入北的实际情况及与作品的关系》,《文学遗产》2000 年第 5 期。

④鲁同群《庾信入北仕历及其主要作品的写作年代》,《文史》第 19 辑。

陵与诸弟子修行处,六甲是道教驱鬼行神的符箓。佛教徒批评庾信"好作
文章,妄引佛经,杂糅俗书",从侧面反映出了庾信的写作特点,辞藻华丽,
用典多杂。

该铭全文如下:

> 秦州天水郡麦积崖佛龛铭并序

> 麦积崖者,乃陇底之名山,河西之灵岳。高峰寻云,深谷无
> 量。方之鹫岛,迹遁三禅。譬彼鹤鸣,虚飞六甲。鸟道乍穷,羊肠
> 或断。云如鹏翼,忽已垂天;树若桂华,翻能拂日。是以飞锡遥来,
> 度怀远至。疏山凿洞,郁为净土。拜灯王于石室,乃假驭风;礼花
> 首于山龛,方资控鹤。

> 大都督李允信者,藉于宿植,深悟法门。乃于壁之南崖,梯云
> 凿道,奉为亡父造七佛龛。似刻浮檀,如攻水玉,从容满月,照耀
> 青莲。影现须弥,香闻忉利。如斯尘野,还开说法之堂;犹彼香山,
> 更对安居之佛。

> 昔者如来追福,有报恩之经;菩萨去家,有思亲之供。敢缘斯
> 义,乃作铭曰:

> 镇地郁盘,基乾峻极。石关十上,铜梁九息。百仞崖横,千寻
> 松直;阴兔假道,阳乌回翼。载辇疏山,穿龛架岭。纠纷星汉,回旋
> 光景。壁累经文,龛重佛影。雕轮月殿,刻镜花堂;横镌石壁,暗凿
> 山梁。雷乘法鼓,树积天香。漱泉珉谷,吹尘石床。集灵真馆,藏
> 仙册府;芝洞秋房,檀林春乳。冰谷银砂,山楼石柱;异岭共云,同
> 峰别雨。冀城余俗,河西旧风。水声幽咽,山势崆峒。法云常住,
> 慧日无穷。方域芥尽,不变天宫。[①]

---

①(北周)庾信撰,(清)倪璠注《庾子山集注》,中华书局,1980 年,第 672—677 页。

　　《秦州天水郡麦积崖佛龛铭并序》从体例上来看,是一篇骈文,以单句来计算,总句数是 88 句,其中对句数就有 58 句。蒋士铨对庾信的骈体文评价甚高,"赵松雪以雄秀评右军的字,余谓子山骈体直受此二言不愧",并认为《秦州天水郡麦积崖佛龛铭并序》"前此无其秀,后此逊其古"。

　　对于庾信的这篇铭文,清代人倪璠第一个进行纂注,后人多据之为本。《庾子山文集》中也以倪璠纂注的版本为基础进行了校对和解读。目前学界对于庾信该铭的解读和研究也是成果众多。

　　朱琳将该铭称之为建筑铭,认为这篇佛龛铭的序文首先介绍了麦积山的地理位置,然后描绘了其险峻的山势及秀美的自然风光。接着笔锋一转,介绍了李充信造七佛龛的原因和该佛龛雄伟壮观的景象。序文的最后以"昔者如来追福,有报恩之经;菩萨去家,有思亲之供"二句作结,这两句话运用了《大方便佛报恩经》中"欲令一切众生孝养父母,故一切众生亦曾为如来父母,如来亦曾为一切众生而做父母……"和《盂兰盆经》中目犍连救母于地狱的故事。庾信将这两则孝养父母的故事与大都督李充信为王父造七佛龛之事巧妙地联系在一起,在高度赞扬了李充信孝行的同时,也含蓄地表达出了自己被迫滞留北方之后复杂的思想感情。这其中有对故国的怀念,也有对家乡和亲人们思念,但更多的还是身仕二姓不能尽忠尽孝的无奈与忏悔。朱琳还从音韵方面对该铭文进行了分析,认为该铭写得抑扬顿挫,用韵变化较多,押韵并不严格,且经常用入声字做韵。

　　吴炎平认为《秦州天水郡麦积崖佛龛铭并序》是一篇序体文,由两个部分组成,是庾信应秦州大都督李充信之请,为其亡父造七佛阁所作的铭文,描绘了麦积山山势之险奇和佛事之兴盛①。

　　还有其他许多关于该铭的文章和研究,总体来看,主要是从文学的角度来解读和分析其艺术性。

---

①吴炎平《西魏北周骈文研究》,湖南师范大学硕士论文,2015 年。

二、对庾信《秦州天水郡麦积崖佛龛铭并序》的重新解读

麦积山石窟重新被世人关注之后,庾信的这篇铭文就被广为关注,在有关麦积山七佛阁的研究文章中多次被引用和解读,但是该铭文中所透露出来的一个关键信息却被人们忽视了,而对于这一信息的判断,直接关系到庾信是否亲自到过麦积山,以及麦积山第 4 窟的开凿年代等重大问题的结论。因此,笔者将重新对该铭记做一解读。

1.《秦州天水郡麦积崖佛龛铭并序》是一篇游记

和以往诸家对于该铭记的认识不同,笔者认为庾信的《秦州天水郡麦积崖佛龛铭并序》其实是一篇游记。文章从开始到结束,是随着作者前行的路径和方位,以及视角的变化来展开的。

前面一部分, 描写了前去麦积山参观七佛阁途中的所见所感,"鸟道乍穷,羊肠或断"正是对当时前往麦积山行进途中的真实描写。即使到了20 世纪中叶,人们前去麦积山也是路途艰难,特别是进入峡门之后,水道多变,细路弯弯,称之为鸟道和羊肠道,实属贴切,毫不为过。

第二部分的内容,则是庾信登临麦积山,身处七佛阁,仔细欣赏了第4 窟的造像、壁画、建筑,知晓了第 4 窟的营建方法和过程之后,对其概括性的介绍和总结,也是该窟的性质和功用的说明。即使是对庾信这样游历南北、见过大场面的人来说,在目睹了第 4 窟之后,也难免为之震撼,从而由衷地写出了这样的赞美之句,并由此引出了最后的铭文部分。

2. 庾信亲自登临了麦积山

如上文所分析,庾信的麦积崖佛龛铭乃是一篇游记,了解了这一点,对于庾信是否来过麦积山这个问题就很清楚了。正是因为庾信曾经登临过麦积山,目睹了七佛龛的开凿盛况,才能写出这篇流传千古的铭文。而铭文中所体现的一些具体细节,则更是为庾信亲临麦积山提供了证据。从庾信铭文中"异岭共云,同峰别雨"这一关于麦积烟雨的精确描述来分析,

若非亲临此地，目睹此景，决不能写出此语。文中"水声幽咽，山势崆峒"正是对麦积山周围环境和山势奇伟的说明和赞叹。"树积天香"这一场景，在第 4 窟诸龛龛顶的薄肉塑壁画中随处可见。"乃于壁之南崖"一句，是有关麦积山崖面朝向的具体细节的描述。"山楼石柱"是对第 4 窟崖阁形制和八棱石柱的描写。

从铭文中对麦积山及第 4 窟相关细节的描写，我们可以认定庾信确实来过麦积山，并且是在第 4 窟已经完工或者基本完工的情况下，写下了这篇流传千古的著名铭文。而这就从另外一个角度限定了麦积山第 4 窟的开凿时间和完工时间。

3. 庾信来秦州的时间

通过庾信的这篇铭文，我们可以确定庾信曾经亲自来过麦积山，那么庾信来麦积山是在哪一年呢？

按照《周书》记载，北周周武帝宇文邕在保定五年（565）秋七月和八月曾两至秦州[1]。以庾信在当时北周朝廷中的身份和地位，他作为侍从跟随皇帝出行的可能性是很大的。也就是说庾信来到秦州，登临麦积山，极有可能就是在该年。

三、关于庾信碑铭在麦积山刊刻位置的判断

庾信所撰写的铭文当然是被李充信奉为珍品的，并且必须刊刻在一个醒目的位置来昭示于众。但是自从五代王仁裕之后，庾信铭文的刊刻位置便成了一个历史疑团。在第一章中，笔者已经确定第 4 窟就是李充信所开凿的七佛龛，因此，要想找到庾信铭文刊刻位置，还需从第 168 窟与第 4 窟之间的崖面去寻找。

---

① (唐)令狐德棻等《周书》卷 5《武帝上》，中华书局，1971 年，第 71—72 页。

目前史料中关于庾信铭文刊刻情况的最早记载是五代诗人王仁裕在《玉堂闲话》中关于麦积山的记载,这也是最完整的记载。该条材料是王仁裕在梁乾化元年(911)亲自登临麦积山之后所作,具有可靠的史料价值。现录文如下:

> 麦积山者,北跨清渭,南渐两当。五百里冈峦,麦积处其半。崛起一石块,高百万寻,望之团团,如民间积麦之状,故有此名。其青云之半,峭壁之间,镌石成佛,万龛千室。虽自人力,疑其鬼功。隋文帝分葬神尼舍利函于东阁之下,石室之中,有庾信铭记,刊于岩中。古记云:六国共修,自平地积薪,至于岩巅,从上镌凿其龛室佛像。功毕,旋旋折薪而下,然后梯空架险而上。其上有散花楼、七佛阁、金蹄银角犊儿。由西阁悬梯而上,其间千房万屋。缘空蹑虚,登之者不敢回顾。将及绝顶,有万菩萨堂,凿石而成,广若今之大殿。其雕梁画栱,绣栋云楣,并就石而成,万躯菩萨,列于一堂。自此室之上,更有一龛,谓之天堂。空中倚一独梯,攀缘而上。至此,则万中无一人敢登者。于此下顾,其群山皆如培楼。王仁裕时独能登之,仍题诗于天堂西壁上曰:"蹑尽悬空万仞梯,等闲身共白云齐。檐前下视群山小,堂上平分落日低。绝顶路危人少到,古岩松健鹤频栖。天边为要留名姓,拂石殷勤手自题。"时前唐末辛未年,登此留题,于今三十九载矣。①

按照这段文意和行文骈文的特点来分析,这里的"石室之中"应该是

---

① (宋)李昉等《太平广记》卷397,中华书局,1961年,第3181页。

对前文葬神尼舍利函地点说明的对称之句。刘雁翔曾经撰文对王仁裕《玉堂闲话》中的麦积山进行过注解，认为庾信铭记中所说的七佛阁是中七佛阁，而不是上七佛阁，从而推导出李充信所开凿的七佛阁是麦积山现编为 9 号窟的中七佛阁，而不是编号为第 4 号窟的上七佛阁。他将"石室之中"作为判断庾信铭文所在的一个重要条件①。自从王仁裕对庾信铭记有了记载之后，后世再也没有出现过关于庾信铭记的明确记载，也就是说庾信铭记在 911 年之后的某一天便不知去向，原因未明。待到明代嘉靖三十九年（1560）冯惟讷参访麦积山时，因为不得庾信原碑之去向，便重刻该碑，也就是目前麦积山瑞应寺所藏的《重刻麦积崖佛龛铭并序》一碑②。那么，庾信的铭记当初到底刊刻于何处？接下来，我们就将结合王仁裕当时参观麦积山的路线以及麦积山东崖崖面的现状来做一判断。

按照王仁裕先东崖后西崖的游览路线，首先可以确定庾信铭记在东崖。其次，根据"其上有散花楼、七佛阁、金蹄银角犊儿"可以判断出，庾信铭记所刊位置在今第 4 窟与东阁之间的东崖崖面之间，王仁裕既然能够目睹庾信铭记，则说明在栈道可以通达的地方可以观察到庾信铭记。

因为"东阁"牵涉神尼舍利函的安放位置，也关系到庾信铭记在东崖的位置，所以，有必要对王仁裕所说的"东阁"进行判断。按照字面意思理解，"阁"是一种类似楼房的建筑物，那么从目前东崖洞窟遗存来看，能称之为阁的只有上、中、下七佛阁了。根据王仁裕所载"东阁之下，石室之中"及其由低到高的游览顺序来判断，首先排除了上七佛阁的可能，下七佛阁地面之下是否还有石室不得而知，而中七佛阁之下是有石室存在的，现编号第 10、11、12、28、29、30 号洞窟皆可作为石室，因此，王仁裕所称的"东

---

①刘雁翔《王仁裕〈玉堂闲话·麦积山〉注解》，《敦煌学辑刊》2006 年第 2 期。

②该碑现存于麦积山瑞应寺大雄宝殿前廊左侧，详见张锦秀《麦积山石窟志》（甘肃人民出版社，2002 年）第 177、180 页。

图 3-7　第 3、4 窟崖面之间两层浅龛

阁"极有可能就是中七佛阁,即第 9 窟[①]。而第 3、168 窟又是作为一个整体的系统工程, 那么在东崖适合刊刻庾信铭记的就只有中七佛阁到第 4 窟之间的崖面了。在第 3 窟到第 4 窟之间的栈道处,存在着一个比较奇特的开凿空间,以往的研究也没有对这一空间构造进行过解释和说明。经过笔者观察,基本可以确定,这一区域就是用来刊刻庾信铭记的崖面(图 3-7)。阎文儒先生在《麦积山石窟》一书中认为千佛廊右端上部和上七佛阁左外侧之间崖面所存竖长方形浅龛的后壁就是当初庾信碑铭刊刻之处。并引《玉堂闲话》中"石室之中,有庾信铭记,刊于岩中"的记载作为证据来说明[②],这也正好与笔者的判断相同。

对于这个位置的判断,可以从以下几个侧面来支持笔者的观点。首

①按照李裕群先生的断代结果,麦积山第 10、11、28、30 等洞窟皆是开凿于隋代,所以东崖隋代的洞窟当中极有可能就有一个洞窟即是"隋文帝分葬神尼舍利函"的石室了,但是通过对第 43 窟的考察和判断,认为该窟可能就是隋文帝分葬神尼舍利函的石室所在。因该内容不是本文要讨论的主要内容,只是在确定庾信铭记刊刻位置时有所关联,另有撰文。

②阎文儒《麦积山石窟》,甘肃人民出版社,1984 年,第 158—159 页。

先,在这个位置刊刻庾信铭记,正好与其右侧的七佛阁遥相呼应,就如同对该窟的完美解说词一般;其次,也符合王仁裕在游记中对于上下空间的描写,其左上方即为散花楼、七佛阁和金蹄银角犊儿的第5窟,其下则为王仁裕所记葬神尼舍利函的"东阁"以及石室;还有东崖崖面最适合直接雕刻铭记的区域就在第4窟周围,第168窟壁面留存的宋代题刻和第4窟前廊右侧壁面明代题刻即为例证。

第三节　第 4 窟的营建时间

石窟寺研究的一个主要工作就是对石窟及其壁画、造像等进行年代的判定,第 4 窟的营建时间是学者们最为关注的问题。本节主要通过一些资料和信息来对第 4 窟的开凿时间作一推测。

学界对于第 4 窟营建时间的主要观点:

冯国瑞先生最初认为第 4 窟的营造时间为北周保定、天和年间(566—568)[1],其后冯先生又于 1951 年撰文补充了相关观点,认为该窟开凿于北周保定三年(563),保定五年(565)李充信请庾信作《秦州天水郡麦积崖佛龛铭并序》[2]。

郑振铎先生也认为第 4 窟是李充信在北周的保定、天和年间(566—568)开凿[3]。

阎文儒先生认为第 4 窟开凿于 568—574 年,庾信为之作铭也是在这

---

①冯国瑞《麦积山石窟志》,天水报社印刷厂,1989 年。

②冯国瑞《天水麦积石窟介绍》,《文物参考资料》1951 年第 10 期。

③郑振铎《麦积山石窟·序》,见《麦积山石窟》,文物出版社,1954 年。

期间①。

傅熹年先生也认为该窟约凿于北周保定、天和年间②。

徐日辉认为第4窟是北周保定三年(563)开凿③。

初师宾先生认为第4窟是北周末、隋初开凿④。八木春生先生认为第4窟当为570年之后所造⑤，之后又认为第4窟开凿于北周前期(557—574)。

李裕群先生认为第4窟开凿于570—574年⑥。

陈悦新先生认为第4窟开凿于557—574年⑦。

还有许多学者也都对第4窟的开凿时间提出了自己的意见和看法，在此不一一列举。总体上来看，虽然对于开凿的上限时间有不同看法，但是对于开凿的时间下限，都认为是北周武帝灭佛当年。

结合笔者前文所说，有以下几点需要说明：

第一，由于第4窟是李充信为其王父所开凿之功德窟，麦积山第4窟的营建时间就不能以宇文广的去世时间来界定，因此，宇文广病逝的天和五年(570)不是第4窟的开窟时间。

第二，因为庾信曾经亲临麦积山，因此庾信撰写铭记的时间必在第4

---

①阎文儒与冯国瑞探讨关于李充信建造七佛龛的年代及庾信铭文的撰写时间的时候各自都有一个错误。那就是阎文儒先生认为宇文广死于天和三年(568)。据《周书》可知，其卒年应是北周天和五年(570)十一月丁卯，这一点冯国瑞先生倒是正确。因此阎文儒先生据此推断出的庾信撰写铭文的时间也就有问题，而李充信建造七佛阁的时间也就有问题了。冯国瑞先生则将武帝于保定五年(565)秋七月行幸秦州误为明帝，这一点阎文儒先生已经指出。

②傅熹年《麦积山石窟中所反映出的北朝建筑》，《文物资料丛刊》第4辑，1984年。

③徐日辉《麦积山石窟历史散记》，《西北史地》1985年第3期。

④初师宾《石窟外貌与石窟研究之关系——以麦积山石窟为例略谈石窟寺艺术断代的一种辅助方法》，《西北师大学报》(社会科学版)1983年第4期。

⑤八木春生，李梅《天水麦积山石窟编年论》，《石窟寺研究》第2辑，2011年。

⑥李裕群《北朝晚期石窟寺研究》，文物出版社，2003年，第112—140页。

⑦陈悦新《从佛像服饰和题材布局及仿帐、仿木构再论麦积山北朝窟龛分期》，《考古学报》2013年第1期，第29—58页。

窟营建时间之内。

第三,李充信开凿第 4 窟应在尉迟迥在武山拉梢寺开凿摩崖大佛之前。尉迟迥乃皇亲国戚,地位极高,正是因为李充信提前在麦积山东崖占据了第 4 窟这样的制高点来开凿石窟,并且身后有宇文导家族的支持,尉迟迥才在渭州仙崖开凿了拉梢寺大佛,而拉梢寺大佛的开凿年代在北周明帝武成元年(559)。

第四,北周武帝灭佛的建德三年(574)之后,即使李充信所营建之七佛龛没有完工,至此也必然停工。

因此,笔者认为,李充信是在 559 年之前就已经开始开凿第 4 窟。庾信在 565 年随同周武帝到达秦州后,受李充信之邀,前往麦积山并撰写了铭文,此时第 4 窟的工程已经完成过半。营造工程一直延续到了 574 年,也就是北周武帝灭佛的这一年,第 4 窟整体停工。这也就是在隋唐之际,第 4 窟仍然有空白壁面用来绘制壁画的原因了。

本章对第 4 窟相关史料及诸多历史问题进行了一一考证,得出结论如下:李充信本人属于陇西李氏一支,与世镇陇右的宇文导家族之间有姻亲关系,互为支持,属于秦州大族,通过北周的府兵制,先后晋升为八命大都督和九命仪同,在秦州地域内经济、政治实力雄厚,是宇文广家族力量的重要组成部分;李充信选择在麦积山东崖最高处为其王父开凿了第 4 窟,即庾信《秦州天水郡麦积崖佛龛铭并序》中所称之"七佛龛";第 4 窟的开凿早于 559 年,在 565 年,第 4 窟已经基本完工;庾信前往麦积山,目睹了第 4 窟的巨大工程之后,写下《秦州天水郡麦积崖佛龛铭并序》,麦积山第 4 窟从此名扬于世;庾信所作铭文完成之后被李充信刊刻于第 3 窟与第 4 窟之间的崖面上,王仁裕在 911 年登临麦积山时曾目睹原碑文,但之后碑文湮灭不见,使得庾信铭文中所称的七佛龛所指成为迷团,近世以来,颇多争议;七佛龛在北周武帝灭佛的 574 年未能全部完工,工程暂停;在随后的历史发展过程中,第 4 窟又被赋予了一个新的名称,即散花楼。

第四章

麦积山第 4 窟的设计构想

第 4 窟作为麦积山的标志性洞窟,具有原创性,影响了麦积山北周至隋窟龛的营造。而这样一个规模宏大、气势恢宏的洞窟,其在开凿之前,必然有已经确定的设计构想作为指导,正如现代社会一个大型工程施工之前,势必要经过前期的调查、研究、设计等准备阶段。麦积山石窟第 4 窟的开凿应有洞窟设计图和工程施工图,这其中就包括了窟龛形制、造像组合、壁画内容等。李充信极可能会成立一个团队机构来统筹规划工程的各项工作和实施,成员则包括僧人、官吏、工匠等,所有的工程施工、后勤保障、人员管理等都是通过这一团队和机构来实施和运转,这个团队必须是高效专业和多方协调,直接对李充信负责,从而确保洞窟开凿过程中各种命令的有效传达和贯彻,该团队也是第 4 窟得以顺利开凿和完成的保障。鉴于此,就需要解答一个问题,第 4 窟的设计构想是什么,开凿第 4 窟要达到什么样的设想和目的。简而言之,第 4 窟的设计构想就是打造一个人间的净土世界。

　　第 4 窟开凿之前东崖的崖面使用情况是,此时的东崖除了西侧区域在北魏晚期和西魏时期有所利用,形成了以第 16 窟为中心的北魏晚期洞窟区域以及以第 43 窟为中心的西魏洞窟区域,其余的大部分崖面尚未被开发利用①;而麦积山东崖东侧山梁高度急剧下降,导致东崖东侧无法开凿大型洞窟;加之还有一条横贯麦积山崖面的黏结层横亘于东崖的中间崖面,黏结层从第13号摩崖大佛中部向东延及第9窟,一直延伸到现在的东门②,第4窟所在的崖面是麦积山崖面中少有的细密和坚硬区域。综合以上三个信息可知,第4窟所在区域是麦积山东崖最为居中居上的核心区域,虽然在这一区域开凿洞窟也面临着工程量最大、难度最高的问题,但这恰恰又是以李充信为代表的陇西李氏实力和地位的象征,或者说这样的崖面选择也符合李充信对第4窟的设计构想。

要说明第4窟的设计构想,需要先解决三个问题:一是第4窟与第3、168窟的关系,二是第3窟与第9窟的关系,三是第4窟的造像思想。只有将第4、3、168、9窟这四个窟的关系梳理清楚,再结合第4窟的造像与壁画组合特征,才能对第4窟的设计构想进行比较合理和客观的说明。

---

①东崖所在区域的洞窟,第12、26、27等北周洞窟皆是受第4窟影响而开凿,第14、15、25、28、30、5、13等窟是隋代开凿。

②关于麦积山存在黏结层这一地质现象,初师宾先生在其文章中曾经专门予以说明,详见《石窟外貌与石窟研究之关系——以麦积山石窟为例略谈石窟寺艺术断代的一种辅助办法》,《西北师大学报》,1983年第4期,第86页。董广强老师对此页有专文论述,他称该黏结层为软弱夹层,但其据之得出的结论与笔者不同,详见董广强《麦积山石窟山体岩石软弱夹层对洞窟布局的影响——麦积山127窟开凿年代研究系列论文之一》《石窟艺术研究》(第1辑),文物出版社,2016年,第265—274页。

第一节　第 4 窟与第 3、168 窟

　　目前学界对第 4、3、168 三窟之间关系的看法比较统一，基本上都认可傅熹年先生的观点，认为第 3、168 窟是第 4 窟走道，第 3、168 窟就是庾信铭文中"梯云凿道"的所指①。黄文昆先生也认为第 4、3、168 三窟是统一的建筑构思下的产物②。《麦积山石窟的主要窟龛内容总录》中，将第 4、3、168 三窟放在一起进行说明，并指出第 3、168 窟实际上都是进入第 4 窟的通道，也认为庾信所说的"梯云凿道"即指此二窟③。金维诺先生则认为散花楼与千佛廊、七佛龛可能同时规划兴建，但是由于工程浩大，又遇上周武帝宇文邕在建德三年（574）下诏灭佛，中途停顿；一直到宣、静二帝继位，麦积山散花楼才继续施工建造；这三个洞窟属于统一的工程规划④。李裕群先生认为第 4 窟与第 3、168 窟为一整体设计的巨大仿木式建筑，即

①傅熹年《麦积山石窟中所反映出的北朝建筑》，《文物资料丛刊》第 4 辑，1984 年第 2 期。
②黄文昆《麦积山的历史与石窟》，《文物》1989 年第 3 期。
③阎文儒《麦积山石窟》，甘肃人民出版社，1984 年，第 157—158 页。
④金维诺《麦积山石窟的兴建及其艺术成就》，见《中国石窟·天水麦积山》，文物出版社，1998 年，第 177 页。

梯道、过廊和殿堂三部分①。笔者也赞同傅熹年先生的观点。

一、进入第4窟的方法

关于进入第4窟的问题，张宝玺先生认为第4窟修建之初另有通道，也许是木栈道，后因各种原因栈道被毁，也就断绝了通往第4窟的通道，选择通过千佛廊前往第4窟实属无奈之举，因为此举破坏了千佛廊的整体性，栈道正好从千佛廊中间穿过，将千佛廊分成上下两部分②。按照张先生的观点，如果进入第4窟的通道最初不是第3窟和第168窟的话，那么最初的通道应该在哪里？这在山体加固之前的洞窟栈道遗存中是找不到合理答案的。结合其他诸位先生关于第4、3、168窟三窟之间的关系的说明，第3、168窟作为进入第4窟的原始设计通道是没有问题的。基于此，笔者想讨论另外一个细节问题，即通过第3窟到达第4窟的具体办法是什么？即李充信最初设计中是怎么解决由第3窟进入第4窟这一问题的。

登上第168窟的台阶，然后通过第3窟的走廊，在第3窟的最西头，就面临着怎么进入第4窟的问题。第3窟的地面与第4窟地面有数米的高差（图4-1），不可能直接进入，因此就必须要通过这个高度差来进入第4窟。

我们现在所见到的从第3窟通往第4窟的栈道走向无疑是与开窟时的最初设计不相符的。因为进入第4窟的方法必须是既安全实用，又不破坏第4窟的完整性。那么北周开窟时所设计的栈道走向是怎么样的呢？从第4窟西侧通往第5窟的栈道的设计方法上我们可以得到这一答案。第4窟与第5窟之间的通道最初不是"小有洞天"，"小有洞天"的开凿是在明代。在第4窟与第5窟之间的崖面外侧，原来有铺设栈道所用的桩孔存

---

①李裕群《古代石窟》，文物出版社，2003年，第108页。

②张宝玺《麦积山石窟的七佛窟》，见《麦积山石窟研究》，文物出版社，2010年。

图4-1 麦积山第3、4窟崖面关系图

在,而这就是通往第5窟的栈道所在①,这样的连接方式最为直接方便,也没有破坏第4窟的完整性。因此,第3窟通往第4窟的栈道也应是这种方式,而这就需要解决一个问题,怎么才能通过第3窟上升到与第4窟所在地面相同的高度,然后凿出桩孔,铺设栈道。当时的解决办法就是在第3窟西侧的崖面凿进两个方形的龛室。这两个上下相连的龛室壁面上有桩孔和凹槽,就是当初搭设通往第4窟栈道的遗存。关于这两个龛室,在前面章节中讨论庾信铭记刊刻位置的时候就已经提到过。因此,这两个龛室的功能有两个,第一是作为第4窟的通道,第二是刊刻庾信的碑铭。

综上所述,由第3窟进入第4窟的方法就是,在第3窟西侧的崖面凿进两个上下连接的龛室,然后在与第4窟所在地面相平的崖面外侧搭设栈道进入第4窟,如此设计,栈道既有崖面的支撑,保证了栈道安全,也没有破坏第4窟的完整性。

---

①这也是在第5窟开凿时选择与第4窟所在地面一个高度的原因,这样一来就方便栈道的铺设。

二、第3窟的开凿年代

目前一般意义上的第3窟,指的是现存的上下六排297身千佛,但是作为第4窟通道的第3窟,其在开凿之初只有上面两排千佛。正如傅熹年先生对第3窟进行的复原说明,第3窟是一个窟廊,正壁是两排千佛,地面是在崖面上凿出的石质地面,前方凿出石壁,有可能有长方形的窗户①,只是因为地震坍塌以后,才在这两排千佛下方的崖面上重新开凿桩孔,铺设栈道。李裕群先生对此也持相同的观点②。也就是说上面两排千佛和下面四排千佛不是一个整体工程,有着先后的开凿关系。从现存痕迹来看,六排千佛的第二排与第三排之间所隔开的高差远远大于其他各排千佛之间的距离,单就这一点已经能够说明问题。若是六排千佛是统一规划的整体工程,就不会出现这种六排间距不等的情况,而这一情况的出现正说明六排千佛的开凿有先有后。即上面两排千佛开凿在先,下面四排千佛开凿在后,而上面两排千佛是与第4窟相配套的建筑组成,其开凿年代当然是北周了。那么下面四排千佛的开凿年代是什么时候呢?

因为上面两排千佛下方的桩孔是第3窟受地震影响之后开凿,下面四排千佛又是在桩孔开凿以后才整体开凿施工,所以,地震时间的确定就成了关键所在。只要确定了这次导致崖面坍塌的地震的发生时间,也就确定了桩孔及下面四排千佛开凿的时间上限。按照李裕群先生的推断,导致东崖洞窟大面积坍塌的这次地震是开皇二十年(600)的秦州大地震,因第3窟下面的四排千佛是在地震之后开凿的,故第3窟下面四排千佛的开凿年代的上限是开皇二十年(600)③。笔者赞同其观点。即第3窟的开凿分

①傅熹年《麦积山石窟中所反映出的北朝建筑》,《文物资料丛刊》第4辑,1984年第2期。
②李裕群《麦积山石窟东崖的崩塌与隋代洞窟判定》,《考古》2013年第2期。
③李裕群《麦积山石窟东崖的崩塌与隋代洞窟判定》,《考古》2013年第2期。

为两个时期,也是分属两个不同的工程,上面两排千佛的开凿和第 168 窟同期进行,下面四排千佛则是在隋代开皇二十年(600)大地震以后开凿。需要指出的是,第 3 窟现存的上面两排千佛的宽度并非第 3 窟长廊最初的宽度,第 3 窟最初的宽度要以廊顶的建筑为准。之所以第 2 排千佛要比第 3 窟的廊顶宽出许多,只是因为在后来补凿下面四排千佛时,为了使几排千佛达到统一的宽度而重新雕刻,以达到视觉的整齐划一。

另外,在第 3 窟下面四排千佛中还存在一个现象,那就是千佛身上的袈裟阴刻衣纹走向和彩绘不相匹配(图 4-2)。阴刻的袈裟衣纹与表面泥皮层位相同,而彩绘和阴刻衣纹不相匹配,则说明彩绘的时代要比阴刻衣纹晚,二者不是同时做工。这次施彩的工程则可能与第 9 窟有着直接的关系。

图 4-2　麦积山第 3 窟下方千佛阴刻衣纹
　　　　与彩绘袈裟

第二节　第3窟与第9窟

正如上节所说，第3窟上面两排千佛作为第4窟整体工程中的组成部分，其开凿要早于下面四排千佛，那么第9窟的开凿年代又是什么？下面四排千佛与第9窟之间有着怎么样的关系呢？它们二者之间有没有统一的规划和组合关系呢？

一、第9窟的开凿年代

对于第9窟的开凿年代，学术界一直存有争议，大致可分为两种观点。第一种观点认为该窟是北周开凿，主张这一观点的主要学者有金维诺、黄文昆、董玉祥、初师宾、魏文斌等先生。金维诺先生最初认为第9窟即是李充信所开凿之七佛龛；黄文昆先生赞同其说；初师宾先生则认为第9窟开凿于北周晚期，造像的风格已经向隋过渡。金维诺先生在其最新的论文中对其先前的观点有所改变，不再坚持第9窟就是李充信所开凿的七佛龛①。

---

①金维诺《麦积山的北朝造像》，《雕塑》2004年第2期。

魏文斌先生认为第 9 窟开凿于北周，但是该窟的龛形风格更加接近于隋[1]。第二种观点则认为第 9 窟开凿于隋代，持这一观点的学者主要有李裕群先生等[2]。笔者赞同第二种观点。

初师宾先生认为第 43、28、30、1、4、5 等窟皆处于东崖的边缘，在东崖的布局中，已经不是早的，并认为第 43、28、30、1、5 窟属于隋代作品的可能性很大，而第 4 窟则是它们之间最早开凿的洞窟；又通过对崖面坍塌的分析，认为第 3 窟下方的四排千佛和第 9 窟内现存原作属于北周较晚的作品，且已向隋过渡[3]。初师宾先生对诸窟的年代划分基本合理，况且要想区分麦积山北周晚期与隋初的造像本身就很困难。因此，笔者认同其关于东崖崖面利用先后顺序的观点，但关于第 9 窟的具体认识有不同观点。

第 9 窟所在区域非常不理想，因为在横贯麦积山山体的黏结层上开凿洞窟，实在不是明智之举。黏结层所在的崖面是最不理想的洞窟开凿区域，因为其由大块砂砾石、土和沙泥组成，稳定性极差。在麦积山东西两崖的窟龛开凿中，一般都会避开这一黏结层，只有东崖的第 13 号摩崖大佛及第 9 窟没有避让开这一区域，这是有原因的。第 13 窟因为是摩崖大佛，其高度决定了黏结层对其整体稳定性影响较小。而第 9 窟选择在这样一个区域开凿的原因只有一个，那就是没有好的崖面可选，只能在这个黏结层所在的区域来开凿窟龛，并且这里靠近东崖东侧，施工难度较小。第 9 窟有一个其他窟龛所没有的现象，即诸龛两侧壁面的外侧和龛与龛之间的崖面中间部分，都用土坯砖瓦填充堆砌。在黏结层区域开凿洞窟实在是无奈之举。笔者认为，若是考虑到黏结层的问题，第 9 窟的开凿要晚于第

---

①魏文斌《麦积山石窟的分期、造像题材与佛教思想》，《中国文化遗产》2016 年第 1 期，第 35 页。

②李裕群《麦积山石窟东崖的崩塌与隋代洞窟判定》，《考古》2013 年第 2 期。

③初师宾《石窟外貌与石窟研究之关系——以麦积山石窟为例略谈石窟寺艺术断代的一种辅助办法》，《西北师大学报》（社会科学版）1983 年第 4 期，第 84—98 页。

28、30 窟,因此,如果说第 28、30 窟是隋代洞窟的话,那么第 9 窟也是隋代开凿。初师宾先生也认为第 9 窟的造像确与隋代非常接近,加之第 9 窟诸龛的龛形是典型的隋代龛形,将第 9 窟的开凿划分在隋代是基本没有问题的。李裕群先生认为东崖崖面因为地震而造成坍塌,得出第 9 窟的开凿时间最早也是在隋开皇二十年(600)。

综合判断,第 9 窟的开窟年代应为隋代开皇二十年(600)之后。

二、第 9 窟与第 3 窟的关系

关于这两窟之间的关系, 已经有学者进行了说明。张宝玺先生在其《麦积山石窟的七佛窟》一文中认为第 9 窟与第 3 窟之间存在着上下对应的共存关系,属于同一期工程,并认为第 3、9 窟的开凿要早于第 4 窟[①]。张宝玺先生注意到了这两窟之间的关系,但是正如前文所指出的,他对于第 3 窟六排千佛开凿存在先后顺序这一细节没有予以充分关注。李裕群先生认为第 3 窟下面的四排千佛及第 9 窟都是利用隋代开皇二十年(600)地震后的崖面开凿, 补凿的四排千佛造像特征和第 13 号摩崖造像相同,都具有隋代造像的特征[②],却没有对第 3 窟下面四排千佛与第 9 窟之间的关系作出进一步的说明。基于前文笔者的讨论结果,这里所指的第 3 窟与第 9 窟的关系,实际是指第 3 窟下面四排千佛与第 9 窟的关系。

要说明这一关系,需要先解决一个问题,那就是第 3 窟下方四排千佛在雕刻时为什么要雕出东侧面的四排(图 4-3),形成这种可以视之为正壁和左壁的壁面组合。是否可以如此理解和推测:下面这四排千佛所形成的这两个壁面是要和崖面其他某一洞窟或者造像组成一个完整的洞窟?如果是这样,从崖面洞窟的分布来分析,只有第 9 窟满足,下面四排千佛

---

①张宝玺《麦积山石窟的七佛窟》,见《麦积山石窟研究》,文物出版社,2010 年。
②李裕群《麦积山石窟东崖的崩塌与隋代洞窟判定》,《考古》2013 年第 2 期。

所在的正、左壁所形成的转角正好对应第 9 窟东侧的边线。因此可以认为，第 3 窟下方四排千佛，包括左侧壁面的四排千佛，和第 9 窟共同构成一个比较完整的空间结构，是一个大型的洞窟组合。说其空间结构比较完整，是因为一个完整的洞窟一般具有正左右三壁，但是从西侧的崖面来看，却没有和左壁千佛相对应的右壁千佛，所以笔者将其称之为一个比较完整的空间结构。也正是因为下面四排千佛的延伸宽度，在西侧要比第 9 窟西侧的

图 4-3　麦积山第 3 窟东侧壁面千佛

宽度宽，也说明了在下面四排千佛雕凿之初，第 9 窟是还没有开始开凿。而第 9 窟则在开凿之后，利用了已有的四排千佛，并将东侧崖面进行修整，补凿出了作为左壁的四排千佛，使得上面四排千佛成为第 9 窟的组成部分①。即第 3 窟下面四排千佛的开凿时间比第 9 窟要早，而东侧左壁面的四排千佛和第 9 窟属于同一工程，同时开凿。

　　还有一个细节值得关注，在第 9 窟第 2 龛上方的壁面上存有一幅飞天壁画，麦积山勘察团在其调查报告中首次提及并认为是散花飞天（图

————————————

　　①还有一点，下面四排千佛并没有在所谓左壁结束，而是继续向东延伸，一直到石台阶的侧面部分，虽然只刻出了三排，但也为石台阶和下面四排千佛的雕凿时间存在先后关系提供了证据。

图 4-4　麦积山第 9 窟第 2 龛上方飞天壁画

4-4)①。这幅飞天壁画,下方是火焰纹的龛楣,火焰纹两侧分布两排飞天,画面右侧可见三身飞天,左侧可见一身。原作应该是左右对称分布,最上方两侧的两身飞天双手做散花状,右边最下方一身则手执长柄雀尾炉。飞天飘带飞扬,周围有忍冬草及香花,画面生动。从飞天的特征及形态判断,该壁画属于隋代作品的可能性较大②。在麦积山第 30 窟龛顶的壁画中, 有两身飞天虽然被后代改绘,但从其底层形象来看与第 9 窟飞天形象很是接近(图 4-5),而第 30 窟洞窟形制和隋非常接近,据此推测第 30 窟很有可能为隋代开凿。值得注意的是, 第 9 窟飞天所在的壁画泥层与千佛表面泥层之间存在着相互叠压的关系,飞天壁画层叠压在千佛泥层之上(图 4-6),说明飞天壁画的泥层晚于千佛泥层。这些飞天壁画所使用的石青、石绿及赭色,与千佛廊下面四排千佛表面彩绘使用的石青与赭色一致,说明彩绘的年代一致。据此可知,在绘制飞天壁画的同时,对千佛表面施以了彩绘袈裟,从而形成了千佛阴刻衣纹与彩绘不相一致的情况。

因此,第 3 窟与第 9 窟的关系应该是:第 3 窟下面四排千佛早于第 9 窟开凿,但又晚于上面两排千佛;第3 窟下面四排千佛和第 9 窟有组合关

①麦积山勘察团《麦积山勘察团工作报告》,《文物参考资料》1954 年第 2 期。
②魏文斌教授也认为此飞天应是隋代作品。

系。具体来说，这一组合的形成过
程不是一次性完成的，第 3 窟下
面四排千佛的开凿还分为两个阶
段，第一阶段就是开凿了我们从
正面可以看到的四排千佛，并施
以细泥层和阴刻衣纹，同时对上
面两排千佛进行补凿，使其向西
延伸拓展，改变了原来两排千佛
的整体宽度；第二阶段则是为了
配合第 9 窟，除了在这几排千佛
身上施彩之外，还在这四排千佛
的东侧壁面补凿了四排千佛，和
之前的四排千佛形成了正、左两
个壁面，从而与下方的第 9 窟相
对应，形成了一个较为完整的空
间结构和组合。

图 4-5　麦积山第 30 窟飞天壁画

图 4-6　麦积山第 9 窟第 2 龛上方飞天壁画与
第 3 窟下方千佛叠压关系

第三节　第 4 窟的造像思想

麦积山第 4 窟主体造像组合为七佛，七佛思想是该窟的主要造像思想。特殊之处在于，此窟七佛并非仅代表佛教意义的七佛，还将中土七世父母的传统思想与之相互对应，合而为一。

一、关于七佛

关于七佛的研究，魏文斌、唐晓军先生在其文章中有详细的说明和研究。其文章对七佛信仰、七佛造像传入中国的历史过程，以及这一时期七佛造像的流传演变过程和七佛信仰的历史渊源作了深入细致的探讨，是一篇全面介绍七佛造像及思想在中国本土发展特征的文章。魏文斌、唐晓军通过对七佛相关经典的梳理，认为唐以前各类佛经所载的七佛名号大体有两个系列：一是《七佛所说神咒经》《佛说摩尼罗亶经》中的七佛名号，分别为维卫佛、式佛、随叶佛、拘留秦佛、拘那含牟尼佛、迦叶佛和释迦牟尼佛；二是其他经典如东晋佛陀跋陀罗译《佛说观佛三昧海经》之《念七佛品》、刘宋法天译《佛说七佛经》等所记载的七佛，名号分别为毗婆尸（或作比婆尸、鞞婆尸）、尸弃（或作试诘、式弃）、毗舍浮（或作毗舍婆、毗舍罗婆、毗舍、毗钵施、比叶婆、鞞恕婆附）、俱楼孙（或作拘留孙、俱留孙、世留孙、拘楼孙、迦罗鸠餐陀）、拘那含牟尼（或作拘那含、迦诺迦牟尼、俱那含牟尼）、迦叶波（或作迦叶）、释迦牟尼（或作释迦文），各种经典中七佛名称不同是由于音译的不同。北朝时期，各类七佛造像都是根据七佛经典中的某一部而创作的，虽然七佛造像布局形式有所不同，但表现的都是过去七佛。而北凉石造像塔上的或北魏七佛窟龛里的七佛与弥勒造像组合布局形式反映了七佛信仰和弥勒将继七佛成佛信仰同时存在，这两种内容的信仰并非"三世佛信仰"内容，七佛与弥勒是一个系列的信仰，属于相互继承的关系。魏文斌、唐晓军对七佛造像及信仰流行的原因概括为三个。这些因素的共同作用，使得具有小乘佛教色彩的七佛信仰和七佛造像，自十六国北朝时期到隋唐甚至宋代以后仍然存在①。

　　有关七佛的佛经很多，七佛的译名不尽相同，也存在着不同的序列。虽然以第 4 窟为代表的麦积山北周窟龛中，没有出现七佛与弥勒造像的组合，但是通过对诸龛龛顶壁画的解读，发现窟顶有表示弥勒的壁画。这一塑绘结合的组合模式，是对克孜尔石窟七佛与弥勒组合方式的继承和发展，重在表达佛法的传承以及不灭，是七佛信仰和弥勒信仰对应结合的一种表达方式，在第五章关于第 4 窟与克孜尔石窟之间关系的论述中会有讨论。

二、七佛与七世父母

　　第 4 窟的七佛组合，总体呈现出中国传统孝道文化与佛教七佛思想结合的特点。李充信为其王父开窟造像，使得第 4 窟本身具有了中国传统文化中孝道的性质，而将七佛作为主要的造像组合，这与当时社会普遍流行的为生身父母及七世父母写经、造像等功德行为有直接关系。

---

①魏文斌，唐晓军《关于十六国北朝七佛造像诸问题》，《北朝研究》1993 年第 4 期。

　　赵青山在关于七世父母的文章中，引用了日本学者佐藤智水先生关于北朝时期佛教造像中出现的七世父母用语的统计结果。佐藤智水先生发现北朝造像愿文奉为中，七世父母名列第四，在主要奉为中，位居第三，可见这一时期七世父母观念之流行。赵青山又通过对5至6世纪石刻题记中关于七世父母的统计研究，认为从公元430年到519年，含有七世父母的愿文很少，说明七世之说在这一时期仍未被中土广泛接受，这一思想主要是在特定的僧团内部和信众中流传，没有扩张到整个社会群体，民俗大众奉行者很少。但是在519年之后，截至579年，俗众却已经成为奉行七世父母思想最多的群体，这一时期，佛教在中土得到了迅猛发展。在这一时期内，关于七世父母的资料主要集中在北方地区，同时期内的南朝资料发现极少。虽然受周武帝灭佛的影响，关于七世父母的佛教遗存大为减少，但是从隋唐五代所留存下来的资料中可知，七世父母的理念并没有因为灭佛运动而消失。比较有趣的就是，道教为了和佛教抗衡，也吸收了七世父母理论，这充分说明了七世父母理论对当时社会影响之深。赵青山认为佛教这种以轮回思想建立起来的七世父母理论对中土固有的孝道文化进行了补充，以其理论学说的优越性，契合了中土重孝的思想和传统，成为佛教在中土传播的重要突破口[①]，这一论断非常到位[②]。对此，可以用汤一介先生之语进行概括说明："外来思想文化在所传入的国家（民族或地域）之所以能有较大的影响，除了社会现实的需要之外，往往总是和原有思想文化自身发展的某一方面(部分)可能出现的结果大体相符合。"[③]佛

---

　　①赵青山《从敦煌写经题记所记"七世父母"观看佛教文化对中土文化的影响》，《兰州大学学报》(社会科学版)2009年第6期，第38—44页。

　　②关于七世父母，林保尧先生《东魏武定元年铭石造释迦五尊立像略考——造像记文的造像像主与造像对象试析》一文也进行了说明，他认为七世之语似乎不是古代中土人士所惯称的用语，需要上溯至印度来探求，他认为七世或七世父母原是古代印度人的信仰用语。

　　③汤一介《从印度佛教传入中国看研究比较哲学、比较宗教学的意义》，见《中国传统文化中的儒道释》，中国和平出版社，1988年，第217页。

教对于中华本土文化如此,七佛与七世父母及孝道亦然。

诚如赵青山在其文章中所说,早在佛教传入中土之前,我国就流行七世之说,虽然这与佛教宣扬的七世父母说教有着实质性的差异,但是祭祀的对象却都是已经亡去之人。笔者认为,这也是佛教七世父母的观念能够与中土本有的七世之说结合的最主要原因,因为对于普通大众来说,只需要知道这一思想或理论能不能与自身的诉求相结合,并为自己服务,就足够了。因势利导的佛教抓住这一心理需求,于是便产生了这一独具特色的结果①。即使是在佛教大盛的时代,中国也存在着多种宗教信仰并存的局面,外来的,本土的,佛神并存,互斗而又共存。能够满足民众自身需求和愿望的种种,都会被杂糅在一起,这本身就是中华文化的一大特色,这一过程也是印度佛教中国化、本土化的过程。因此,决不能仅仅从佛教理义和经典去分析佛教思想与中国本土思想之间的差别、交流和融合,要考虑到在这一过程中,作为主体和受众的大众群体所表现出的特性和需求,以及从中体现出的各种变通和创意。

①关于佛教发展与中国传统儒家文化孝道的结合,可见陈观胜,赵红《中国佛教中的孝》(《敦煌学辑刊》1988年第1、2期合刊)。

第四节　第4窟的设计构想

梳理清楚第3、4、9、168诸窟之间的关系以及营建顺序，便可以探讨由第168、3、4三个洞窟所构成的这一大型工程的设计构想。说明第4窟的设计构想，有两点最为关键，一是庾信为该窟撰写的铭文，另外一点就是由这三窟所构成的洞窟组合所呈现给我们的视觉印象以及宗教体验。只有将历史文献和洞窟遗存这两方面结合起来，才可以对该窟的营造构想得出一个比较全面的认识和看法。

一、庾信铭文中体现的设计构想

庾信的铭文是我们目前所掌握的关于第4窟设计构想最可靠的历史资料，铭文中出现的一些词汇就是对第4窟设计构想最好的说明和注解。以下就对庾信铭文中出现的一些词汇，从设计构想的角度来做出解释说明。

1.“忉利”“须弥”“香山”“天宫”

《丁福保佛学大词典》对忉利的解释：忉利即忉利天，音译多罗夜登陵舍、怛唎耶怛唎奢。又作三十三天。于佛教之宇宙观中，此天位于欲界六天之第二天,系帝释天所居之天界,位于须弥山顶。传说佛陀之母摩耶夫人命终后生于此天,佛陀曾上升忉利为母说法三个月。

须弥即须弥山,《丁福保佛学大词典》中对其的定义:须弥山,梵名Sumeru,巴利名同。又作苏迷卢山、须弥卢山、须弥留山、修迷楼山。略作弥楼山(梵Meru)。意译作妙高山、好光山、好高山、善高山、善积山、妙光山、安明由山。原为印度神话中之山名,佛教之宇宙观沿用之,谓其为耸立于一小世界中央之高山。以此山为中心,周围有八山、八海环绕,而形成一世界(须弥世界)……须弥山顶有三十三天宫,为帝释天所居住之处。

香山,《中国百科全书》的解释是,在无热池之北,阎浮提洲之最高中心。汉所谓昆仑山也。俱舍论谓之香醉山。

天宫,音译作泥缚补罗,指天人所住之宫殿,或指帝释天之宫殿。

忉利天、须弥山、天宫皆是帝释天所居之地,也都与佛陀释迦牟尼有关系。释迦牟尼佛曾经在须弥山上的忉利天为其母说法,这与李充信为其王父修建七佛龛之举可以说有异曲同工之妙,都体现了孝道思想。

庾信铭文中数次出现和佛教圣山有关的词汇[1],充分体现出李充信营建第4窟的设计构想,那就是将麦积山作为人间的须弥山,开凿的第4窟对应着须弥山上的忉利天和天宫。

2. "说法之堂""思亲之供"

说法之堂,也就指第4窟是宣说佛法的殿堂。诸龛内的坐佛,也即庾信铭文中所称的"安居之佛",就是宣讲佛法的主角。七佛安坐龛内,宣讲佛法,从而化导利益众生。而在第4窟中,众生主角当然是李充信的家人了。

---

[1]庾信本人并非佛教信徒,其铭文中佛道杂糅,这也是其行文的一个特点。但铭文中不管是引用佛教的须弥山还是中土的昆仑山,其所表达的主题却是一致的,即将麦积山比作一个神圣之地。庾信铭文中所表达出的将麦积山作为圣山的语句,也是麦积山由一座佛教名山转变为圣山的最早记载和文献证明。

　　思亲之供,则是指第 4 窟是李充信用来纪念亲人所作的功德供养,点明了该窟作为私家窟的性质。

　　李充信开凿的第 4 窟,是为其王父所作的功德窟,主要供奉七佛,将第 4 窟建成这样的说法之堂,就是为了"报恩"和"思亲"。他的王父、眷属以及其他人等,得以在这个居于圣山之上的殿堂之中聆听佛法、脱离苦海、往生净土。

二、洞窟组合带来的宗教体验

　　李充信为了给其王父祈福,不惜财力、物力、人力,开凿了由第4、3、168 三窟组成的说法之堂。那么从一个旁观者的角度来观察,这一整体性工程给了观者什么感受呢?

1. 视觉感受

　　首先,高度的渐进变化,从第 168 窟所在地面,通过石台阶和长廊,最后进入第 4 窟的大殿,在这一过程中先后经历了两次大的高度提升,高差有十几米。

　　其次,超长的横向距离,从第 168 窟的东侧一直到第 4 窟的西侧,这一长达 70 余米的跨度,几乎跨越了整个东崖。

　　再次,整个东崖的窟龛造像都处于这三个洞窟组合的笼罩之下。

　　当然,这些表现出来的特点正是李充信所要呈献给世人的,是其在开凿之初就想达到的视觉效果。

2. 宗教体验

　　作为一个佛教思想和本土孝道思想结合的建筑组合, 第 4 窟的宗教体验无疑是居于首位的。虽然第 4 窟在最初是一个私家窟,但是最后也难免会变成被广大信徒争相礼拜的一个公共礼佛场所。信徒从第 168 窟到最高处的第 4 窟这一朝圣过程中, 前后经历了怎么样的心理变化和宗教体验呢? 这也是体现该窟设计构想的一个重要指标。

　　虽然笔者不是佛教徒，但是自从对该窟的洞窟组合和设计构想有了以上的认识后，曾经心怀虔诚和想象，对这一段朝圣通道进行过亲身感受。之所以需要想象，主要是因为这三个洞窟经历过了崩塌，北周开凿之时的那种气势和规模已经失色不少，造像也失去了北周原作的那种超脱之感，由第 3 窟进入第 4 窟的栈道也非原来的路径。

　　一个阳光明媚的早晨，太阳光遍洒东崖红色砂砾岩的每个角落。站在第 168 窟的底端，抬头仰望，面前是一个每级约高 35 厘米的 23 级石台阶，斜长约 14 米，坡度近 45°，这不是一般的石台阶，这是通往第 4 窟佛国天宫的必经之路。当跨过最后一级台阶，长舒一口气后，立马被眼前的佛国世界所吸引，一个长达 37 米、14 开间的石雕长廊呈现在眼前。金色的阳光从左侧的一个个长方形窗户中照射而入，在右壁的两排千佛身上反射出道道光晕。千佛面带微笑，颔首不语，禅然入定，似乎早已知晓你的到来和你的所求。光线的明暗交错，会让人产生一种幻觉。千佛所营造的空间无疑给人一种身处佛国上界的感觉。在阳光的沐浴下，朝拜的信徒和禅定的坐佛，得到定格。千佛千面，众生百态，在这里却得以完美的共存和相融。在经历了这一段千佛与人齐高的近距离朝拜之后，在千佛廊的尽头，你便需要手脚并用，攀爬一段垂直的栈道，然后再经过一段水平的木质栈道。最终，来到了规模宏大、气势无双的上七佛阁。七间八柱，金碧辉煌，七龛一字排开，众弟子菩萨侍立诸佛两侧，阵势肃穆，诸佛法轮常转，佛音遍传大千世界。诸龛间的护法天王，不怒自威，将一切邪魔拒之门外，保持着佛国净土的安全。前壁上部飞天满壁，破壁欲出，天乐悠扬，香花散落，动静有序，秩序井然。这些场景无疑是佛经中的佛国世界。在这东崖的最高处，山风吹过，聆听和感受佛国世界的庄严、美妙，让人虚实难辨。而前廊两侧上方的维摩诘与文殊对坐辩法，则将世俗人等与佛国世界进一步拉近了距离。

　　23 级石阶梯、千佛廊这两个第 4 窟的附属建筑和造像组合让朝拜者有一种步步登天,享受众佛迎接,然后最终步入天宫的宗教体验,而这就是当初设计者所要展示给人们的设计构想。

这种设计构想带给信众震撼的心理体验,使得前往佛国极乐世界有了实际的体验和过程。

综上所述,第4窟的设计构想就是在麦积山东崖的最高处凿出一个佛国天宫,营建一个佛经中的极乐世界,让其王父能够往生极乐,脱离苦海。而麦积山化成了佛教经典中所记载的须弥山,第4窟则成了诸佛说法的天宫,第168窟则成为通往佛国极乐世界的必经路径。第4窟,不仅仅是一个规模宏大的庄严殿堂,还是一个名副其实的佛国净土,为世俗的信众提供了一个真实的天宫所在和朝拜场所。从这一点来说,其意义和价值无疑是空前巨大的。

第五章

麦积山第 4 窟的重修

第 4 窟自营建之始,就注定成为麦积山标志性的洞窟。东崖最高处的中心位置以及规模宏大的建筑形制使其成为其他洞窟无法比拟的视觉焦点,成为麦积山重要的佛教活动中心,历朝历代香火不断,修缮不止。本章从题记、壁画、造像等方面,对麦积山第 4 窟的重修历史及其遗存,按照时间顺序展开说明和讨论。

第一节　历代题记

麦积山第 4 窟保存有自唐宋至民国的众多供养人和游人题记，延续时间长、涉及区域广，是研究第 4 窟重修历史的重要资料，也是麦积山重要的历史资料，印证了第 4 窟在麦积山石窟中的历史地位。

一、第 4 窟题记收录情况

目前可见的相关资料中，对该窟的题记记录皆不完整。对第 4 窟题记集中录文的参考资料主要有：

冯国瑞的《麦积山石窟志》是麦积山最早的石窟志，于 1941 年完成撰写并石印，后于 1989 年改版重印，对一些重要的摩崖石刻进行了收录和说明[1]。

1953 年麦积山勘察团所作的《麦积山石窟内容总录》[2]，是麦积山石窟最早的内容总录；阎文儒主编了《麦积山石窟》[3]。

---

[1]冯国瑞《麦积山石窟志》，天水报社印刷厂，1989 年 12 月。

[2]麦积山勘察团《麦积山石窟内容总录》，《文物参考资料》1954 年第 2 期，第 22—34 页。

[3]阎文儒《麦积山石窟》，甘肃人民出版社，1984 年。

　　李月伯、何静珍、陈玉英三人合编了《麦积山石窟的主要窟龛内容总录》①，因当时已有麦积山勘察团所作《麦积山石窟内容总录》，故题记记载甚略。

　　李西民、蒋毅明整理的《麦积山石窟内容总录》②是在1953年的《麦积山石窟内容总录》的基础上重新整理而成，并对题记做了重新校录。

　　张锦秀编撰的《麦积山石窟志》③，书中单列《题记》一章，将题记分为榜书题记和历代游人题记两大类，按照年代排列。

　　李晓红在其《麦积山住持传承史之史料研究》④和《麦积山第四窟第3龛供养人题记》⑤两文中也收录了相关洞窟的寺院住持及僧人题记。项一峰《麦积山石窟内容总录(东崖部分)》中⑥，关于第4窟的题记基本照录了1953年的《麦积山石窟内容总录》的内容，仅对部分题记加以标点，文字内容相同。还有其他一些相关论文，文中另有注明。

　　诸多资料中，以张锦秀先生《麦积山石窟志》⑦中收录的第4窟题记最多，但识读多有偏误和缺漏，因此对第4窟的历代题记进行全面详细的识录也是本文的主要基础工作。笔者通过现场反复详细调查，逐一比对识录，共收录题记162条，其中供养人题记34条，游人题记128条，其中95条题记属首次发现和收录。按照题记内容及性质分为供养人题记和游人题记两大类，并分别予以简要考证，具体可见文末附录部分。

---

①阎文儒《麦积山石窟》，甘肃人民出版社，1984年，第156—200页。

②麦积山石窟艺术研究所《中国石窟·天水麦积山》，文物出版社，1998年，第274—292页。

③张锦秀《麦积山石窟志》，甘肃人民出版社，2002年，第132—158页。

④麦积山石窟艺术研究所《麦积山石窟研究》，文物出版社，2010年3月。

⑤麦积山石窟艺术研究所《麦积山石窟艺术研究所所内年报》，2009年(总第8期)，第31页。

⑥项一峰《麦积山石窟内容总录(东崖部分)》，《敦煌学辑刊》，1997年第2期(总第32期)，第92—107页。

⑦张锦秀《麦积山石窟志》，甘肃人民出版社，2002年，第132—135，第142—145页。

二、第 4 窟现存题记书写情况

麦积山第 4 窟保存的题记,内容丰富,数量是麦积山单个洞窟中最多的,涵盖了不同时期社会政治、经济、文化、交通、地理、民俗、人物等各方面的历史信息,这也说明在麦积山的历史中第 4 窟的特殊地位和重要性。这些题记资料是研究麦积山石窟不可多得的文字材料,也是研究相关时代的地方志、人物志、民间佛教组织及佛教活动等的第一手资料。

需要提及的就是,麦积山石窟现存的大部分题记题刻于壁面的泥层之上,只有很少的一部分直接刻画于崖面,特殊的地理环境和人为破坏,使得麦积山石窟遗存题记的保存面临很大的威胁。对照前人对相关题记的录文,发现在短短的几十年里,因为壁画的起甲、泥层的脱落,还有墨书题记的褪色等,有好多之前可以辨认的题记现在已经变得残缺不全、难以辨认,最典型的就是 1965 年第 78 窟台基右侧剥出的仇池镇供养人题记,现在已经基本不可辨认。这些情况在麦积山石窟普遍存在,并且还在不断地发生。总之,麦积山石窟为数不多的题记正在逐渐消失,这也为保护麦积山石窟的历史信息提出了新的要求和任务。

三、麦积山石窟不同时期的辐射区域

第 4 窟作为麦积山的代表洞窟,对周围区域具有长时间的辐射影响,这一影响随着第 4 窟性质和功能的转变也发生变化。麦积山第 4 窟所存的题记内容,成为北周及以后麦积山历史的主要见证者。第 4 窟的题记记录了麦积山石窟影响的群体和区域范围。这些题记涉及地域包含今甘肃、陕西、四川、山西、河北等地。

宋元时期,题记涉及的地域范围最广,主要有陕西、甘肃、四川等地。题记反映的主要内容有重修、游访、行军、祈福等,这显示出在这一时期,秦州麦积山所处地理位置的特殊性及重要性, 以及麦积山石窟作为一个佛教石窟寺所具有的广泛影响力。

　　明清时期,题记涉及的地域则主要是陇右地区,主要记载了对第 4 窟进行的一系列重修活动。地域辐射范围的减小则直接反映出秦州地位及麦积山影响力的下降。

　　民国时期,题记涉及的地域主要以天水地区为主,题记内容则主要是游人随记。

　　根据不同历史时期的题记内容,就会发现唐宋以来,秦州在西北地区历史地位的变化趋势。作为秦州境内最大的石窟寺,麦积山石窟的影响力也是随着秦州地位的变化而变化,其佛教中心的辐射范围也是日趋缩小,更摆脱不了中国石窟寺由兴盛到衰落的这一大的历史潮流。第 4 窟题记中反映出的信息就是麦积山石窟整个历史的一个缩影,也是中国石窟寺乃至佛教发展轨迹的真实写照。

第二节　壁画

在隋、唐、明三朝,对第 4 窟都有重新绘制壁画的供养行为。

一、隋代壁画

麦积山石窟多次遭到地震破坏,崖面大面积坍塌。学界一般认为,麦积山东西崖之间的崖面就是受唐代开元二十二年(734)秦州七级大地震而崩塌[1]。麦积山第 4 窟所在的东崖应是在隋开皇二十年(600)的地震中遭到破坏[2]。《隋书》对这次地震记载如下:"开皇二十年十一月,京都大风,发屋拔树,秦、陇压死者千余人。地大震,鼓皆应。净刹寺钟三鸣,佛殿门锁自开,铜像自出户外。"[3]这次地震发生的具体日期是隋文帝开皇二十年十一月戊子,即公元 600 年 12 月 13 日,震中就在秦陇区域,震级为 6.5,烈度为 8 度[4]。这是一次烈度较大的地震,对当时的秦陇地区造成了很大破

---

①张锦秀《麦积山石窟志》,甘肃人民出版社,2002 年,第 15 页。

②李裕群《麦积山石窟东崖的崩塌与隋代洞窟判断》,《考古》2013 年第 2 期,第 86—96 页。

③(唐)魏徵,令狐德棻《隋书》卷 23《五行志下》,中华书局,1971 年,第 655 页。

④天水地区地震办公室《天水地震史料汇编》,1982 年,第 40 页。

坏,麦积山第 4 窟因为这次地震造成前廊及窟顶的大面积坍塌,从而形成了目前的状态。隋代对该窟的重绘也当在开皇二十年(600)地震之后。

在第 4 窟前廊右壁左侧上方部位可以看出表层的白灰层下,有一层壁画,有蓝、红、绿等颜色,颜色鲜艳,有忍冬草及飞天的飘带等形象。从其颜色的选用来看,该壁画应是隋代壁画遗存。

二、唐代壁画

第 4 窟的唐代壁画主要位于前廊,在诸龛外立面之间的壁面及七幅大型薄肉塑飞天的壁画之间的壁面上以及前廊西侧的壁面上,都有唐代壁画的遗存和痕迹。

1. 诸龛外立面之间的 5 身菩萨像

在诸龛外立面之间的壁面,原应绘有 6 身菩萨立像,但是第 5 龛与第 6 龛之间的壁面因为泥皮脱落,露出崖面,剩余 5 身菩萨立像。每幅菩萨像高约 1.5 米,宽 0.5 米,自东向西依次说明。

第 1 身(图 5-1),圆形头光,头戴宝冠,颈饰项圈,下着长裙,立于圆形仰覆莲台之上,低头下视左前方,面目含笑,其左下方有一身供养人,双膝跪地,双手合十。画面的右侧有一竖长方形榜题框,写有两竖行墨书题记,可惜不能辨认。

第 2 身(图 5-2),圆形头光,头戴宝冠,宝缯自两侧下垂(从图片上看,该身菩萨的鼻子、眉毛、眼睛及脖子周围区域用刻刀下压,使得这些部位看起来突出壁面,达到了薄肉塑的立体感),下着长裙,光脚立于仰覆莲台之上,头侧向左侧,微微下视,画面左下方有一身供养比丘,双膝跪地,双手合十,面向菩萨恭敬供养,其头上方有一个竖长方形榜题框,所书题记已不可辨认。

第 3 身(图 5-3),泥皮脱落严重,可见圆形头光及头部,下着裙,画面最下方也有一个竖长方形榜题框,所书题记已不可辨认。

图 5-1　第 4 窟第 1、2 龛之间壁面唐代菩萨　　图 5-2　第 4 窟第 2、3 龛之间壁面唐代菩萨

第 4 身,表层又被后代覆泥,菩萨形象基本难以辨认。

第 5 身(图 5-4),菩萨跣足立于圆形莲台之上,双脚呈外八字形,头面侧向其左侧,画面的右下方有一身跪姿的供养像,头顶上方有一个竖长方形榜题框,所书题记已不可辨认。

这些菩萨因为形象均不清楚,相对应的榜题框中所书文字又不可辨认,因此尚不能确定其尊格和具体指代。

2. 前廊正壁上方 5 幅壁画

在诸龛外立面上方的七幅大型薄肉塑飞天壁画之间及两侧的壁面上,原绘有 8 幅说法图,高 1.3—1.5 米,宽 0.9—1.1 米。现仅存 5 幅,分别位于第 1 幅薄肉塑壁画两侧,第 4、5 幅薄肉塑壁画之间以及第 7 幅薄肉塑壁画两侧,现依照自东向西的顺序依次称之为第 1—5 幅说法图。

第 1 幅说法图,基本无法辨认出细节。

图 5-3   第 4 窟第 4、5 龛之间壁面唐代菩萨

图 5-4   第 4 窟第 6、7 龛之间壁面唐代菩萨

第 2 幅说法图(图 5-5),可见三身主尊的圆形头光,当是一坐佛二立菩萨的组合,主佛双手结说法印,两侧菩萨立于莲台之上。

第 3 幅说法图(图 5-6),大致可以看出是三身像的组合,都有圆形头光。

第 4 幅说法图(图 5-7,5-8),是 5 幅壁画中保存最为清晰和完整的一幅,所用颜料主要为石绿及赭石。该说法图是一铺三身的造像组合,一坐佛二立菩萨,皆有圆形头光。中间坐佛内着僧祇支,身穿覆右肩袈裟,腰系带,右手于胸前呈拈花手势,左手置于腿上,结跏趺坐于莲台之上,圆形身光。其头顶为圆形华盖,饰火焰宝珠,网状盖幔及穗子垂饰,华盖两侧各有一身供养飞天,自上而下相对飞行,画面上方布满莲花化生宝珠。坐佛前方是一莲花供养器,两侧各有一身胁侍菩萨,头戴三珠宝冠,腕戴环,有

图 5-5　第 4 窟第 1、2 龛
上方壁面之间唐代说法图

图 5-6　第 4 窟第 4、5 龛上方壁面
之间唐代说法图

图 5-7　第 4 窟第 6、7 龛
上方壁面之间唐代说法图

图 5-8　第 4 窟第 6、7 龛上方壁面之间唐
代说法图线描图(采自《麦积山石
窟线描集》)

臂钏,下着长裙。画面左侧的菩萨左手持一莲蕾,右侧的菩萨左手提净瓶。画面下方是一排供养人像,共八身,左右各四身,相向而立,中间有一较大的竖长方形榜题框,字迹不可辨认。左侧四身全是女性形象,手持莲蕾,面向右侧而立,头梳发髻,脚穿翘头履。右侧是四身男性供养人形象,束腰长袍,也是手持莲蕾,最前方一身为一小孩形象,地位应该较高。每身供养人身旁都有一个榜题框,可惜字迹已经无法看清。唐冲认为该铺壁画所绘内容为"西方三圣",即阿弥陀三尊像,中间为阿弥陀佛,左右两侧的胁侍菩萨是观世音菩萨和大势至菩萨,观音菩萨手提净瓶,大势至菩萨手持香花①。

图 5-9　第 4 窟第 6、7 龛上方
壁面之间唐代说法图

第 5 幅说法图(图 5-9),也是一铺三身的组合,但是具体细节无法辨认。

上述五幅壁画,所绘内容基本上都是一铺三身的说法图,主体造像组合为一坐佛二立菩萨。

唐代的壁画绘制于北周壁画原作的间隔处,也是对该窟受武帝灭佛活动影响而中途停工的侧面反映。因此,唐代时期第 4 窟的壁画遗存可以视为对第 4 窟的补充和完善。

①唐冲《麦积山石窟线描集》,人民美术出版社,2004 年,第 70 页。

三、明代壁画

明代壁画主要位于诸龛内部的龛顶及正左右三壁壁面。根据题记记载，明代对该窟壁画的重绘，主要是在万历和天启年间。诸龛内顶部的明代壁画，是在北周原作的表面涂抹白粉层之后再施以彩绘，现逐一进行说明。

1. 第 1 龛

后坡（图 5-10）：画面左侧，在北周坐佛的基础上重绘一佛，圆形头光及身光，头顶华盖，结跏趺坐于工字形须弥座上。佛座上下饰莲瓣，中间有壸门，佛座前方绘一圆形仰覆莲台，用来放置供养法器。左右两侧立两身弟子像和两身菩萨像，两弟

图 5-10　第 4 窟第 1 龛龛顶后坡明代壁画

子双手合十，似在交流，右侧一菩萨手持经卷，另外一身胸前挂饰璎珞。画面周围祥云围绕，施以绿色及红色。画面右侧一身立佛后跟随三身供养像，皆双手合十而立，立佛头顶华盖，华盖顶为盝顶。中间壁面脱落，仅在左侧可见一圆形柱子，推测原有建筑。画面上方可见一飞天，周围祥云围绕。

右坡（图 5-11）：歇山顶式建筑，做出翘角。殿内正中是一身倚坐佛，坐于工字形须弥座上，佛座表面和脚底均铺设绿色毛毯。左右两侧是有圆形头光的阿难及迦叶，阿难双手合十，迦叶双手结智拳印，因此倚坐佛应

图 5-11　第 4 窟第 1 龛龛顶右坡明代壁画

图 5-12　第 4 窟第 1 龛龛顶前坡明代壁画

为释迦牟尼佛。两身弟子外侧各有一身供养菩萨，右侧供养菩萨花冠上饰有火焰宝珠，胸前配饰璎珞，双手捧一盘珊瑚，光脚立于莲台之上，向佛而立。左侧菩萨也是头戴花冠，颈饰璎珞，双手捧持宝盘供养，盘内所装之宝应是砗磲。佛座前方有三件供养宝器，呈倒三角形分布，两侧的两件宝瓶，形似葫芦，底座为圆形，瓶身施以莲花，顶部放置火焰宝珠，中间的一件底座为方形，顶部放置一敞口盆，装满香宝，流光四溢。画面左侧中间是一身立佛，头顶盔顶华盖，脚踩仰覆莲台，两侧立比丘三身，右侧一身比丘手捧经匣，左侧最下方绘有山体。画面右侧有三身比丘像，身后绘竹石图。

前坡（图 5-12）：画面下方为庭院前墙及正门，红墙条瓦，大门半开，前有老树一排。左侧下方绘两身世俗人物形象，足穿翘头圆口履，肩头架一红木，共扛一物，所抬之物件为长方体。画面正中有一大型供桌，桌布及地，桌上摆放器物。从中间的一件供养器中升腾起一股云气，云气上端幻化出一身坐佛，圆形身光笼罩全身，其结跏趺坐于莲台之上，周围祥云围绕，头顶两侧各有一身供养飞天，其中左侧一身手捧大盘，画面最上方还有一大朵香花。画面右侧有一身倚坐佛，光脚踩于石头之上，周围绘众比丘像，祥云围绕。

　　左坡（图 5-13）：庭院建筑为主，正中一悬山顶门，门左、右各有一段墙体前伸。前墙外有一排老树。大门后侧有一悬山顶小屋，左后方一悬山顶大屋，屋前设围栏。右侧绘院内一歇山式大殿，殿中释迦、多宝并坐说法，坐于工字形须弥座。两侧各有一弟子，左侧一身双手合十，侧身而立。右侧一身面向坐佛，双手合十而拜，画面充满祥云。

2. 第 2 龛

　　后坡（图 5-14）：画面中间为一大

图 5-13　第 4 窟第 1 龛龛顶左坡明代壁画

殿，三间四柱，大殿左右两侧各有红色高墙相连。大殿内正中放置一物，似为长方形碑，殿前左右各有一身供养比丘，相对而立，左侧比丘双手捧物供养，大殿正前方有一三足供养香炉，置于一块大石之上。画面左侧绘有六身世俗信众，均双手合十，前面五身为男性，站在一起，后方跟随一女性信众，与前面众人拉开距离，躬身而立。画面右侧有一立佛，圆形头光，其前方立有两身比丘，其中一身双手捧长方形经匣或经书。画面下方有山石、树木，整个壁画祥云围绕。

图 5-14　第 4 窟第 2 龛龛顶后坡明代壁画

图 5-15　第 4 窟第 2 龛龛顶右坡明代壁画

图 5-16　第 4 窟第 2 龛龛顶前坡明代壁画

右坡(图 5-15)：画面正中绘一佛二弟子,皆为立姿,立佛脚踩莲台,头顶华盖。立佛左侧下方有两身比丘,双膝跪地,双手合十。画面左侧为一众比丘立像,约有七八身。右侧画面有三身比丘立像,周围有山有树。整个画面也有祥云围绕。

前坡(图 5-16)：主尊组合为三佛,呈品字形分布,头顶华盖,结跏趺坐,两侧各有胁侍弟子。中间主佛前方有一巨大的供养器,器身施以莲花,束腰敞口,画面下方绘有一排树木,画面三角处皆有大团祥云。

左坡(图 5-17)：画面中间为一坐佛,头顶华盖。画面左侧可见数身比丘像。画面右侧一立佛，周围是众弟子像。壁面三角绘大团祥云。

3. 第 3 龛

后坡（图 5-18）：画面正中为一身坐佛，圆形头光及身光，头顶华盖，内着僧祇支，外着袒右胸半披肩袈裟，结跏趺坐，双手做说法状。前方一石块之上放置供养器，坐佛两侧绘十身弟子立像，双手合十，内着双领交叠长衫，外着斜披袈裟，左右对称而立，画面下方绘制山石、树木、墨竹等形象。满壁祥云缭绕。

右坡（图 5-19）：正中绘立佛，上身袒，穿袒右胸半披肩袈裟，下着裙，腰带腰间打结，带头垂下，跣足立于莲花台上，头顶

图 5-17　第 4 窟第 2 龛龛顶左坡明代壁画

图 5-18　第 4 窟第 3 龛龛顶后坡明代壁画

图 5-19　第 4 窟第 3 龛龛顶右坡明代壁画

盝顶华盖。立佛左右各绘一小身供养菩萨,面容喜悦,高发髻,披帛下搭,下着裙,双手合十,手腕戴环,双膝跪于莲台之上,侧身恭敬礼佛。二身跪菩萨外侧各立一身菩萨,束高发髻,戴花冠,腕戴环,披帛自两侧垂下外飘,下着长裙,跣足立于莲花台上,左侧菩萨左手托钵,右手五指呈拈花状,右侧菩萨则是右手托物,左手屈肘扬掌。画面左侧绘三身比丘立像,内着长衫,外斜披袈裟,足穿圆口鞋。右侧画面也有三身供养比丘像,身穿长衫,手捧法器,足穿圆鞋,侧身朝佛。壁面下方两侧绘有山石,画面满绘流云。

前坡(图 5-20):画面正中绘坐佛一身,双手结智拳印,结跏趺坐于工字形须弥座上,两侧侧身侍立弟子两身,双手合十,脚穿鞋。两弟子外侧各

图 5-20　第 4 窟第 3 龛龛顶前坡明代壁画

有一身供养菩萨,圆形头光,手捧供盘,跣足立于莲台之上。坐佛头顶盝顶华盖,华盖顶饰火焰宝珠,上方两侧各有一身供养飞天。佛座前方是一四足几,几上放置一供养器。画面左侧绘三身弟子像,画面右侧绘弟子五身,最前方一身转身朝后,后面四身则是面向主佛侍立。左右两角绘有树木。

左坡(图 5-21):画面正中大殿中,绘坐佛一身,内着僧祇支,外着袒右胸半披肩袈裟,倚坐于工字形须弥座上,脚踩莲台。莲台前有供桌,供桌中央放置一香炉,两侧是两个细颈瓶,右侧的一个瓶口插花。正殿左右的侧殿中各绘弟子三身,穿交领长衫,多双手合十而立。画面左右各绘有华盖一顶,长带飘扬。画面下方绘树木一排,整个画面祥云充满。

4. 第4龛

后坡（图5-22）：画面正中绘坐佛一身，结跏趺坐于工字形须弥座上，头顶华盖。左右两侧各有三身弟子供养像，均立于莲台之上，双手合十，侧身侍立。佛座前方立有一碑。画面左侧，四身供养比丘跪于方形毯之上，身穿交领长衫，双手合十，最右侧绘一身比丘，穿双领下垂袈裟而立，扭头看向这四身比丘。右侧绘两身供养比丘，前方一身双手捧物供养，后面一身双手合十。

右坡（图5-23）：画面正中绘坐佛一身，结跏趺坐，头顶华盖，左右两侧立众胁侍。画面右侧有五身比丘像，跪姿，双手合十。

前坡（图5-24）：画面正中改绘立佛一

图5-21 第4窟第3龛龛顶左坡明代壁画

图5-22 第4窟第4龛龛顶后坡明代壁画

图5-23 第4窟第4龛龛顶右坡明代壁画

图5-24　第4窟第4龛龛顶前坡明代壁画

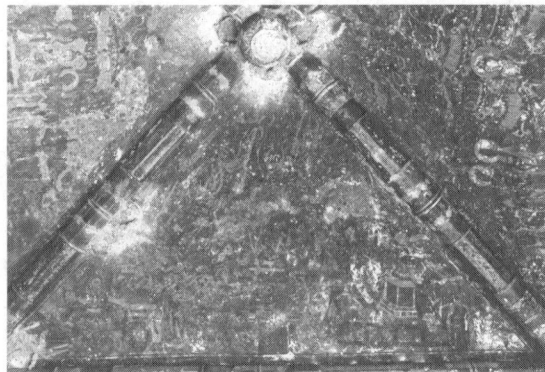

图5-25　第4窟第4龛龛顶左坡明代壁画

图5-26　第4窟第5龛龛顶后坡明代壁画

身,头顶华盖,脚踩莲台,侧身面向左侧。左侧画面可见两身供养菩萨,圆形头光,宝缯下扬,手捧供养盘和钵,立于莲台之上。画面右侧也有供养菩萨数身,圆形头光,脚踩莲台。

左坡(图5-25):画面内容和北周原作基本相同,没有改动,只是在画面左侧的宝车周围加绘了比丘及车夫的形象。左侧角落处绘有一长方体,应为棺木。画面右侧高台右侧加绘了供养众形象。

5. 第5龛

后坡(图5-26):画面右侧绘高山及河流,还有树木、山石。画面左侧改绘北周立佛,跣足立于莲台之上,侧身朝向左侧,其前方有一年轻比丘双膝跪地,双手捧经书供奉,比丘所跪之处，有山石草木。立佛身后有一身年长弟子，双手合十，向佛而立。画面右侧坐佛前加绘弟子一身。

右坡（图5-27）：在殿内加绘一身坐佛，圆形头光及身光，外着覆右肩袈裟，双手结智拳印，结跏趺坐于石台座上。画面下方为山石草木，左侧有两身供养比丘，手捧供养法器。画面右侧坐佛两侧前方各绘一身弟子，其中左侧弟子低头弓腰，该弟子身后还有两身比丘，双膝跪地，双手合

图5-27　第4窟第5龛龛顶右坡明代壁画

图5-28　第4窟第5龛龛顶前坡明代壁画

十，一人回头，与另外一个呈对话状。画面上方也是山势奇伟高雄。

前坡（图5-28）：画面正中坐佛头顶盔顶华盖，前方石块之上放置供养香炉，坐佛左右两侧侍立弟子，左侧为迦叶，右侧弟子可见腿部，推测应为阿难。阿难身后及下方的画面还绘有岩石、山坡、草木等形象。画面右侧有一身供养比丘，双手捧持供养器，躬身而立，其前方一树一石，石上摆放供养器。

左坡（图5-29）：改绘原作的三佛，左右两侧加绘阿难和迦叶立像，阿难双手合十，躬身而立，迦叶双手结智拳印，三佛头顶华盖，华盖顶饰火焰宝珠。佛座前的北周供养器，则为其各自绘制放置的石头一块，画面下方

图 5-29　第 4 窟第 5 龛龛顶左坡明代壁画

图 5-30　第 4 窟第 6 龛龛顶后坡明代壁画

有石山、树木、祥云等形象。

6. 第 6 龛

该龛龛顶的壁画是诸龛龛顶明代壁画最为清楚的,因为对北周原作壁画进行白粉层覆盖时,涂抹厚度较厚,因而整个画面看起来就比较白净清晰。

后坡(图 5-30):画面正中绘一开间的歇山顶大殿,前有两根圆柱及台阶,前檐有帷幔垂饰,并收束于殿之两侧。大殿两侧有院墙相连,其中左侧墙外有宝树一棵。大殿中央绘坐佛一身,圆形头光及身光,身着宽袖袈裟,右手抚于右腿前,左手横置于腹前,结跏趺坐于工字形须弥座上。坐佛两侧立有弟子两身,其左侧弟子双手合十,内着交领长衫,外披袈裟,右侧弟子双手结智拳印,向佛而立。殿前左右各立一身供养菩萨,圆形头光,身着圆领宽袖衫,下着长裙,身披帛带,帐帛飞扬,跣足立于莲台之上。右侧菩萨身后跟随有三名供养比丘,面目清秀,并排合掌向佛而立。左侧菩萨身后画面已残缺。坐佛正前方放置两件供养香炉,画面周围云气缭绕。

右坡(图 5-31):绘坐佛一身,被圆形身光所罩,身披袈裟,左手横置于腹前,右手屈肘上举,呈拈花指,结跏趺坐于六面形束腰高莲台上,台座底有六足。坐佛头顶华盖。其右侧绘有圆形头光弟子,双手合十而立,画面大部残损。坐佛左前方的画面表现了地狱变的一个场景,中间绘一木架,木架上方横木上有绳索两根,一头连接下方的圆形石盘,石盘有两个,等大,上下相合,绳索的另外一头由画面左侧的三身恶鬼牵拉,三身恶鬼跨步牵拉,画面右侧还有一身恶鬼,手持长棍,做撬动石盘之状,可见石盘之重。四身恶鬼青面獠牙,头顶尖角,圆目高鼻,形似牛头。右侧恶鬼旁边站一妇女,正在掩面哭泣。画面左右可见群山、松树及弟子等形象,与画面右侧形成强烈对比。

前坡(图 5-32):
画面正中绘坐佛一身, 圆形头光及身光,头顶华盖,结跏趺坐于工字形须弥座上, 佛座有四足。坐佛两侧各绘一身弟子像,分别为阿难和迦叶,阿难双手合十, 迦叶结智拳印,

图 5-31　第 4 窟第 6 龛龛顶右坡明代壁画

二人相向对佛而立。画面左侧一长方形四足木桌上,放置一个大舍利瓶。画面右侧则是在一大块石头之上,放置一大两小三个舍利瓶。

左坡(图 5-33):画面下方是一大块岩石,岩石两侧高山峻岭。中间位置绘坐佛一身,圆形头光及身光,双手结禅定印,结跏趺坐于六边形束腰须弥座上,底座有六足,腰部做壹门。坐佛头顶华盖,顶饰宝珠。两侧绘圆形头光、向佛而立的弟子各一身。画面左侧绘弟子两身,一身双手合十恭敬而立,另外一身跪地拜佛。前方地面放置两包袱,穿于一木棍两端,表现

图 5-32　第 4 窟第 6 龛龛顶前坡明代壁画

图 5-33　第 4 窟第 6 龛龛顶左坡明代壁画

出弟子是自远方跋涉而来。二弟子下方绘用木头架设的小桥，桥下流水湍急。画面右侧绘三身弟子像，并排跪地，手捧经书。整个画面也是祥云缭绕，表现了诸弟子深山求法的场景。

7. 第 7 龛

后坡（图 5-34）：画面正中绘一三间四柱式的歇山顶大殿，正脊饰宝瓶。大殿后方两侧绘宝树。大殿前方地面用菱形地砖铺设。中间绘坐佛一身，圆形头光及身光，双手结禅定印，结跏趺坐于工字形须弥座上。坐佛前地面放置供养器，盛满诸色香宝。坐佛两侧各有一身弟子，圆形头光，双手合十向佛而立。两弟子身后各有一身供养菩萨，圆形头光，束发戴冠，上饰宝珠，双手捧宝盘，侧身向佛供养。其中右侧菩萨身后有三身弟子，并排跪于地面，一个为老者形象，另外两身是青年形象。左侧菩萨身后有一排六身弟子像，前面五身皆为跪姿，后面一身向佛而立，六身弟子中两身为老者形象。

右坡（图 5-35）：画面正中绘坐佛一身，圆形头光及身光。双手施无畏与愿印，结跏趺坐于六边形束腰须弥座上，露右脚。坐佛头顶华盖，身后左右绘宝树及云气。坐佛两侧绘八身弟子像，左右对称排列，其中紧邻佛侧的两身弟子分别是阿难和迦叶，阿难双手合十，迦叶双手结智拳印，有圆形头光，其余六身无头光。画面左侧绘两身供养菩萨，圆形头光，右侧一身手中捧盘，盘中似装砟磲，另外一身则是手持北周原作壁画中的长柄炉，二菩萨均跣

图 5-34　第 4 窟第 7 龛龛顶后坡明代壁画

图 5-35　第 4 窟第 7 龛龛顶右坡明代壁画

足立于莲台之上。画面右侧分两组，绘制四身供养菩萨，下面一组两身菩萨，有圆形头光，束发戴冠，上饰宝珠，胸前佩饰璎珞，前方一身手捧一盆莲花，后面一身菩萨手持北周原作壁画中的长柄炉，跣足立于莲台之上。上方一组两身菩萨，装饰打扮与下方两身相同，前方一身也是手持长柄炉，后方一身则手捧长方形盆，盆内满盛香宝，立于云团之中。周围绘树木、祥云，整个画面有风吹的动感。

　　前坡（图 5-36）：整体为三佛组合，三佛呈品字形分布。画面正中绘坐

图 5-36　第 4 窟第 7 龛龛顶前坡明代壁画

图 5-37　第 4 窟第 7 龛龛顶左坡明代壁画

佛一身,双手结禅定印,结跏趺坐于工字形须弥座上,不露双脚。坐佛头顶华盖,周角饰火焰宝珠,盖顶为桃形宝珠。左右两侧立阿难和迦叶,均双手合十向佛而立。迦叶和阿难身后各有一身较小坐佛,圆形头光及身光,也是双手结禅定印,结跏趺坐于工字形须弥座上,侧身朝向中间坐佛。身后各有五身供养弟子像,双手合十向佛而立。画面下方中间是一四足几,与第 3 龛前坡的几凳相同,几上放置一大颗火焰宝珠,两侧绘两身圆形头光的供养菩萨,双手合十而立。画面周围祥云围绕。

左坡(图 5-37):画面主体绘三佛,一字排开,中间主佛倚坐于方形台座之上,脚踩方台,头顶六边形华盖,华盖两侧各有老树一棵。左右两侧各立一身菩萨和弟子,两身弟子一老一少,当为迦叶和阿难。佛座前方放置一供养法器,盛满诸宝,可见珊瑚及宝珠。画面左侧坐佛结跏趺坐于工字形须弥座上,头顶四角攒尖顶华盖,佛座前方放置一杯形供养器,盛满诸色香宝。坐佛身后两侧各立一身弟子,一老一少,右侧前方立一菩萨两弟子,菩萨圆形头光,跣足而立,身后两弟子相互交谈。画面右侧坐佛与左侧坐佛基本一致,佛座前方也是放置一供养器,两侧各侍立一菩萨一弟子,弟子站于外侧,也是一老一少的形象。

在第 4 窟诸龛正、左、右三壁壁面上,还存有大量的明代壁画,在原来的壁面上加绘,但多为装饰性的图案,诸如火焰纹、云纹、几何纹等,还有各种植物纹饰,包括莲花、忍冬、卷草等,还有一些单独的图案及形象,诸如童子、瑞兽等形象。诸龛正、左、右壁造像的身光及头光原来都是北周原作的浮塑火焰纹,明代将这些头光及背光加以重绘,主要以祥云为主。在龛内的帐柱、帐杆等构件上也加绘莲花等形象。这些明代重绘的壁画颜色艳丽,繁缛精细,但是因为没有整体的情节内容,若是一一细述,实在显得繁乱无章,因此本文不再单独介绍说明。从这些重绘的明代壁画中可以看出,多数画面都是置于山石树木的大背景下展开,注意环境的营造和远近关系的处理和应用, 四处充盈的祥云和流云则是对氛围的衬托以及场景的补充说明。诸龛内其余的明代壁画则分布于四壁壁面,大多以装饰性的花卉、纹饰等为主。麦积山诸龛内明代壁画中主尊佛旁边多有一老一少弟子像的组合,但这并不能说明,所对应的主尊就是释迦牟尼,这两身弟子也不一定对应阿难与迦叶。这一点,在诸龛内的造像以及前廊右壁的文殊龛内都出现了这种情况。因此,这也增加了对主尊佛的定名难度。

第 4 窟所存的明代壁画,大多是寺院僧人重修重绘,但是限于工匠的水平和供养众整体的经济实力,他们所呈献给后人的壁画,难免显得杂乱繁复,俗气较重。特别是对诸龛龛顶北周壁画的重绘,使得龛顶壁画的气势和原有的意义几乎丧失殆尽。随着底层壁画的逐渐透出,加之各种烟熏火燎的拜佛进香活动,诸龛龛顶壁画,最终展现在世人眼前的就是这种破败不堪的复杂画面了,虽然这是大多数石窟寺壁画不可避免的历史宿命。第 4 窟北周原作壁面能够保存也实属幸运,但也让人感到叹惋。

表 5-1　第 4 窟诸龛龛顶明代壁画对比表

龛号		主尊组合	其他形象	建筑	经典来源（主尊名号）
1	后坡	一坐佛、一立佛	菩萨、弟子、飞天		
	右坡	一倚坐佛、一立佛	供养菩萨、弟子	歇山顶大殿	
	前坡	一化佛、一倚坐佛	弟子、飞天、世俗信众	院墙、大门	
	左坡	二佛并坐	弟子	歇山顶大殿及大门、院墙	（《法华经》）释迦与多宝佛
2	后坡	一立佛	弟子、男女信众	三间四柱大殿、围墙	
	右坡	一立佛	弟子		
	前坡	三佛	弟子		
	左坡	一坐佛、一立佛	弟子		
3	后坡	一坐佛	十大弟子		释迦佛
	右坡	一立佛	菩萨、弟子		释迦佛
	前坡	一坐佛	菩萨、弟子、飞天		释迦佛
	左坡	一倚坐佛	菩萨、弟子、飞天	单间殿	
4	后坡	一坐佛	弟子		
	右坡	一坐佛	弟子		
	前坡	一立佛	菩萨		
	左坡		弟子、驭者	舍利塔	释迦涅槃
5	后坡	一坐佛、一立佛	弟子		
	右坡	两身坐佛	弟子		释迦佛
	前坡	一坐佛	弟子		释迦佛
	左坡	一倚坐佛、二坐佛	菩萨、弟子		释迦三佛
6	后坡	一坐佛	菩萨、弟子	歇山顶殿	
	右坡	一坐佛	弟子、恶鬼、妇人		地狱变
	前坡	一坐佛	弟子		释迦佛
	左坡	一坐佛	弟子		释迦佛

续表

龛号		主尊组合	其他形象	建筑	经典来源（主尊名号）
7	后坡	一坐佛	菩萨、弟子	三间四柱歇山顶殿	
	右坡	一坐佛	菩萨、弟子		释迦佛
	前坡	三坐佛	菩萨、弟子		释迦三佛
	左坡	一倚坐佛、二坐佛	菩萨、弟子		释迦三佛

四、关于诸龛龛顶明代重绘壁画的几点想法

第4窟诸龛龛顶现存的明代重绘壁画，和其他石窟中的重绘情况是不相同的。北周的原作壁画在明代重绘时，没有被完全弃之不用，虽然也采用了惯用的使用白灰层覆盖然后绘制新作的方法，但仍旧以原来北周壁画的布局为基本构图，比如对主尊像和建筑、华盖、供养法器等再次利用，从而形成了目前这种北周壁画与明代壁画相互结合的特点，这在中国古代石窟壁画史中也是一大独创和亮点。

出现这种情况的原因大概有以下几点：

首先，因为这些北周壁画在最初绘制时采用的是绘塑结合的方法，有平面线条，有立体凸起。这种高超的表现方法使得后代的重绘者们不忍心将其全部覆盖，但是后来的供养信众又需要做出自己的供养和功德，以求得宗教心愿的实现。二者综合考量，便在原来壁画的基础上，进行了重绘工作。这样一来，既在一定程度上保留了原来壁画的特色，又完成了自己的功德供养，也算是一种两全其美的做法。

其次，正是因为龛内顶部的壁画独特的绘制手法，给后代重绘者造成了难题。在前代壁面基本保存完整的情况下，重绘者们普遍采用的重绘方法是用白灰对原来的壁画进行整体刷涂覆盖，然后直接在白粉层上绘制

新的壁画。这样一来,既免去了重新制作墙面的工序,省去了好多的人工和时间消耗,也避免了对原来壁画的破坏。第 4 窟龛顶的壁画采用绘塑结合的方法绘制而成,白粉层虽然可以覆盖其平面的部分,但是对于凸出的壁画部分,却显得无能为力了。面对这种情况,后代的绘制者们,便将原来壁画中不能覆盖的部分加以利用,作为其新绘壁画中的一部分,这也算是古为今用、古今结合了。

再次,明朝时期的壁画绘制的水准与北周的薄肉塑壁画根本就不在一个水平和级别上。重绘第 4 窟诸龛顶的工匠们对此当然也是深有体会,也是有自知之明的。虽然他们需要按照功德主们的要求去绘制新的壁画,但对于前朝古代所遗存下来的这些经典之作,他们是抱有深深的崇敬之情的,高山仰止的敬佩之心让他们面对这些即将被覆盖掉的壁画时,不自觉地认为不能将原作完全覆压于他们自知不可能与之相比的新壁画之下。这种心情,也便决定了他们在对待北周原作壁画时的态度和做法。

第三节　造像

　　第 4 窟现存完整泥塑共计 75 身[①],均为泥塑。分布情况为,第 1 龛 10 身,第 2 龛 8 身,第 3 龛 9 身,第 4 龛 9 身,第 5 龛 9 身,第 6 龛 9 身,第 7 龛 9 身,前廊左壁维摩龛 5 身,前廊右壁文殊龛 5 身,前廊两侧力士 2 身。绝大多数都是宋代重塑或者重修,也有几身造像略显唐风,明清时期则对部分造像进行了重新妆彩和贴金。明清时期的重修活动在前面章节中关于第 4 窟的供养人题记中有充分的记载和反映。

一、诸龛内造像

1. 第 1 龛

　　原有 11 身,右壁中间一身菩萨残损。现存坐佛 1 身、立佛 2 身、菩萨 5 身、弟子 2 身,共计 10 身造像。

　　正壁(图 5-38):主佛通高 2.45 米,头高 0.75 米,台座高 1.20 米。造像

---

　　①共计 77 身,但第 1 龛右壁中间菩萨及第 2 龛左壁中间菩萨残损成块,现放置于第 1、2 龛内角落处。

图 5-38　第 4 窟第 1 龛正壁造像

顶做螺发，内有肉髻珠。眉有白毫，弯眉斜目，水泡眼，鼻直且翼部较大，四瓣形嘴，双下颌，耳垂略外撇，面部圆润，短颈削肩，颈部有三道纹。右手于胸前施无畏印，左手手掌向内，拇指屈内贴近食指，斜向上举于胸前，施说法印，双手手指残。结跏趺坐于工字形须弥座上，内着僧祇支，衣带胸前打结下垂，外穿双领下垂袈裟，下摆呈八字形堆叠于座前。造像表层为明代重新绘彩，上有龙、莲花及火焰纹等饰样。造像整体圆润丰满，挺胸鼓腹，表情肃穆，俯视前方。

右侧弟子阿难，通高 2.86 米，头高 0.50 米，容貌清秀俊朗，脸呈椭圆形，额头圆润，有白毫，鼻梁挺直，鹰钩鼻，眼尾上翘，嘴唇分四瓣微微内陷，双下颌，耳垂略有外撇。面部表情祥和，俯视前方，神情虔静。着三层袈裟，内着僧祇支，次为袒右袈裟，外披双领下垂袈裟。双手合十，足蹬圆头履，立于覆莲台上。

左侧弟子迦叶，通高 2.81 米，头高 0.51 米，为一面相苍老、瘦骨嶙峋的老者形象，额有肉珠，面部皱纹纵横，满布额前、双鬓及腮部，眉毛浓厚，眉尖斜向下撇至于面颊,眼睛深陷,抿嘴皱鼻,表情严肃。双手相握举于胸前。外着双领下垂袈裟,袈裟左侧沿手臂垂下,右侧自肩部绕右肘沿腰部绕左手臂向外垂下,内着长裙,于腰部束带,束带垂下至脚腕处。足蹬云头履站于覆莲台上。

　　龛内菩萨均束桃形发髻,面形长圆丰满,有白毫,弯眉斜目,鼻梁高直,唇分四瓣,双下颌,表情慈祥和蔼,均跣足站于覆莲台上。表面均为明代绘彩,上有莲花、龙、马、祥云等饰样。各自衣着、手势有所不同。

　　左壁(图5-39):由内至外第一身菩萨,通高 3.03 米,头高 0.75 米。颈部佩戴项圈,上有吊穗为莲花饰样。内着袒右僧祇支,下着翻边长裙,外有披肩,披肩飘带从手臂内侧沿身体自然垂下。右手握飘带紧贴腿部,左手掌

图 5-39　第 4 窟第 1 龛左壁造像

心向上举于腹前。

　　第二身菩萨,通高 3.01 米,头高 0.68 米。此尊造像异于其他造像之处为短颈削肩特别明显,内着翻边长裙,外着双领下垂袈裟。双手裹巾相握,露出手指,举一法器举于胸前,所举法器已失。

　　第三身菩萨,通高 2.98 米,头高 0.69 米。下着翻边长裙,外有披肩,披肩内侧飘带自手臂内侧沿身体自然垂下,外侧绕手肘一圈飘下。左手虚握举于胸前,右手虚握举于腰部外侧,双手似持一长物,持物已失。

　　右壁(图 5-40):由内至外第一身菩萨,通高 3.08 米,头高 0.72 米。此

图 5-40　第 4 窟第 1 龛右壁造像

尊造像与左壁内侧相对相似。第二身菩萨毁,仅存足部及莲台。第三身菩萨,通高 2.96 米,头高 0.62 米。此尊造像与左壁外侧相对相似。

佛座前立两身佛,神态与主尊大抵相似,削肩袒胸,内着僧祇支,下穿长裙,外披袈裟,双手禅定印或自然叠握于腹前,神情虔诚庄重,是宋代造像的佳作之一。其中左侧立佛通高 1.73 米,头高 0.31 米。造像束低螺纹发髻,内有肉髻珠。白毫相,弯眉细目,鼻直且翼部较大,四瓣形嘴,双下颌,面部圆润,耳垂略外撇,矮颈削肩,颈部有一道阴刻线。造像内着僧祇支,下着长裙,外披袈裟。右手轻握左手手腕贴于腹部,跣足站于覆莲台上。右侧立佛通高 1.75 米,头高 0.31 米。束漩涡纹发髻,内有肉髻珠。造像面部及衣着与左侧立佛相似。双手五指并拢相叠,右手在下,掌心向上贴于腹前[①]。

2. 第 2 龛

原有 9 身,左壁中间一身菩萨残损。现存坐佛 1 身,菩萨 5 身,弟子 2 身,共计 8 身。

正壁(图 5-41):主佛通高 2.34 米,头高 0.82 米,台座高 1.22 米。螺纹发髻,内有肉髻珠,方形脸,细长眉,眉间有圆形白毫相。双眼微睁下视,高

①第 1 龛中的这两身小佛,与麦积山第 133 窟内的宋代造像组合"释迦会子"中的罗睺罗小立佛是麦积山仅有的三身小立佛造像,从其年代和造型判断,应出自同一批工匠之手。

鼻小嘴,大耳,下颚丰。颈部三道纹,袒胸。内着僧祇支,腰间束带打结,外着双领下垂袈裟。左手拇指食指相捏,掌心向前斜放左膝。右手做说法状,结跏趺坐于

图5-41　第4窟第2龛正壁造像

工字形坛座上,衣裾平行二层折叠下垂,厚重感较强。佛浮塑莲瓣形背光,圆形项光,且彩绘。袈裟表面沥粉堆金塑龙、牡丹等图案。佛庄重慈祥,姿态较美。

左侧迦叶通高 2.83 米,头高 0.50 米。迦叶额塑褶纹,略抬头,浓眉下垂,半睁眼前视,高鼻扁嘴,大耳,额及面颊骨隆起。上身袒裸,外着披肩袈裟,下着长裙,双手抱握胸前,跣足立于覆莲台上。袈裟表层沥粉堆金塑牡丹等花卉装饰,彩绘方格纹等。此像流露出对佛虔敬与饱经世故之神情。

右侧阿难通高 2.85 米,头高 0.51 米。阿难面形方圆,细长眉弯,眉间有白毫相,双眼微睁似一条线。高鼻四瓣嘴,下颚丰,大耳,颈部三道纹。内着双领相交内衣,领边略外翻,中着双领斜交长衫,外斜披袈裟,左肩前有扣环。双手合十,跣足立于覆莲台上。长衫边及袈裟上沥粉堆金塑牡丹、小菊花、云卷纹等花卉图案,并彩绘方格纹等。阿难体态丰满端庄,憨厚虔诚。

左壁(图5-42):内侧菩萨通高 3.05 米,头高 0.70 米。桃形高发髻,戴花冠,方圆脸,细长弯眉,眉间有白毫相,双眼斜竖,微睁下视,高鼻四瓣嘴,大耳。颈有二道纹,戴项链,项链有链带、链垂垂下。内着僧祇支,腰束

图 5-42　第 4 窟第 2 龛左壁造像

带打结,下着外短内长裙。束腰裙外翻,裙外层边用链条式紧边装饰,并有饰垂垂下。双手举于胸前,左右手握拳相叠,戴手链,跣足立于半圆形覆莲台上。披肩及裙边沥粉堆塑牡丹等花卉图案,并彩绘装饰。造像体态丰满,表情宁静,衣饰有富丽堂皇之感。外侧菩萨通高 2.97 米,头高 0.64 米。造像与内侧菩萨大致相同,不同是束三叉式发髻,所戴项链垂下的垂饰形式不同,左手自然垂下,手握巾带,右手抬于胸前,手握巾头。下着裙为单层,裙纹呈波浪形,自然流畅。

右壁(图 5-43):外侧菩萨通高 2.96 米,头高 0.72 米,造像整体形象、衣着与左壁外侧菩萨相似,束三叉式发髻,左手自然下垂握巾头,右手臂略抬于胸前,手掌向上。此尊菩萨与左壁外侧菩萨裙上有龙纹图案。中间菩萨通高 3.00 米,头高 0.71 米。造像整体形象、衣着与左壁中间菩萨相似,束三叉式发髻,左手抬起握细圆筒

图 5-43　第 4 窟第 2 龛右壁造像

形法器放于胸前,右手背平放腹前,手残失。内侧菩萨通高3.02米,头高0.77米。造像整体形象、衣着与左壁内侧菩萨相似,束桃形发髻,左手抬起,握放于胸前,右手自然下垂握巾头。

3. 第3龛

现存造像9身,其中坐佛1身,弟子2身,菩萨6身。

正壁(图5-44):主佛通高2.31米,头高0.87米,台座高1.20米。束凹线刻发髻,前有肉髻珠,方圆脸,长眉,眉间有白毫相,双眼半睁下视,高鼻,嘴唇较厚,彩绘胡须。内着僧祇支,腰间束带打结,巾带下垂,外着袒右胸半披肩袈裟,左小臂略高,抬于左胸前,手掌上竖起,右小臂略向前平伸,手掌下竖,指至右腿,结跏趺坐于工字形坛座上。衣裙分三层八字形展开。佛端庄俊秀、神情慈祥。浅浮塑莲瓣形背光,彩绘圆形项光。左侧菩萨通高3.09米,头高0.78米。头戴花冠,长方形脸,细长弯眉,两眉间有白毫相,双眼微睁下视,鼻梁宽圆且高,四瓣嘴,双耳藏斗篷内。颈显短粗,戴单链条项链,有多条项垂垂下。上身袒裸,头披斗篷,下着束高腰长裙。双手戴双环镯,手置腹下,左手握右手手腕,双手相叠,掌心贴内自然垂下。跣足立于半圆覆莲台上。右侧菩萨通高3.14米,头高0.82米。束桃形高发髻,戴花冠,扁平上方下圆脸,细长弯眉,眉间有白毫相,双眼微合下视,鼻梁宽圆且高,四瓣嘴,大耳下垂,颈略短有凹纹线。戴单链条项链,有多条项垂垂下。上身内着左斜披束腰内

图5-44 第4窟第3龛正壁造像

图 5-45　第 4 窟第 3 龛左壁造像

衣，外披巾从双肩披下。下着束腰裙。左小臂略上伸，手至右胸下，手掌向上，手托巾帕，右臂垂直下放，掌心向内，手握披巾一角。跣足立于半圆覆莲台上。

左壁（图 5-45）：

内侧菩萨通高 3.10 米，头高 0.77 米。束桃形发髻，长发后披，五官与正壁右侧菩萨近似。戴耳链和单链条项链。上身内着左斜披束腰内衣，小披巾披双肩。下着外层短内层长束腰裙。左臂下垂，贴大腿外侧，手掌向内，手握一条巾带。右小臂略上抬，伸于胸前，手平伸，手掌向上，戴双条手链，跣足立于半圆覆莲台上。造像外侧肩部绘有祥云，祥云上有一圆形饰物。中间菩萨通高 3.03 米，头高 0.78 米。造像与正壁右侧菩萨基本相同，脸长方，耳戴耳链，双手合十于胸前，戴单链条手链。外侧菩萨通高 3.00 米，头高 0.78 米。发式与五官皆类似中间菩萨。有别之处为戴双条项链，有多条项垂。上身袒裸，左斜披条带腹前交叠，带头垂下，双肩披小披巾，下着外短内长束腰裙，裙边外翻。长裙贴腿，波浪纹式下垂。左手握拳，臂斜下伸向左侧，右小臂斜上伸于右胸前，手握拳，双手似持一长物，持物已失，手腕戴双条手链。

右壁（图 5-46）：内侧菩萨通高 3.08 米，头高 0.77 米。束桃形高发髻，束发带，头右侧打结，一条长带垂于右前侧，额上发盘成两个螺卷形。五官与左壁内侧菩萨相似，戴单条项链。上着束高腰衣，束带打结，两头垂下。双肩披小巾，飘带左侧贴身下垂，右侧搭于小臂，巾带折叠，手握带头下垂。下着内短外长裙，腹下束宽扁裙带。带上排列圆形装饰物，腰带前正中

垂下一条宽带，宽带
两侧各有一条细条
带，下垂至两腿间。长
裙上有多条链条垂
下。外侧肩部绘有祥
云，祥云上有一圆形
饰物。此造像胸部、脸
部贴金，头部后面未
贴壁面，疑与窟内其

图 5-46　第 4 窟第 3 龛右壁造像

他造像时代有别。右壁中间菩萨通高 3.06 米，头高 0.76 米，与左侧中间菩
萨基本相同。右壁外侧菩萨通高 3.08 米，头高 0.77 米，与左壁外侧菩萨基
本相同。左手手势不同，左手握拳贴胸前。

4. 第 4 龛

现存造像 9 身，其中坐佛 1 身，弟子 2 身，菩萨 6 身。

正壁（图 5-47）：主佛通高 2.36 米，头高 0.87 米，台座高 1.23 米。表层
为明代形象，低平肉髻，有肉髻珠，螺发，面相长方丰满，额较平，眉间有圆
形凹白毫相，双眉阴刻，较为粗壮。双眼微合，黑琉璃眼珠，鼻梁挺，有鼻
孔，双唇分四瓣，但嘴
角稍下垂些。下巴丰
圆，有一道阴刻线，绘
出胡髭。双耳垂肩，耳
垂外张，有竖形耳孔。
脖际五道阴刻线。身
躯丰厚，宽肩，着双领
下垂式袈裟，内着袒
右僧祇支，露出较为

图 5-47　第 4 窟第 4 龛正壁造像

丰厚的胸腹部,腹前系带。左手抚于左膝上,右手上举,掌心向外,结跏趺坐。佛座为束腰叠涩式。石胎泥塑,底层硬泥塑框状结构为北周时期的,中层黄泥为宋时期的,外层为明代时期的。主佛身光为泥浮塑,底层为北周时期的,浮出火焰纹的形象,身光尖部有残损,宋时补齐,但未塑出火焰。佛座前正中塑一莲叶状壶门。

左侧迦叶通高 2.93 米,头高 0.61 米。额际有横向皱纹,长眉下垂,黑眼珠,双颊有凹陷皱纹。神情庄重,脖颈上肌肉突出,有喉结。内着双层右袒交领衣,外披双领下垂式袈裟,右手握拳贴于胸前,拳心向内,左手于腹前托一圆形小盒,跣足立于石胎泥塑的覆莲台上。

右侧阿难通高 2.89 米,头高 0.60 米。眉高耸,阴刻线较粗,眉头几乎相接,面部圆润,双眉阴刻,鼻梁高挺,有鼻孔,双唇分四瓣,下巴丰圆,有一道阴刻线,双耳垂肩,耳垂外张,有竖形耳孔。脖际四道阴刻线。衣着似迦叶像。左手拇指残失,食指平直,余指屈起,掌心向上托于腹前,右手下垂提一角衣襟。跣足立于石胎泥塑覆莲台上。

左壁(图 5-48):内侧菩萨通高 3.09 米,头高 0.79 米。高髻,发披肩,戴花冠,面形长方丰满,额部较平,有白毫,双眉阴刻,眉尖几乎相接,鼻梁高挺,上唇呈圆弧形,下唇略分两瓣。颈部有四道阴刻线,戴项链,内着袒右僧祇支,腹前系带,着披巾,披巾较宽,覆盖双肩。右手举于胸前,掌心向外,左手下垂,提披巾下段。下着长裙,裙上边翻出较宽。跣足立于石胎泥塑的覆莲台上。

中间菩萨通高 3.08 米,头高 0.78 米。造像

图 5-48 第 4 窟第 4 龛左壁造像

面形圆润,无披肩发,形象及衣着似内侧菩萨。左手置于胸前,拇指与食指相合,掌心向上。右手半握,掌心向内附于体侧。此菩萨白毫相的圆坑被填实,仅有痕迹。造像整体微微向左侧扭曲。

外侧菩萨通高2.81米,头高0.51米。高发髻,戴花冠,面形长圆,眉间圆坑状白毫相,有阴刻线细眉,眉头间稍宽。鼻梁较丰满,唇分四瓣,嘴角微上翘,额下有四道阴刻线。双耳较细长紧凑,着耳饰。戴项圈,身体微扭曲,双肩着披巾,绕臂下垂。上身斜披僧祇支,下着长裙,裙上沿翻出较多,裙较贴附于身体。跣足立于石胎泥塑的覆莲台上。此菩萨右手虚握举于胸前右侧,左手虚握举于腰部外侧,双手拟持一物,持物已失。

右壁(图5-49):外侧菩萨通高3.00米,头高0.68米。造像束高发髻,戴双层花冠,衣着与整体形象似左壁内侧菩萨,双拳相握举于腹前。中间菩萨通高3.00米,头高0.66米。造像束高发髻,戴双层花冠,与左

图5-49 第4窟第4龛右壁造像

壁中间菩萨相对相似,手势左右相反。内侧菩萨通高3.05米,头高0.72米,与左壁外侧菩萨相对相似,手势左右相反。

5. 第5龛

现存造像9身,其中坐佛1身,菩萨8身。

正壁(5-50):坐佛高2.80米,低平螺旋纹发髻,内有髻珠,底发中分;眉间有白毫相,阴刻细弯眉,眼窝深陷,水泡眼,双眼微眬,下视,眼尾微微上扬。鼻梁高直,四瓣形嘴,下唇微微内陷,双下颌,下颌及上嘴角两侧墨勾螺旋状胡须,双耳下垂向两边翘。颈部较短,有三道褶,颈部与面部涂

图 5-50　第 4 窟第 5 龛正壁造像

金。胸、腹部较为平坦,右臂从肘部毁损,左手手指已毁,推测施与愿印, 结跏趺坐于工字形须弥台座之上, 双足被袈裟包裹。内着僧祇支,于腹部打结下垂,外着袒右式袈裟,一角搭敷于右肩之上, 下摆呈 U 字形分两层垂搭在台座上。塑像和台座通体绘彩, 袈裟之上以沥粉堆金绘龙纹、凤纹和各种花卉。塑像比例协调、浑圆饱满,和蔼又不失庄严。

右侧菩萨高 2.88 米,头部前倾,身披斗篷,头戴花冠,花冠被斗篷遮盖,仅见一部分。发髻中分,分绺,螺旋发纹。眉间有白毫相,阴刻细长眉,眼窝较大,眼睑平直,斜向上扬。鹰钩鼻,四瓣形嘴,微向下凹,双耳被斗篷遮挡,双下颌,颈部较短,有三道褶。胸部裸露,平坦,小腹微微鼓起,手掌朝内,左手抓右手腕部,自然垂于胸前,跣足立于覆莲台座之上。

左侧菩萨身高 2.90 米。头顶彩绘花冠,螺旋纹中分发髻。前额扁平,有白毫相,墨画细眉,距眼睛较远,双眼皮,眼袋厚重,阴刻两道褶,眼距较近,直连鼻际,眼睑呈波浪形弯曲,上眼角上扬,鼻梁窄而短,鼻翼较大,嘴较小,略窄于鼻,上唇分为两瓣,下唇之下阴刻一条褶皱,嘴角深陷。双下颌,较宽。耳朵厚重,耳垂较短,翘向两侧。短颈,一道褶。胸部平坦,腹部略鼓。肘部自然弯曲,右手手指已损,手掌朝下叠于左手手掌之上,贴身置于胸前。双足裸露,立于覆莲台座之上。花冠之上披头巾,头巾沿耳后搭在

肩上,向后自然下垂。着袒右式大方格纹袈裟,袈裟一角自左肩向下搭在
左臂之上,自然下垂至膝盖,衣纹呈 U 字形下垂。颈部戴璎珞,垂于胸前。
双手戴镯。塑像裸露的部分呈白色,头巾与袈裟边缘以沥粉堆金绘缠枝莲
花,腿部各绘一条四爪金龙。

右壁(5-51):内侧菩萨身高 2.93 米。头戴三角形宝冠,宝冠正中塑一
身带有背屏的坐佛。坐佛下方有一颗宝珠,宝冠边缘为云纹,最下缘为一
排较小的宝珠。底发中分,分绺,头顶束桃形高髻,基本与宝冠等高。眉间
有白毫相,阴刻细拱眉,水泡眼,眼睛微睁,下视。四瓣形嘴,双下颌微收,
耳垂较短,微微外撇,颈部三道褶,胸部袒露,平坦,双臂紧贴身体,双手合
十,置于胸前。跣足立于覆莲台座之上。颈部戴有璎珞,垂至胸前。着双领
下垂式袈裟,两袖、前摆及腿部衣纹呈 U 字形下垂。着彩绘方格纹袈裟,
下摆方格中以沥粉堆金绘莲花,右肩和右袖分别绘一凤一龙,左腿膝盖处
绘一只戏球金狮。

中间菩萨身高 2.93 米。头戴三角形宝冠,宝冠正中塑一身带有背屏

图 5-51　第 4 窟第 5 龛右壁造像

的坐佛。坐佛四周为云纹,底发中分,垂至颈后,头顶束馒头形高髻,稍低于宝冠,缯带从耳侧向前垂落在肩头。眉间有白毫相,阴刻细弯眉,水泡眼,眼睛微睁,下视。四瓣形嘴,双下颌,双耳被头发遮住,仅见宝珠耳环。颈部两道褶,戴有项链,垂至胸前。胸部袒露,平坦,腹部微凸。右肘微屈,离开身体,右手内贴大腿,对折抓住右侧衣带。左臂紧贴身体,肘部弯曲约45°,手掌朝上,握拳,拇指伸直贴在食指侧面,小臂挽左侧衣带。双手腕部戴双环手镯。双足裸露,八字形外撇,立于覆莲台座之上。内着僧祇支,于腹部打结下垂。外着短衫,衣带沿身体两侧垂落身后,拖在覆莲台上。下着长裙,腹部束带。大腿衣纹八字形向两边散落呈 V 形下垂。

外侧菩萨身高 2.84 米。头上宝冠已毁,仅残留一小部分。正中的底发U 形下垂,遮住额头上沿,头顶束桃形高髻。头部轻扬,微微转向外侧。额头较短,眉间有白毫相,阴刻细长眉,眉梢高挑,接近两鬓。杏核斜眼,微睁,下视。四瓣形嘴,嘴角微微上扬。双下颌,耳垂短小,外撇。颈部三道褶,戴有项链,垂至胸前。胸、腹部袒露,胸部平坦,腹部微凸,腰部较细。右胯上提,身体略呈 S 形扭曲。双臂大臂外张,左臂小臂抬起向前伸出,左手半握与胸齐高,拇指伸直压在食指之上,右臂小臂斜向下伸出,右手握拳,空心,手掌朝内,拇指弯曲压在食指之上。双手腕部戴双环手镯,右手手镯已毁。双足裸露,呈八字形外撇,立于覆莲台座之上。上身披披帛,披帛自颈后搭于双肩而后绕大臂垂于身体两侧。下着长裙,腹部束带,向下垂落于裙裾之上,裙裾复杂。腿部衣纹呈 U 形下垂,覆于脚面之上。

左壁(5-52):内侧菩萨身高 2.90 米。与右壁第 1 身正对,十分相似。头戴三角形宝冠,宝冠正中塑一身带有背屏的坐佛,坐佛四周为云纹,宝冠最下缘为一排较小的宝珠,宝珠两端各有一朵向后伸出的莲蕾。底发中分,分绺,头顶束桃形高髻,基本与宝冠等高。眉间有白毫相,阴刻细弯眉,水泡眼,眼睛微睁,下视。鼻梁平直,四瓣形嘴,双下颌,耳垂较短,饰以宝珠耳环。颈部两道褶,戴有项链,垂至胸前。胸部袒露,平坦,腹部微凸。双

图 5-52 第 4 窟第 5 龛左壁造像

臂紧贴身体,双肘呈 90°弯曲,双手自腕部毁损。双足裸露,八字形外撇,立于覆莲台座之上。内着僧祇支,于腹部打结下垂,外着双领下垂式袈裟,腹部一角搭于左臂之上,前摆及腿部衣纹呈 U 形下垂。

中间菩萨身高 2.80 米,戴三角形宝冠,宝冠正中塑一身带有背屏的坐佛,坐佛四周为云纹。底发中分,垂至颈后,头顶束馒头形高髻,稍低于宝冠。右侧缯带沿下颌高度断裂,左侧缯带垂向身后,搭在肩上。眉间有白毫相,阴刻细弯眉,水泡眼,眼睛微睁,下视。鼻梁平直,四瓣形嘴,双下颌,双耳被头发遮住,仅见宝珠耳环。颈部三道褶,戴花式项圈,垂至胸前。胸部袒露,平坦,腹部微凸。左臂微屈,五指微屈抓住左侧衣带,右肘约呈 75°弯曲,手掌朝上,半握拳,拇指伸直,食指损坏,小臂挽右侧衣带。双手腕部戴双环手镯。双足裸露,略呈八字形外撇,立于覆莲台座之上。内着僧祇支,于腹部打结下垂,外着短衫,衣带沿身体两侧下垂,拖在覆莲台上,下着长裙,腹部束带。两膝处为螺旋形衣纹,小腿衣纹呈 U 形下垂,覆于脚面之上。

外侧菩萨身高 2.80 米。头上宝冠已毁,仅残留一小部分。正中的底发呈 U 形下垂,遮住额头上沿,头顶束桃形高髻。头部微微转向外侧。额头扁宽,眉间有白毫相,阴刻细长眉,弧度优美。杏核斜眼,微睁,下视。四瓣形嘴,双下颌,耳垂短小,外撇,左耳宝珠耳环脱落。颈部三道褶,戴有项链,垂至胸前。胸、腹部袒露,胸部平坦,腹部微凸,腰部较细。双臂大臂外张,右臂自肘部断落,左臂小臂斜向下伸出,左手握拳,实心,手掌朝内,拇指弯曲压在食指之上,腕部戴双环手镯。双足裸露,呈八字形外撇,立于覆莲台座之上。上身披披帛,披帛自颈后搭于双肩而后绕手臂垂于身体两侧,下着长裙,腹部束带。腿部衣纹呈 U 形下垂,覆于脚面之上。

6. 第 6 龛

现存造像 9 身,其中坐佛 1 身,弟子 2 身,菩萨 6 身。

正壁(图 5-53):主佛通高 2.33 米,头高 0.84 米,台座高 1.20 米。束低平螺旋发,中有肉髻珠,方圆脸,眉间有白毫,弯眉大眼,镶釉珠,上、下有眼睑,隆鼻,四瓣嘴,唇略厚,双耳垂肩,耳垂有孔眼。短脖,宽肩厚胸,胸半袒。内着僧祇支,腹下系带,身着袈裟,结跏趺坐于叠涩式工字形高台座上,佛座为石胎泥塑。衣裾垂于座前,衣纹写实。身上有明代重妆的沥粉堆金的龙、凤形象。造像面部微带笑容,目光传神,神情和蔼可亲。

图 5-53　第 4 窟第 6 龛正壁造像

左侧弟子迦叶通高 2.73 米,头高 0.47 米。眉毛浓厚,眼睛微眯,额头紧锁,腮部深陷,抿嘴皱鼻,细颈露骨,面部以线刻表现皱纹,略有夸张。半袒胸,内着僧祇支,下系裙,外披半披肩袈裟。

双手握拳于胸前,腕戴手镯,赤脚立于覆莲台上。一派饱经风霜成年相,面部表情严肃可敬。

右侧弟子阿难通高 2.78 米,头高 0.51 米。五官清秀文雅,额头圆润,鼻梁高挺,短颈。半袒胸,内着僧祇支,下系裙,外披宽袖袈裟。双手手掌上下相对,举于胸前,足穿履立于圆形覆莲台上,态度极为虔诚。

左壁（图 5-54）:

内侧菩萨通高 2.92 米,头高 0.67 米。头顶挽高髻, 长发披肩, 戴高冠, 上饰有小坐佛, 面形方圆, 丰腴, 眉间有白毫, 弯眉细目, 双眼镶珠, 隆鼻, 小嘴分四瓣, 两耳垂肩, 耳垂丰厚, 颌下刻有阴线,

图 5-54　第 4 窟第 6 龛左壁造像

短脖有颈线,宽肩。上身袒露,戴串珠、坠饰、项链,下系长裙裹腿,裙腰翻边下垂,肩披帔巾,帔巾自肩斜绕腰部于臂弯自然飘垂而下。双手掌心上、下相对举至胸前。腰细,腹微凸半露,姿态优雅地立于圆形覆莲台上。

中间菩萨通高 2.88 米,头高 0.67 米。高挽发髻于头顶部,戴花冠,面相似内侧菩萨,宽肩,丰胸,半袒上身,颈戴串珠花饰项链,内着僧祇支,下系裙,身披双领下垂袈裟,双手合掌于胸前,双眼微微下视,跣足立于圆形覆莲台上。神情虔诚含蓄。

外侧菩萨通高 2.87 米,头高 0.66 米。发髻高挽于头顶部,所戴高冠饰有小坐佛。上身穿窄袖紧身短上衣,胸部对称塑旋涡纹。露腹部脐眼,下系长裙裹腿。跣足立于圆形覆莲台上,一手臂举于胸下,一手臂握拳放于腹侧,身体微微朝外斜扭,头微抬,双目下视,双唇紧闭。这尊菩萨造像高大、

图 5-55　第 4 窟第 6 龛右壁造像

图 5-56　第 4 窟第 7 龛正壁造像

丰腴、体健,身上施有五彩沥粉堆金花饰图案,色彩较鲜丽,衣纹写实,褶襞自然飘垂。

右壁(图 5-55):内侧第一身菩萨通高 2.96 米,头高 0.70 米,与左壁内侧菩萨相似,菩萨腕戴手链。第二身菩萨通高 3.02 米,头高 0.78 米,与左壁中间菩萨相似。第三身菩萨通高 2.89 米,头高 0.71 米,与左壁外侧菩萨相似,上齿微露,面部表情祥和自然,华贵矜持。

7. 第 7 龛

现存造像 9 身,其中坐佛 1 身,弟子 2 身,菩萨 6 身。

正壁(图 5-56):主佛通高 2.34 米,头高 0.74 米,台座高 1.20 米。束低平螺旋发,中有肉髻珠,方圆脸,眉间有白毫,弯眉大眼,镶釉珠,上、下有眼睑,隆鼻,四瓣嘴,唇线明晰,双耳垂身,短颈上有二道颈线,宽肩厚胸,袒胸。内有僧祇支,腹下系带,身着袈裟,裙裾裹腿缠足。结跏趺坐于工字形佛座上,佛座为石胎泥塑。双脚心朝上,衣裾下垂呈弧状形,衣纹写实,质感厚重。双手掌心搓合相对,举至胸前,做说法印。衣饰为明代重妆,有沥粉堆金的龙、凤饰纹。浮塑有莲瓣形背光。左侧弟子迦叶通高 2.75 米,头高 0.43 米。额头紧锁,浓眉细眼,高颧瘦颊,翘颌抿嘴,面部塑作夸张,脖颈露筋骨。内着交领衫,下系长裙,外披交领袈裟。双手拱拳于胸前,头微微抬起,目眈视前方,跣足立于覆莲台上,一派饱经世故之神态,表情严肃可畏。右侧弟子阿难通高 2.80 米,头高 0.48 米。面形圆润,弯眉、细眼上挑,直鼻小嘴,五官清俊、敦厚,短颈,有颈线。袒右肩,内着僧祇支,下系裙,外披袈裟,巾角自右肩、右臂弯至内侧折叠而自然垂下,双手举至胸前,手已残。跣足立于覆莲台上。造像高大硕健、敦厚朴实、丰腴饱满、雍容华贵,写实感强。

左壁(图 5-57):内侧菩萨高 3.07 米,头束高髻,戴花冠,长圆脸,眉弯细眼上挑,直鼻,四瓣小嘴,两耳垂肩,短颈,有颈线,袒胸。内着僧祇支,下系长裙裹腿,双肩披宽博帔巾,巾带于两臂弯折叠,自然地飘垂而下。双手持一供养法器举于胸前,法器口微残。双目微微下视,虔诚而立。中间菩萨高 3.05 米,面容恬静,跣足立于覆莲台上。手指塑作细腻而修长,发式、面部、胸饰的大小式样均与外侧菩萨相同。袒胸,内着僧祇支,下系裙贴体,外披袈裟双领下垂。一手举至胸前,一手提衣角,垂于腿面。头微微抬起,面朝外侧,双目下视。造像头部微向左侧,似带微

图 5-57　第 4 窟第 7 龛左壁造像

图 5-58　第 4 窟第 7 龛右壁造像

笑,流露出一副典雅华贵的气派。外侧菩萨高 3.04 米,形象同中间菩萨,袒上身,下系裙,双肩披宽博帔巾。右手举于胸前,左手紧贴腿部,双臂残失,面微朝外,双目下视,神情庄重、和蔼、慈祥。

右壁(图 5-58):三身菩萨造型及特征与左壁菩萨各自对应,基本相同。其中内侧菩萨,通高 3.02 米,头高 0.65 米。中间菩萨通高 2.93 米,头高 0.62 米。外侧菩萨通高 2.92 米,头高 0.62 米。

二、前廊造像

1. 两身力士

这两身力士俗称"哼哈二将",宋代作品,是麦积山现存体量最大、高度最高的宋代单体泥塑。

前廊左侧的力士,即为哈将,高 4.00 米(图 5-59)。头束发髻,发冠残,怒目蹙眉,狮鼻阔口,张嘴露齿,做呵斥状。粗颈端肩,上身袒露,披帛搭肩,自颈部后侧沿双肩绕腋下飘下向后飞扬,胸饰宝花项链,下着翻边短裙,裙翻边外侧下端有结带垂下,衣裙下端似被风吹,向后扬起。戴饰绳纹状的手环、臂钏及脚环。右手握拳扬臂高举,上身前倾左扭,做出向下猛砸的架势,左手拄圆柄四棱长鞭于腰侧,跣足横跨于山形台基上。肌肉凸显,神态威猛,有气吞河山、横扫一切之气势。该力士因年代久远,身上多有破损,右腋下有一洞,右手食指、小指毁,右脚拇指、无名指、小指部分残损,左小腿表面风化剥落严重,并有开裂现象,左脚前端大部分残毁,肩左侧披帛中段残毁，下段有多处断裂及磨蚀痕迹，右腋下披帛全毁。腹部及腿部有多处刻画痕迹，全身表面有多年沉积尘埃。足下台基中部石胎外露，泥塑山形边缘多处残毁。

前廊右侧的力士，即为哼将，高4.30米（图5-60）。头戴化佛宝冠，颈饰宝花项链，下着战裙，戴饰绳纹状的手环、臂钏及脚环。额前中部突起，形似圆形肉珠，眉毛浓厚，眉骨突出，紧锁眉头，怒目圆睁，眼珠外突，抿嘴皱鼻，鼻梁高挺，鼻头硕大，头偏向右侧，怒视前方。左手握拳侧举，右手屈肘横放于腹前呈半握状，本应也有兵器在手。双腿呈八字形叉开，蹬踏于山形台基上，造像整体肌肉突出、雄健魁伟、孔武有力、彪悍勇猛，给人以极强的威慑之感。左手五指毁，左脚拇指、食指表层剥落，无名指及小指毁，右脚仅存拇指及食指，表层剥落，双脚面泥皮大多剥落，左小臂表层泥皮开裂，右小腿表面有多处裂痕及脱落，腹部有多处刻画痕迹，全身突凸部分有许多尘埃沉积，右腋下及左腿后侧披帛残毁。

图5-59 第4窟前廊左侧力士

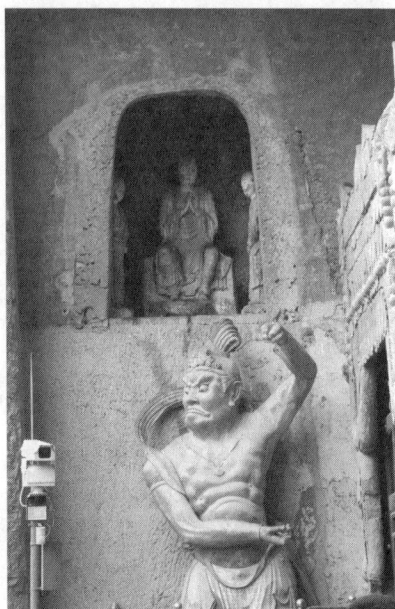

图5-60 第4窟前廊右侧力士

这两身宋代力士造像比例协调准确,肌肉筋健饱满发达,显得魁伟高大、孔武有力和剽悍无畏,充分体现出宋代造像高超的技巧和风格,是麦积山宋塑造像的精品之一。

2. 长廊左右壁耳龛内造像

长廊右壁上部耳龛,即文殊龛(图 5-61),龛内现存造像 5 身,即文殊坐像 1 身,弟子 3 身,菩萨 1 身。龛内造像为宋塑,明代重新妆塑施彩。

文殊菩萨身高 1.54 米,盘发戴冠,宝缯下搭两肩,宝缯残破处可见铁条,眉间有白毫相,面形长圆丰满,弯眉,突目悬鼻小口,短颈端肩,身穿双领下垂袈裟,双手合十,倚坐于方形高台座上,光脚踩于莲台之上。左右两侧的菩萨及弟子均立于长方形坛台之上。右侧内青年弟子高 1.41 米,双手抱拳,面向文殊而立。头顶、颈部、手腕等处有多处开裂及剥落痕迹,表面有多处积尘及白灰污渍。右侧外菩萨高 1.26 米,头梳发髻,发冠残,上身袒,左右手分上下屈肘横置于腹前,下系长裙,裙上缘外翻,披帛自左肩打结后斜披而下,赤足立于方形台基上。发髻微残,鼻子毁,面部轻微剥落,颈部开裂,两臂及手面均有裂痕及剥落,右足趾毁。左侧内弟子高 1.38 米,为老年弟子形象,双手抱拳,上身袒,下着裙。头顶微残,右手腕有裂痕,双足断裂,周身有多处白灰污渍,其余则大致完好。左侧外青年弟子高 1.35 米。右颊部分剥落,面部轻微开裂并脱落,颈部一裂痕,左手背剥落,其余各处除少许白灰污渍外,基本完好。

图 5-61　第 4 窟前廊右壁上部文殊龛

前廊左壁上部耳龛,即维摩诘

龛(图 5-62),龛内现存造像 5 身,即维摩诘 1 身, 侍女 3 身, 菩萨像 1 身。造像原作应为宋塑,但遭明代重新塑绘。

维摩诘高 1.05 米,头戴荷叶形头巾,面相苍老而又清癯,双目略下视,俯首弯腰,左手抚膝,右手持芭蕉拂尘, 坐于方形高台座上, 座高 0.61 米。内穿交领衫,外穿对襟宽袍, 表面清代重新彩绘, 并画有胡须。女胁侍像为中分式阴刻高髻,面形长圆丰满,弯眉,悬鼻,口小,嘴角内敛,穿交领宽袖短袍,下系长裙,

图 5-62　第 4 窟前廊左壁上部维摩诘龛

外披坎肩,腰间多系带下垂;神情虔恭肃穆,体态庄重。右侧里面一身侍者身高 1.26 米,外侧的菩萨高 1.19 米。左侧里面侍者身高 1.34 米,外侧侍者身高 1.32 米。龛内造像多有残损,其中的两身像还有火烧痕迹,加之龛内多有鸽子及松鼠栖居,故污损也较为严重。

第六章

麦积山第 4 窟与其他地域石窟的关系

本章将第 4 窟置于中国石窟发展史的大背景中去考虑，对第 4 窟与其他地区石窟之间可能的联系予以讨论。任何石窟的营建都不可能是闭门造车的结果，必然受大环境下各区域的各种文化影响，因此本章讨论的对象也就不限于北朝末期的相关石窟。

第一节　研究现状及概述

关于麦积山北周洞窟,诸多学者已经做了许多研究①。但是专门对第
4 窟进行比较研究的成果尚不多见②。其中,陈悦新先生对第 4 窟的建筑
及装饰与其他石窟寺之间关系的探讨最多,先后有数篇文章对此进行讨
论。其在《麦积山石窟与响堂山石窟差异》一文中,认为西魏北周时期的麦
积山石窟与当时都城地所在长安之间的关系最为密切,具有该时期石窟
开凿的中心地位,而响堂山石窟则是东魏北齐时期石窟开凿的典型,与皇

---

①主要有阎文儒《麦积山石窟的历史、分期及其题材》、董玉祥《麦积山石窟的分期》、张学荣
《关于麦积山石窟中的北周洞窟、造像和壁画》、金维诺《麦积山石窟的兴建及其艺术成就》、李西
民《试论麦积山石窟艺术史上的六个高潮》、张锦秀《麦积山北周重点洞窟述评》及《麦积山石窟
志》、东山健吾《麦积山石窟——云海中微笑的众佛及其系谱》、八木春生《天水麦积山石窟编年
论》、汪保全《略论六世纪政治形势对天水佛教文化发展的影响》、孙晓峰《谈麦积山石窟的北周窟
龛》、魏文斌《文化遗产麦积山石窟》等诸位先生的文章。
②冯国瑞先生在其《天水麦积山石窟介绍》(《文物参考资料》1951 年第二卷第 10 期)一文
中,首次将麦积山第 4 窟与敦煌石窟进行了比较;东山健吾先生在其《麦积山石窟的创建与佛像
的源流》(《敦煌研究》2003 年第 6 期)一文中,对第 4 窟建筑、装饰、影塑等方面表现出的特征与
其他地区出现的类似形象进行了简单比较。

室之间关系密切。她通过窟龛形制、题材布局、佛像服饰这三方面的对比分析，认为两地石窟各自遵循了自身的发展轨迹，都受到南朝佛教造像的影响，但是受影响的时间和程度各有差异，而麦积山北周后期的石窟开凿则受到了东魏的影响①。

　　陈悦新先生的这篇文章，对于麦积山西魏北周时期受到中原、南朝、东魏三方面影响的判断无疑是准确的，但是仍有几点需要注意：首先就是对麦积山所在的秦州是西魏北周时期文化中心的认识是有所夸大的。秦州作为当时这两个政权的大后方，其地位无疑是非常重要的，这一点笔者在第一章中已经做过专门的说明。但是作为文化中心的只能是当时的都城长安，因为作为文化中心，那就必须对周边区域具有影响力，形成一个文化辐射区，这一点只有长安才能做到。长安地区陆续出土的各种佛教造像也表明，当时的长安地区对于境内其他区域的佛教造像的影响是巨大而直接的。陈悦新先生在其《中心文化对北朝麦积山石窟的影响》一文中，对西魏北周时期的秦州与洛阳长安、邺城等北方文化中心之间的关系做了说明，主要结合龙门石窟、响堂山石窟的佛衣特点做了比较，进而说明秦州只是一个不同文化的汇集地，而非文化中心。陈悦新先生在另外一篇文章中，进一步完善了这一说法，认为秦州在西魏北周境内具有次文化中心地位；其次，对于立体帐架，也就是四角攒尖顶窟顶，指出了其在麦积山出现和流行的时代，并认为其主要是对中原北方生活用具的写实化发展，但是没有对麦积山石窟在西魏时期出现的四角攒尖顶与三壁三龛组合的洞窟形制进行溯源的探讨与说明。只从中原北方生活用具这一角度去说明和思考是不甚充分的，因为任何窟龛形制的出现都是有一定依据和发展脉络的，这一点将在后面进行专门的说明和讨论。

---

①陈悦新《麦积山石窟与响堂山石窟差异》，《北京理工大学学报》（社会科学版）2005 年第 4 期。

　　在《西魏北周时期的麦积山石窟》一文中,陈悦新先生认为,西魏北周时期,麦积山石窟所反映的内容可表明,与西魏北周的文化中心长安相比,麦积山所在的秦州具有次文化中心地位。她认为响堂山石窟影响到了麦积山石窟,而麦积山石窟又对须弥山石窟和莫高窟形成了一定的影响。具体来说,麦积山第4窟的龛形及帐饰受到了北响堂南洞外唐邕刻经碑正面所开帐形龛的影响。关于麦积山与须弥山,她认为北周时期的麦积山石窟主要是对须弥山石窟的佛装与题材内容方面产生了影响。须弥山北周第45、46窟帐形龛的龛饰受到麦积山第4窟的帐形龛的影响。而麦积山北周流行的七佛可能也影响到了须弥山石窟第51窟。关于麦积山石窟与莫高窟,她认为麦积山第4窟诸龛三壁贴塑三排影塑千佛的做法影响到了莫高窟北周第428窟[①]。

　　陈悦新先生将秦州定位为该时期的次文化中心是比较合理和准确的。但是有三点需注意:首先,关于唐邕刻经碑正面帐形龛影响了麦积山第4窟这一观点尚需考虑,不能仅仅依据这一个例证来说明二者之间的相互影响关系。正如笔者在第二章中对第4窟相关历史的考证,麦积山第4窟开凿早在公元559年之前,在公元565年庾信登临麦积山的时候已经是规模具备,基本完工。而唐邕刻经碑在这一阶段尚未动工开凿,因此,从时间的先后这一点就无法得出麦积山第4窟的龛形及帐饰是受到了北响堂南洞外唐邕刻经碑正面帐形龛影响这一结论。其次,关于须弥山北周窟龛与麦积山北周窟龛之间的关系,特别与第4窟之间的关系,不能简单地认为是麦积山影响了须弥山。须弥山所在的原州在西魏及北周时期,其政治及军事地位绝不低于秦州,以原州李贤兄弟为代表的李氏家族,其与宇文泰为首的西魏及北周统治者的关系非同一般,是宇文氏家族的重要盟友,北周时期须弥山石窟的开凿与李氏兄弟有着直接的关系,加之原州

---

①陈悦新《西魏北周时期的麦积山石窟》,《中原文物》2006年第4期。

是长安西出的大门,临近长安,从交通路线和其本身特性分析,北周时期的须弥山受长安地区佛教造像的影响可能更为直接和更显合理。还有,至于在这两个石窟中出现了同样的特征,比如帐形龛外两侧的流苏的上端衔在龙、凤、象口中等,则极有可能是二者同时受到了长安地区影响的结果,并不一定非得是它们二者谁影响了谁,它们都属于长安这个文化、经济和政治中心的辐射区。西安草滩李家街村出土的一批白石龛像里就有流苏一端自龙口下衔的实例,虽然无法确认二者之间雕凿的时间先后,但是草滩这一批白石龛像是代表了当时长安地区佛教造像的高超水平的,其应该具有样板性的示范作用,而这种龛形造像的出现受麦积山第4窟影响的可能性实在不大。其实龙口衔流苏下垂的形象,早在北魏时期就有出现,山西大同智家堡北魏石椁墓上所刻的夫妻并坐像座帐的两侧就有这一形象,因此单就这一形象来说,其最早也不是出现于麦积山第4窟,更不是麦积山第4窟所独创。

1975 年,在陕西省西安市未央区草滩街道办事处李家街村,出土了17 件白石佛龛像。这一批白石佛龛像均为长方形,大小基本相同,长40 厘米左右,宽 28 厘米左右。龛饰为浅浮雕,龛内造像为高浮雕,龛内的造像组合有一佛二菩萨、一佛二弟子、释迦多宝二佛并坐和五佛组合,以一佛二菩萨组合为主。张建峰先生根据这些白石造像龛楣形式的不同,将其分为三类:天盖龛(即伞盖龛)、帷幕龛和火焰顶龛①。按照其分类,麦积山第4 窟出现了其中的两类,即天盖龛和帐幕龛②。草滩李家街村出土的这一批白石龛像,是西安地区出土的最有代表性的佛教造像,用白石雕凿,技艺精湛,手法精美,代表了北周长安地区造像的最高水平,对长安地区及

---

① 中国社会科学院考古研究所《古都遗珍——长安城出土的北周佛教造像》,文物出版社,2010 年,第 106—108 页。

② 即第 4 窟诸龛外立面的帷幕龛和诸龛内正左右三壁上方所贴的影塑千佛所坐的天盖龛。

北周境内其他地区的佛教造像产生了深远的影响。按照张建峰先生的统计,西安出土的北周石刻佛教造像中,选用的石质以白石和青石为主①,这反映出北周时期长安地区佛教造像选材用料的特点及偏好。

关于草滩李家街村出土的这一批白石造像龛,王敏庆和孙晓峰等学者先后撰文进行了比较研究。王敏庆认为草滩李家街村出土的白石造像龛的样式很可能与北周最高统治者有关,代表的是北周正统的官方造像样式,并主要对须弥山北周的窟龛及造像风格产生了重要影响②。孙晓峰在其文章中,初步讨论了北周时期长安佛教对麦积山石窟的影响。他将这批白石造像的制作年代定为西魏末至北周初年,其用途应该是北周时期佛教建筑上的镶嵌艺术品。他认为这批白石造像在龛像样式、造像特点、艺术风格等方面与同时期西安地区出土的北周造像有很大差异,展现出一种全新的时代风貌,在继承关中、长安地区造像特征的同时,又融合了当时中原及南朝地区佛教造像因素,并对毗邻的天水麦积山石窟北周造像产生了重要影响③。

草滩出土的北周白石造像龛所蕴含的信息非常丰富,单单从图像及龛饰特征来判断,不管是须弥山石窟还是麦积山第4窟,与其都有着很多的相似之处。

以上即为对目前麦积山北周时期的石窟与其他地区石窟之间的比较研究的概括说明。

---

①中国社会科学院考古研究所《古都遗珍——长安城出土的北周佛教造像》,文物出版社,2010年,第104—105页。

②王敏庆《北周佛教美术研究——以长安造像为中心》,社会科学文献出版社,2013年,第26—32,87—91页。

③孙晓峰,曹晓玲《长安与麦积山石窟北周佛教造像比较研究——以西安北草滩出土的北周白石龛像为中心》,《敦煌研究》2014年第1期。

第二节　麦积山石窟与山西羊头山
石窟之间的关系

　　关于麦积山北朝晚期石窟窟形及造像组合与山西羊头山北朝晚期石窟之间的关系,目前尚无学者专门予以讨论。经初步比对研究,山西羊头山北朝晚期的石窟,与麦积山西魏、北周时期的石窟有着明显的关系。

一、羊头山石窟

　　羊头山位于山西高平市城北 23 公里的团池乡北部。该山为太行山余脉首阳山之主峰,因山势状若羊头得名,石窟开凿在羊头山南坡,石窟也因之得名。羊头山石窟因为开凿所在的山体地质条件所限,洞窟开凿比较分散,共 10 个区域,洞窟 9 个,摩崖龛像 3 处,北魏至唐代石塔 6 座,北魏造像碑 1 通。半山腰有清化寺遗址①。据调查报告可知,羊头山在北魏孝文帝时期就有开龛造像的可能, 最早期的洞窟开凿年代大致为北魏孝文

---

　　①张庆捷,李裕群,郭一峰《山西高平羊头山石窟调查报告》,《考古学报》2000 年第 1 期。本文中关于羊头山石窟的相关内容和窟龛编号,皆来自该调查报告,故不再标注。

太和晚期至宣武帝景明初,即公元 499 年前后。调查报告认为羊头山石窟受云冈石窟影响较大,尤其是北魏迁都洛阳后,云冈石窟仍然对其产生着影响。

二、羊头山石窟与麦积山西魏北周石窟的比较

1.关于四角攒尖顶

就石窟而言,在目前所知石窟中,四角攒尖顶的窟形最早出现于山西羊头山石窟。"良侯店石窟是迄今为止发现最早使用覆斗顶、三壁三龛的石窟,以后山西小型石窟大多沿袭此制。……从目前的资料看,羊头山石窟是迄今为止发现最早使用攒尖顶的石窟。……这种形制是具有地方特色的。"①而这种具有地方特色的四角攒尖顶窟却在麦积山西魏石窟出现,并且在北周大为流行,成为麦积山北周石窟的基本窟形。也就是说,麦积山北朝晚期出现的三壁三龛与四角攒尖顶结合或者北周的四角攒尖顶是受到晋中、晋东南地区小型石窟的影响而发展起来的。

2.羊头山石窟与麦积山石窟相关洞窟的比对

羊头山石窟第 5、6、7、8、9 窟皆为平面横长方形、三壁三龛、四角攒尖顶窟(图 6-1)。麦积山洞窟中三壁三龛的洞窟形制在北魏末和西魏时期特别流行,诸如第 127、135、44 等窟。

羊头山石窟第 9 窟为平面横长方形、四角攒尖顶窟,三壁三龛。四壁略内倾。主尊为三佛,窟门外两侧各有一力士,正、左、右、前四壁皆雕千佛小龛,窟顶四坡皆为素面。第 8 窟形制与之相同,三壁也是满雕千佛小龛,但是窟门外两侧各雕一立佛,第 7 窟窟形一致,但窟门外两侧无雕像。羊头山石窟该类型的洞窟(第 5、6、7、8、9 窟)皆为重形窟门,即外门作圆拱

---

①李裕群《山西北朝时期小型石窟的考察与研究》,见《汉唐之间的宗教艺术与考古》,文物出版社,2000 年,第 52 页。

龛形,有圆形门柱,尖拱门楣,内门作长方形,可安设木质窟门。第 6、8 窟窟内四壁前设低坛,第 5 窟平面呈倒梯形,而非规整的横长方形,并且前壁无雕饰。这种洞窟形制及造像组合和麦积山石窟第62窟一致,或者可以说羊头山石窟第 5、6、9 窟直接影响了麦积山第 62 窟,特别是第 6 窟窟外立面的处理方式,将崖面向里凿成一个垂直面,两侧各雕一力士像,与麦积山第 62 窟做法完全一致。

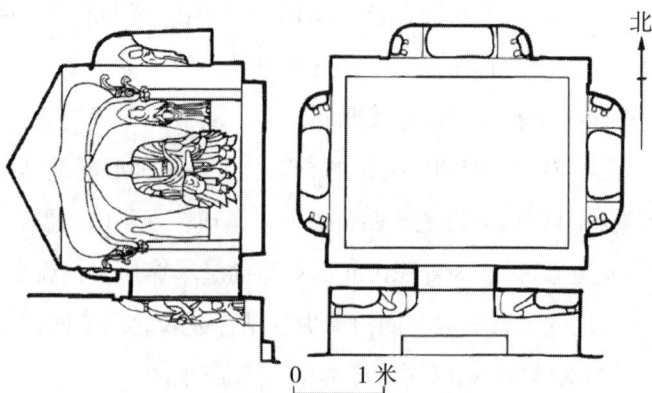

图 6-1　羊头山第 6 窟测绘图(采自《山西高平羊头山石窟调查报告》)

图 6-2　羊头山第 6 窟外天王(采自《山西高平羊头山石窟调查报告》)

　　羊头山第6窟窟门外两侧各雕力士像一身,均高138厘米,桃尖形头光,宝缯上扬,颈饰桃形项圈,披巾在腹部穿环交叉,呈X形,上身袒,手持金刚杵,一腿直立,一腿前伸踩狮,两身力士相对而立(图6-2)。其披帛呈X形在腹际穿环交叉的特征和麦积山西魏造像一致,如麦积山西魏第44窟正壁左侧菩萨、第102窟菩萨、第135窟石雕菩萨像等(图6-3,6-4,6-5)。2008年,在麦积山山顶舍利塔出土了两身天王像,一身较为完整,高144厘米,脚踩小鬼,椭圆形头光,两侧宝缯上扬,戴头冠及桃形项圈,右手握金刚杵,披帛呈X形穿环交于腹部,腰带束裙(图6-6,6-7)。这与羊头山石窟第6窟的两身力士非常相像,并且体量和大小也基本相同,这一联系值得注意。

　　羊头山第4窟为平面方形,四壁满雕千佛小龛,仅正壁下方接近地面处有一列佛龛,共计5个,大小是其他小龛的2倍多,左右壁中部各雕一

图6-3　麦积山第44窟正壁左侧菩萨穿环披帛

图6-4　麦积山第102窟菩萨穿环披帛

图 6-5　麦积山第 135 窟石雕菩萨穿环披帛　　　图 6-6　麦积山舍利塔出土天王像

图 6-7　麦积山舍利塔出土天王像　　　　　图 6-8　麦积山第 127 窟内景图
　　　　　线描图(臧全红绘制)　　　　　　　　　　　　(采自金维诺先生文章)

佛龛,约占 4 个千佛小龛的面积,窟前曾有木质窟檐,这种窟龛形制在麦积山北朝末期非常流行。

从上面的几个对比实例可以看出,羊头山石窟在造像组合、窟龛形制、造像特点等方面,均与麦积山西魏北周窟龛之间有着密切的关系,可以说麦积山西魏时期的窟龛形制及造像组合直接受到了羊头山石窟的影响,并且延续到了北周,使得平面方形四角攒尖顶的窟龛形制成为北周最主要的龛形组合。

三、羊头山石窟对麦积山石窟产生的影响

羊头山石窟位于晋东南地区,该区域处在连接平城与洛阳的重要交通线路之上,并且该石窟所表现出来的一些特征要早于龙门石窟,因此羊头山石窟虽然是一处小型石窟,但其重要性却不可轻视。麦积山石窟虽然偏处秦州一隅,但中心文化对其产生的影响却一直持续未断,这种情况说明了丝绸之路对于文化传播的重要作用,特别是对沿线石窟寺的营建起到了至关重要的联系和沟通作用。正是因为处于丝绸之路长安段南线的这一位置,使得麦积山石窟对于其他区域石窟艺术的吸收和融合成为可能,这一点从其受羊头山这一小型石窟影响上就可见一斑。

那么,羊头山石窟为什么能对麦积山北朝晚期的石窟的营造产生影响呢?或者说,以羊头山石窟所在区域的影响力何以能够对麦积山石窟产生这么大的影响?

笔者觉得,应该从功德主的身份以及工匠的传承或者流动这两方面去考虑。

麦积山东崖第 44 窟窟形大半已残,但根据残存推测,其应该为平面方形、三壁三龛、四角攒尖顶窟,该窟主尊是麦积山最为精美的泥塑代表之一,被认为是以乙弗氏本人为原型所制作。其工匠水准代表了当时西魏时期的最高水平,或者说是当时长安地区的皇家级别。那么第 44 窟所代

表的这种洞窟和羊头山石窟之间的关系该怎么去理解？麦积山第 127 窟被认为是乙弗氏的功德窟①，也是平面横长方形、三壁三龛窟（图 6-8），可以说和羊头山石窟北朝诸窟非常相近。也有学者认为麦积山第 135 窟才是乙弗氏的功德窟。值得注意的是，该窟前壁的明窗开凿明显是受到了云冈石窟的影响，诸如云冈石窟第 7、8 窟。麦积山第 135 窟也是平面横长方形、三壁三龛窟，但该窟正壁原本只有正中一龛，后代重修时又在该龛左右开凿了两个较小的佛龛，因此该窟开凿之初为三壁三龛窟。姑且不去讨论麦积山第 127、135 窟与乙弗氏的关系，这两窟的基本窟形大致相同确实毋庸置疑，这也就不妨碍对于羊头山石窟与麦积山石窟之间关系的讨论了。

最晚在西魏时期，麦积山石窟已经受到羊头山石窟的直接影响了。那么，二者之间联系的纽带是什么呢？

麦积山石窟北朝晚期洞窟中最有名的功德主或者供养人非乙弗氏莫属。

对于乙弗氏其人其事及其与麦积山的关系，已经有众多学者进行过研究和论述，兹不赘述。乙弗氏是麦积山石窟开凿史上最重要的一个关联人物，对麦积山西魏窟龛的开凿有着直接影响。关于乙弗氏，《北史》卷十三《列传第一·后妃上》中如此记载：

> 文帝文皇后乙弗氏，河南洛阳人也……父瑗，仪同三司、兖州刺史。母淮阳长公主，孝文之第四女也……年十六，文帝纳为妃。及帝即位，以大统元年册为皇后……生男女十二人，多早夭，唯太子及武都王戊存焉……命后逊居别宫，出家为尼。悼后犹怀

---

①见金维诺《麦积山石窟的兴建及其艺术成就》，郑炳林，沙武田《麦积山第 127 窟为乙弗氏皇后功德窟试论》，孙晓峰《天水麦积山第 127 窟研究》等文。

猜忌,复徙后居秦州,依子秦州刺史武都王。帝虽限大计,恩好不
忘,后密令养发,有追还之意……六年春……因命武都王前,与
之决。遗语皇太子,辞皆凄怆,因恸哭久之。侍御咸垂涕失声,莫
能仰视。召僧设供,令侍婢数十人出家,手为落发。事毕,乃入室,
引被自覆而崩,年三十一。凿麦积崖为龛而葬,神柩将入,有二丛
云先入龛中,顷之一灭一出,后号寂陵。

　　这段历史记载是麦积山石窟历史上为数不多的由正史记载的重要信
息。从这段历史记载可以推测出,乙弗氏出家为尼,徙居秦州之后,在秦州
最常去或者久住的地方就是麦积山所在的寺院, 这也是其死后在麦积山
凿龛而葬的最主要原因。"召僧设供,令侍婢数十人出家,手为落发"之事,
也极有可能发生在麦积山当时的寺院中。但是以往的学者都忽略了一个
重要的信息。那就是乙弗氏乃"河南洛阳人也",这是一个非常重要的信
息。根据相关历史记载,乙弗氏出生于洛阳,之后出嫁于文帝,奔迁长安之
后,便居于长安皇宫。作为洛阳人氏的乙弗氏,其在麦积山修行及其死后
葬于麦积山,这对麦积山西魏一朝的洞窟开凿起到了最重要的影响作用,
而这就是自北魏末期就流行于洛阳地区的平面方形、三壁三龛窟在麦积
山得到流行的最主要原因,也就是只出现于羊头山石窟的这种平面方形、
三壁三龛、四角攒尖顶窟却在麦积山出现的直接原因。
　　羊头山所在地,在北魏时期属建州的高都郡,北魏迁洛之后,建州郡
曾隶属于洛阳司州,与洛阳地区关系密切。建州是联系北魏平城与洛阳之
间的交通要道所在, 这也是羊头山石窟能够受到云冈和洛阳石窟影响的
最主要原因。公元 534 年,北魏分裂,东西分野,首都洛阳的官僚和百姓按
照各自的选择和追求, 分别流向长安和邺城这两个新的政治中心。时年
25 岁的洛阳人氏乙弗氏,作为南阳王元宝炬的王妃,和元宝炬一起追随
魏孝武帝从洛阳西向入关,到达长安。次年,元宝炬即位,即西魏文帝,立

乙弗氏为皇后。在由洛阳至长安的过程中，以文帝和乙弗氏的地位和身份，携带熟知洛阳地区石窟开凿或者特点的工匠及人员是很正常的，而后因为乙弗氏与麦积山特殊的关系，将该区域石窟的营造特点引入到麦积山也就不足为奇了。

北朝晚期战乱纷扰，人口流动频繁，洛阳地区又是北周与北齐争夺的主要区域，因此两地之间的各种联系当不在少数，特别是战争带来的人口迁移与俘虏问题还是很正常和普遍的。因此开凿洞窟的工匠和僧侣也有可能因为战争的席卷而带动了长安与洛阳地区的石窟艺术交流，从而影响了秦州地区的麦积山石窟的开凿。

四、关于小型三壁三龛窟功用的说明——"凿仙窟以居禅"

羊头山石窟、麦积山石窟北朝晚期石窟多有这种小型的三壁三龛窟。正如前文所说，出现这种情况的原因比较复杂，有受功德主、供养人实力的限制，也有受山体或者崖面具体情况的影响。但从佛教石窟的功用这一角度来考虑，则主要可能是受当时佛教修行方法的影响所致。刘慧达在其《北魏石窟与禅》一文中对此有着详细的论述[1]。

汤用彤先生的《汉魏两晋南北朝佛教史》一书对于北魏佛教开凿石窟与重禅的论述非常详细，对研究北朝石窟具有开创性意义。丁明夷在其文章《云冈石窟研究五十年》中认为，云冈第三期窟龛，进一步向符合禅观方面发展：一部分内容为"法华三昧观"所要求的主要形象，而四壁重龛窟和四壁三龛窟（即三壁三龛窟，笔者注）这两种小型石窟又多据《禅经》要求的主要形象造出，实际是为僧人禅居所开凿，由此认为当时云冈石窟的习禅之风极盛[2]。贺世哲先生也曾指出我国北方一些著名石窟的开凿也多与

---

①刘慧达《北魏石窟与禅》，《考古学报》1978 年第 3 期。

②丁明夷《云冈石窟研究五十年》，见《中国石窟·云冈石窟》（二），文物出版社，1994 年，第174—186 页。

禅僧有关[①]。

　　禅修对于理解羊头山石窟和麦积山石窟北朝洞窟中出现的小型三壁三龛窟至关重要。但对于麦积山,还不能简单地以修禅来定义洞窟开凿的性质和功用[②]。从麦积山第 127、135、4 窟等北朝晚期开凿的大型洞窟来看,虽然第 127、135 窟也是平面横长方形、三壁三龛的窟,但按照目前的研究成果来看,其已经定性为纪念性的洞窟,或者说是为某人而做的功德窟,而不是习禅窟。麦积山第 4 窟之性质和功用,庾信在其铭文中直接点明,其是大都督李充信"为亡父造七佛龛",乃是"说法之堂"和"思亲之供",可以说与北魏时期流行的禅修并无多大关系。从以上的分析可知,北朝晚期自西魏开始,麦积山石窟相关窟龛因为乙弗氏这一关键人物的出现而发生了洞窟形制的改变,从而影响了北周窟龛形制的选择和发展,这也体现了麦积山石窟区域性发展的特征,也就是说虽然麦积山北朝晚期出现的平面方形、三壁三龛窟的窟龛形制受到羊头山石窟的影响,但到了北周时期,以第 4 窟为代表的北周洞窟又将七佛与平面方形、四角攒尖顶进行了组合,发展出了麦积山独有的特色窟龛形制和造像组合。

---

①贺世哲《敦煌莫高窟北朝石窟与禅观》,《敦煌学辑刊》1980 年第 1 辑。
②关于麦积山初期洞窟的禅观,详见久野美树、官秀芳《中国初期石窟及观佛三昧——以麦积山石窟为中心》(《敦煌学辑刊》2006 年第 1 期)。

第三节　麦积山第 4 窟与安阳小南海石窟

东魏北齐邺城地区石窟主要包括响堂山石窟和安阳小南海石窟,关于响堂山石窟与麦积山石窟之间的关系,诸多学者专家已经多有讨论,均认为响堂山石窟对于长安地区及麦积山石窟产生了明显的影响。但是对于河南安阳小南海石窟与麦积山第 4 窟之间关系的讨论,目前尚无专论,本节主要讨论河南安阳小南海石窟与麦积山第 4 窟的关系。

一、安阳小南海石窟

河南安阳小南海石窟,位于河南省安阳市安阳县灵泉寺东南 5 公里善应村龟盖山南麓,面临洹水,因为靠近小南海山泉不远,故称之为小南海石窟,均开凿于北齐天保年间(550—559),即北齐文宣帝高洋在位期间①。现存三座小型禅窟,皆开凿于龟盖山南麓的石灰岩崖壁上,三窟规模大小相当,窟内造像皆为石刻,风格与题材大同小异,三窟平面均呈方形,拱形窟

---

①河南省古代建筑保护研究所《河南安阳灵泉寺石窟及小南海石窟》,《文物》1988 年第 4 期;郑文宏《安阳石窟艺术研究》,西安美术学院博士论文,2010 年。

门,覆斗顶,窟内正侧三壁都有浮雕三尊像。以中间一窟雕刻内容最为丰富和精美,是三窟中的代表洞窟。

东窟进深 1.29 米,高 1.67 米,平面方形(图 6-9),正壁是一坐佛二弟子,左右壁则是一立佛二胁侍菩萨组合,整体组成三佛组合。窟内四壁均刻有浅浮雕,前壁窟门上方刻维摩文殊问答。左壁雕刻弥勒说法图和释迦初转法轮。右壁壁面雕刻《观无量寿经》中的十六观,是目前国内石窟中发现最早的石刻十六观题材①。李裕群先生从正壁浮雕题材进行考察,认为正壁主佛为释迦牟尼佛。而之前丁明夷先生则认为是卢舍那佛,刘东光、颜娟英等先生则认同此观点。东壁(左壁)主佛为弥勒佛,西壁(右壁)为阿弥陀佛。李裕群先生根据中窟的造像组合推测出东西两窟的三佛组合也是释迦、弥勒、阿弥陀②。

西窟进深 1.76 米,宽 1.36 米,高 1.76 米,平面方形(图6-10)。正壁为

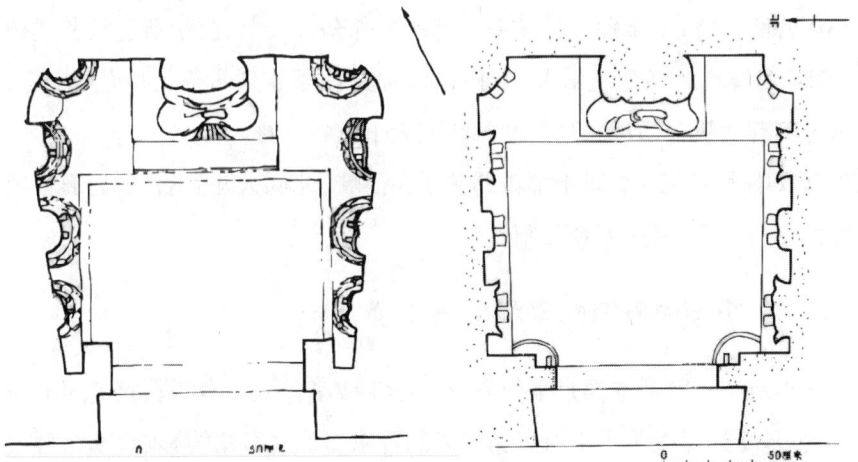

图 6-9　小南海石窟东窟平面图(采自《河南安阳灵　图 6-10　小南海石窟西窟平面图(采自《河
　　　泉寺石窟及小南海石窟》)　　　　　　　　　　　　南安阳灵泉寺石窟及小南海石
　　　　　　　　　　　　　　　　　　　　　　　　　　　　窟》)

①李裕群《关于安阳小南海石窟的几个问题》,《燕京学报》1999 年第 6 期,第 161—181 页。
②李裕群《邺城地区石窟与刻经》,《考古学报》1997 年第 4 期。

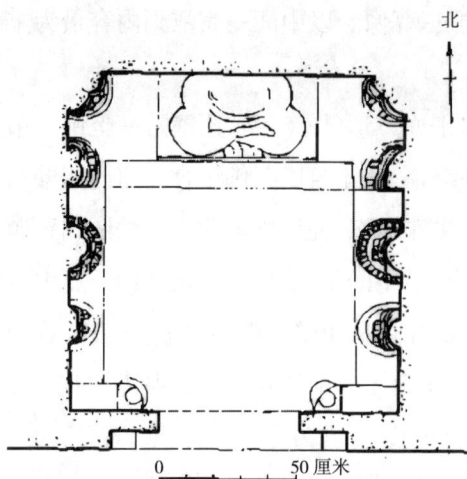

图 6-11　小南海石窟中窟平面图（采自《河南安阳
灵泉寺石窟及小南海石窟》）

释迦牟尼佛，结跏趺坐于长方形须弥座，两侧立两身胁侍菩萨，左右壁刻菩萨立像三身。拱门，门楣上雕两条龙和一朵莲花。门两旁各有护法神王一尊侍立。

中窟进深 1.34 米，宽 1.19 米，高 1.78 米，平面方形（图 6-11）。正壁为释迦牟尼佛，背光雕有火焰纹及飞天六身，两侧立有胁侍菩萨两身，左右壁雕菩萨立像三身，其间各浅刻小型菩萨三尊，手拿莲枝。东壁上部浮雕弥勒说法图，西壁雕莲枝菩提树图案。台座刻有三个伎乐人。拱门，有门槛。门额雕刻两条龙和火焰宝珠，下方刻有两只金翅鸟。窟门两侧雕刻天王像各一身。

安阳在北齐时期属于都城邺城所在区域。北周灭北齐后，尉迟迥曾经担任相州总管，相州即今安阳。

二、小南海石窟与麦积山第 4 窟

小南海三窟基本都是平面方形、覆斗顶窟。从小南海石窟的窟形来看，也是受到了以羊头山石窟为代表的晋东南地区石窟的影响。李裕群先生在其《关于安阳小南海石窟的几个问题》一文中，认为小南海石窟的洞窟形制当与临近的洛阳地区和山西晋东南地区的石窟寺有着密切的关系，而小南海石窟与洛阳地区北魏石窟有着直接的承袭关系。但是三壁设坛、覆斗顶的窟形在洛阳地区极其罕见，而这一窟形却在晋中及晋东南地区的北朝石窟寺中普遍流行。这种形制最早出现在晋东南地区，然后传播到了晋中地区，也就是说以羊头山石窟为代表的晋东南石窟影响了以天龙山石窟为代表的晋中地区①。

1. 颜娟英对小南海石窟的研究

对于小南海石窟，颜娟英先生对其造像组合、刻经等问题做过深入细致的研究，对了解北齐时代的佛教经典流行及造像思想非常重要，也是研究麦积山第 4 窟造像及壁画制作经典依据的一个重要参考，故在此对颜娟英先生的相关文章予以介绍。颜娟英先生通过对该窟内雕刻的供养人排列特点的分析，认为小南海中窟的开凿模式与义邑造像碑相同②。对于小南海中窟的刻经，颜娟英先生认为中窟门口刊刻的与《华严经》《涅槃经》有关的内容中，前者侧重于观想十方三世佛国的庄严殊胜，而后者则与实际修行的关系更为密切，具有强烈的末世护法观。而小南海石窟内的净土变思想正说明了北齐时代盛行的末法思想③。

颜娟英先生认为，小南海中窟与东窟的东西两壁所雕刻的弥勒及阿弥陀佛净土变是除了麦积山石窟以外，中原地区已知最早的净土图像，也是净土信仰开始流行北方的表征。

颜娟英先生认为北朝石窟造像到了北齐，呈现出了教义上最高的严密性。她将小南海石窟的设计构想总结为："以禅师僧稠所提倡的涅槃戒行为基础，华严的法身观想为准则，门口则以维摩诘来揭示为世俗所熟知的大乘菩萨道。而左右两壁的净土变则是为了方便提示初基者皈依的目标，也提供来世转生的希望。如此兼顾修行与普度众生，自利与他利，正是大乘佛教得以流行中原的主要因素。"麦积山第 4 窟前廊两侧壁面上方现

---

①李裕群《关于安阳小南海石窟的几个问题》，《燕京学报》1999 年第 6 期，第 161—181 页。

②颜娟英《北齐禅观窟的图像考——从小南海石窟到响堂山石窟》，见《美术与考古》，中国大百科全书出版社，2005 年，第 514 页。

③颜娟英《北齐禅观窟的图像考——从小南海石窟到响堂山石窟》，见《美术与考古》，中国大百科全书出版社，2005 年，第 520—521 页。

存的造像虽然是后期重塑，但是维摩与文殊对坐说法的场景应该是在北周开窟造像之初就已经确定下来的，而这也与小南海石窟相呼应。

　　关于小南海中窟门口刊经文，内容系自《华严经》与《涅槃经》选录。这两部经典是南北朝时期最受推崇的两部佛典，在东魏北齐境内更是大为流行。这一点在麦积山也是如此，在第 4 窟诸龛龛顶壁画中，关于这两部经典的内容和情节都有出现。这也说明了两地在流行经典方面的一致性。

2. 小南海石窟和麦积山第 4 窟的比较

　　相同点：

　　第一，窟内的造像组合都是 9 身像，三壁各有 3 身像，窟外两侧各有 1 身护法天王；但是小南海石窟是三壁三佛的组合，正壁为一佛二弟子，左右壁为一佛二胁侍菩萨，除了正壁主佛外，其余造像皆为立像。

　　第二，窟形皆为平面方形，窟顶皆为四面坡的形制①。

　　第三，皆有仿帐形的装饰。只不过第 4 窟将仿帐形的装饰放在了诸龛龛口外侧，而小南海石窟则是雕刻在了窟内壁面的上方，即窟顶的下方。

　　第四，洞窟中出现的装饰形象多有相同，诸如摩尼宝珠等。

　　不同点：

　　第一，洞窟性质不同，小南海石窟为禅窟，第 4 窟为礼拜窟。

　　第二，整体建筑不同，小南海石窟中窟前原架设有木构建筑，现存 4 个长方形洞。

　　第三，窟门不同，小南海石窟外侧是拱形窟门，里面则是长方形石雕门框，用来安装木门，且有安置木门的雕刻痕迹。第 4 窟诸龛龛口则是仿帐形龛口。

----

　　①第 4 窟诸龛一般都认为是四角攒尖顶窟，但是实际上应该是覆斗顶窟，因为从诸龛外侧上方所做出的前坡石雕样式就可以看出，该窟的营造者对诸龛外形的要求和塑造是按照覆斗顶来设计的。

　　总的来看，小南海石窟对麦积山第 4 窟的影响主要体现在造像组合方面，其次就是佛教思想。

表 6-1　小南海石窟中窟与麦积山第 4 窟信息对比表

石窟	小南海石窟中窟	麦积山第 4 窟第 4 龛
窟龛形制	平面方形、覆斗顶	平面方形、四角攒尖顶
造像组合	正左右三壁皆为三身像，主尊造像为三佛，正壁一坐佛，左右壁各有一立佛，龛外两侧各有一身护法天王	正左右三壁皆为三身像，正壁主尊为坐佛，左右两壁原作无存，龛外两侧各有一身护法天王
平面及剖面图		
平面及剖面图		
纹饰		

续表

石窟	小南海石窟中窟	麦积山第4窟第4龛
纹饰		
窟口		
壁面造像及头光		

3.安阳石窟与麦积山第5窟

为了进一步说明安阳地区石窟对麦积山石窟的影响，可以将时间往后拉至隋代。开凿于隋开皇九年（589）的大住圣窟，是安阳灵泉寺石窟中的代表窟龛。该窟为尖楣圆拱形龛门，龛门两侧雕两身护法神王，东侧是赤足踩于卧牛背上的那罗延神王，西侧是赤足踩于羊形怪兽背上的迦毗罗神王。这种龛门及两侧神王的组合直接影响了麦积山第 5 窟。该窟开凿于隋,完工于初唐,中间龛也是尖楣,两侧原各有泥塑天王一身,现仅存东侧一身,其形象也是赤足立于卧牛背上。据说该卧牛最初为金角银蹄,做工精细,第 5 窟也因此被俗称为"牛儿堂",而这身天王也被称为踏牛天王。可以看出这两窟的龛口及两侧造像组合形象是非常接近和相像的,据此似乎可以认为麦积山第 5 窟东侧的这身造像应该就是那罗延神王,而西侧现已缺失的那身造像则应该是与之对应的迦毗罗神王,这也弥补了麦积山石窟中没有出现神王造像的缺失。而麦积山第 5 窟中间龛内龛顶中心的莲花与飞天组合也与大住圣窟窟顶的莲花和飞天组合相同,中间一大朵莲花,周围飞天环绕飞翔。可见安阳大住圣窟对麦积山第 5 窟影响之明显。

　　开凿于隋代开皇九年(589)的大住圣窟,其所在寺院灵泉寺是"河朔第一古刹",该寺高僧灵裕在开皇十一年(591)[①],应隋文帝诏至京师长安,被封为统管全国僧尼的最高僧官——国统。是时大住圣窟已经开凿完毕,以灵裕在当时佛教界的极大影响力,大住圣窟的开凿组合样式传到长安地区也是很正常的。而受长安佛教直接影响的秦州麦积山,便引入这种组合开凿了麦积山第 5 窟,据此可以反推,麦积山第 5 窟当在开皇十一年(591)之后开凿。

　　在龛外两侧雕刻护法造像,这一做法在安阳石窟寺中普遍流行。北齐开凿的小南海石窟就是如此,小南海石窟中、西窟外两侧就有护法神立像,而这则直接影响了麦积山第 4 窟诸龛龛外护法像的开凿。第 4 窟诸龛

---

　　①关于灵裕入京师长安的时间,相关典籍记载不同,《历代三宝记》卷 12(《大藏经》T49)记载:"开皇十年降敕所部。追裕入京至见阙庭。劳问慇重。方应攀龙鳞以布法云。使苍生蒙润。附凤翼以扬慧吹。令黔首获凉。到未几何。频辞请退。乃云。不习水土屡觉病增。十一年春放还归邺。"《佛祖统纪》卷 39(《大藏经》T49)则记为:"(开皇)十一年。诏相州灵裕法师至京为国统。裕表辞三上。帝留之不可。谓仆射苏威曰。朕知裕师刚正不可屈。乃厚赐还山。御书灵泉为寺名。"《续高僧传》卷 9(《大藏经》T50)则记为开皇十一年。从开皇十一年之说。

之间所雕凿的 8 身像到底是神王还是护法天王，因为没有准确的题刻说明，故不敢妄下结论，在第二章中暂将其称之为护法天王。如果考虑到麦积山第 4、5 窟与安阳地区石窟之间的关系，似乎将第 4、5 窟外两侧所立之像称为神王也无不可，因为安阳大住圣窟的这两身神王有明确的题刻[①]。这一问题将在以后继续关注和讨论，但是有一点还需注意，虽然小南海石窟龛外造像对麦积山北周和隋代洞窟的开凿产生了影响，但是这一组合本身最初却并非源于小南海石窟，早在北魏时代开凿的诸多石窟中就有出现。由表 6-2 可以看出，麦积山第 5 窟与安阳大住圣窟的窟形很接近，麦积山第 5 窟窟外壁面建筑则受天龙山石窟北齐和隋代开凿的第 16、8 窟影响明显。

表 6-2　麦积山第 5 窟与安阳大住圣窟及天龙山石窟比较表[②]

	窟口	窟顶及其他	时代
麦积山第 5 窟		剖面图	隋

---

①关于大住圣石窟的神王及神王组合，郑文宏《安阳石窟艺术研究》(西安美术学院博士论文，2010 年)一文中有专门一节予以说明，第 203—216 页。

②注：图片来源于外村太治郎《天龙山石窟》、河南省古代建筑保护研究所《河南安阳灵泉寺石窟及小南海石窟》、傅熹年《麦积山石窟所见古建筑》、李裕群《天龙山石窟分期研究》等。关于天龙山石窟第 16、8 窟的开凿年代，参照李裕群先生《天龙山石窟分期研究》(《考古学报》1992 年第 1 期，第 35—61 页)一文观点。

续表

	窟口	窟顶及其他	时代
安阳大住圣窟			隋开皇九年(589)
天龙山石窟 第 16 窟			北齐
天龙山石窟 第 8 窟			隋开皇四年(584)

4. 两通北齐造像碑与第 4 窟

现藏于美国宾夕法尼亚大学博物馆的,北齐天保二年(551)制作的坐佛九尊像造像碑(图 6-12),造像组合也是十一身。尖楣拱形龛内正壁为一坐佛二立弟子,左右两侧各有三身立像,自里向外分别为菩萨、螺髻供养像、比丘,龛外下方两侧立两身力士像[1],和麦积山第 4 窟的造像组合大致相同。龛楣上部两侧对称雕刻有三身伎乐天和一身供养天,共计八身,龛楣上刻有莲花柱束。尖楣圆拱龛上方碑额的位置,左右两侧的仿木构帐内雕刻维摩与文殊对坐说法。可以说该碑所体现出的造像组合、飞天位置,还有维摩与文殊的组合,都与第 4 窟非常相近。

还有出土于河南襄县,现藏于河南博物院的北齐天保十年(559)张嗷鬼造像碑[2](图 6-13),碑阳下部开一拱形尖楣龛,造像组合为一铺十一身。虽然在具体形象的排列上与北齐天保二年(551)的造像碑有所不同,但是整体构图基本相同,是这一时期流行的构图特点。

从以上和安阳小南海石窟、大住圣窟、天龙山石窟还有两通北齐造像碑的对比中可以看出,麦积山北周第 4 窟及以后的隋代洞窟建筑和造像都受到了来自北齐地区佛教艺术的影响。

5. 尉迟迥

北周北齐时代,在安阳,有一个历史人物需要注意,那就是尉迟迥。他因为平蜀之功,被任命为蜀国公,曾任秦州总管、秦渭等十四州诸军事、陇右大都督,并且在秦州辖境内修建了拉梢寺摩崖大佛。其在攻灭北齐的战争中也是战功赫赫,北齐灭亡后,被任命为相州总管。尉迟迥既是当时朝

---

[1] 金申先生在其书中,对该铺造像的描述为正中为释迦佛,两侧为迦叶阿难二弟子、二菩萨、二供养人、二比丘。下部正中为香炉、二十字、二童子,见《中国历代纪年佛像图典》(文物出版社,1994 年)第 500 页关于该碑的文字说明。

[2] 金申《中国历代纪年佛像图典》,文物出版社,1994 年,图版 200,第 277 页。

图6-12　九尊像造像碑(采自《中国
历代纪年佛像图典》)

图6-13　张嗷鬼造像碑(采自《中国
历代纪年佛像图典》)

廷勋贵和地方大员,又是崇信佛教、广做功德的佛教信众,他对于当时各
地佛教石窟营建的作用无疑是巨大的。通过此人了解当时各地区之间的
佛教交流也是一种方法。

　　从上文的分析可以看出,整体上麦积山北朝窟龛受云冈石窟和龙门
石窟的影响比较明显[1],北朝晚期则受到了以羊头山石窟为代表的晋东南
地区石窟的影响,而羊头山石窟本身也是受到了平城地区和洛阳地区的
双重影响。而麦积山石窟受到羊头山石窟影响极有可能与乙弗氏有着直
接的关系。东魏北齐时代,以羊头山石窟为代表的晋东南地区石窟对邺城
区域内的安阳石窟又产生了影响,北齐和隋时代,大住圣窟又持续对麦积
山北周第4窟、隋第5窟产生了明显的影响。这中间错综复杂的关系固然

────────────────

　　①关于麦积山与龙门石窟之间的关系可见刘晓毅、项一峰《试论龙门与麦积山石窟造像艺术
之间的关系》一文(《敦煌学辑刊》2006年第2期)。

首先要从图像学的角度去判断，但是要解决石窟寺之间互相影响这一问题，最关键的还是要从人的角度出发。以上关于羊头山石窟、小南海石窟、大住圣窟与麦积山石窟关系的讨论只能算是一种初步的讨论与推测，希望能够抛砖引玉，继续深入讨论。

第四节　从七佛组合看麦积山第 4 窟
与克孜尔石窟

　　七佛与弥勒是先后承继的关系,代表了佛法的不灭和传承。《魏书·释老志》记载:"释迦前有六佛,释迦继六佛而成道,处今贤劫。文言将来有弥勒佛,方继释迦而降世。"弥勒一般以菩萨的身份出现,并且以交脚为主,与七佛作为一铺组合,这一点早已被学界所共识。

　　麦积山北周七佛组合的诸多窟龛中,却没有出现这种造像上的七佛与弥勒组合,这也是麦积山北周七佛组合的一个特点①。张宝玺先生认为北朝石窟七佛造像,存在两个序列,一种是七佛加弥勒菩萨,另一种是七佛不加弥勒菩萨。前者形成于北魏中期以前,以泾州南北石窟寺最为著称。后者主要形成于北周时期,以麦积山第 4 窟最具规模,统计到的麦积山北周时期的七佛窟 14 个,皆不加弥勒菩萨。这一转变既有佛教造像流传上的因素,也因信仰者观念的转变,还有建窟时艺术处理手法的种种

---

①魏文斌,唐晓军《关于十六国北朝七佛造像诸问题》,《北朝研究》1993 年第 3 期。

考虑。[①]

　　从第 4 窟来分析,以七佛为主的造像组合给观者提供了一个观想七佛的对象。按照佛教经典的说法,信徒观想七佛是为了能够会见七佛,见到了七佛即能神遇弥勒[②],见到弥勒就能"心门意解,获其果愿",可以说,七佛与弥勒的组合就是对弥勒净土的向往。特别是在末法思想流行的北朝晚期,诸多高僧也是信奉弥勒,希望往生净土,这在相关的文献记载和造像题记中多有体现。对于麦积山第 4 窟为什么没有出现七佛造像与弥勒造像的组合,可以有这样的一种理解,众信经过第 168、3 窟的朝圣过程后,来到最高处的天宫所在,观想七佛之后就希望能够神遇弥勒。而在弥勒还未下生之前,他是居住在兜率天宫的,诸龛龛顶的空间意涵正好符合兜率天宫之所处。李充信为其王父开凿第 4 窟,自然是为家人祈福,盼望死去的家人能够值遇龙华三会,往生净土。这也是北朝时期普遍流行为七世父母祈福和凿功德窟,并与弥勒信仰相互结合的主要原因。一来弥勒之前有七佛传承,七佛与七世父母在数字上相合,杨学勇认为七世父母安于小乘七世佛,是供养者对未来佛弥勒佛的一种攀附[③];二来弥勒代表往生和来世。也就是说,麦积山第 4 窟虽然没有弥勒的造像,但是却通过龛顶壁画来表现弥勒形象,从而形成了这种绘塑结合的七佛与弥勒组合形式。将弥勒绘于代表天宫和兜率天的龛顶,更符合弥勒下生之前的所在及身份。

　　从这一点上来看,麦积山第 4 窟这种将七佛与弥勒分开的做法,与克孜尔石窟中七佛与弥勒的组合关系颇有渊源。

　　克孜尔石窟目前有 6 个洞窟涉及七佛与弥勒组合,分别为第 38、

---

①张宝玺《麦积山石窟的七佛窟》,见《麦积山石窟研究》,文物出版社,2010 年。

②《观佛三昧海经》卷十《念七佛品》,《大藏经》,第 15 册,第 693 页。

③杨学勇《敦煌阴氏与佛教的关系及相关问题研究》,《敦煌学辑刊》2006 年第 3 期,第 165—174 页。

114、80、97、47、77窟。这6个窟中,七佛造像本身就存在着发展和变化。克孜尔石窟西受印度犍陀罗七佛造像组合的影响,通过自身发展变化,又对东方的河西走廊及中原地区的七佛产生影响,在七佛造像和壁画的发展中是一个关键的节点。这6个洞窟的七佛造像及壁画年代跨越约两个世纪。其中约开凿于公元4世纪的第77窟,主室原塑七佛的立像,虽然因为残损过甚,没有发现弥勒菩萨,但是承袭了印度和巴基斯坦出土的七佛石雕特点,约为同时期开凿的第47窟也是如此。但是从第38窟开始,这种七佛组合在克孜尔发生了很大的变化,克孜尔第38窟甬道壁面绘有两组七佛,着通肩袈裟,一列坐于塔中,门道上方壁面则绘弥勒菩萨居兜率天说法图。第38窟所呈现出来的七佛与弥勒组合意义巨大。第一,将具有印度特征的七立佛造像改绘为七身坐佛,与第47窟形成明显对比,从而开启了七佛与弥勒组合的另外一种形式。第二,将七佛组合由造像改为壁画,能够更好地表达七佛与弥勒各自的特征和佛教的庄严场景,诸如宝塔、天宫等形象就能够直观而精美地表现出来,这样既降低了用泥塑来呈现出这些场景的难度和工程量,又能够完美地表达出七佛和弥勒所处的场景,可以说是两全其美。第三,将七佛与弥勒分组表示,改变了印度和巴基斯坦七佛造像与弥勒排在一起的模式,突出了弥勒的地位和作用,显示出弥勒信仰的流行。虽然七佛所占据的壁面和窟内位置仍居主要,但是按照礼拜的顺序,右绕甬道,走出洞窟之前,映入眼帘的就是高居兜率天宫说法的弥勒菩萨。这种安排和表现手法,让人印象深刻而又直观,使得观者能够最直观和最准确地理解弥勒作为未来佛在佛教传承中的作用和地位。第四,在一个石窟的内部空间中,将弥勒和兜率天宫绘制于较高的门道上方壁面,使得七佛与弥勒有了空间上的区别,既说明了弥勒与七佛的区别,也表明了弥勒还没下生成佛的菩萨身份。当然,图像中所表现出的变化和特征,是对当时该区域佛教经典信奉的体现。不得不说,第38窟所表现出的这种七佛与弥勒的关系的特点与创新,其影响是极其深远的。而克孜尔石窟第 114、80、97 窟就是对这种模式所代表的思想的继承和发展。第 114 窟的开凿时代约为公元 5 世纪初,在该窟主室南壁门道上方的《降服六师外道图》下方绘有一排七身小坐佛,弥勒菩萨则绘于北壁中部所开凿的一个圆拱顶龛内。这种组合的变化,一方面表示出弥勒地位的进一步提升,将弥勒绘制于正壁龛内,说明弥勒已经成为该窟的主尊像;另外一方面,则是对兜率天宫与实际建筑相结合的具体化表现。而开凿时间约为公元 6 世纪的第 80、97 窟,则和第 114 窟一样,将七佛与弥勒设置于直接对应的两个壁面上,对比更为直观,相较于第 38 窟将七佛与弥勒绘于不同的几个壁面是一种更为明确的表达①。

从上面对克孜尔石窟七佛造像与弥勒组合发展特征的说明可以看出,第 4 窟所表现出的这种将七佛与弥勒分开和区别,并将弥勒所处空间提高的做法,是承袭于克孜尔石窟。而将弥勒绘制于龛顶壁画中,与诸龛七佛造像塑绘对应的结合方式,则是麦积山第 4 窟的创新之处,这样更具有想象的空间,更具观想的效果。

①关于克孜尔千佛,见董华锋,宁宇《南、北石窟寺七佛造像空间布局之渊源》一文,《敦煌学辑刊》2010 年第 1 期。

第五节 庑殿顶与帐形龛的结合

　　唐仲明在其文章中,通过类型分析和年代学考察,总结了始于北朝中晚期中原地区的帐形龛饰及由之而生的帐形龛的源流与发展演变规律。在整个东魏、北齐时期,帐形龛成为一种主要的龛形样式,并且对西部地区的佛教窟龛产生了一定影响。西部的帐形龛可能是在东部区域的影响下才出现的。在对帐饰的源流进行说明时,唐仲明认为帷帐是用来屏蔽、装饰和显示身份地位,帐体现了相应的等级观念,帐的使用有着严格的等级规定,帐形纹饰的使用表现出佛教中国化、世俗化的发展特征。虽然一些帐形纹饰受到了西方因素的影响,但是,帷帐本身却是中国本土固有的,有着其自身的发展历史①。

　　唐仲明的文章使我们了解了帐形龛饰及帐形龛的发展变化,以及中国传统文化与中亚等地文化因素相互结合的关系。在对帐形龛饰及帐形龛的发展变化做图像类型学的分类的时候,必须对华盖和帐形龛之间的

---

①唐仲明《从帐形龛饰到帐形龛——北朝石窟中一个被忽视的问题》,《敦煌研究》2004 年第 1 期,第 27—34 页。

区别予以注意,在目前关于帐形龛的相关研究中,因为华盖和帐形龛二者的装饰纹样具有相同性,因此就会将这二者视为同一个形象去讨论。但是帐形龛作为一个仿木构形式的建筑式样,毕竟与华盖这一礼仪性的用具不能相等,二者从使用场合、作用等方面都是不相同的,唐仲明的文章没有将华盖与帐形龛予以区别说明。在关于陕西西安草滩出土的北周白石造像的分类报告中,作者就对华盖龛与仿帐形龛做出了分类说明①。或许二者之间最大的相同点就是,在北朝时期,特别是北朝晚期,它们的使用都具有一定的等级性,是身份和地位的象征。在麦积山第 4 窟,对这二者之间的不同,表现得就很明显,帐形龛只出现在诸龛前立面,华盖则只出现在影塑千佛和龛顶壁画中。也就是说华盖一般都是作为一身主尊像头顶的装饰,起到遮挡和礼仪性的身份象征作用,但是帐形龛却是能够容纳一个完整空间结构和诸多造像组合的建筑。

　　傅熹年先生认为,石虎帐的形制,可与第 4 窟诸龛的帐相对照。麦积山第 4 窟的诸帐四角,蕉叶花饰上又加塑龙、凤、象头,正好对应石虎帐的所谓"四角安纯金龙头"。龙、凤、象口中所衔下垂近地的各种形状的连缀饰物即"五色流苏",帐内顶上及四角的泥塑莲花也与石虎沉苏帐帐顶金莲花一致。第 4 窟所雕的佛帐与石虎所用御帐很是近似②。在考古资料中,冬寿墓壁画中所绘的墓主人夫妇所坐的帐的帐顶饰有大朵莲花,帐四角也饰有莲花及垂饰羽葆流苏等(图 6-14,6-15),这与麦积山诸龛帐内及四角的帐饰也很相似。

　　鉴于诸多学者已经对帐形龛饰及帐形龛有专文讨论,因此在本节内容中,不再详细讨论麦积山第4窟的帐形龛饰及帐形龛的具体形象问题,

---

　　①中国社会科学院考古研究所《古都遗珍——长安城出土的北周佛教造像》,文物出版社,2010 年,第 106—108 页。

　　②傅熹年《麦积山石窟中所反映出的北朝建筑》,《文物资料丛刊》1984 年第 2 期。

图 6-14　冬寿墓冬寿夫人像及头顶帐（采自《文化遗产》）

图 6-15　冬寿墓冬寿像及头顶帐（采自《文化遗产》）

而主要对第 4 窟的建筑中所表现出的仿帐形龛与庑殿顶结合予以讨论。

　　毋庸置疑，麦积山第 4 窟是目前国内石窟中将庑殿顶建筑与仿帐形龛完美结合的最经典也是最大的建筑组合。那么，这一经典组合的出现本身在国内石窟和佛教造像中经历了怎样的一个发展过程呢？

　　石窟作为一种特殊的寺院形式，本身就是一种建筑艺术。将中国本土的传统建筑形式与石窟的开凿相结合在北魏时期就已经出现。在云冈石窟窟前遗址的发掘工程中就发现有大型的木构建筑遗迹，敦煌莫高窟也是如此，至于窟内壁面的雕刻，将中国传统的屋殿建筑与造像结合的例子更是不胜枚举。但是，将庑殿顶建筑与仿帐形龛相互结合，则是随着仿帐形龛在石窟造像中普遍流行以后才出现的。从目前的材料来看，这一结论主要有以下几个实例。

　　1. 北魏太和二十二年（498）的比丘僧欣造像碑（图6-16），背面浅刻一庑殿顶一开间建筑，帐幔收束于龛两侧中间。该造像碑所显示出来的仿帐式龛饰较为简单，只有帐幔中分，收束于龛柱中间位置。

　　2. 于陕西西安市未央区出土的西魏大统三年（537）比丘法和造像碑，一面雕出仿帐式龛，龛顶上方雕饰莲花和摩尼宝珠，正面上方龛饰纹样有两排覆莲瓣、一排倒三角形，帷幕褶皱。龛两侧流苏，最上端是一朵莲花，

图 6-16　比丘僧欣造像碑(采自《中国历代纪年佛像图典》)

流苏下垂部分与麦积山第 4 窟龛外流苏较为接近(图 6-17),显示出麦积
山第 4 窟受该类型流苏的影响。但是该碑所雕刻的两侧流苏似乎是与龛
体分开,并无相互连接的关系。另一面上部(图 6-18),刻出一庑殿顶,殿顶
下方为维摩与文殊对坐说法。这尊法和造像碑出现了庑殿顶以及仿帐形
龛,但是二者没有结合。维摩与文殊的造像组合与麦积山第 4 窟前廊出现

图 6-17　比丘法和造像碑仿帐形龛

图 6-18　比丘法和造像碑庑殿顶

图 6-19　周荣祖造像碑仿帐形龛与殿顶局部(一)

的维摩与文殊造像组合则表现出北周北齐时期维摩与文殊造像组合的继续流行。

　　3. 北齐(550—577)时期开凿的周荣祖造像碑,碑阳及两侧采用减地雕刻法,将回廊式建筑与仿帐形龛相互结合(图 6-19,6-20),线条简练优美,是仿帐形龛与殿顶式建筑结合的又一实物例证。

　　4. 北周大象二年(580)的西安北周史君墓中,石椁西壁中部和北壁的浅浮雕中,就有屋顶建筑与帐形龛相互结合的图像①(图 6-21,

图 6-20　周荣祖造像碑仿帐形龛与殿顶局部(二)

---

①西安市文物保护考古所《西安市北周史君石椁墓》,《考古》2004 年第 7 期。

图6-21　史君墓石椁西壁帐形龛建　　　图6-22　史君墓石椁北壁帐形龛建筑(采自《西安市
　　　　筑(采自《西安市北周史君　　　　　　　　 北周史君石椁墓》一文)
　　　　石椁墓》一文)

6-22)。值得注意的是,西壁的帐形龛顶端饰有宝铎,似乎是从一兽口中衔
出下垂。史君墓目前已知为粟特人的墓葬,该石椁中的图案反映了粟特人
所信奉的祆教的丧葬仪式。但是在其墓葬石椁中所雕刻的诸多庄严纹饰,
比如莲花摩尼宝珠、宝铎、磬、树木、华盖等都与当时佛教中所应用的元素
相同,麦积山第4窟所反映出的装饰纹样与史君墓石椁也多有相似。这种
情况反映了入华粟特人相关葬俗与汉文化传统中丧葬文化的相互结合。
麦积山北魏晚期及以后的洞窟受龙门石窟影响深远。龙门石窟的天统洞
北壁有一小龛,屋形龛下七个尖楣拱形龛一字排开,内各有一座佛,组成
七佛(图6-23),与麦积山第4窟同出一辙。而龙门石窟古阳洞西北隅上
部的屋形龛下有三组飞天,每组两身飞天相向飞翔(图6-24),正好和麦
积山第4窟诸龛前上部的供养天布局相同。还有西安草滩北周白石造像,
也是在仿帐形龛顶雕出飞天(图6-25),作为一种组合样式。

图 6-23　龙门石窟天统洞北壁龛(采自
《中国石窟·龙门石窟》

图 6-25　西安草滩北周白石造像

　　从上面几个所列举的殿顶建筑
与帐形龛相互结合的例子来看,这
种组合方式在北魏太和年间就已经
出现。北朝末年,随着仿帐式龛在佛
教造像中的普遍流行和运用,各种
龛饰形象也越来越繁复精美,并且
被应用到了墓葬图像中。而这一组
合也在北周北齐时代迎来了其发展

图 6-24　龙门石窟古阳洞北壁龛(采自《中
国石窟·龙门石窟》)

史上的巅峰,虽然从整个佛教造像的精美程度和雕刻水平来说,北齐造像
明显要比北周造像显得更加精美和细腻,北周造像则稍显粗犷和简单。但
是北周也出现了诸如草滩白石造像那样精工细雕的上乘之作,这当然是
北周政权通过自身的努力,以及交流学习达到的效果。而麦积山第 4 窟就

图 6-26　麦积山第 4 窟立面图(采自《麦积山石窟所见古建筑》)

图 6-27　麦积山第 4 窟摄影像图(麦积山石窟艺术研究所提供)

是这种将殿顶建筑与帐形龛相互结合的经典之作(图 6-26,6-27),是通过兼容并蓄,广泛借鉴和吸收其他地区流行图像和思想经典,沿袭麦积山石窟造像发展的特征造就的伟大作品。

　　本章主要讨论麦积山第 4 窟与其他区域石窟之间的关系，并对已有研究成果进行了回顾。综合来看，麦积山第 4 窟所代表的建筑、壁画、造像组合以及其中所揭示的佛教信仰及经典流行等内容，是对众多区域石窟寺中所包含的众多元素及经典的继承和融合，通过兼容并蓄，积极创新，最终才形成了这一不朽之作和麦积奇观（图6-28）。

图6-28　麦积山第4窟明代"麦积奇观"题刻

第七章

麦积山第 4 窟的价值

麦积山第 4 窟是麦积山历史上最重要和最有代表性的洞窟，作为一个具有原创性和里程碑意义的洞窟，其体现了宗教的崇高性和神圣性，也是佛教与中土传统文化和思想结合的典范之作。作为麦积山这个佛教中心的主要道场，第 4 窟对麦积山及秦州佛教产生了重大影响，并且随着该窟性质和宗教功能的转变，持久地产生着区域性的辐射影响力。

第一节　麦积山第 4 窟的性质和功能

一、麦积山第 4 窟的性质

第 4 窟是李充信为了纪念其王父而开凿的功德窟，其性质自然属于纪念性的家族式功德供养窟。

在中国石窟开凿史上，见诸史料记载的、专为亲人开凿大型石窟的事迹并不少见。最早就有北凉沮渠蒙逊为其母车氏"造丈六石像"①。北魏时代，为亡去之亲属开凿石窟之风大盛，各种小型窟龛及造像碑等形式的造像行为非常普遍。昙曜为北魏五帝开凿昙曜五窟②。虽然昙曜与北魏诸帝之间并无亲属关系，但是这种模式却代表着佛教与世俗政权的结合，对于中国佛教的发展意义深远。北周时期，李充信为其王父开凿七佛阁。唐代贞观十五年(641)，魏王李泰为其亡母文德皇后造宾阳南洞像，希望其母

①有学者推测蒙逊为母所造之像可能就是天梯山石窟今编号第 16 窟之大佛，见暨远志《武威天梯山早期石窟分期试论》，《敦煌研究》1997 年第 1 期。

②《魏书·释老志》："昙曜白帝，于京城西武州塞，凿山石壁，开窟五所，镌建佛像各一。高者七十尺，次六十尺，雕饰奇伟，冠于一世。"

能够往生净土,这在《伊阙佛龛之碑》中有着详细的表述和说明。以上所举皆是规模较大、级别较高之行为。北朝时期大量出现这种为亡去亲人造像的活动,体现了信众们对待佛教的一种态度,以及他们希冀通过这样的开窟造像行为来达到为亡去和健在亲人眷属祈福的目的。可以说自北凉始,佛教与中国传统的孝道观念已经结合在了一起。

这种类型的洞窟和另外一种性质的洞窟需加以区分,即所谓的瘗窟。瘗窟在中国石窟中普遍存在,比如敦煌莫高窟藏经洞、麦积山第 43 窟等。龙门石窟有着多达 130 多例的瘗窟①。这种瘗窟在性质上已经和前面列举的为亲人所做之功德供养窟截然不同了。

二、第 4 窟功能和性质的转变

第 4 窟的作用和功能,总的来说可以概括为李充信为了纪念其王父,以期王父能够往生净土,脱离苦海。

第 4 窟作为家族式的功德供养窟, 在其营建完成之后的有效管理期内,其功能和性质自然是属于自用和私有化的。可以推测,在这一规模宏大的洞窟建筑完工以后,在其家族的一些重要的日子,或者说佛教中重要的节日,李充信所代表的李氏家族,会在麦积山第 4 窟举行家族式的纪念活动或在僧人的主持下进行一系列的宗教活动。日常的管理维护工作则可能委托给寺院。

---

①关于龙门瘗窟的相关研究可见:据说龙门初唐至晚唐收纳了遗骸的瘗窟有近 40 例,收纳了遗灰的葬灰瘗穴 94 例。王去非《关于龙门石窟的几种新发现及其有关问题》,《文物参考资料》1955 年第 2 期。张乃翥《龙门石窟唐代瘗窟的新发现及其文化意义的探讨》,见《龙门石窟研究论文选》,上海人民美术出版社,1993 年,第 241 页—259 页(初出《考古》1991 年第 2 期)。李文生、杨超杰《龙门石窟佛教瘗葬形制的新发现——析龙门石窟之瘗穴》,《文物》1995 年第 9 期。李随森、焦建辉《石窟寺佛教瘗葬形式与传统丧葬礼俗之关系》,见《龙门石窟研究院论文选》,中州古籍出版社,第 280—294 页(初出《中原文物》2002 年第 4 期)。

　　任何事物都有其发展和消亡的过程和结果，实力雄厚的李充信家族自是难免,特别是在北朝晚期风云变幻的历史年代,这一过程有时候会出现戏剧性的翻转和变化。最终,随着李充信家族势力的减弱,第 4 窟由私家窟变成一座由所在寺院管理的公共宗教活动场所，第 4 窟的性质也发生了根本性的变化。这种变化带来了诸多后果:一方面,第 4 窟成为麦积山佛教活动的一个中心场所;另一方面,正是因为此窟不再私有,在之后的历朝历代,众多信众及僧人们,便按照自己的意愿,对第 4 窟进行了多次的重修、重塑、妆彩、贴金等维修活动,而这种持续不断的长时期供养活动，保证了第 4 窟作为麦积山标志性和代表性洞窟的地位，使其免于破败,这一点正是其他石窟所不具有的;还有,各个阶层的人士开始在这里自由地进行拜佛、许愿、游览等,第 4 窟便从一个最初的宗教场所变为一个综合性的多功能场所。第 4 窟保存下来的古代题记中重修和供养人题记固然非常重要,但是数量最多、信息量最大的却是留存下来的一百多条游人题记,涉及人员身份及阶层复杂,是宝贵的民俗文化资料,是对第 4 窟功能和形制转变的反映。

　　时至今日，以第 4 窟为代表的麦积山石窟已经由佛教圣地变为了旅游胜地,这种转变对于了解古代佛教石窟的作用和功能是具有启发性的。中国文化中对山川丛林的崇拜自古有之,并且依附了多种神化观念。佛教的传入,禅修的盛行,则使佛教与中国传统的山林崇拜相互结合,众多寺院和石窟被修建和开凿。随着佛教的传播和兴盛,众多的佛教圣山及圣地得以形成,麦积山就是其中的一例,而第 4 窟发挥了极为重要的作用。

第二节　第 4 窟对秦州佛教的影响

巫鸿先生倡导"建筑和图像程序"的研究理念,强调进一步开展原创性石窟研究的必要性。他对原创性洞窟的定义是"设计和装饰引进了以往不见的新样式。这些样式有的是昙花一现,未能推广;有的则成为广泛模拟的对象"[①]。

第 4 窟作为麦积山历史上最有代表性的原创性洞窟,对麦积山及秦州之后的开窟造像产生了巨大的影响。

一、第 4 窟对麦积山石窟的影响

第 4 窟是麦积山北周洞窟的代表窟龛。自从其开始营建,就成为一个标杆性的工程。其显赫的地位,对之后麦积山北周窟龛的营造产生了直接的影响,引领了麦积山北周洞窟的发展和方向。

第三章中已经指出,麦积山第 31 窟所用影塑千佛与第 4 窟诸龛所用

---

①巫鸿《敦煌 323 窟与道宣》,见《礼仪中的美术:巫鸿中国古代美术史文编》,三联书店,2005 年,第 418—419 页。

影塑千佛大小及样式相同,是用同样的模具制作而成。该窟无疑与第4窟之间有着某种直接关系,该窟的开凿应该是晚于第4窟,也有可能是在第4窟开凿的过程中所开凿。从该窟的大小体量判断,功德主身份地位不高。从其主要使用的影塑千佛来看,该窟有可能是当时参与营建第4窟并负责影塑千佛制作的相关人员所开凿的功德窟。

第27窟虽然大半坍塌,但是窟顶所保存的《法华经》《涅槃经》的经变壁画,因为没有遭到后代的重绘而较为清晰,是麦积山北周壁画的重要组成部分,对于确定麦积山第4窟诸龛龛顶的壁画具有很重要的参考价值,其中许多形象都与第4窟龛顶壁画相同。

麦积山第4窟前廊后室的建筑组合和仿木构风格,直接对麦积山随后第28、30、5、15等窟龛的建筑组合产生影响,从而造就了麦积山北朝崖阁建筑的辉煌时代。

二、第4窟对秦州佛教造像的影响

麦积山石窟在很长时间内一直是秦州佛教的中心所在, 它所代表的造像特征,对周围区域的佛教造像具有示范作用。第4窟因为体量巨大,工程复杂,工艺要求极高,整体模仿的可能性实在不大,但是其所包含的一些其他细节,比如帐形龛、龛饰及影塑千佛等,是能够被模仿的。北周时期邑社造像兴盛,各种民间组织和家族团体的造像活动频繁,有大量的造像碑、造像塔和单体造像被制作和雕凿,虽然周武帝灭佛对北周境内的佛教造像活动产生了巨大的打击和影响, 但是从目前秦州境内保存的一些造像遗存中,也可以一窥麦积山作为秦州佛教中心,对周边地区所产生的影响。

秦州地区目前发现的北周造像碑中,释迦、七佛、千佛、弥勒、维摩与文殊等造像组合最为多见, 这也是第4窟的主要造像内容。保定四年(564)张丑奴造像碑和建德二年(573)王令狠造像碑中所表现出来的帐形龛及摩尼宝珠、流苏、莲花瓣和倒三角形帐幔垂饰等形象都能说明这一问题,特别是王令猥造像碑,两侧流苏自龙口中衔出,帐幔在龛柱两侧中央部位收束,无疑受到了麦积山第 4 窟的直接影响。还有建德三年(574)的吕建崇造像碑,仿帐形龛有莲瓣和倒三角形垂饰,流苏自龙口衔出,帐形龛上方雕刻出一排七佛坐像,这些特征与麦积山第 4 窟的关系不言自明。

　　第 4 窟对秦州佛教的影响自然不仅限于佛教造像,还在于佛教经典和信仰这一方面,因为造像是经典和信仰流行的表现和结果。弥勒和释迦信仰的流行,在秦州区域内发现的北周造像碑发愿文题记中表现得也很明确。相关内容可见第一章。

第三节　圣山的构建与神圣空间的形成

　　第 4 窟及其整体建筑组合的出现，使得麦积山作为一个完整的山体在宗教意义上的性质得到了根本性的改变和飞跃。这当然是一个历史过程。在佛教徒最初选择该山作为开窟造像的场所之后，该山就已经开始了其性质的转变，最开始是作为一处禅修圣地，而随着佛教活动的延续，更多的窟龛得以开凿，更多的信众选择在这里施以功德，其不再只是一个开窟造像的普通山崖。第 4 窟的开凿，使麦积山成为一座幻化在人间的佛教圣山，被赋予了神圣性。从此，在佛教徒和信众的心里，这一座山成为可以触及的净土世界，而第 4 窟就是佛国天宫所在，第168、3 窟就是通往天宫的途径，这三个洞窟的组合，将只见于佛经记载的佛国世界。

　　麦积山第 4 窟创造了中国石窟史中数个之最，是全国现存各石窟中凿有窟廊建筑最大的一个，是国内现存最大的单个石窟建筑组合，是将传统殿顶建筑与帐形龛结合的最经典组合，还是国内现存规模最大的单个洞窟。它也是麦积山石窟中最耀眼的摩尼宝珠，在麦积山崖面的最高处，照耀着这片神奇的秦州大地，给予了麦积山神圣的转化和升华。在历朝历代众多的窟龛中,第 4 窟脱颖而出,成为麦积山的标志性洞窟和宗教活动中心,这不是偶然,而是一个历史过程。从最初的绝妙构想,到后来的不断维护,洞窟性质的改变给了其更广阔的存在意义和发展空间。

结　语

第 4 窟作为麦积山石窟最重要的洞窟之一，历来受到诸多专家学者的关注，其历史地位和价值自然不用多言。因为受到诸多条件限制，关于第 4 窟的单窟研究也无法深入进行，不得不说是一种遗憾和不足。这也是笔者将该窟作为研究方向的主要原因，希望在前贤学者的研究基础上，通过本书能够对第 4 窟的研究工作打下资料基础和提供有益探索。

基于此，本书的前期主要工作就是对第 4 窟的建筑、壁画、造像、题记等历代遗存进行全面、详细的调查、辨识。虽然壁画和题记的识读工作耗费了大量的时间和精力，但是这方面的工作成果是扎实而可信的。

在对第 4 窟基础资料全面掌握的基础上，笔者通过对诸家学者观点的梳理，试图解决一些第 4 窟研究的遗留问题，得出自己的结论和观点，主要有：

1. 确定了庾信《秦州天水郡麦积崖佛龛铭并序》中所说的"七佛龛"就是第 4 窟，散花楼是第 4 窟在之后的发展历史中被赋予的另外一个称号，是对其地位和功能的反映。

2. 李充信所代表的陇西李氏是秦州大族，与宇文广家族之间有姻亲关系,辅佐宇文导、宇文广家族世镇陇右。两大家族结为利益共同体。李充信本人则通过府兵制建立军功, 获得了大都督的军职, 最后升至九命仪同,成为宇文广总管秦州的亲信,负责宇文广去世后的相关事宜。

3. 李充信为其"王父"(即祖父)开凿了第 4 窟,作为私家功德窟。最初的准备工作可能早在北周明帝武成元年(559)就已经开始,而庾信在 565 年随同周武帝到达秦州后,受李充信之邀,前往麦积山游览,并撰写了《秦州天水郡麦积崖佛龛铭并序》一文。此时第 4 窟的工程已经完成过半,至北周武帝建德三年(574),第 4 窟的营建工程随灭佛运动暂时中止,但工程已经基本完工。

4. 庾信为第 4 窟所作《秦州天水郡麦积崖佛龛铭并序》是一篇游记性质的铭文,该文完成后被刊刻于第 3 窟与第 4 窟之间的崖面上,五代之后湮灭不见。明代冯惟讷重新刻碑,该碑现藏于麦积山瑞应寺,是该铭文现存最早的石刻版本,是确定"王父"的最直接证据。

5. 对麦积山北周窟龛进行重新统计,共有 26 个。第 3、9 窟的重修及开凿年代是在隋代开皇二十年(600)大地震之后,这两窟组成了一个新的窟龛造像组合。

对第 4 窟北周原作遗存的考证结果有:

1. 第 4 窟诸龛外的八身浮雕像是护法像,有可能是神王像,并非天龙八部。

2. 第 4 窟诸龛内七佛的名称自第 7 龛至第 1 龛依次为毗婆尸佛、尸弃佛、毗舍浮佛、拘留孙佛、拘那含牟尼佛、迦叶佛、释迦牟尼佛,诸龛三壁上的影塑千佛排列也是与此相对,循环往复,象征佛法延续,永不消亡。龛内造像组合受到小南海石窟的影响。

3. 龛顶壁画主要反映弥勒信仰,这种塑像与壁画结合的七佛、弥勒组合,是对克孜尔石窟和北凉石塔中七佛与弥勒造像组合的继承和创新。

4. 第 4 窟北周原作壁画中的摩尼宝珠、旌、马车等形象是重要的图像断代资料。

5. 第 4 窟的设计构想是营建一个人间天宫，开凿一个高居圣山的佛国净土，作为说法之堂和思亲之供，体现了佛教思想与本土孝道文化的结合。

6. 第 4 窟受到了长安地区以草滩白石造像为代表的佛教造像的影响，羊头山石窟及洛阳地区佛教对麦积山西魏至北周佛教产生了重要影响；北周时期，小南海石窟对第 4 窟影响明显。长安地区的佛教造像通过麦积山和须弥山，向西影响到了敦煌莫高窟北周洞窟的开凿。

第 4 窟自建成之日起，就成为麦积山标志性的窟龛建筑，是一座具有里程碑意义的原创性洞窟，使得麦积山在宗教意义上的性质得到了根本性的改变，对麦积山之后的开窟造像都产生了巨大的影响。

限于能力、学识诸多方面的制约，本书许多问题没能解决或深入探讨，比如对第 4 窟龛顶壁画的解读仍不深入，关于区域石窟寺之间关系的分析仍有不足，对现有造像的断代尚不细致全面。

第 4 窟所展示和留存的不仅仅是其规模宏大的石质建筑、精美绝伦的壁画以及匠心独具的造像组合，也不仅仅是其所创下的国内石窟中的几个之最，还有以孝道为代表的中土传统文化与佛教思想及经典融合的细节。其兼容并蓄的气概、取众家之长汇聚一身的积极进取之态度，正是麦积山这一颗丝路明珠历经千载仍然光芒四射的原因。只有将石窟文化上升至这一高度，才能更好地继承、保护和发扬优秀传统文化，对于一名佛教石窟的研究人员，也才能提升自我视野和胸怀，做好基础的研究工作。这些当然是题外话，但心思至此，权且记之。

附　录

麦积山第 4 窟历代题记

附录　麦积山第4窟历代题记^①

一、麦积山第4窟供养人题记

1.

年代:北宋政和八年(1118)

位置:长廊西侧石柱内侧下部

题写方式:崖面刻石,竖排三行

录文:

政和戊戌闰月/劉永安趙沂登頂四□/□前住持僧智毦上石

---

(1)冯氏《志》录为:

太和庚戌闰月,赵沂等□□□前住持僧智龙同游。

(2)阎氏录为:

政和戊戌闰月刘永安赵忻登顶□前住持僧智䢛上石

(3)李、蒋氏《总录》录为:

前住持僧智䢛上石刘永安赵沂登顶政和戊戌闰月。

(4)张氏《志》录为:

前住持僧智䢛上石,刘永安、赵沂登顶。政和戊戌闰月。

注:依据现存题记前两行与第三行字体大小来判断,该题记应该是自左向右书写,而非自右向左书写,并且之前的录入皆有缺失。"䢛"同"酳"字,即今"郁"字。

张氏《志》将该题记列入游人题记,但从题记中的"登顶""上石"判断,该题记当属供养人题记,且与第4窟的重修有关系。

2.

年代:南宋绍兴二十七年(1157)

位置:第4窟左侧崖面

题写方式:崖面刻石

录文:

(1)中勘版《总录》录为：

　　麦积山胜地□□建于□秦成于元魏七百年□□名额□兴二年□□壬子兵火毁　历至十三年尽境□宁国　□□二十七年丁丑　六月□□游此□□□　□□□刻石以记之

(2)张学荣在《麦积山石窟的新通洞窟》[①]一文中识读为：

　　麦积山胜迹始
　　建于□秦成于元魏经七
　　百年□□名额绍兴
　　二年岁在任子兵火毁
　　历至十三年尽境□宁
　　国泰□□二十七年丁丑六月
　　□□游此□□□
　　□□特刻石以记之

(3)阎氏录为：

　　麦积山胜迹始
　　建于□秦成于元魏经七
　　百年□□名额绍兴
　　二年岁在壬子兵火毁
　　历至十三年尽境□宁

---

①张学荣《麦积山石窟的新通洞窟》,《文物》1972年第12期,第47—54页。

国泰□□二十七年丁丑六月

□□游此□□□

□□特刻石以记之

(4)李、何、陈氏《总录》录为：

麦积山胜迹始 建于□秦成于元魏经七 百年□□名额绍兴二年岁在壬子兵火毁 历至十三年尽境□宁 国泰□□二十七年丁丑六月 □□游此□□□ □□特刻石以记之

(5)李、蒋氏《总录》录为：

麦积山阁胜迹始建于姚秦成于元魏约七百余年四郡名显绍兴二年岁在壬子兵火毁□至十三年尽境安宁重修再造二十七年丁丑方就绪此□因□迹□□阎桂才刻石以记之

(6)金维诺《麦积山石窟的兴建及其艺术成就》[①]一文中录为：

麦积山阁胜迹,始

建于姚秦,成于元魏,约七

百余年,四郡名显。绍兴

二年岁在壬子,兵火毁

□。至十三年,尽境安宁,

重修再造,二十七年丁丑,方就

---

①见麦积山石窟艺术研究所《中国石窟·天水麦积山》,文物出版社,1998 年,第 165 页。

绪。此□因□迹□□，

阎桂才刻石以记之。

张学荣对金维诺对这方题记的识录有疑问，详见张学荣、何静珍《再论麦积山石窟的创建时代及最初开凿的洞窟——兼与张宝玺先生商榷》①。

（7）张氏《志》录为：

麦积山胜迹，始建于□（姚）秦，成于元魏。经七百年□□名额。绍兴二年岁在壬子兵火毁。历至十三年，尽境□宁，国泰□□。二十七年丁丑六月□□游此□□□□□特刻石以记之。

注：该石刻题记已在 20 世纪七八十年代进行的山体加固工程中被喷护覆盖。

以上所列 7 种识录各不相同，且在一些关键字的识读上存在很大区别。麦积山勘察团因受当时条件所限，没有能够非常仔细地去辨认该题记。张学荣长期在麦积山石窟工作，并且在现场和金维诺等数次讨论了该题记中的相关文字。之后阎文儒先生的书中及李、何、陈氏《总录》则是基本上引用了 1972 年张学荣经过仔细辨认后的录文，但在收录时对于题记的书写排列有出入，如"六月"二字之后的隔断就不相同。金维诺与李、蒋氏《总录》对该题记的录入除了有无句读之外，则完全相同。张氏《志》中，虽对题记进行了断句，但却失去了题记本来的排列特征。综合考量，张学荣先生的识录最为可信。

①张学荣，何静珍《再论麦积山石窟的创建时代及最初开凿的洞窟——兼与张宝玺先生商榷》，《敦煌研究》1997 年第 4 期，第 94—109 页。

3.

年代：宋庆元三年（1197）

位置：第 1 龛外左侧

题写方式：墨书

录文：

么□汇業耳/圣佛復回時慶元丁巳四月拾三日/法属□直
夫□牙马德□同□□/长慶释慧明惠同府城昌明□

（1）中勘版《总录》录为：

圣佛复回时庆元丁巳四月十三日　法属直□夫□□□马□
□□□□　长庆释慧明□同府城昌明

（2）阎氏录为：

圣佛复回时，庆元丁巳四月十三日，法属□直夫□□□马□
□□□□长庆释慧明□同府城昌明。

（3）张氏《志》录为：

圣佛复回时庆元丁巳四月十三日，法属直□夫□□□马□
□□□□长庆释慧明□同府城昌明。

注：该题记非游人题记，张氏《志》将该题记列于游人题记之列。该题
记中所反映的"圣佛复回"，极有可能与第 4 窟的重修有关。

4.

年代:宋庆元五年(1199)

位置:第1龛外左侧上部垂幔之下

题写方式:墨书

录文:

西康馬琭孟遜楊珍劉仲威/

秦綬同故道杜昌等六人于/

慶元己未正月上元佳节施/

燈油於/

聖寺祈願永得瞻/

上聖者謹記

(1)中勘版《总录》录为:

西康马珍、孟逊、杨征、刘仲威、秦绶同故道杜昌等六人 于庆元己未正月上元佳节 施灯油于圣寺祈愿永得瞻 上圣者谨记

(2)阎氏书录为:

西康马珍、孟逊、杨征、刘仲威、秦绶同故道杜昌等六人于庆元己未正月上元佳节施灯油于圣寺祈愿永得瞻 上圣者谨记

(3)李、蒋氏《总录》录为:

西康马珍孟逊杨征□□□秦绶同故道杜昌等□□□庆元乙

未正月上元佳节施灯油于圣寺祈愿永得瞻上圣者谨记

(4)张氏《志》录为：

　　西康马珍、孟逊、杨征、刘仲威、泰绶同故道杜昌等六人,于
庆元己未正月上元佳节,施灯油于圣寺,祈愿永得,瞻上圣者谨
记。

　　注:张氏《志》将此方题记列于游人题记之列,但因其六人施灯油于寺
院,故应置于供养人题记之列。

　　西康应为西康州,据《新唐书》可知西康州即同谷县,同谷县即今甘肃
成县,宋代关于西康州的设置没有明确记载。故道,辖今陕西凤县及甘肃
两当,详见本书游人题记第 6 号说明。

　　查询麦积山现存庆元年间题记,尚有以下几处:

(1)第 10 窟右壁近门处,刻画:

　　西康权珪同四友人魏璋,带佃户毕□到此拜佛,庆元乙
卯记。

(2)第 65 窟右壁,刻画:

　　庆元六年四月初五日, 成州□忠显亲□□□□到此兴州无
尽□达意□□社吕。

（3）第 83 窟左壁龛头光内，刻画：

　　　庆元三年□（十）□（一）月初八日，王□锋□军步□□□。

（4）第 165 窟左壁观音菩萨右侧背光泥层上，墨书：

　　　维大宋庆元丙辰四月初八日，仙堂□□□□……只后再来
记。

（5）天桥上第 2 层东起第 36 身千佛旁，墨书：

　　　秦州雄武军□□□归朝□保□（天）□（水）庆元四年

（6）天桥上第 1 层东起第 5 身千佛旁，墨书：

　　　社□□谷税户□（董）三□□□□／□□□□名唐宅□□
□／□□□各人开□□□□（大）庆元四年三月□□□□

　　这几条庆元年间的题记，牵涉到重修活动的为第（6）条，其他的都属
于游人题记。

5.

年代：南宋绍定元年（1228）

位置：庑殿顶上方横槽内

题写方式：墨书

录文：

（1）《麦积山石窟第 4 窟庑殿顶上方悬崖建筑遗迹新发现（附：麦积山

中区悬崖坍塌 3 窟龛建筑遗迹初步清理）》①一文录为：

/ □三年□□ /

/ □（周？）直至□ /

/ □元年八月□ /

/ □五日□（修？）造□ /

/ □（完？）工匠□□（又？）□（于？）/

/ 本寺法眷僧众□ /

/ 住持僧重遇□□（行？）赞□ /

/ □（普？）□□（普？）□（兹？）□（普？）□□□（普？）□□
□ /

/ □（集？）□普世□□神重神□神光神□□□ /

/ 神□（然？）神□（净？）神一神□ /

/ 义忠□□□神□□道普□普□ /

/ 普众　□□ /

/ 天水军天水县东柯社第六保税户□□在□李□同妻□ /

/ □（元?）男□（弟?丁?下?）曲祈应李文高妻□□□□□李
□（三）□妻□ /

/ 宗仇次□李世偈（谒）世间之亡过者超生佛界□□□ /

/ 者福乐百年　木匠　　赵□（海？）□□匠刘□ /

/ 　绍定元年八月□□记 /

/ 　今田丘□□□□□□□ /

---

①麦积山石窟艺术研究所考古研究室《麦积山石窟第 4 窟庑殿顶上方悬崖建筑遗迹新发现
（附：麦积山中区悬崖坍塌 3 窟龛建筑遗迹初步清理）》,《文物》2008 年第 9 期。

注:按照当时所拍照片判断,此十八行题记的字体、大小前后有变化,且题记中数次出现年字,因此,是否只是一方题记尚需商榷。这应该是重修题记,木匠的记载说明与第4窟上部的建筑有关,"重遇"此人还可见于麦积山瑞应寺现存的《四川制置使司给田公据碑》。此碑立于南宋嘉定十五年(1222),主要记述了住持僧重遇为了被拘作屯田的常住地,反复申诉,最终由四川制置使司判准退还的经过详情。按照第4窟庑殿顶上方横槽内题记和《四川制置使司给田公据碑》所立的年代判断,题记中所称的"住持僧重遇"与碑里所说的"麦积山瑞应寺住持赐紫明觉大师重遇"应为同一人。

6.

年代:元至元二十五年(1288)

位置:第2龛正壁佛背光右侧

题写方式:墨书

录文:

　　□生楊氏同夫主馮高郎男馮□／先雷氏尋祖姚氏／孫男馮世禄世宝／女翠蓮永安丑／□善眷等發心粧鑾／阿難一尊保延己身躰一宅／人眷万事遂心千祥吉慶伏乞／龍天鑒□／至元二十五年四月□(八)日题

(1)张氏《志》录为:

　　……生杨氏,同夫王冯高郎,男□先雷氏,尋祖姚氏,孙男冯世禄、世宝,女翠蓮……善眷等,发心粧鋚阿难□□一尊,保延己身人眷万事遂心,千祥吉庆。伏乞龙天鉴……

　　至元二十五年四月□日题。

注:"孠"古同"嗣","躰"同"体"。

7.

年代:元至元二十五年(1288)

位置:第 2 龛正壁佛背光左侧

题写方式:墨书

录文:

佛女生王氏伴姐同□□□飛龍 / 女丑姐楊氏月桂□□伴僧 □□ / □□等發心粧鑾 / 迦葉佛一尊保延一家人眷是女是男 / 普增福壽伏乞 / 龍天□□ / 至元二十五年四月□日題

(1)张氏《志》录为:

佛女生王氏,伴姐同失主□飞龙,女丑姐,杨氏月桂,□□伴 僧□□□□等发心粧鋈迦叶佛一尊,保延一家人眷,是女是男普 增福寿。伏乞龙天□□。

至元二十五年四月()日题。

8.

年代:明嘉靖三十九年(1560)

位置:第 1 龛右壁右侧

题写方式:墨书

录文:

大明國陝西鞏昌府□□縣人…… / …… / 嘉靖三十九年七 月□六日重粧聖像一尊

（1）张氏《志》录为：

　　大明国陕西巩昌府……

　　嘉靖三十九年七月□六日重粧圣像一尊。

9.
年代：明万历二十八年至四十八年（1600—1620）
位置：第 4 龛右壁右侧
题写方式：墨书
录文：

　　發心貼金僧眾會首惠瓅／耆丘智亮／惠玉仁鐸惠存惠亂汪
乾□□胡□(氏)剡科禄氏／

（1）中勘版《总录》录为：

　　发心贴金僧众会首惠瓅□耆丘智亮　惠□　仁□　惠存
惠亂　汪乾　万历□(四)十八年四月□□□□

（2）李、蒋氏《总录》录为：

　　发心贴金僧众会首惠瓅□耆丘智亮惠□仁□惠存惠亂汪乾
万历□(四)十八年四月□□□□

(3)张氏《志》录为：

　　　　发心贴金僧众会首惠进,耆丘智亮、惠玉、仁□、惠存、惠胤、
汪乾、□□胡□(氏)、剡科禄氏。

(4)李晓红《麦积山住持传承之史料研究》录为：

　　　　发心贴金僧眾會首惠進/耆老智亮　惠玉　仁□　惠存　惠
(亻+胤)　汪乾/□□胡氏/剡科禄氏

注:"胤"同"胤"。

此方题记中,反映出当时的僧众也有会一级的组织,也就是说,从题记中所反映的会的类型来看,当时的会,既有僧会,又有信士会。而其中信士会又分为女信士会和男信士会。相关的会,其会首则由符合该会类别的人士担任,比如僧会会首是由僧人担任,女信士会会首则由女信士担任。从题记中所透露出的信息来看, 当时的重妆活动一般是在僧人的带领下进行,但有的题记中也看不到僧人的存在。

关于该题记的书写年代,(1)(2)条与(3)(4)条出现了不同,主要是因为(1)(2)条在收录时将另外一条题记混同。与麦积山第 133 窟甬道右壁的墨书题记比对,可知第 4 龛的这方题记大约也属于万历年间。由两方题记中称智亮"会众信士"到"耆丘"判断,第 4 龛的这方题记书写年代要晚于第 133 窟题记的书写年代万历二十八年(1600),因此将该题记的书写年代定在万历二十八年(1600)之后,智亮在第 133 窟的题记中才是"会众信士",而到了第 4 窟第 4 龛的题记中则已被称为"耆丘",这种变化也是需要经过最少十几年的时间的, 因此权将该题记的书写年代下限定在万历末年。将两方题记进行对照辨认,第 133 窟的这一题记中许多漫漶不清

的字也便得到了确认和补证。

附:经过比照后的第133窟甬道右壁墨书题记

　　　贴金僧□會眾信士/智亮 汪□ 會首惠瓏 惠玉 仁鐸 惠存 惠胤/紅崖地□首王門 陳氏人等/萬曆二十八年元月初九日惠燈書

张氏《志》中录为:

　　　贴金僧□ (智)□ (虎)□会众信士智亮, 会首惠进、惠□(玉)、仁□、惠□、惠□。红崖地会首王门……
　　　万历二十八年九月初九日惠灯书。

　　注:从第133窟此方题记中可以看出,当时除了普通民众外,僧人也从事佛像的贴金工作。会的命名方式不一,有的会以地域命名,如此方题记中的红崖地会。

10.

年代:明万历年间(1573—1620)

位置:第7龛右壁中部壁面

题写方式:墨书

录文:

　　　計開/
　　　後随會信女于后/
　　　府吏蕭應召劉氏男蕭漢傑蕭漢相/
　　　阮士會王氏男阮化阮小大阮四根/

阮門席氏男阮佚家保阮二賞 /

趙成蔣氏男趙永□房氏趙遇僧保 /

徐門刘氏男徐伯倉楊氏 /

張守金張氏 /

徐桐付氏男徐伯海莫氏徐伯江武氏 /

徐伯林沈氏男徐收 徐起楊氏 /

徐伯光王氏男徐計児王氏徐二計 /

彭鸿江袁氏 /

本寺住持領會釋子智林徒慧增 慧進 孫本澤 本海 本洋来

安

(1)李晓红《麦积山住持传承之史料研究》录为：

計開 / 後随會信女于后 / 府吏蕭應召劉氏男蕭漢傑蕭漢相 /

阮士會王氏男阮化……/……/……/……/……/……/……/

……/ 本寺住持領會釋子智林徒慧增 慧進孫本澤本海本洋□

注："児"同"儿"。该题记中的智林,在麦积山现存题记中还有三处,此
题记书写年代大致可定为明万历年间。

11.

年代:明万历年间(1573—1620)

位置：第 4 龛正壁左侧上部上排自右向左第 1、2 与第 3、4 身影塑坐
佛之间两处。

题写方式:墨书

录文:

　　释子智昶

注:该题记为此次调查中新发现题记。第133窟甬道右壁墨书题记中
也有智昶,因此该题记的书写年代当在明万历年间,属于供养人题记。
12.
年代:明万历年间(1573—1620)
位置:第4龛左壁最外侧菩萨左侧壁面
题写方式:墨书
录文:

　　耆丘智林　智幻/本寺住持智祐　智義/惠夏　惠周　惠福　惠
車　惠大　惠才　惠益　惠靈　惠現　惠增　惠梁　惠相　惠金　智輝
智早/本站　本清　本回　本霄　本延　本□　本河　本忻　本喜　本
煙　本潔　本告　本務　本□　本□　本鉢　本羊　本諫　本志　本順/
来啓　来寿/惠燈書

(1)李晓红《麦积山住持传承之史料研究》录为:

　　耆老智幻　智林/本寺住持智祐　智義/　智輝(禅)　智果/惠
現　惠夏　惠周　惠福　惠車　惠大　惠才　惠益　惠靈　惠增　惠梁
惠相　惠金/本站　本清　本回　本霄　本延　本海　本河　本忻　本
喜　本煙　本潔　本告　本務　本□　本□　本鉢　本羊　本諫　本志
本順/來啟　來寿/孫仲峯□(吕)平縣/高文瑛順天人/惠燈書

注:该题记与第133窟甬道右壁万历二十八年(1600)的墨书题记都
是惠灯所书。根据其他洞窟中与智林、智幻以及智祐相关的纪年题记,可

以推断出该题记的书写年代大致为万历年间。李晓红录文中将另一题记和此题记录为同一方题记。"本羊"一人还可见于第 25 窟佛座左侧明代天启七年（1627）的墨书题记①：

> 天启七年四月内粧贴菩萨。匠人陇州梨林里候尽弟兄二人粧彩贴完。会首僧人惠莲、惠省，木匠僧人本羊。

13.

年代：明万历年间（1573—1620）

位置：第 4 龛正壁右侧上部第二排自右向左第 1、2 身影塑坐佛之间

题写方式：墨书

录文：

> 僧人本喜

注：该题记为此次调查中新发现题记。该龛左壁最外侧菩萨左侧壁面墨书题记中有"本喜"之民，此题记应归于供养人题记之列。

14.

年代：明万历年间（1573—1620）

位置：第 4 龛左壁自外向内第 1 身与第 2 身菩萨之间壁面

题写方式：墨书

录文：

> 惠常施艮二两/智林施艮□两

---

① 张锦秀《麦积山石窟志》，甘肃人民出版社，2002 年，第 136 页。

（1）李晓红《麦积山住持传承之史料研究》录为：

　　惠常施艮□□/智林施艮□□□□/□□/三人進朝山/秦
州三陽里□□朝山會長□□□男□康瑛

　　注："艮"即"银"字的简写。李晓红是将该处的三方题记归为一个题记
收录，并误标为第 4 窟第 3 龛。该题记根据本文供养人题记编号第 10、12
号，可推断大致书写年代为明万历年间。

15.

年代：明万历四十七年（1619）

位置：第 2 龛左壁

题写方式：墨书

录文：

　　大明國陝西都司鞏昌衛……/黑鳳火山西峪溝居住……/
佛粧書貼金発心承捨馬一疋祈……士……/杜官……女/室人
童氏　刘氏　徐氏……/萬暦四十七年四月初八日功完　上報/四
恩下祈一家清泰願□當□得生/善果吉祥如意

（1）中勘版《总录》录为：

　　大明国陕西都司巩昌衢后□□□　黑风火山西峪氵+千+
干居住□□□　佛妆画贴金发心承舍马一匹□□□　万历四十
七年四月初八日功完上报

（2）李、蒋氏《总录》录为：

　　大明国陕西都司巩昌卫后□□□黑风火山西峪沟居住□□□佛妆画贴金发心承舍马一匹□□□万历四十七年四月初八日功完上报

（3）张氏《志》录为：

　　大明国陕西都司巩昌卫后……，黑风火山西峪沟居住……，佛妆画贴金，发心承舍马一疋（匹）祈，……杜官……室人童氏、刘氏……。

　　万历四十七年四月初八日功完，上报四恩，下祈一家清泰，愿□当□，得生善果，吉祥如意。

注："発"同"發"。

16.

年代：明万历四十七年（1619）前后

位置：第3龛正、左、右壁千佛

题写方式：墨书

录文：

（1）正壁左侧，下排千佛自右向左：

　　秦州社樹平信仕／高极室人包氏男高□／許材承佛象二／尊

李晓红《麦积山第四窟第3龛供养人题记》录为：

秦州社樹平信士高□室人包氏男高許材承佛合家二尊
□(像)

(2)正壁右側,上排千佛自右向左:

随缘信士蘇東橋

随缘信士趙福張氏

随缘信士駱守清舒氏男□□

随缘信士張門徐氏

(3)正壁右側,中排千佛自右向左:

承佛信女趙門卞氏/婿文課趙氏

侯門張氏男侯紀□刘/□承佛一尊□□氏

(4)左壁中排千佛自右向左:

李邦雯于氏

黄應祥范氏

張明舒氏

張仲王氏

黄加選張氏男黄國泰

注:李晓红《麦积山第四窟第 3 龕供养人题记》中将"國"字识读为
"用"字。

(5)下排千佛自右向左:

僧人惠春天恩

黄国明黄国□宋氏

金同會首黄應□王氏刘氏男黄加□

黄加舜□童氏女楊□□

張貫王氏張萬袁氏

黄加文黄氏宋氏男蛮樓

黄應金吕氏

黄加有胡氏男諸仸保

黄應春袁氏

范邦寅翁氏男臨洮

范有張氏男过年

范能肖氏刘氏男如會

李晓红《麦积山第四窟第 3 龛供养人题记》录为：

僧人惠春天恩　黄国□宋氏黄国明(一下残)

金同會首黄應□員王氏刘氏男黄加□　　黄加舜□……女

張萬袁氏　張貫王氏黄加文黄氏宋氏男蜜樓

黄應金牛氏　黄加有胡氏男諸俠保

黄應春袁氏　范邦寅楊氏男臨洮

范有張氏男過年　范能肖氏刘氏男如會

(6)右壁,中排千佛自左向右第 4 身起：

會首黄應□

王氏刘氏

　　張應科楊氏

　　杜得員馬氏史氏

　　黄清舒氏姜氏

　　范喬羅氏

　　黄增李氏

　　范大時柴氏

　　范伯住于氏

　　黄應政張氏

　　范誥邵氏長范進才

　　黄加萬牛氏

　　黄加云李氏

（7）右壁，下排千佛自左向右：

　　范伯祥李氏

　　杜官董氏刘氏徐氏

　　李得楊氏男李□□

　　李志刘氏

　　李表索氏

　　范應袁李氏

　　肖應川宋氏男肖汝才

　　喬邦全黄氏男張家□

　　袁應榜許氏男袁信袁情

　　張廷寅黄氏

　　楊林元閻氏

　　范明二哇

　　肖尚增喬氏

　　范伯真范愛牛氏

　　李應真

李晓红《麦积山第四窟第 3 龕供养人题记》录为：

　　范伯祥李氏　杜官黄氏刘氏徐氏李得楊氏男李□□

　　李志刘氏李表索氏范應表袁氏肖應川宋氏男肖汝才

　　喬邦全黄氏男張家□袁應榜許氏男袁信袁橋

　　張廷寅黄氏楊林光閣氏范明二哇肖尚增喬氏

　　范伯真　范愛牛氏　李應真

　　注：李晓红根据该龕右壁下排题记"杜官黄氏刘氏徐氏"（实为"杜官董氏刘氏徐氏"）在隔壁第 2 龕左壁也出现，第 2 龕左壁有"万历四十七年四月初八"字样，推断第 4 窟第 3 龕的供养人题记书写时代为明万历四十七年（1619）左右。李晓红所说第 2 龕题记即为本文编号第 15 的供养人题记，经现场观察比对，15 号题记写为"杜官……女／室人童氏　刘氏　徐氏"，二者相关人名仅差一字，且"董"与"童"发音相近，且书写时笔画也很相近，极有可能误笔，因此基本可以确定属于相同的供养人姓名，故可以将该题记书写年代定于明万历四十七年（1619）左右。虽然这些供养人的姓名分别书写于不同的影塑坐佛之侧，但属于统一的集体供养行为，故而按照壁面分录，将其整体作为一个供养人题记收录。

17.

年代：明天启元年（1621）

位置：第 7 龕右壁右上部

题写方式：墨书

录文：

　　施主□德 大 重/新□佛堂善/念感天地造福/自无疆/铁匠王化明/畫匠侯□侯相/天启元年四月二十四日書

(1)中勘版《总录》录为：

　　施主□德　□　重　新□佛堂善　念感天地造福　自无疆铁匠王化明　画匠侯□侯相　天启元年四月二十四日书

(2)李、蒋氏《总录》录为：

　　施主□德□重新□佛堂善念感天地造福自无疆铁匠王化明画匠侯□侯□相天启元年四月二十四日书

(3)张氏《志》录为：

　　施主□(恩)德大，重新□佛堂。善念感天地，造福自无疆。铁匠王化明，画匠侯□、侯相。

　　天启元年四月二十四日书。

18.

年代：明天启三年(1623)

位置：第5龛右壁下部

题写方式：墨书

录文：

　　　大□(明)國陝西等處承宣布政司道鞏□(昌)府秦州清水縣
在城関廂各/門居住信士會首人等奉/佛設供粧彩貼金朝山進香
信士会首……李……/曹氏陳門宋氏陳門郭氏紀門趙氏……張
問士/□氏……陳□悟……/黃氏□□□王氏陳門王氏賀門……
王門□/□□□□統倪氏孫門□氏孫門……高氏/□門□氏王門
李氏雍應期……/孫□□□氏随緣會首楊□王氏……/孫……錦
張氏雍來……楊氏/胡門成氏王正家雍氏王門陳氏……氏/紀門
王氏張門安氏王作養高氏雍門□氏/馬守德范氏煙守礼范氏姚
門□氏秦州□楊登王氏/……山西匠人王勇□李健朝□□/天啓
三年四月初八日孟夏吉旦保佑一會人等平安如意

(1)张氏《志》录为:

　　　大□(明)国陝西等处承宣布政司道巩□(昌)府秦州清水
县,在城关厢各门居住信士会首人等,奉佛设供,粧彩贴金,朝山
进香。信士会首(以下50多人姓名从略)
　　天启三年四月初八日夏吉旦,保佑一会人等平安。

19.
年代:明天启七年(1627)
位置:第1龛左壁
题写方式:墨书
录文:

　　　維/大明國陝西鞏昌府秦州□縣民出□□/麦積山住持大
戒僧慧蓮發心承许/站/佛二尊粧彩貼完慧蓮徒本□本□/□申

年□月二十五日吉時生／妻王氏□大學児□□氏／父母何加猶
董氏姐佘氏親弟慧忻壬辰年九月初九日吉時生／郭字清妹何氏
外妻女□□□□□文／師智幻□□居士陳其趙氏陳上表劉氏共
成好事□／天启六年五月十九日开工七月完／七年正月初一日
書名二六時中祥光

（1）中勘版《总录》录为：

　　惟　大明陕西巩昌府秦州秦州□县民出□□　麦积山住持
大戒僧慧莲发心承許　站　佛二尊妆彩贴完慧莲　亲弟慧忻
师智幻　天启六年五月九日开工□□□□年正月初一书名二六
时　中祥光

（2）李、蒋氏《总录》录为：

　　惟大明陕西巩昌府秦州秦州□□民出□□麦积山住持大戒
僧慧莲发心承許站佛二尊妆彩贴完慧莲亲弟慧忻师智幻天启六
年五月九日开工□□□□年正月初一书名

（3）张氏《志》录为：

　　维大明国陕西巩昌府秦州□庶民出□□，麦积山主持大戒
僧慧莲发心承许站佛二尊粧彩贴完。慧莲□申年□月二十五日
吉时生亲弟慧忻□辰年九月初九日吉时生，妻王氏，□大学，儿
□□氏，父母何加□董氏，姐佘氏，师智幻。
　　天启六年五月十九日开工，七月完。

七年正月初一书名二六时中祥光。

(4)李晓红《麦积山住持传承史之史料研究》文中录为：

惟/大明國陝西鞏昌府秦州□庶民出□□/麥積山住持大
戒僧慧蓮发心承许/站/佛二尊粧彩貼完慧蓮徒本□本□/□申
年□月二十五日吉時生/妻王氏□大學見□文氏/父母何□
□董氏姐余　親弟慧忻□辰年九月初九日吉時生/郭字清妹
何氏外□女□□□□□/師智幻□□□□□□□□上表劉氏
共成□(妃)事□/天启六年五月十九日开工七月完/七年正月
初一日書名二六時中祥光

注:张氏《志》将该题记的书写年代定于天启六年,误。此条题记可与
此次调查中新发现的该龛前壁上部的墨书题记互为印证,"秦州□縣民"
应为"秦州禮縣民"。此条题记中之"郭字清妹何氏外妻女□□□□□文"
与"□□居士陳其趙氏陳上表劉氏共成好事□"虽然从书写现状上看,似
乎与整个题记不甚相配,但根据该龛前壁右侧上部的墨书题记中有关郭
氏的记载,可以判定属于同时书写,新发现题记录文见下第 20、21 号题
记。

20.

年代:明天启七年(1627)

位置:第 1 龛前壁

题写方式:墨书

录文:

天啓六年慧蓮一心□/佛上貼金捨馬一(疋)……/堆絲施

银……/贴站/佛二尊共一□□/主佛菩萨……/慧莲妻五人　恩

妻王氏　郭氏　郭(氏)……

注:该题记为此次调查中新发现题记。

题记中的"堆丝"工艺值得注意。该题记的书写年代按照该龛内其他

三方内容大致相同的题记判定,也应该属于天启七年。

21.

年代:明天启七年(1627)

位置:第 1 龛前壁

题写方式:自右向左竖行墨书

录文:

　　　礼縣堆城里人□□天王/發心祈遊秦……/佛塔寶山一

心……/瑞應寺大善知識明/教主智幻座下親……/削發爲僧受

持……/佛大戒比丘高至禪□……/爲住持俗……/改法名慧

蓮……/復度在□……/□主下改名……/父母何加猶董氏……/

天啓□年五月開工/天啓七年正月……

注:该题记为此次调查中新发现题记。

此题记中"天啓□年五月開工"据该龛左壁题记(本文第 19 号供养人

题记)可以补为"天啓六年五月開工"。

22.

年代:明天启七年(1627)

位置:第 1 龛右壁

题写方式:墨书

录文:

维/麦積山大戒比丘僧慧蓮领上下眾姓人等虔誠發心修貼
粧彩/菩薩金像眾姓信女會首阮琇張氏男阮尚策陳氏孫男阮永
寧一家等/恩荣寿□(官)程紹舜郭氏男程仕俊卜氏幼男程長寿
程七真一家等/阮仕愛王氏男阮相阮練阮四阮六一家等/吳躰亮
阮氏男吳小弟孫男吳不上裡/阮秦于氏男阮尚□高氏幼男寿哥
一家等/阮門席氏男阮伏家保阮羅漢保/侯門張氏孫男大经保/
阮門□氏男阮尚文周氏/蕭應詔刘氏阮連高氏男阮尚增/侯光道
張氏□□張氏男阮尚□高氏/阮仕安尹氏/天啓六年五月十九日
開工七月完/天啓七年正月初一日書名各家二六時中吉祥如意

(1)中勘版《总录》录为:

麦积大戒比丘僧慧莲领上下众姓人等虔诚发心修贴妆彩菩
萨金像　天启六年五月十九日开工七月完天启七年正月初一日
书名各家二六时中吉祥如意

(2)李、蒋氏《总录》录为:

麦积大戒比丘僧慧莲领上下众姓人等虔诚发心修贴妆彩菩
萨金像天启六年五月十九日开工七月完天启七年正月初一日书
名各家二六时中吉祥如意

(3)张氏《志》录为:

维麦积山大戒比丘僧慧莲,领上下众姓人等,虔诚发心,修
贴粧彩菩萨金像。众姓信女会首惠琇张氏、男阮尚策,陈氏、男阮

永宁一家等；恩荣寿□，程绍舜郭氏，男程士俊卜氏，幼男程长
寿、程七十一家等；阮仕爱王氏、男阮相、阮练、阮四、阮六一家
等；吴体亮阮氏、男吴小弟、孙男吴不上里，阮秦于氏、男阮尚
□高氏、幼男寿哥一家等；阮门席氏、男阮□家保、阮罗汉保；吴
门张氏、孙男大经保；阮门□氏，男阮尚文周氏；萧应诏□（刘）
氏，阮连高氏、男阮尚增；侯光道张氏，□□张氏、男阮尚□高氏，
阮仕安尹氏。

天启六年五月十九日开工，七月完。

天启七年正月初一日书名各家，二六时中吉祥如意。

（4）李晓红《麦积山住持传承之史料研究》录为：

维／麥積山大戒比丘僧慧蓮领上下众姓人等虔诚发心修贴
粧彩菩萨金像……／天启六年五月十九日开工七月完／天启七
年正月初一日書名各家，二六時中吉祥如意

注：张氏《志》将该题记的书写年代定于天启六年，误。此条题记可与
第 21 条题记相互补证，"恩荣寿□"应为"恩荣寿官"。该题记反映了一众
信士在麦积山比丘僧慧莲的带领下对窟内的菩萨进行"修贴妆彩"的重修
功德。

23.

年代：明天启七年（1627）以后

位置：第 7 龛左壁左上部，自右向左竖行墨书

录文：

维／大明國陕西等處／承宣布政使司鞏昌府秦州／敕建麥積

山上下方圍眾信奉/佛粧貼聖像姓名于后會首/恩荣壽官程紹
舜郭氏男程仕俊卜氏程長壽孫女璓?? /阮門盧氏/侯門張氏
男侯継秋刘氏孫男侯大經侯□□/阮秀張氏　男阮尚壽陳氏/
阮現張氏　男阮尋不来阮二不来/趙門丁氏　女袁門趙氏/董
門楊氏

(1)中勘版《总录》录为：

　　唯　大明国陕西等处　承宣布政使司巩昌府秦州　勅建麦
积山上下方圆众信奉　佛妆贴圣像姓名于后会首……

(2)李、蒋氏《总录》录为：

　　唯大明国陕西等处承宣布政使司巩昌府秦州敕建麦积山上
下方圆众信奉佛妆贴圣像姓名于后会首……

(3)张氏《志》录为：

　　维大明国陕西等处承宣布政使司、巩昌府秦州敕建麦积山，
上下方圆众信奉佛，粧贴圣像姓名于后。会首恩荣寿官，程绍舜
郭氏，男程士俊卜氏，程长寿孙女璓荣，阮门卢氏，侯门张氏、男
侯继秋刘氏、孙男侯大经保，阮秀张氏、男阮尚寿陈氏，阮门张
氏、男阮寻不来、阮二不来，赵门丁氏、女袁门赵氏；董门杨氏。

注：张氏《志》将此题记列入明代无纪年题记之列。经过与第 1 龛右壁
天启七年(1627)的墨书题记(见供养人题记第 22 号)中相关人物的称呼

相互参证,推断该题记书写年代应晚于第 22 号题记,应为明代天启七年(1627)以后所书。根据此方题记也可补前列题记中之缺文。功德主名字中数次出现四字名字,比如该题记中的"侯大经保、阮寻不来、阮二不来"等。题记中的"恩荣寿官"值得注意。恩荣,是指历代皇帝对本家族或某些成员的褒奖,包括各种敕书、诰命、御制碑文等,有的还包括皇帝或地方官员为本家族题写的各种匾额。寿官是明代养老制度中赐予老人冠带的制度。寿官制度出现在明英宗天顺二年(1458)以后,是逢恩诏颁下时才赐予的一个头衔,在整个明朝仅仅颁了 19 次,因此对当时人来说格外珍贵①。清代也有寿官制度的延续。按照该题记的书写年代推测,既是会首又是寿官的程绍舜应该是在明代的第 19 次授予寿官头衔中,即万历三十四年(1606)得此殊荣的。因为这次授予寿官头衔的年龄要求是 70 岁以上,所以到该题记书写时程绍舜至少也是 91 岁高龄了。这条题记是研究秦州民俗的珍贵资料,也是明代寿官制度的实证材料。

24.

年代:明崇祯元年(1628)

位置:第 5 龛左壁

题写方式:墨书

录文:

崇祯元年四月十五日信女施艮八钱買金四□貼佛公用……/楊門鮮氏/鄭門卜氏卜門武氏/卜門楊氏/李門韓氏/李門侯氏/卜門夏氏

---

①邱仲麟《耆年冠带——关于明代"寿官"的考察》,《台湾大学历史学报》2000 年 12 月第 26 期,第 207—262 页。

(1)张氏《志》录为:

崇祯元年四月十五日,信女施艮(银)八钱,买金四□,贴佛公用。郑门卜氏、杨门鲜氏、卜门武氏、卜门杨氏、李门韩氏、李门侯氏、卜门夏氏。

25.

年代:明崇祯三年(1630)

位置:第5龛左壁

题写方式:墨书

录文:

清水縣信士會首黄加賓曹氏等眾會女善發心貼兩墙埠/諸佛完滿姓字于后/雍應期□陳門李氏陳門王氏王天臣雍氏/刘門曹氏王門吳氏王析庭雍氏王用中范氏/雍門王氏賀驥□陳氏王載中李氏孫桂張氏刘氏/吳應舉禄氏王門談氏孫門張氏張榜元鄧氏/王門宋氏王正家雍氏邊策馬氏姚濟運周氏/隨缘姓名/張問士韓氏雍門曹氏党元春李氏/貼金畫匠雍海/崇祯三年四月初六日貼金完滿吉祥如意

(1)中勘版《总录》录为:

清水县信士会首黄加宾曹氏等众会女善发心贴两墙埠　诸佛完□(满)姓字于后　贴金画匠雍海　崇祯三年四月初□(六)日贴金完满吉祥如意

（2）李、蒋氏《总录》录为：

　　清水县信士会首黄加宾曹氏等众会女善发心贴两墙埠诸佛完□（满）姓字于后贴金画匠雍海崇祯三年四月初□（六）日贴金完满吉祥如意

（3）张氏《志》录为：

　　清水县信士会首黄加宾曹氏等众会女，善发心贴两墙埠（壁）诸佛完满，姓字于右（以下三十余人姓名从略）贴金画匠雍海。

　　崇祯三年四月初六日，贴金完满，吉祥如意。

　　注：从题记可以看出，当时的民间会社组织，有的全是由女信士组成。从所留的墨书题记可以看出，当时的信众在对千佛进行重绘彩妆之时，有的将信众的名字分别写在影塑千佛之旁，如第 3 龛的题记，有的则是统一写在壁面下方，如第 5 龛左壁。

26.

年代：明崇祯六年（1633）

位置：第 6 龛顶前坡下部

题写方式：墨书

录文：

　　大明崇祯陆年八月十五日/開工粧彩贴金畫匠/隴州南鄉梨林里侯家嘴/居住信士侯荣侯相弟兄二人侹侯秋印/三人十月二十粧贴工完满/吉祥如意

(1)中勘版《总录》录为：

　　大明崇祯六年八月十五日　开工粧彩贴金画匠　陇州南乡梨林里侯家嘴　居住信士侯荣、侯相弟兄二人侄侯□(执)印三人十月二十妆贴工完满　吉祥如意

(2)李、蒋氏《总录》录为：

　　大明崇祯六年八月十五日开工妆彩贴金画匠陇州南乡梨林里侯家嘴居住信士侯荣侯相弟兄二人侄侯□印三人十月二十妆贴工完满吉祥如意

(3)张氏《志》录为：

　　大明崇祯陆年八月十五日开工粧彩。贴金匠陇州梨林里侯家嘴居住信士侯荣、侯相弟兄二人,侄侯□(秋)印,三人十月二十粧贴工完满,吉祥如意。

注:陇州即今陕西陇县。

侯氏的此项工作有妆彩、贴金、绘画。麦积山供养人题记中,关于侯氏兄弟的题记前后共出现了4处,其余3处分别为:第12窟窟顶前坡明天启二年(1622)侯荣的题记;第25窟明天启七年(1627)侯尽兄弟题记;第7龛右壁右上部明天启元年(1621)的墨书题记(详见本文供养人题记第17条)。这几处出现的侯姓的匠人,都是陇州梨林里的侯氏一姓,极有可能属于世代相传的匠人,专门从事佛像的贴金、彩塑等工作,且侯荣、侯相兄弟为居住信士。

附：

(1)第 12 窟窟顶前坡下边框左侧墨书明天启二年(1622)题记①：

　　天启二年四月二十六日,□□(士)人侯荣。

(2)第 25 窟佛座左侧明天启七年(1627)的墨书题记②：

　　天启七年四月内粧贴菩萨。匠人陇州梨林里侯尽弟兄二人
粧彩贴完。会首僧人惠莲、惠省,木匠僧人本羊。

(3)第 7 龛右壁右上部明天启元年(1621)的墨书题记：

　　施主□德大重/新□佛堂善/念感天地造福/自无疆/铁匠
王化明/畵匠侯□侯相/天启元年四月二十四日書

27.

年代:明(1368—1644)

位置:第 1 龛左壁左侧

题写方式:墨书

录文:

　　大明国陕西鞏昌府□□縣西□□……/……居住……/
……佛……/……/……/……/……施

---

①张锦秀《麦积山石窟志》,甘肃人民出版社,2002 年,第 136 页。
②张锦秀《麦积山石窟志》,甘肃人民出版社,2002 年,第 136 页。

注:该题记为首次收录。

28.

年代:清康熙二十二年(1683)

位置:第 5 龛左壁右侧

题写方式:墨书

录文:

(1)张氏《志》录为:

> □(强)大任妻周□(氏)……(模糊,略)
>
> 康熙二十□(二)年八月□日。

注:该题记在此次调查中没有找到。

29.

年代:清康熙二十六年(1687)

位置:第 4 龛右壁

题写方式:墨书

录文:

> 西厢里三甲民弟子赵永祥妻牛氏/男赵乾妻文氏/赵朋女二哇/赵五哇/赵六哇/九甲弟子强大任妻周氏男强行健闔家代/發心中□□塑聖像保佑一家眷等清泰/本山住僧人性印/康熙二十六年八月吉日立

(1)张氏《志》录为:

> 西厢里三甲民弟子赵永祥妻牛氏、男赵乾妻文氏,赵朋、女

二哇、赵五哇、赵六哇;九甲弟子强大任妻周氏、男强行健,阖家代,发心中□□□塑圣像,保佑一家眷等清泰。本山住(持)僧人性印。

康熙二十六年八月吉日立。

(2)李晓红《麦积山住持传承之史料研究》录为:

西厢里三甲民弟子趙永祥妻牛氏/男趙乾妻文氏/趙朋女二哇/趙五哇趙六哇/本山住僧人性印/九甲弟子强大任妻周氏男强行健閆家氏發发心□□□□(補塑聖像)保佑一家眷等清泰/康熙二十六年八月吉日立

注:该题记和第30号供养人题记都反映了清朝的保甲制度。

该题记中"□塑圣像"说明对该龛的造像不只是重绘,而是进行了塑作活动,这也是该龛及第4窟在清代进行过塑作的证据。

30.

年代:康熙二十七年(1688)

位置:第1龛右壁

题写方式:墨书

录文:

西厢里三甲弟子趙永祥妻牛氏男趙乾妻文氏/趙朋趙五哇/趙六哇女二哇/九甲弟子强大任妻周氏男强行健閆家代/發心補塑聖像全完保佑一家眷等清泰/康熙二十七年八月吉日立住持僧人性印

(1)中勘版《总录》录为:

西厢里三甲弟子赵永祥妻牛氏男赵乾妻文氏　赵明赵五哇赵六哇女二哇　九甲弟子强大任妻周氏男强行健阖家代　发心补塑圣像全□(完)保佑一家眷□(守)清泰　康熙二十七年八月吉日立主持僧人性印

(2)李、蒋氏《总录》录为:

西厢里三甲弟子赵永祥妻牛氏男赵乾妻文氏赵明赵五哇赵六哇女二哇九甲弟子强大任妻周氏男强行健阖家代发心补塑圣像全□(完)保佑一家眷□清泰康熙二十七年八月吉日立主持僧人性印

(3)张氏《志》录为:

西厢里三甲弟子赵永祥妻牛氏,男赵乾妻文氏,赵朋、赵五哇(哇)、赵六哇(哇)、女二哇(哇);九甲弟子强大任妻周氏、男强行健,阖家代,发心补塑圣像全□(完),保存佑一家眷□(等)清泰。
　　康熙二十七年八月吉日立。住持僧人性印。

(4)李晓红《麦积山住持传承之史料研究》录为:

西厢里三甲弟子赵永祥妻牛氏男赵乾妻文氏/王(金春)華赵朋赵五哇/赵六哇女二哇一十九甲弟子强大任妻周氏男强行

健闾家氏/發心補塑聖像全完保佑一家眷等清泰/康熙二十七
年八月吉日立　主持僧人性印

注:此方题记与第4龛右壁康熙二十六年(1687)的第29号墨书题记
除了书写时间间隔一年，供养人的名称排序稍有变化之外，内容基本相
同,可互为参考。若第28号供养人题记年代识录无误的话,可知在康熙二
十二年(1683)、康熙二十六年(1687)及二十七年(1688),以单个家庭为单
位的信众合力对第4窟第1、4、5等龛的相关造像进行了补塑。

31.

年代:唐

位置:第4窟西侧柱外下部

题写方式:浅刻

录文:

(1)李、何、陈氏《总录》录为:

坊州石匠赵法知　赵敬玖开三龛　赵松[朵]

注:此题记已不可见。关于题记中所开三龛,李、何、陈氏《总录》中认
为既不是第4窟的诸龛,也不是牛儿堂(即第5窟)的三龛,很可能随着崖
面的崩塌全部塌毁了。

坊州,今陕西省黄陵县。唐武德二年(619),高祖分鄜州置坊州,天宝
元年(742)改为中部郡,乾元元年(758)复为坊州。治中部(今陕西黄陵)。
历经五代,直至元至元六年(1269),废坊州,改州制为县制,属于鄜州。这
一题记值得关注,陕西坊州的石匠来到麦积山开龛这一历史信息非常重
要。根据麦积山现存洞窟特点分析,五代至宋元在麦积山基本是对前代造
像和壁画的重塑和重绘,很少有开窟造龛之举。而且到五代和宋元时期,

崖面的利用空间已经基本饱和,在第 4 窟西侧柱外下部的崖面部分,也没有可以利用的崖面可以用来开窟造龛了。而唐朝时期本应有大规模开窟造像的麦积山却很少有唐朝洞窟的遗存,这当然与秦州历史上的大地震有很大关系。结合坊州的设置时间推测,这方题记极有可能是唐代武德二年至天宝元年(619—742)或者乾元元年至唐末(758—907)之间开龛的题记,也就是说该题记极有可能是麦积山崖面遗留年代最早的题记,题记中所记载的三龛也在之后的大地震中崩塌坠毁了。

32.

年代:不详

位置:第 6 龛正壁佛右侧壁面

题写方式:墨书

录文:

靳邦水捨石……

注:该题记为首次收录。第 1 龛内主佛佛座前部边沿用青石重新补修。而第 1 号供养人题记中,"前住持僧智椏上石",与第 4 窟的重修之间的关系也值得思考。

33.

年代:不详

位置:第 5 龛右壁

题写方式:墨书

录文:

李德寅馬氏 / 楝佛一宣 / 香積山方……

注:该题记为首次收录。

香积山位于麦积山对面,山顶原有寺院,已毁不存。"栋佛一宣"颇为费解。

34.

年代:不详

位置:第 1 龛外左侧流苏中部右侧

题写方式:墨书

录文:

同□……李 / □石□塑□□□

注:该题记为此次调查中新发现题记。

该题记虽然可以辨认的字数较少,但因为其中有一"塑"字,推测应属于供养人塑像的题记,故列于此。

二、麦积山第 4 窟历代游人题记

麦积山石窟因为开凿时代久远,洞窟重修代有延续,加之秦州所处的地理位置,屡遭兵火战乱之灾,栈道及洞窟内的造像和壁画难免被烧毁和破坏,特别是壁面遭烟熏的情况非常普遍。因此,在古人普遍以毛笔作为书写工具,以墨汁作为书写原料的时代背景下,历代游人在麦积山遍览圣迹,意欲抒写胸臆之时,却发现洞窟的壁面大多因烟熏而无法挥毫。面对这种情况,刻画便成为人们普遍采用的方便快捷的留题方式。因此,虽然麦积山石窟留存的墨书题记非常少,但留存有大量的游人刻画题记。第 4 窟留有形式多样的游人题记, 有凿于崖壁上的, 有刻画于壁面和造像上的,也有墨书的。此节专门收录该窟历代游人的题记。

1.

年代:宋皇祐三年(1051)

位置:第1、2 龛之间天龙八部像左侧中部

题写方式:刻画

录文:

　　皇右三年弟何洪□伍□曾□張□□題

　　注:该题记为此次调查中新发现题记。"右"同"祐"。

2.

年代:宋元祐六年(1091)

位置:长廊西壁上部

题写方式:崖面刻石

录文:

　　提點秦鳳等路刑獄公事游師雄/

　　提舉茶馬公事仇伯玉同登麥積/

　　山寺七佛瑞閣元祐六季二月三日/

　　隴城縣令楊愬巡鋪馬震巡/

　　檢趙遠偕至京東副将段緘題

(1)冯氏《志》录为:

　　提举秦凤等路刑狱公事游师雄、提举茶马公库仇伯玉同登
麦积山寺七佛岩阁。元祐六年二月三日,副将段珹凯。

（2）中勘版《总录》录为：

　　提点秦凤等路刑狱公事游师权提举叶马公事仇伯玉同登麦积　　山寺七佛崖阁元祐六年二月三日　　陇城县令杨愍巡铺□马震巡赵远偕至京东副将段缄题

（3）阎氏录为：

　　提点秦凤等路刑狱公事游师雄，提举茶马公事仇伯玉，同登麦积山寺七佛岩阁元祐六年二月三日。

（4）李、蒋氏《总录》录为：

　　提点秦凤等路刑狱公事游师雄提举茶马公事仇伯王同登麦积山寺七佛□阁元祐六年二月三日陇城县令杨塑巡铺马震巡赵远偕至京东副将段缄题

（5）张氏《志》录为：

　　提点秦凤等路刑狱公事游师雄、提举茶马公事仇伯玉，同登麦积山寺七佛瑞阁。元祐六年二月三日。

　　陇城县令杨塑，巡铺□马震巡、赵远偕至。京东副将段缄题。

注：阎氏书中对该题记已有详细考释①。

①详见阎文儒《麦积山石窟》，甘肃人民出版社，1984 年，第 115—118 页。

3.

年代:宋绍圣二年(1095)

位置:长廊西端前檐石柱内侧下方

题写方式:崖面刻石

录文:

閤令薛适/紹聖乙亥七/月丁酉同至

(1)冯氏《志》录为:

绍圣乙亥閤令薛适同游

(2)中勘版《总录》录为:

閤令薛适　绍圣乙亥七　月　丁酉同至

(3)阎氏与李、蒋氏《总录》皆录为:

閤令薛适绍圣乙亥七月丁酉同至

(4)张氏《志》录为:

閤令、薛适,绍圣乙亥七月丁酉同至。

4.

年代:宋崇宁元年(1102)

位置:长廊西侧石柱上

题写方式:崖面刻石,自左向右竖行,字若拳大

录文:

張保淳劉合/同游崇寧壬/午十二月望日/張閬中後至

(1)中勘版《总录》录为:

张保淳,刘□合同游崇宁壬 午十二月望日 张阆中后至

(2)阎氏录为:

张保淳,刘 | 同游崇宁壬午十二月望日 | 张阆中后至

(3)李、蒋氏《总录》录为:

张保淳刘合同游崇宁壬午十二月望日张阆中后至

(4)张氏《志》录为:

张保淳、刘□(合)同游。崇宁壬午十二月望日,张阆中后至。

注:按照阎氏第 51 页所记,麦积山第 15 窟也有一条题记,与此基本一致。阎氏录为"张保淳刘合同游崇宁壬午即元年十二月望日张阆中后至",该题记现已无存。

5.

年代:宋崇宁五年(1106)

位置:长廊西侧石柱上

题写方式:崖面刻石

录文:

权隴城縣事趙希安/東起以檄嘗遊于/此歲崇寧伍年貳/月拾有捌日閑誌

(1)中勘版《总录》录为:

陇城县事赵希安　东□以檄尝游于　此岁崇宁五年二月十有八日闲志

(2)阎氏录为:

权陇城县事赵希安 | 陈起以檄尝游于 | 此山。崇宁伍年贰月拾有捌日闲志

(3)李、蒋氏《总录》录为:

权陇城县事赵希安东祖以檄曾游于此岁崇宁五年二月十有八日闲志

(4)张氏《志》录为:

陇城县事赵希安东廷□以檄，尝游于此。岁崇宁壬午二月拾
有捌日闲志。

注：张氏《志》将该题记误读为崇宁壬午年，即崇宁元年（1102）。

6.

年代：宋政和七年（1117）

位置：长廊西侧石柱外壁面

题写方式：墨书，自右向左竖行书写

录文：

南岐故道何□君澤同……/

趙輔之長舉石坡□□□往清水/

迴繼程登閣瞻礼/

聖容欽歎之久抵暮還寺来之前/

歸遊政和七載丁酉仲冬望日題

（1）中勘版《总录》录为：

南岐故道何□君泽　赵辅之长举□（石）坡□□往清水迴
□（继）程登阁瞻礼　圣溶钦叹之久抵善远□□□□（前）归□政
和七载丁酉仲冬望日题

（2）阎氏录为：

政和七载丁酉仲冬望日题

（3）李、蒋氏《总录》录为：

　　　南岐故道何元君泽□□赵辅之长举石坡□□往清水迴继程
登阁瞻礼圣容钦叹之久抵暮还□水□前归□政和七载丁酉仲冬
望日题

（4）张氏《志》录为：

　　　南岐故道何□君泽……赵辅之长举石坡□□□往清水迴继
程，登阁瞻礼圣容，领叹之久，抵暮还寺，来之前归□。政和七载
丁酉仲冬望日题。

　　注：此条题记对研究宋代秦蜀之间的交通颇有价值。麦积山在当时交
通中的位置值得关注。
　　南岐故道指今甘肃陇南东北部及陕西凤县西南部这一区域。据《方舆
胜览》载，"南岐曰凤州"，[①]又《元和郡县图志》载，"按成州同谷县本是凤州
西界，县南有凤凰山，因为州名。隋大业三年改为河池郡，武德元年复为凤
州"，[②]可知，凤州即今成县。故道，古县名，治古凤州，辖今凤县及两当。汉
武帝置武都郡，下设七城，故道为七城之一。[③]凤州自古为入蜀交通要冲。
古故道、连云栈道都由此经过。南岐山就是指今凤凰山，南岐山位于古凤
州之南，是故道之起源，从凤州翻越南岐山可通汉中巴蜀。

---

　　①（宋）祝穆《方舆胜览》卷 69，中华书局，2003 年，第 1212 页。
　　②（唐）李吉甫撰《元和郡县图志》，中华书局，1983 年，第 566 页。
　　③（南朝宋）范晔《后汉书·郡国志》，中华书局，2000 年，第 3518 页。

7.

年代:南宋乾道元年(1165)

位置:第 1 龛外左侧

题写方式:墨书,竖行

录文:

　　　利州左三孙震记□　隆興三年七月初三日

(1)中勘版《总录》中将该题记分录为两条:

　　　①利州左三孙震记□□□□□麦积□□□
　　　②隆兴三年七月初三日

(2)李、蒋氏《总录》录为:

　　　利州左三孙农记隆兴三年七月初三日

　　注:利州,今四川广元地区。南宋时属利州路的十二州之一。隆兴年号只用了两年,此处隆兴三年实为南宋乾道元年。1165 年,宋金双方刚刚结束史称"隆兴北伐"不久,达成"隆兴和议",双方疆界恢复到了"绍兴和议"时的原状。从这方题记可以看出当时麦积山所处的区域处于南宋政府管辖之下,这也符合相关历史记载。

8.

年代:宋淳熙七年(1180)

位置:第 1 龛外左侧

题写方式:墨书,自右向左竖行书写

录文：

　　右四益昌王国用同張進道趙君玉李押清/王才敬并僦池會官文德天到此時淳/熙七年三月初二日瞻仰/聖像謹題

（1）中勘版《总录》录为：

　　右四益昌王国用同张进、赵君玉、李押清、王才敬并湫池会官文德天到此时　淳熙七年三月初二日瞻仰　圣像谨题

（2）阎氏录为：

　　右四盖昌王国用同张进、赵君玉、李押清、王木敬并湫池会官文德天到此。时淳熙七年三月初二日瞻仰圣像谨题。

（3）李、蒋氏《总录》录为：

　　右四益昌王国用同张进道赵君玉李押清王才敬并湫池会官文德天到此时淳熙七年三月初二日瞻仰圣像谨题

（4）张氏《志》录为：

　　右益昌王国用，同张进、赵君玉、李押清、王木敬并湫池会官文德天到此。时淳熙七年三月初二日，瞻仰圣像谨题。

注：益昌，即宋时益昌县，位于今四川广元市南。

9.

年代:宋淳熙九年(1182)

位置:第 1 龛外左侧

题写方式:墨书

录文:

武康軍王安牛□□/淳熙九年五月……

(1)中勘版《总录》录为:

淳熙九年四月二十三日　武康軍王与牛到此

(2)阎氏录为:

淳熙九年四月二十三日,武康軍王与牛到此

(3)李、蒋氏《总录》录为:

淳熙九年四月武康軍王安牛到此

注:武康军,即今陕西洋县。

10.

年代:宋淳熙十年(1183)

位置:第 1 龛外右侧帐帷

题写方式:刻画

录文:

　　　　槎□青世琇二人到/淳熙十年

注:该题记为此次调查中新发现题记。

11.

年代:宋淳熙十五年(1188)

位置:第1、2龛之间天龙八部像左侧

题写方式:刻画

录文:

　　　　淳熙十五年五月十八日/六帥司使臣劉餘慶杜□來

(1)中勘《总录》录为:

　　　　淳熙十五年五月十八日　六帅司使臣刘馀庆、杜□来

(2)阎氏录为:

　　　　淳熙十五年五月十八日　六帅司使臣刘余庆杜□来

(3)李、蒋氏《总录》录为:

　　　　淳熙十五年五月十八日六帅司使臣刘余庆杜课来

注:帅司,官署名,宋安抚司的简称①。宋代在诸路置安抚司或经略安

---

①邱树森《中国历代职官辞典》,江西教育出版社,1991年7月,第186页。

抚司,以朝臣充任,掌一路军政之事,称帅司。

12.

年代:宋金时期

位置:第 4 龛左壁前端垂幔转角处

题写方式:墨书

录文:

(1)中勘版《总录》录为:

　　　壬辰□癸卯月□□□□题　礼诸佛像各愿□□□吉庆□□
□　寇在兴等五人因戍守湫池堡到此□□　闻后一铁衣进士王
宁、李孝威、樊焀□□□

　　注:根据题记中"戍守湫池堡"的记载,大致可以推断出其书写年代为
宋金时期。此方题记现在已经踪迹难觅,但根据题记书写惯例,中勘版《总
录》应该是将前后顺序颠倒,推断该题记应录为:

　　　闻后一铁衣进士王宁、李孝威、樊焀□□□ / 寇在兴等五人
因戍守湫池堡到此□□ / 礼诸佛像各愿□□□吉庆□□□ / 壬
辰□癸卯月□□□□题

13.

年代:宋元时期南宋绍熙元年(1190)至元至元二十年(1283)

位置:第 4 窟前廊右侧力士右腿内侧

题写方式:刻画

录文:

　　　　隆慶府□□/□□里……

注:该题记为此次调查中新发现题记。隆庆府,南宋绍熙元年(1190)升剑州为隆庆府,治普安县(今四川剑阁县)。元至元二十年(1283年)改为剑州。因此该题记的刻画年代应在这一时期之内。

14.
年代:元至元二十七年(1290)
位置:第4龛左壁前帐柱
题写方式:白粉书写
录文:

　　　　□□□登此/庚寅至元貳拾柒禩伍月初伍日下来至拾肆日迴家□□

(1)张氏《志》录为:

　　　　□□□登山,庚寅至元貳拾柒年伍月初伍日下来至拾捌日迴家□□

15.
年代:明嘉靖十年(1531)
位置:第3龛左壁靠门处
题写方式:墨书
录文:

　　　　……之子拜/大明嘉靖十年□□□□/計字

(1)张氏《志》录为：

大明嘉靖十年□□□□计字

16.

年代：明嘉靖四十三年(1564)前后

位置：第 4 窟前廊右壁

题写方式：刻石

录文：

小有洞天／泰谿

注：明代甘茹，字征甫，号泰谿，四川富顺人，明嘉靖进士，除御史，迁山东按察副使。麦积山现存明代嘉靖四十三年(1564)所刻《秦州天水郡麦积崖佛龛铭并序》一碑碑文即为甘茹所书，碑文末称其"赐进士出身奉仪大夫陕西等处提刑按察司分巡陇右道金事"(见张锦秀《麦积山石窟志》第178 页)。麦积山东崖门口壁面存有甘茹诗碑，为明嘉靖四十三年(1564)所立，收录其在麦积山所作七首五律。按照麦积山现存题刻可知，甘茹曾两次游览麦积山，第二次是在嘉靖四十三年(1564)。因此该题记的书写年代应该是在嘉靖四十三年前后(1564)。

17.

年代：明嘉靖年间(1522—1566)

位置：第 4 龛右壁自外向内两身菩萨头光之间

题写方式：墨书

录文：

......嘉靖......

注：该题记为首次收录。此题记残存有 5 竖行，但因壁面损坏严重，题
记漫漶不清，仅"嘉靖"二字可辨。

18.
年代：明万历二年（1574）
位置：第 5 龛右壁
题写方式：墨书
录文：

　　萬曆二年四月二十二日／秦州衞樹杜平張伯謨張伯貴張伯
策張經科張一科

（1）张氏《志》录为：

　　万历二年四月二十二日秦州卫树杜平、张伯贯（以下三人姓
名从略）

19.
年代：明万历二年（1574）
位置：第 5 龛右壁
题写方式：墨书
录文：

　　萬曆二年......／秦州衞......此

注：该题记为首次收录。

20.

年代：明万历三年（1575）

位置：第 6 龛前壁左侧帐柱

题写方式：墨书

录文：

□曆乙亥秋蜀川……

注：该题记为此次调查中新发现题记。中国历史上皇帝年号中后面带有"历"字的计有武周圣历（698—700）、唐大历（766—779）、唐宝历（825—826）、辽应历（951—969）、宋庆历（1041—1048）、元天历（1328—1330）、明万历（1573—1620）六个，但是符合"乙亥"年的只有明万历三年，因此该题记可以确定为明万历三年。

21.

年代：明万历十年（1582）

位置：第 5 龛右壁

题写方式：墨书

录文：

萬曆十年七廿五秦州□子何珂到

（1）张氏《志》录为：

万历十年七（月）廿五，秦州□□何珂到

22.

年代：明万历十年(1582)

位置：第 5 龛右壁

题写方式：墨书

录文：

　　　王□萬曆十年七月二十七日道

(1)张氏《志》录为：

　　　王□□万历十年七月二十七日道(到)。

23.

年代：明万历十年(1582)

位置：第 4 龛外右上方壁面

题写方式：墨书

录文：

　　　大明萬曆十年七月二十八日新建刊字記

(1)中勘版《总录》与李、蒋氏《总录》录文一致：

　　　大明万历十年七月二十八日新建刊字这

注：题记中的"記"字是由于书写者开始将其误书为"這"后，又将"辶"涂抹后加"己"，这种涂改造成中勘版《总录》与李、蒋氏《总录》将该字识读

成了"这"字。"刊"为"刊"。

24.

年代:明万历十年(1582)

位置:第 5 龛左壁

题写方式:墨书

录文:

秦州長□□□慶□□男周德等一家善 / 卷保佑吉祥如意 /

萬曆十年七月十七日王……

注:该题记为首次收录。

25.

年代:明万历四十年(1612)

位置:第 2 龛正壁佛座壸门左侧

题写方式:墨书

录文:

萬曆四拾年…… / 周□仙……此

注:该题记为首次收录。

26.

年代:明万历四十八年(1620)

位置:第 4 龛右壁右侧

题写方式:墨书

录文:

清水｜縣｜□□會／萬曆四十八年四月初八日蔡邦儒侯得權陳
順馮□科杜俊許□｜兴｜

(1)张氏《志》录为：

清水□□□会,万历四十八年四月初八日,蔡邦儒、侯得权、
陈顺、冯身科、杜俊许□□。

27.
年代:明天启七年(1627)
位置:第4龛右壁
题写方式:墨书
录文:

天啓七年會彭世威男彭懷／眾會人等□朝山／四月初八日
記名後世傳名

(1)张氏《志》录为：

天启七年会,彭世威,男彭怀,众会人等朝山,四月初八日记
名,后世传名。

28.
年代:明崇祯元年(1628)
位置:第4龛右壁
题写方式:墨书

录文：

崇禎元年會楊万虎

(1)张氏《志》录为：

崇禎元年会,杨万虎。

29.
年代:明崇祯二年(1629)
位置:第 4 龛右壁右侧壁面
题写方式:墨书
录文：

秦州一會首鄒鳳鳴　張愛　李守能　李□德　楊守成　姚啓錫
李□　楊□□　李□清今到此/崇禎二年四月初日松……/……
化里……

(1)张氏《志》录为：

崇禎二年四月初□日。

30.
年代:明崇祯二年(1629)
位置:第 1 龛外侧
题写方式:墨书

录文：

崇祯贰年四月太原王卞到此记

(1)中勘版《总录》录为：

崇祯二年四月　太原王卞到　此记

(2)张氏《志》录为：

崇祯二年四月,太原王六到此记。

31.
年代:明崇祯四年(1631)
位置:第4龛左壁左侧
题写方式:墨书
录文：

杜鳳　張謙　張祥　崇祯四(年)七月七日……此

注:该题记脱一"年"字。
32.
年代:明崇祯四年(1631)
位置:第4龛左壁左侧
题写方式:墨书
录文：

崇禎四□（年）　四月□□日……／

凉州道王……洪……盧□元来朝进香子盧薦□　盧□□叩

頭進香□此……

（1）张氏《志》录为：

崇禎四年二月二十七日，凉州道王世□（中）、张□、卢应元

朝□（山）进香，子卢蟇叩头……

33.

年代：明崇禎元年至十年（1628—1637）

位置：第 7 龛右壁

题写方式：墨书

录文：

借寺□□承十……／

崇禎□年□月初□□秦州各□□同□在……／

佛朝山进香祈嗣點燭信士會首梁□柱樊善兴……／

李春盛刘□明刘现刘□

注：该题记为首次收录。这条题记是当时的信众为求子嗣而朝山进香

所留。

34.

年代：明崇禎年间（1628—1644）

位置：第 3 龛右壁左侧

题写方式：墨书

录文：

> 崇祯□……□遊 海 □□……／朝山進……刘 儞昌朱氏男刘
> □馬氏……

注：该题记为首次收录。

35.

年代：清顺治年间（1644—1661）

位置：第 4 龛右壁右侧

题写方式：墨书

录文：

> 欽差□ 夏 □標下 旗 □張文英／于順治□□四月初八 進 香

（1）张氏《志》录为：

> 欽差□□□标下張文英□，于順治□□四月初八日。

36.

年代：清康熙二十八年（1689）

位置：第 4 龛左壁

题写方式：墨书

录文：

> 康熙二十八年石佛鎮中灘一會人／
> 會首苟品　強宗聖　劉尚進　李梅　張啓能　胡聚　李鳳冠　陳

懋忠 苟志仁/

　　郭盈 張建基 楊廷瑞 郭彭 楊應隆 李尚會 常有光 蒲寬
蒲學聖/

　　蒲□瑾 郭昌儊 郭標 劉□ 張永基 蒲珍 蒲天魁 雷□極
馮加智 羅廣/

　　□□ 毛月 陳啟心 蒲文□ 陳□□ 羅貴 郭伏□ 李□光
李享 □□ 羅□ 田□□ 楊□□/張□□ 蒲□金 郭君儒 □
□□ 郭居任 李明世

(1)张氏《志》录为:

　　康熙二十八年,石佛镇中滩一会人等,瑾……会首(以下40
余人姓名从略)。

37.
年代:清康熙四十二年(1703)
位置:第4龛左壁左侧
题写方式:墨书
录文:

　　道正同張□□/

　　康熙四十二年四月初□日/

　　秦州東關一會信士胡山進香到此/

　　會首劉□□迺春/劉邦周□耀先/楊爾□□□□/張人望朱
□烈/曹登鰲□……/張□□張連□/劉□□趙建元/王登洲周
多盛/張瑞萬永吉/李金馮啓貴/周□棟文止敬/譚海張爾埼

（1）张氏《志》录为：

　　道正同张真□康熙四十二年四月初□日，秦州东关一会信士朝山进香到此。会首(以下 25 人姓名从略)。

注："迊"同"迎"。

38.

年代：清康熙四十二年（1703）

位置：第 2 龛左壁下部

题写方式：墨书

录文：

　　康熙四十二年 / 會首田騰奉 / 朝山進香

（1）张氏《志》录为：

　　康熙四十二年，会首田腾奉朝山进香。

39.

年代：清康熙年间（1662—1722）

位置：第 1 龛外左侧护法腹部

题写方式：墨书

录文：

　　鞏昌……/ 從玉□□公国□京兆□□/ 康□三(己？)年□月初五日韩五

注:该题记为此次调查中新发现题记。

40.

年代:清雍正四年(1726)

位置:第 5 龛右壁靠门处

题写方式:墨书

录文:

　　伏羌縣西十里会首李□棟等 / 朝山进香 / 雍正四年四月初

五日計

(1)张氏《志》录为:

　　伏羌县西十里会首李□栋等朝山进香,雍正四年四月初五

日记。

注:伏羌县,即今甘肃省天水市甘谷县。

41.

年代:清乾隆五十年至五十九年(1785—1794)

位置:第 4 龛右壁右侧

题写方式:墨书

录文:

　　乾隆五十……/ 通渭县□瞥□一會信士弟子

注:该题记为首次收录。

42.

年代:清乾隆五十九年(1794)

位置:第4龛右壁

题写方式:墨书

录文:

乾隆五十九年四/月……元恺□/……

(1)张氏《志》录为:

乾隆五十九年四月……恺游。

43.

年代:清乾隆六十年(1795)

位置:第4龛右壁右侧

题写方式:墨书

录文:

□览三山此□年/□日□(登)临趣悠然/有心□(挥)毫题

几句/其奈笔□意不鲜/乾隆六十年裴……此书

(1)张氏《志》录为:

□览三山此□年□日□(登)临趣悠然。有心□(挥)毫题几

句,其奈笔□意不鲜。乾隆六十年……此书。

44.

年代:清乾隆六十年(1795)

位置:第2龛左壁右侧

题写方式:刻画

录文:

乾隆六十年四月六日/弟子付君正　杜子厚　张夬

注:该题记为首次收录。

45.

年代:清嘉庆年间(1796—1820)

位置:第4窟前廊右侧力士左腿部

题写方式:墨书

录文:

大清嘉慶……日/□□/渠生員楊大七遊麥積崖至此

注:该题记为此次调查中新发现题记。"遊"同"遊",即"游"字。

46.

年代:清道光二十四年(1844)

位置:第6龛右壁右部

题写方式:刻画

录文:

道光廿四年四月初八日/秦州汙四里王七甲/王占魁男繩
武

（1）张氏《志》录为：

　　道光廿四年四月初八日，秦州汗四里王七甲、王占魁、男继武。

47.
年代：清光绪十六年（1890）
位置：前廊左壁壁面
题写方式：墨书
录文：

　　光绪庚寅五月□三日……

注：该题记为首次收录。光绪庚寅年即光绪十六年。
48.
年代：清光绪二十四年（1898）
位置：第 2 龛正壁左帐柱
题写方式：墨书
录文：

　　光绪贰拾四年四月……

张氏《志》录文与此相同。
49.
年代：中华民国元年（1912）
位置：第 5 龛左壁左侧菩萨左胸

题写方式:墨书

录文:

> 宣统四年二月初二日/
> 朝山進香弟子秦州西關人氏/
> 同行三人熊啓瑞左汝諧范震吉/
> 虔叩

(1)张氏《志》录为:

> 宣统四年二月初二日朝山进香。弟子秦州西关人氏,同行三人熊启瑞、左汝谐、范震吉虔叩。

注:宣统年号仅有三年,宣统四年即为中华民国元年。

50.

年代:中华民国十年(1921)

位置:第1、2龛之间浮塑上

题写方式:铅笔书写

录文:

> 中華民國十年三月十四日胡□□□此

(1)张氏《志》录为:

> 中华民国十年三月十四日,胡□义。

51.

年代:中华民国二十三年(1934)

位置:第 4 窟前廊右侧力士左腿前部膝盖

题写方式:刻画

录文:

　　□□甘肃□定人游□(民)国/二十三年……/□六月廿五/日朝山/弟子……

注:该题记为此次调查中新发现题记。

52.

年代:中华民国三十年(1941)

位置:第 3 龛左壁自外向内第二身菩萨裙带处

题写方式:铅笔书写

录文:

　　民国三十年/四……日上香/来到弟子/……字文昌

注:该题记为首次收录。

53.

年代:中华民国三十年(1941)

位置:第 4 龛左壁最外侧菩萨腹部

题写方式:铅笔书写

录文:

中华民國卅年四月卅日/天中学生張業昌旅此

注:该题记为首次收录。

54.

年代:中华民国三十一年(1942)

位置:第 4 龛左壁最外侧菩萨右手臂处

题写方式:铅笔书写

录文:

民国三十一年天中旅行在□天

注:该题记为首次收录。

55.

年代:中华民国三十一年(1942)

位置:第 3 龛右壁自外向内第 3 身菩萨右手背

题写方式:铅笔书写

录文:

民国三十一年/天水师範/学生王众寿/旅行於次

注:该题记为首次收录。

56.

年代:中华民国三十一年(1942)

位置:第 1 龛自外向内第 3 身菩萨胸部

题写方式:铅笔书写

录文:

前眺南山绿蔭隆/附视下崖寸心警/他日抗战胜利日/顧奥

诸佛再相逢/康縣陳兴(亻+入)题/一九四二年二六十一日/遊
此

注:该题记为首次收录。"亻+入"曾作为"儒"字的简化字,后停用。
57.
年代:中华民国三十一年(1942)
位置:第 5 龛左壁右侧第 1 身菩萨腹部
题写方式:铅笔书写
录文:

民國三十一年/畢重谦遊此

注:该题记为首次收录。
58.
年代:中华民国三十一年(1942)
位置:第 5 龛正壁佛座正中
题写方式:铅笔书写
录文:

中華民国三十一年六月十一日/劉銳遊此

注:该题记为首次收录。
59.
年代:中华民国三十一年(1942)
位置:第 5 龛左壁右侧壁面
题写方式:铅笔书写

录文:

峻極麥/積山/石礕自天然/天水八景中/中外都揚名/一九四二年□□□題

注:该题记为首次收录。"礕"古同"劈"。此处应是将"壁"误写为"劈"。

60.

年代:中华民国三十二年(1943)

位置:第 1、2 龛之间浮塑上

题写方式:铅笔书写

录文:

一九四三年/甘泉镇中心小/学旅行于此

注:该题记为首次收录。

61.

年代:中华民国三十四年(1945)

位置:第 1 龛左壁自内向外第 1、2 身菩萨之间壁面

题写方式:铅笔书写

录文:

民国卅四年四月十五日遊麥積山 趙敦

注:该题记为首次收录。

62.

年代:中华民国三十四年(1945)

位置:第 2 龛右壁右侧菩萨左手

题写方式:铅笔书写

录文:

　　一九四五,五四,/天水县中旅行团/郭……来此遊

注:该题记为首次收录。

63.

年代:中华民国三十六年(1947)

位置:长廊东端金刚衣裙上

题写方式:铅笔书写

录文:

　　卅六年天中/春重旅行/蔚家麟/神靈垂千古/恩義□四方

(1)张氏《志》录为:

　　卅六年,天中春重游此,蔚家麟。神灵垂千古,恩义重如山。

64.

年代:中华民国三十六年(1947)

位置:第 1 龛左壁正中菩萨右臂衣袖上

题写方式:铅笔书写

录文:

　　中華民國卅六年/旅次行軍到此间/麦積古跡真偉大/岭松

百尺依此山

(1)张氏《志》录为:

　　中华民国卅六年,旅次行军到此间,麦积古迹真伟大,岭松百尺依此山。

65.
年代:中华民国三十六年(1947)
位置:第 1 龛左壁内侧菩萨腰部左侧袈裟
题写方式:铅笔书写
录文:

　　民三十六年叁拾三月二十日張興/乘馬行軍於此

注:该题记为首次收录。

66.
年代:中华民国三十八年(1949)
位置:第 1 龛左壁右侧菩萨左臂
题写方式:铅笔书写
录文:

　　民国卅八年/古三月廿七日/职中张崑/遊于此地

(1)张氏《志》录为:

民国卅八年古三月廿七日,职中张崑游于此地。

67.

年代:中华民国三十八年(1949)

位置:长廊左端金刚衣裙上

题写方式:墨书

录文:

古邱□随煤矿路线测量队遊此/民国三十八年四月十六日

(1)张氏《志》录为:

古闽□山□□,随煤矿路线测量队游此,民国三十八年四月
十六日。

68.

年代:中华民国三十八年(1949)

位置:第 1 龛正壁左侧弟子右肘袈裟内侧

题写方式:铅笔书写

录文:

民卅八年古九月望日/王焕文遊於此

注:该题记为首次收录。

69.

年代:中华民国三十八年(1949)

位置:第 3 龛右壁自外向内第三身菩萨右手臂

题写方式:铅笔书写

录文:

民国三十年/四月初八日来/尹鑑堂

注:该题记为首次收录。

70.

年代:唐武德元年至明洪武十年(618—1377)

位置:长廊西壁上部

题写方式:崖面刻石

录文:

成州□……

注:该题记为此次调查中新发现题记。

71.

年代:明清

位置:第 4 龛左壁中间菩萨腰部左侧

题写方式:墨书

录文:

四十年三月二十六日平凉府倪承谕/到此

注:该题记为首次收录。

中国历史上帝王年号使用超过 40 年的只有明嘉靖(1522—1566)45

年、明万历（1573—1620)48 年、清康熙（1661—1722)61 年、清乾隆 (1736—1795)60 年这四个年号,因此此方题记即为此四个年号之一。

72.

年代:明清

位置:第 4 龛右壁右侧壁面

题写方式:墨书

录文:

　　　高平崆(上山下空)峒山人倪□(王+发)誥倪□(王+发)訓 倪承詔倪承諭仝到此

注:该题记为首次收录。书写年代与第 71 号题记相近。

73.

年代:不详

位置:第 2 龛左壁右侧帐柱

题写方式:墨书

录文:

　　　……/鞏昌……人氏……胡守……

注:该题记为此次调查中新发现题记。

74.

年代:不详

位置:第 2 龛左壁右侧壁面

题写方式:墨书

录文:

……/……里進香信士王守□

注:该题记为首次收录。

75.

年代:不详

位置:第2龛左壁左侧壁面

题写方式:刻画

录文:

秦安縣張效張成文炳馮嗣京朝山/清水縣劉成進香

注:该题记为首次收录。

76.

年代:不详

位置:第2龛左壁右侧壁面

题写方式:刻画

录文:

昨遊仙人崖今到小洞天/

何朝皇土貯積累几千年

注:该题记为首次收录。"貯"为"貯"的异体字。

77.

年代:不详

位置:第2龛正壁右侧帐柱下方

题写方式:刻画

录文：

秦州社樹平街民□□傳□□仝志此

注:该题记为首次收录。

78.

年代:不详

位置:第 5 左壁

题写方式:墨书

录文：

　　□州市子里進香信士　樊□肖　楊得□　王守□張□□　李
□威　馮□

注:该题记为首次收录。

79.

年代:不详

位置:第 5 左壁

题写方式:墨书

录文：

　　……□二年四月初八日大門鎮眾會首　崔祥弼　孔来福　崔
□　王邦收　徐耀　刘天荣　徐□徐展　□朝　崔芳　陳立　刘忠　徐
昇寫

注:该题记为首次收录。

80.

年代:不详

位置:第 5 左壁右侧壁面

题写方式:墨书

录文:

　　秦州西厢里張進德到韓永大到

注:该题记为首次收录。

81.

年代:不详

位置:第 5 左壁右侧壁面

题写方式:墨书

录文:

　　□州市子里□□□馮□□……/男馮□……

注:该题记为首次收录。

82.

年代:不详

位置:第 5 左壁左侧壁面

题写方式:墨书

录文:

　　静宁州朝山會首翟伯愛文世躍等五十五名

注:该题记为首次收录。

静宁州即今甘肃静宁县,此题记在第 1 龛右壁也有。

83.

年代:不详

位置:第 3 龛正壁右侧帐柱

题写方式:墨书

录文:

　　　翟伯愛文世躍

注:该题记为首次收录。

84.

年代:不详

位置:第 2 龛正壁右侧帐柱下方

题写方式:墨书

录文:

　　　朝山會首翟伯愛文世躍眾等

注:该题记为首次收录。

85.

年代:不详

位置:第 2 龛右壁右侧壁面

题写方式:刻画

录文:

秦安縣任友蘭侯可舟

注:该题记为首次收录。

86.

年代:不详

位置:第 5 龛左壁中间菩萨左手臂

题写方式:墨书

录文:

上有寶塔厭頂下是寺院僧房捧鍾敲鼓……/……松柏茂
盛……/丙申歲夏……雷朝極

注:该题记为首次收录。

87.

年代:不详

位置:第 5 龛右壁右侧壁面

题写方式:墨书

录文:

秦州衛中所劉……

注:该题记为首次收录。

88.

年代:不详

位置:第 5 龛右壁右侧壁面

题写方式:墨书

录文:

秦州□堂書□……齐登科□尚文

注:该题记为首次收录。

89.

年代:不详

位置:第 5 龛右壁右侧壁面

题写方式:墨书

录文:

……社樹平里民李□□朝……

注:该题记为首次收录。

90.

年代:不详

位置:第 5 龛右壁右侧壁面

题写方式:墨书

录文:

陰□縣儀寶齊□ 兄齊嵩 同齊□□到此

注:该题记为首次收录。

91.

年代:不详

位置:第 5 龛右壁右侧壁面

题写方式:墨书

录文:

　　秦州西應里……

注:该题记为首次收录。

92.

年代:不详

位置:第 7 龛右壁右侧帐柱

题写方式:墨书、隶书

录文:

　　霞光騰瑞照霄漢白雲縹紗鎖危峰 /

　　古幹蒼嶺堪圖畫人間小有斗牛宮 /

　　東□鑑堂□□書

注:该题记为此次调查中新发现题记。

93.

年代:不详

位置:第 4 龛右壁右侧壁面下部

题写方式:墨书

录文:

　　秦安縣 官应海 班有才 杜聚才 孫謁 安养禄 巨國璽 高
春 李□□ 李□□ 剡彩 王在□ 李加桂一會等同到□□

注:该题记为首次收录。

94.

年代:不详

位置:第 4 龛右壁右侧壁面下部

题写方式:墨书

录文:

秦州典王百户人氏赵□□钦到此名山

注:该题记为首次收录。

95.

年代:不详

位置:第 4 龛右壁右侧壁面下部

题写方式:墨书

录文:

秦州典王百户人氏楊俊秀到此

注:该题记为首次收录。

96.

年代:不详

位置:第 4 龛右壁右侧壁面

题写方式:墨书

录文:

平涼府倪維軒到此

注:该题记为首次收录。

97.

年代:不详

位置:第 4 龛左壁

题写方式:墨书

录文:

凉邑倪維軒到此

注:该题记为首次收录。

98.

年代:不详

位置:第 4 龛右壁中部

题写方式:墨书

录文:

雷鵬潛 /

秦州一會人等見在三陽川□□住 /

王鉉　夏達雷　雷仕□　雷□昌 /

雷遠鳴　陶仕昌　雷仕□　雷□□ /

張自省　張上品　王應□　□□□同到 /

道人……王良佐領一會吉祥如意

注:该题记为首次收录。该题记与第 99 号游人题记有关联。

99.

年代:不详

位置:第4龛左壁靠外侧下部壁面

题写方式:墨书

录文:

秦州北郷三陽川北岸下川 奋 十溝九峪溝一會人等/會首

……員宋士亮雷鵬潜/□□秀雷□□楊……張自省王愛王振

綱/張國□……雷遠鳴/雷澤……/夏……/雷……祥……/陶□

□男……/田騰奉□……琇……王□□……/

　一會同朝麥積山/

　□□□□□六年/

　特留□字為踪蹟/

　後世揚名萬萬年/

　王 誥 題/

　陶□□

注:该题记为首次收录。

100.

年代:不详

位置:第4龛左壁左侧壁面

题写方式:墨书

录文:

　三陽川北□楊□□楊□到此/

注:该题记为首次收录。

101.

年代:不详

位置:第4龛左壁左侧壁面

题写方式:墨书

录文:

秦州三阳里□□朝山會長楊漢鼎男楊康唤/張家烈

注:该题记为首次收录。

102.

年代:不详

位置:第4龛左壁左侧壁面

题写方式:墨书

录文:

三陽川田騰鳳/夏君選/陶仕泰藺紀芳陶仕烈

注:该题记为首次收录。

103.

年代:不详

位置:第4龛正壁主佛右侧袈裟

题写方式:墨书

录文:

秦安縣安養禄上香三年完

注:该题记为首次收录。

104.

年代:不详

位置:第3龛左壁左侧壁面

题写方式:墨书

录文:

鞏昌衛人顏亞孔到此名山

注:该题记为首次收录。

105.

年代:不详

位置:第3龛左壁左侧壁面

题写方式:墨书

录文:

秦州西寧□□□馬君詔到此山

注:该题记为首次收录。

106.

年代:不详

位置:第4龛左壁左侧壁面

题写方式:墨书

录文:

秦州西寧里人氏馬君詔到此□□□□……

注:该题记为首次收录。与第 105 号题记为同一人所书。

107.

年代:不详

位置:第 3 龛左壁中部壁面

题写方式:墨书

录文:

　　……八月初四日上香□明盛到此

注:该题记为首次收录。

108.

年代:不详

位置:第 4 龛左壁左侧壁面

题写方式:墨书

录文:

　　張家川鎮西關祈嗣朝山進香保安了愿信眾會首/

　　王□□妻高氏□氏子/

　　高礼妻毛氏男高攀龍/

　　崔站妻□氏男會匕/

　　□□妻王氏/

　　劉永鳳妻王氏張氏/

　　諸佛保眾□□□□□

注:该题记为首次收录。

109.

年代:不详

位置:第 4 龛左壁最外侧菩萨左侧壁面

题写方式:墨书

录文:

孫仲夆昌平縣人/高文瑛順天人

注:该题记为首次收录。

110.

年代:不详

位置:第 4 龛左壁左侧壁面

题写方式:墨书

录文:

城縣氏人父張□男張文□/□夏……

注:该题记为首次收录。

111.

年代:不详

位置:第 4 龛左壁左侧壁面

题写方式:墨书

录文:

□□夏綠□/□□三人進朝山

注:该题记为首次收录。

112.

年代:不详

位置:第 4 龛左壁左侧壁面

题写方式:墨书

录文:

坊下里老人何/□德□

注:该题记为首次收录。

113.

年代:不详

位置:第 4 龛左壁左侧壁面

题写方式:墨书

录文:

漢中府畧陽縣崔啓鳳到此

注:该题记为首次收录。汉中府略阳县,即今陕西省略阳县。

114.

年代:不详

位置:第 4 龛左壁左侧壁面

题写方式:墨书

录文:

秦州坊下里何□□到此名山遇

注:该题记为首次收录。

115.

年代:不详

位置:第 4 龛左壁左侧壁面

题写方式:墨书

录文:

清水县松樹真(镇)刘世□刘□李金城刘□□

注:该题记为首次收录。

116.

年代:不详

位置:第 4 龛左壁左侧壁面

题写方式:墨书

录文:

上邽庠生柳芬遇……

注:该题记为首次收录。

117.

年代:不详

位置:第 4 龛左壁左侧壁面

题写方式:墨书

录文:

□安弟子戴春光王氏/□□王氏

注:此题记为首次收录。

118.

年代:不详

位置:第4龛左壁左侧壁面

题写方式:墨书

录文:

此处麥積□□□/西方□有極樂天/□□□□□□□/方藉

□□□□□

注:该题记为首次收录。

119.

年代:不详

位置:第4龛左壁左壁前端

题写方式:墨书

录文:

雷學□□到老爺山/秦安紹……□(年)十月初七日□

注:该题记为首次收录。

120.

年代:不详

位置:第1龛外左侧壁面

题写方式:墨书

录文:

純臣同弟積中来

注：与中勘版《总录》录文相同。

121.

年代：不详

位置：第 7 龛外右侧

题写方式：墨书

录文：

□口啼二首

亂竹□□径飛花蒲回溪従来揚□/

……松風送□□惟送□□

注：该题记为此次调查中新发现题记。"従"古同"從(从)"。

122.

年代：不详

位置：第 4 窟前廊右侧力士左小腿内侧

题写方式：墨书

录文：

清水縣西関一會人等 / 魏□ 朱□……

注：该题记为首次收录。

123.

年代：不详

位置：第 7 龛外右侧护法腹部

题写方式:墨书

录文:

　　闊澗深溝高山峯/千佛万象在虛空/有缘善友來（言+条）過/免了無常不遭形

注:该题记为此次调查中新发现题记。

124.

年代:不详

位置:第 4 龛右壁外侧菩萨腹部

题写方式:墨书

录文:

　　麦積真奇觀/五洲第一山/人能□在此/勝□大羅□/乙卯□月□

注:该题记为此次调查中新发现题记。

125.

年代:不详

位置:第 1 龛外左侧帐幔中部

题写方式:墨书

录文:

　　右二弓四隊一行二人/李□楊臻□□/……□□癸巳……

注:该题记为此次调查中新发现题记。

126.

年代:不详

位置:第 1 龛外左侧护法衣摆左侧

题写方式:墨书

录文:

　　□□右二□□□到此

注:该题记为此次调查中新发现题记。

127.

年代:不详

位置:第 4 窟前廊右侧力士右腿内侧

题写方式:刻画

录文:

　　卅三年七月□至此/師仰朝□

注:该题记为此次调查中新发现题记。

128.

年代:不详

位置:第 4 窟前廊右侧力士左小腿内侧

题写方式:铅笔

录文:

　　天水八景此为先/麦積煙雨是天然/人人□此皆慨嘆/琢山
修寺是神仙/□□子　张世清题

注:该题记为此次调查中新发现题记。

三、第 4 窟 4 块匾额①

1. "菩提场"(附图 1):明代木制长方形匾额,宽 1.48 米,高 0.7 米,斗形边框,边框内雕牡丹图案,上下两横边雕出云头形,现悬挂于第 1 龛龛口上方,行楷,双钩阴刻。

2. "西来圣人"(附图 2):清代康熙三十四年(1695)木制长方形匾额,宽 1.47 米,高 0.65 米,斗形边框,边框内雕牡丹连枝图案,上下两横边雕出云头形,现悬挂于第 2 龛龛口上方,行书,双钩阴刻。

3. "慧光普照"(附图 3):清代木制长方形匾额,宽 1.75 米,高 0.73 米,斗形边框,边框内雕有牡丹、祥云、二龙戏珠等图案,上下两横边雕出云头形,现悬挂于第 3 龛龛口上方,行楷,双钩阴刻。

4. "是无等等"(附图 4):清代木制长方形匾额,乃是明末清初甘肃籍著名书法家王了望于康熙十四年(1675)所书②,宽 1.97 米,高 1.05 米,斗形边框,边框内雕饰四龙与连枝牡丹纹相互穿插的图案,上下两横边雕出云头形,现悬挂于第 4 龛龛口上方,行书,第二个"等"字用两点的省略形式来替代,四字乃是单独制作后固定于匾额之上,语出《波若波罗密多心经》之是无等等咒。

①这四块木制匾额是第 4 窟功能的重要说明,本属于供养人题记之列,但是因为其属于木制匾额,故单独附列。

②该碑额的书写年代据张锦秀《麦积山石窟志》,甘肃人民出版社,2002 年,第 190 页。

附图 1   第 4 窟第 1 龛外"菩提场"匾额

附图 2   第 4 窟第 2 龛外"西来圣人"匾额

附图 3　第 4 窟第 3 龛外"慧光普照"匾额

附图 4　第 4 窟第 4 龛外"是无等等"匾额

图表目录

图表目录

一、插图

二、表

参考文献

<h1 style="text-align:right">参考文献</h1>

1. 史籍

班固《汉书》,北京:中华书局,1962 年。

郦道元《水经注校证》,北京:中华书局,2007 年。

魏收《魏书》,北京:中华书局,1974 年。

庾信撰,倪璠注《庾子山集注》,北京:中华书局,1980 年。

范晔撰,李贤等注《后汉书》,北京:中华书局,1965 年。

令狐德棻等《周书》,北京:中华书局,1971 年。

魏徵,令狐德棻《隋书》,北京:中华书局,1973 年。

李延寿《北史》,北京:中华书局,1974 年。

房玄龄等《晋书》,北京:中华书局,1974 年。

林宝撰,岑仲勉校《元和姓纂(附四校记)》,中华书局,1994 年。

李吉甫《元和郡县图志》,北京:中华书局,1983 年。

刘昫等《旧唐书》,北京:中华书局,1975 年。

司马光《资治通鉴》,北京:中华书局,1956 年。

李昉等《太平广记》,北京:中华书局,1961 年。

欧阳修,宋祁《新唐书》,北京:中华书局,1975 年。

脱脱等《宋史》,北京:中华书局,1977 年。

王钦若等《册府元龟》校订本,南京:凤凰出版社,2006 年。

乐史《太平寰宇记》,北京:中华书局,2007 年。

祝穆《方舆胜览》,北京:中华书局,2003 年。

严可均《全上古三代秦汉三国六朝文》,北京:中华书局,1958 年。

2. 专著

张维《陇右金石录》,甘肃省文献征集委员会校印,1942 年。

汤用彤《魏汉两晋南北朝佛教史》,北京:中华书局,1955 年。

温廷宽《中国北部的石窟雕塑艺术》,北京:朝花美术出版社,1956 年。

刘志远,刘廷壁《成都万佛寺石刻艺术》,北京:中国古典艺术出版社,1958 年。

水野清一《中国の佛教美术》,平凡社,1968 年。

王仲荦《北周地理志》,北京:中华书局,1980 年。

麦积山文物保管所《麦积山石窟》,兰州:甘肃人民出版社,1981 年。

陈寅恪《隋唐制度渊源略论稿》,上海:上海古籍出版社,1982 年。

阎文儒《麦积山石窟》,兰州:甘肃人民出版社,1984 年。

刘敦桢《中国古代建筑史》(第 2 版),北京:中国建筑工业出版社,1984 年。

甘肃省文物工作队,庆阳北石窟寺文管所《庆阳北石窟寺》,北京:文物出版社,1985 年。

陈寅恪《陈寅恪魏晋南北朝史讲演录》,万绳楠整理,合肥:黄山书社,1987 年。

吴焯《佛教东传与中国佛教艺术》,杭州:浙江人民出版社,1991 年。

温玉成《中国石窟与文化艺术》,上海:上海人民美术出版社,1993 年。

张伟国《关陇武将与周隋政权》,广州:中山大学出版社,1993 年。

国家文物局教育处《佛教石窟考古概要》,北京:文物出版社,1993年。

杨耀坤《中国魏晋南北朝宗教史》,北京:人民出版社,1994年。

黄新亚《中国魏晋南北朝艺术史》,北京:人民出版社,1994年。

李域铮《陕西古代石刻艺术》,西安:三秦出版社,1995年。

宿白《中国石窟寺研究》,北京:文物出版社,1996年。

宁夏回族自治区文物管理委员会,北京大学考古系《须弥山石窟内容总录》,北京:文物出版社,1997年。

鲁同群《庾信传论》,天津:天津人民出版社,1997年。

邱树森《中国历代职官辞典》,南昌:江西教育出版社,1998年。

中华文化通志编委会《中华文化通志·秦陇文化志》,上海:上海人民出版社,1998年。

青州市博物馆编《青州龙兴寺佛教造像艺术》,济南:山东美术出版社,1999年。

董玉祥《梵宫艺苑:甘肃石窟寺》,兰州:甘肃教育出版社,1999年。

阮荣春《佛教南传之路》,长沙:湖南美术出版社,2000年。

李淞《陕西古代佛教美术》,西安:陕西人民教育出版社,2000年。

杨泓《汉唐美术考古和佛教艺术》,北京:科学出版社,2000年。

陈寅恪《隋唐制度渊源略论稿·唐代政治史述论稿》,上海:商务印书馆,2001年。

张宝玺《甘肃佛教石刻造像》,兰州:甘肃人民美术出版社,2001年。

唐长孺《社会文化史论丛》,武汉:武汉大学出版社,2001年。

毛汉光《中国中古政治史论》,上海:上海书店出版社,2002年。

王仲荦《魏晋南北朝史》,上海:上海人民出版社,2003年。

阎文儒《中国石窟艺术总论》,桂林:广西师范大学出版社,2003年。

阎文儒《中国雕塑艺术纲要》,桂林:广西师范大学出版社,2003年。

李裕群《古代石窟》,北京:文物出版社,2003年。

李裕群《北朝晚期石窟寺研究》,北京:文物出版社,2003 年。

卢辅圣《中国南方佛教造像艺术》,上海:上海书画出版社,2004 年。

孙迪《天龙山石窟流失海外石刻造像研究》,北京:外文出版社,2004 年。

常莎娜《中国敦煌历代装饰图案》,北京:清华大学出版社,2004 年。

罗新,叶炜《新出魏晋南北朝墓志疏证》,北京:中华书局,2005 年。

冯贺军《曲阳白石造像研究》,北京:紫禁城出版社,2005 年。

吕思勉《两晋南北朝史》,上海:上海古籍出版社,2005 年。

贺世哲《敦煌图像研究——十六国北朝卷》,兰州:甘肃教育出版社,2006 年。

马长寿《碑铭所见前秦至隋初的关中部族》,桂林:广西师范大学出版社,2006 年。

张宝玺《北凉石塔艺术》,上海:上海辞书出版社,2006 年。

四川省文物管理局,成都文物考古研究所,北京大学中国考古学研究中心,巴州区文物管理所《巴中石窟内容总录》,成都:巴蜀书社,2006 年。

姚薇元《北朝胡姓考》(修订本),北京:中华书局,2007 年。

刘敦愿《美术考古与古代文明》,北京:人民美术出版社,2007 年。

赵超《汉魏南北朝墓志汇编》,天津:天津古籍出版社,2008 年。

罗宏才《中国佛道造像碑研究——以关中地区为考察中心》,上海:上海大学出版社,2008 年。

苏铉淑《东魏北齐庄严纹样研究——以佛教石造像及墓葬壁画为中心》,北京:文物出版社,2008 年。

四川省文物管理局,成都文物考古研究所,北京大学中国考古学研究中心,广元市文物管理所《广元石窟内容总录——皇泽寺卷》,成都:巴蜀书社,2008 年。

马世长,丁明夷《中国佛教石窟考古概要》,北京:文物出版社,2009年。

魏文斌,吴荭《甘肃佛教石窟考古论集》,北京:民族出版社,2009年。

李梅田《魏晋北朝墓葬的考古学研究》,北京:商务印书馆,2009年。

王静芬《中国石碑———一种象征形式在佛教传入之前与之后的运用》,北京:商务印书馆,2011年。

任继愈《魏晋南北朝佛教经学》,北京:国家图书馆出版社,2013年。

王敏庆《北周佛教美术研究——以长安造像为中心》,北京:社会科学文献出版社,2013年。

李娅恩《北朝装饰纹样》,北京:故宫出版社,2014年。

萧默《建筑的意境》,北京:中华书局,2014年。

鲁道夫·阿恩海姆《艺术与视知觉》,朱疆源译,北京:中国社会科学出版,1984年。

约翰·马歇尔《犍陀罗佛教艺术》,王冀青译,兰州:甘肃教育出版社,1989年。

鲁道夫·阿恩海姆《视觉思维:审美直觉心理学》,滕守尧译,成都:四川人民出版社,1998年。

谷川道雄《隋唐帝国形成史论》,李济沧译,上海:上海古籍出版社,2004年。

宫治昭《犍陀罗美术寻踪》,李萍译,北京:人民美术出版社,2006年。

宫治昭《涅槃和弥勒的图像学》,李萍,张清涛译,北京:文物出版社,2009年。

芮沃寿《中国历史中的佛教》,常蕾译,北京:北京大学出版社,2010年。

3. 图册

名取洋之助《麦积山石窟》,岩波书店,1957年。

米切尔·苏立文《麦积山石窟寺》,加利福尼亚大学出版,1969年。

敦煌文物研究所《中国石窟·敦煌莫高窟》(二),北京:文物出版社,

1984 年。

　　中国美术全集编纂委员会《中国美术全集·雕塑篇 8·麦积山雕塑》,
北京:人民美术出版社,1989 年。

　　中国美术全集编纂委员会《中国美术全集·绘画编 17·麦积山等石窟
壁画》,北京:人民美术出版社,1989 年。

　　甘肃省文物工作队,庆阳北石窟文物保管所《陇东石窟》,北京:文物
出版社,1987 年。

　　宁夏回族自治区文物管理委员会,中央美术学院美术史系《须弥山石
窟》,北京:文物出版社,1988 年。

　　云冈石窟文物保管所《中国石窟·云冈石窟》(一、二),北京:文物出版
社,1992 年。

　　张宝玺《甘肃石窟艺术壁画编》,兰州:甘肃人民美术出版社,1997年。

　　麦积山石窟艺术研究所《中国石窟·天水麦积山》,北京:文物出版社,
1998 年。

　　青州市博物馆《青州龙兴寺佛教造像艺术》,济南:山东美术出版社,
1999 年。

　　花平宁《中国古代壁画精华丛书·甘肃天水麦积山石窟壁画》,重庆:
重庆出版社,2000 年。

　　中国敦煌壁画全集编辑委员会《中国敦煌壁画全集·西魏》,天津:天
津人民美术出版社,2002 年。

　　唐冲《麦积山石窟线描集》,北京:人民美术出版社,2004 年。

　　金维诺《中国寺观雕塑全集·早期寺观造像》,哈尔滨:黑龙江美术出
版社,2005 年。

　　中国敦煌壁画全集编辑委员会《中国敦煌壁画全集·敦煌北周》,天
津:天津人民美术出版社,2006 年。

　　中国社会科学院考古研究所《古都遗珍——长安城出土的北周佛教

造像》,北京:文物出版社,2010 年。

河南省文物研究所《中国石窟·巩县石窟寺》,北京:文物出版社,2012年。

花平宁,魏文斌《中国石窟艺术——麦积山》,南京:江苏美术出版社,2013 年。

陈传席《中国佛教美术全集·雕塑卷·响堂山石窟》,天津:天津人民美术出版社,2014 年。

孙英明,朱军《佛国墨影——巩县石窟寺拓片萃编》,郑州:大象出版社,2014 年。

甘肃炳灵寺文物保护研究所《中国石窟艺术·炳灵寺》,南京:江苏凤凰美术出版社,2015 年。

4.硕博论文

郑岩《魏晋南北朝壁画墓研究》,中国社会科学院博士学位论文,2001年。

张箭《三武一宗灭佛研究》,四川大学博士学位论文,2002 年。

李妊恩《北朝装饰纹样研究——5、6 世纪中原北方地区石窟装饰纹样的考古学研究》中国社会科学院博士学位论文,2002 年。

陈悦新《甘宁地区北朝石窟寺分期研究》,北京大学博士学位论文,2004 年。

钟盛《关陇本地豪族与西魏北周政治》,武汉大学硕士学位论文,2004年。

邱忠鸣《北朝晚期青齐区域佛教美术研究——以“青州样式”为中心》,中央美术学院博士学位论文,2005 年。

姜望来《魏周隋唐关陇集团与山东势力》,武汉大学硕士学位论文,2005 年。

吉定《庾信及其文学作品研究》,上海师范大学博士学位论文,2006 年。

崔峰《北周民众佛教信仰研究》,兰州大学硕士学位论文,2006 年。

王晓珍《稚拙雄浑——武山拉梢寺摩崖浮雕艺术风格研究》,西北师范大学硕士学位论文,2006 年。

张方《关中北朝造像碑图像专题研究》,陕西师范大学硕士学位论文,2007 年。

李静《中原北方与敦煌北朝隋代石窟天井图样考察》,清华大学硕士学位论文,2007 年。

牛旭《北朝秦州地区研究》,陕西师范大学硕士学位论文,2009 年。

魏文斌《麦积山石窟初期洞窟调查与研究》,兰州大学博士学位论文,2009 年。

吴荭《北周石窟造像研究》,兰州大学博士学位论文,2009 年。

张彤《敦煌莫高窟北朝时期图形研究》,西安美术学院硕士论文,2009 年。

黄良莹《北朝服饰研究》,苏州大学博士学位论文,2009 年。

张黎琼《北周时期武山水帘洞石窟群研究》,兰州大学硕士学位论文,2010 年。

刘婷婷《南北朝时期周齐梁的边境关系及军事斗争》,山西大学硕士学位论文,2010 年。

苏相禹《宇文氏婚姻与魏周隋政治》,郑州大学硕士学位论文,2010 年。

王敏庆《北周佛教美术研究——以敦煌莫高窟为中心》,中央美术学院博士学位论文,2010 年。

赵军仓《王仁裕及其作品研究》,四川师范大学硕士学位论文,2010 年。

郑文宏《安阳石窟艺术研究》,西安美术学院博士学位论文,2010 年。

杨发鹏《两晋南北朝时期河陇佛教地理研究》,西北师范大学博士学位论文,2010年。

蒙海亮《周隋总管府研究》,陕西师范大学硕士学位论文,2011年。

李民刚《关陇集团形成研究》,山东大学硕士学位论文,2011年。

吴亮《麦积山石窟北朝时期造像的服饰艺术特征》,西安美术学院硕士学位论文,2011年。

魏海霞《天水麦积山石窟研究综述》,西北师范大学硕士学位论文,2011年。

段一鸣《浅议麦积山石窟雕塑艺术:北周薄肉塑艺术探究》,中央美术学院硕士学位论文,2011年。

肖丁《西安地区北周佛教造像及其渊源研究》,南京艺术学院硕士学位论文,2012年。

周悦《晋隋之际南北文学融合研究》,湖南师范大学博士学位士论文,2012年。

金溪《北朝文化对南朝文化的接纳与反馈》,北京大学博士学位论文,2012年。

祝林《西魏至唐初长安政权对河曲地区的经营》,陕西师范大学硕士学位论文,2012年。

王玉来《承续与更始:隋代统一进程中的地域集团与政治整合》,华东师范大学博士学位论文,2013年。

王娟《冲突与融合:魏晋南北朝时南人北迁研究》,上海师范大学博士学位论文,2013年。

史砚忻《西魏北周服饰初步研究:以关陇地区的图像资料为中心》,西北大学硕士学位论文,2013年。

张鹏林《邺城地区东魏北齐时期石窟研究》,郑州大学硕士学位论文,2013年。

杨国才《邺城地区和关中地区北朝晚期至隋墓葬形制若干问题研究》,

西北大学硕士学位论文,2014 年。

　　杨学跃《十六国、北朝之权力嬗代》,宁夏大学博士学位论文,2014 年。

　　莫子青《十六国时期北方地区佛教僧团研究:以释道安僧团为例》,四川师范大学硕士学位论文,2014 年。

5. 期刊论文

　　梁廷灿《庾子山年谱一卷考略》,北平《图书馆学刊》1929 年 3 卷 1 期。

　　黄汝昌《庾子山之生平及其著作》,广州《南风》1933 年 8 卷 1 期。

　　冯国瑞《天水麦积石窟介绍》,《文物参考资料》1951 年第 10 期。

　　辜其一《麦积山石窟及窟檐记略》,《文物参考资料》1951 年第 10 期。

　　麦积山勘察团(吴作人执笔)《麦积山勘察团工作报告》,《文物参考资料》1954 年第 2 期。

　　麦积山勘察团《麦积山石窟内容总录》,《文物参考资料》1954 年第 2 期。

　　史岩《麦积山石窟北朝雕塑的两大风格体系及其流布情况》,《美术研究》1957 第 1 期。

　　杨泓《试论南北朝前期佛像服饰的主要变化》,《考古》1963 年第 6 期。

　　张学荣《麦积山石窟的新通洞窟》,《文物》1972 年第 12 期。

　　贺世哲《敦煌莫高窟北朝石窟与禅观》,《敦煌学辑刊》1980 年。

　　关友惠《敦煌莫高窟早期图案纹饰》,《敦煌学辑刊》1980 年。

　　欧阳琳《谈谈隋唐时代的敦煌图案》,《敦煌学辑刊》1980 年。

　　谷霁光《西魏北周统一与割据势力消涨的辩证关系——四论西魏北周和隋唐的府兵》,《南昌大学学报》(人文社会科学版),1981 年第 2 期。

　　于晓兴《郑州市发现两批北朝石刻造像》,《中原文物》1981 年第 2 期。

　　贺世哲《敦煌莫高窟第二四九窟窟顶西坡壁画内容考释》,《敦煌学辑刊》第 3 期。

樊锦诗,马世长《莫高窟第 290 窟的佛传故事画》,《敦煌研究》1983年。

陈洪宜《庾信出使西魏始末考》,《南京师范大学学报》1983 年第 2 期。

董玉祥《麦积山石窟的分期》,《文物》1983 年第 3 期。

祁英涛《中国早期木结构建筑的时代特征》,《文物》1983 年第 3 期。

初师宾《石窟外貌与石窟研究之关系——以麦积山石窟为例略谈石窟寺艺术断代的一种辅助方法》,《西北师大学报》(社会科学版),1983 年第 4 期。

鲁同群《庾信入北仕历及其重要作品的写作年代》,《文史》第 19 辑1983 年。

万绳楠《从陈、齐、周三方关系的演变看隋的统一》,《安徽师范大学学报》(哲学社会科学版)1985 年第 4 期。

谷方《佛教与魏晋南北朝时期的封建政治》,《中州学刊》1985 年第 5期。

徐日辉《麦积山石窟历史散记》,《西北史地》1985 第 3 期。

王卫明《北周李贤夫妇墓若干问题初探》,《美术研究》1985 年第 4 期。

李献奇《北齐洛阳平等寺造像碑》,《中原文物》1985 年第 4 期。

张英群《试论北齐佛教造像艺术》,《中原文物》1987 年第 2 期。

张燕,赵景普《陕西省长武县出土一批佛教造像碑》,《文物》1987 年第 3 期。

陈观胜,赵红《中国佛教中的孝》,《敦煌学辑刊》1988 年第 1、2 期合刊。

李域铮,冈翎君《陕西省博物馆藏的一批造像》,《文博》1988 年第 4 期。

杨宝顺《河南安阳灵泉寺石窟及小南海石窟》,《文物》1988 年第 4 期。

董玉祥《麦积山石窟及其雕塑艺术》,《中国文物世界》1988 年第 5 期。

黄文昆《麦积山的历史与石窟》,《文物》1989 年第 3 期。

吴玉贵《关于李轨河西政权的若干问题》,《敦煌学辑刊》1990 年第 1 期。

张乃翥《龙门石窟魏唐碑铭所见民族史料集绎》,《敦煌学辑刊》1990 年第 2 期。

赵秀荣《试论莫高窟 275 窟北壁故事画的佛经依据——附 275 窟等年代再探讨》,《敦煌研究》1991 年第 3 期。

卢秀文《麦积山石窟国内研究概述》,《敦煌研究》1991 年第 3 期。

李美霞《临漳县博物馆藏北周造像座、唐代造像与经幢》,《文博》1992 年第 2 期。

常青《汉魏两晋南北朝时期长安佛教与丝绸之路上的石窟遗迹》,《文博》1992 年第 2 期。

施光明《北朝民族通婚研究》,《民族研究》1993 年第 4 期。

孔毅《西魏北周改革述评》,《晋阳学刊》1992 年第 3 期。

郝毅《麦积山石窟乐舞艺术考略》,《新疆艺术》1992 年第 4 期。

高诗敏《北朝皇室婚姻关系的嬗变与影响》,《民族研究》1992 年第 6 期。

赵文润,陈鼎中《西魏北周时期的关中农业》,《陕西师范大学学报》(哲学社会科学版)1993 年第 1 期。

赵文润《西魏北周时期的长安文化》,《人文杂志》1993 年第 3 期。

赵文润《西魏北周时期的社会思潮》,《文史哲》1993 年第 3 期。

朴汉济《西魏北周时代胡姓再行与胡汉体制》,《文史哲》1993 年第 3 期。

唐晓军《关于十六国北朝七佛造像诸问题》,《北朝研究》1993 年第 4 期。

黄永年《论北齐的文化》,《陕西师范大学学报》(哲学社会科学版)1993 年第 4 期。

杜斗城《关于河西早期石窟的年代问题》，《敦煌学辑刊》1994 年第 2 期。

张金龙《陇西李氏初论——北朝时期的陇西李氏》，《兰州大学学报》1994 年第 4 期。

金申《关于神王的探讨》，《敦煌学辑刊》1995 年第 1 期。

赵秀荣《北朝石窟中的神王像》，《敦煌学辑刊》1995 年第 1 期。

马德《敦煌的世族与莫高窟》，《敦煌学辑刊》1995 年第 2 期。

张宝玺《从"六国共修"看麦积山石窟的历史》，《敦煌研究》1995 年第 4 期。

包青萍《中国佛教石窟艺术的历史透视》，《敦煌研究》1995 年第 4 期。

周健《南北朝时期南北佛教界的交往》，《许昌师专学报》1995 年第 4 期。

刘雯《陇西李氏家族研究》，《敦煌学辑刊》1996 年第 2 期。

贺世哲《莫高窟第 290 窟佛传画中的瑞应思想研究》，《敦煌研究》1997 年第 1 期。

李之勤《天水麦积山石窟的题记、碑刻与宋金利州路、凤翔路间的分界线》，《中国历史地理论丛》1997 年第 1 期。

项一峰《麦积山石窟内容总录（东崖部分）》，《敦煌学辑刊》1997 年第 2 期。

韩有成《须弥山北周石窟的特征》，《固原师专学报》1997 年第 2 期。

李裕群《邺城地区石窟与刻经》，《考古学报》1997 年第 4 期。

张学荣，何静珍《再论麦积山石窟的创建时代及最初开凿的洞窟——兼与张宝玺先生商榷》，《敦煌研究》1997 年第 4 期。

魏文斌《七佛、七佛窟与七佛信仰》，《丝绸之路》1997 年第 3 期。

孙晓峰《三武灭佛对麦积山石窟的影响》，《敦煌学辑刊》1998 年第 2 期。

杨泓《关于南北朝时青州考古的思考》，《文物》1998 年第 2 期。

董广强《麦积山石窟崖阁建筑初探》，《敦煌研究》1998 年第 3 期。

汤长平,周倩《西魏北周时期的河西》,《敦煌学辑刊》1998 年第 1 期。

杨翠微《北周宇文氏族属世系考释》,《中国史研究》1999 年第 1 期。

袁曙光《北周天和释迦造像与题记》,《四川文物》1999 年第 1 期。

马咏钟《西安北郊出土北周佛造像》,《文博》1999 年第 1 期。

汪保全《略论六世纪政治形势对天水佛教文化发展的影响》,《天水师专学报》1999 年第 4 期。

杨永俊《略论汉代陇右地方势力的兴起及其与羌胡的关系》,《敦煌学辑刊》2000 年第 2 期。

王成成《陇坻古道的繁荣与衰败》,《天水师院学报》2000 年第 3 期。

张锦秀《麦积山北周重点洞窟述评》,《丝绸之路》2000 年第 S 期。

李裕群《试论成都地区出土的南朝佛教石造像》,《文物》2000 年第 2 期。

温玉成《中国早期石窟寺研究的几点思考》,《敦煌研究》2000 年第 2 期。

宫治昭,李静杰《近年来关于佛像起源问题的研究状况》,《敦煌研究》2000 年第 2 期。

李静杰《卢舍那法界图像研究简论》,《故宫博物院院刊》2000 年第 2 期。

罗世平《青州北齐造像及其样式问题》,《美术研究》2000 年第 3 期。

金维诺《南梁与北齐造像的成就与影响》,《美术研究》2000 年第 3 期。

费泳《"青州模式"造像的源流》,《东南文化》2000 年第 3 期。

刘国石《1949 年以来西魏北周改革研究概述》,《中国史研究动态》2000 年第 11 期。

韩伟《北周安伽墓围屏石榻之相关问题浅见》,《文物》2001 年第 1 期。

项一峰《麦积山石窟内容总录西崖东中下三区部分》,《敦煌学辑刊》2001 年第 1 期。

董广强《宋代麦积山石窟发展的社会背景》,《敦煌学辑刊》2001 年第2 期。

陕西省考古研究所《北周宇文俭墓清理发掘简报》,《考古与文物》2001 年第 3 期。

李文才《庚信所撰碑铭史实考索及其意义》,《许昌师专学报》2001 年第 3 期。

李文才,雷依群《北周外交二三题》,《西安教育学院学报》2001 年第 4 期。

殷光明《敦煌卢舍那法界图像研究之一》,《敦煌研究》2001 年第4期。

张元林《莫高窟第 275 窟故事画与主尊造像关系新探》,《敦煌研究》2001 年第 4 期。

宫治昭,赵莉《丝绸之路沿线佛传艺术的发展与演变》,《敦煌研究》2001 年第 9 期。

袁曙光《四川省博物馆藏万佛寺石刻造像整理简报》,《文物》2001 年第 10 期。

霍巍《四川大学博物馆收藏的两尊南朝石刻造像》,《文物》2001 年第 10 期。

韩伟《北周安伽墓围屏石榻之相关问题浅见》,《文物》2001 年第 1 期。

袁曙光《四川省博物馆藏万佛寺石刻造像整理简报》,《文物》2001 年第 10 期。

张乃翥《秦地石窟与中原佛教文化初探》,《佛学研究》2002 年第 11 期。

倪润安《西魏北周墓葬的发现与研究述评》,《考古与文物》2002 年第 5 期。

宫治昭,贺小萍《宇宙主释迦佛——从印度到中亚、中国》,《敦煌研究》2003 年第 1 期。

黄春和《青州佛像风格与印度笈多艺术》,《雕塑》2003 年第 1 期。

路志峻,李重申《麦积山石窟体育文化考析》,《敦煌学辑刊》2003 年第 1 期。

八木春生,顾虹《关于中国成都地区的佛教造像——以 520—540 年间造像为中心》,《敦煌研究》2003 年第 3 期。

王锡臻《麦积山第四窟北周飞天壁画艺术》,《甘肃教育学院学报》(社会科学版)2003 年第 4 期。

郑国穆,魏文斌《麦积山石窟研究史综述及今后注意的几个问题》,《敦煌研究》2003 年第 6 期。

孙晓峰《麦积山北朝窟龛形制的演变规律》,《敦煌研究》2003 年第 6 期。

唐仲明《从帐形龛饰到帐形龛——北朝石窟中一个被忽视的问题》,《敦煌研究》2004 年第 1 期。

费泳《南北朝时期佛教造像传播格局的转变》,《敦煌研究》2004 年第 2 期。

李梅田《关中地区魏晋北朝墓葬文化因素分析》,《考古与文物》2004 年第 2 期。

金维诺《麦积山的北朝造像》,《雕塑》2004 年第 2 期。

刘晓毅《试论佛教石窟中的飞天》,《敦煌学辑刊》2004 年第 2 期。

李辉,罗明《北周时期麦积山石窟造像研究》,《天水师范学院学报》2004 年第 3 期。

魏文斌《20 世纪早中期甘肃石窟的考察与研究综述》,《敦煌学辑刊》2005 年第 1 期。

郑炳林,魏迎春《2004 年麦积山石窟艺术学术研讨会综述》,《敦煌学辑刊》2005 年第 1 期。

刘满《秦汉陇山道考述》,《敦煌学辑刊》2005 年第 2 期。

岳连建《西安北郊出土的佛教造像及其反映的历史问题》,《考古与文物》2005 年第 3 期。

李尚全《也论克孜尔石窟之开凿》,《敦煌学辑刊》2005 年第 3 期。

陈悦新《麦积山与响堂山石窟差异》,《北京理工大学学报》(社会科学版)2005 年第 4 期。

赵力光,裴建平《西安市东郊出土北周佛立像》,《文物》2005 年第 9 期。

崔玲《麦积山与庾信铭文》,《社科纵横》,2005 年第 5 期。

久野美树,官秀芳《中国初期石窟及观佛三昧——以麦积山石窟为中心》,《敦煌学辑刊》2006 年第 1 期。

刘雁翔《王仁裕〈玉堂闲话·麦积山〉注解》,《敦煌学辑刊》2006 年第 2 期。

刘晓毅,项一峰《试论龙门与麦积山石窟造像艺术之间的关系》,《敦煌学辑刊》2006 年第 2 期。

倪润安《北周墓葬"不封不树"辨析》,《中国典籍与文化》2006 年第 2 期。

龙红,王玲娟《论中国石窟艺术的设计意匠》,《重庆大学学报》(社会科学版)2006 年第 4 期。

张元林《敦煌北朝时期〈法华经〉艺术及信仰考察》,《敦煌研究》2006 年第 5 期。

邱忠鸣《北齐佛像的"青州样式"再识》,《荣宝斋》2006 年第 3 期。

陈悦新《西魏北周时期的麦积山石窟》,《中原文物》2006 年第 4 期。

陈悦新《中心文化对北朝麦积山石窟的影响》,《敦煌研究》2006 年第 4 期。

李静杰《青州风格佛教造像的形成与发展》,《敦煌研究》2007 年第 2 期。

屈直敏《敦煌早期石窟空间结构中的儒家思想观念初探——以隋代

以前石窟中窟顶和四壁造像为中心》,《敦煌学辑刊》2007 年第 4 期。

王骁勇《陇右石窟的建筑形制》,《天水师范学院学报》2007 年第 4 期。

介永强《论我国西北佛教文化格局的历史变迁》,《中国边疆史地研究》2007 年第 4 期。

张元林,魏迎春《试论法华判教思想对敦煌北朝—隋石窟的影响》,《敦煌研究》2008 年第 5 期。

麦积山石窟艺术研究所考古研究室《麦积山石窟第 4 窟庑殿顶上方悬崖建筑遗迹新发现（附：麦积山中区悬崖坍塌 3 窟龛建筑遗迹初步清理)》,《文物》2008 年第 9 期。

黄寿成《北周礼仪制度渊源考》,《三门峡职业技术学院学报》,2008 年第 2 期。

冉万里《略论长安地区佛教造像中所见的佛教用具》,《西部考古》2008 年第 3 辑。

项一峰,刘莉《麦积山石窟〈法华经〉变相及其弘法思想》,《敦煌学辑刊》2009 年第 4 期。

项一峰《麦积山石窟第四窟七佛龛壁画初探》,《石窟寺研究》2010 年第 1 辑。

姚蔚玲《宁夏北朝隋唐墓壁画研究》,《宁夏社会科学》2010 年第 3 期。

张艳方《莫高窟与麦积山石窟建筑艺术的审美价值比较》,《沈阳工程学院学报》(社会科学版),2010 年第 1 期。

董华锋,宁宇《南、北石窟寺七佛造像空间布局之渊源》,《敦煌学辑刊》2010 年第 1 期。

崔峰《论北周时期的民间佛教组织及其造像》,《世界宗教研究》2011年第 2 期。

沙武田《北朝时期佛教石窟艺术样式的西传及其流变的区域性特征：以麦积山第 127 窟与莫高窟第 249、285 窟的比较研究为中心》,《敦煌学辑刊》2011 年第 2 期。

八木春生,李梅《天水麦积山石窟编年论》,《石窟寺研究》2011 年第 2 辑。

达微佳《麦积山石窟北朝洞窟分期研究》,《石窟寺研究》2011 年第 2 辑。

周佩妮《北周田弘墓出土文物的重要学术价值》,《宁夏师范学院学报》2011 年第 4 期。

孙晓峰《麦积山第 127 窟七佛图像研究》,《敦煌学辑刊》2012 年第 4 期。

魏文斌《汉至北魏秦州佛教史料与麦积山石窟(一)》,《敦煌学辑刊》2013 年第 1 期。

魏文斌《汉至北魏秦州佛教史料与麦积山石窟(二)》,《敦煌学辑刊》2013 年第 2 期。

李裕群《麦积山石窟东崖的崩塌与隋代洞窟判定》,《考古》2013 年第 2 期。

耿志强《固原北周壁画墓与艺术风格》,《西夏研究》2013 年第 4 期。

孙晓峰,曹小玲《长安与麦积山石窟北周佛教造像比较研究——以西安北草滩出土的北周白石龛像为中心》,《敦煌研究》2014 年第 1 期。

李崇峰《鸠摩罗什译经与中土石窟营造》,《石窟寺研究》2014 年第 5 辑。

邵郁《北周宇文䢼、宇文广墓志疏证》,《天水师范学院学报》2014 年第 3 期。

狄智奋,高雪莹《北周时期佛教造像碑图像研究》,《创意设计源》2015 年第 1 期。

王一潮,田浩《陇右两处北朝跪姿维摩诘图像考》,《天水师范学院学报》2015 年第 1 期。

黄文昆《中国早期佛教美术考古泛议》,《敦煌研究》2015 年第 1 期。

后　记

　　年近不惑，即便已经深有感怀，仍然不由感叹时光太过匆匆！

　　2017 年 6 月我博士毕业后，我的博士论文也便束之高阁。只有知网上显示的下载次数，时不时提醒着我，那是属于博士阶段的成果，承载着三年的岁月和记忆。毕业之后的数年里，我多次立雄心，发宏愿，想着认真修改、完善博士论文，以便早日出版。母校兰州大学敦煌研究所的老师和师兄也数次关心过问过此事。但本人向来懒散，拖延症严重，在各种理由和借口下，出版一事延宕至今，真是不胜惶恐，深感汗颜。

　　匆忙间，数翻旧稿，完成了博士论文的修改。修改过程中，脑海中出现最多的却是在母校图书馆积石堂三楼鏖战的场景。记忆和时间便会在某一刻定格。此起彼伏的键盘敲击声和翻书声，汇集成最动听的合奏曲。照进窗户的阳光，映照着空气中飘浮的尘埃，如梦如幻。空气中夹杂着咖啡、牛奶、茶等各色饮品与书籍的味道，让人着迷。还有那位每周都来图书馆看书的不知名老先生，穿着一身深蓝色旧中山装，戴着厚如瓶底的高度近视镜，拎着一个年岁估计比我年龄久远的黑色手提包。每次，我都会默默地看老先生数秒，也许是感受到我的目光，老先生抬头，微笑，然后低头看书。我不能肯定他看不看得清我的样貌及表情。看到他，我便感受到书籍的温度，感受到精神的力量。虽然从未言语交谈，但那种感觉，让人心中倍感温暖，让人踏实并充满力量。伏案一天后，我常常到图书馆后面的体育场，自由奔跑，酣畅淋漓，和同学们一起奔跑，找到另外一种挑战自我的途径。

2016 年冬季，我在图书馆奋战将近三个月，心无旁骛完成了博士论文。有些自得，也不免感叹。感叹博士阶段的状态真是一去不复返，人还是要逼一把自己，一把不够，就两把。

2003 年，我背着行囊从老家的寺咀山到了榆中的萃英山。大学毕业后，我又来到了麦积山。我的人生重要阶段，好像总与山有着不解之缘。与恩师魏文斌也是结缘于麦积山。从领导到导师，在我的职业和求学生涯中，他都是我的领路人。是他在我百无聊赖、无所适从的时候多次叮嘱我，没事就去洞窟多看、多想、多写，不要混日子。恩师为我讲授石窟寺考古的理论方法及专业知识，引领我走上了石窟寺研究这条道路。片言之赐，皆事师也，何况此乎！有幸在恩师门下求学，内心充满感恩。在博士论文撰写过程中，恩师也是给予我无数的帮助和指导，为我拨云见日、指点迷津。我能有今日，实赖恩师之力。

感谢母校兰州大学，让我完成了求学生涯中最重要的两个阶段。感谢博士期间授课的郑炳林、王晶波、杨富学、冯培红等老师。他们治学严谨、学问深厚又各有所长，让我收获良多，受益匪浅，是我今后治学路上需要一直学习的榜样。感恩与敦煌学研究所 2014 级博士班其他九位同学的相遇，我们互相帮助，一起听课、讨论、考察、跑步、聚餐、唱歌。感谢老薛的督促，让我奋起直追。

感谢武海超、张丽娜、陈月莹、王艳、刘丹、张利明等师弟、师妹在论文配图绘制、校对等方面对我的帮助。

感谢麦积山石窟艺术研究所同事臧全红、冯学斌、何噢、何凯强、周菁等在论文图片拍摄、题记校对等方面对我的帮助。

特别感谢董玉祥、颜娟英、李玉珉、古正美、吴文成等老师一直以来对我的关心和支持。古正美老师已是古稀之年,不顾患有眼疾,为我仔细辨识北周壁画并提供建议,多次就麦积山及第4窟的问题答疑解惑,并为我加油打气。

感谢甘肃教育出版社的孙宝岩、何佩佩老师在该书编辑出版过程中的辛苦付出。

最后,感谢我的家人,他们对我抱有厚望,爱护有加,始终支持,为我而骄傲。我的妻子孔雯女士,一路走来,和我相濡以沫。她为这个小家默默付出,从无怨言,给予我最大的支持和体谅。我的宝贝女儿,看到她开心快乐,心里便会暖意满满,不觉苦累。她就像是一只百灵鸟,带给我们快乐和希望。

麦积悠悠,佛国千年,渺小如我,只是过客,只是看门人。但又何其幸哉,有此近水楼台先得月之便宜,随时可与历史交流,可与古人对话。从事这份职业,研究与写作,大概率会是一生坚持的事情。一代人做一代人的事,每个人做自己的事,既然有了方向,就坚持下去,不断突破,不断打破约束和局限。再次感谢所有支持、鼓励和帮助过我的人,感恩所有的相遇与美好!

2022 年 10 月 8 日修改于麦积山石窟艺术研究所科研基地